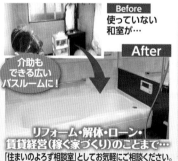

1

空から見る葛西

撮　影／㈲東洋航空写真社
撮影日／2017年12月28日

3

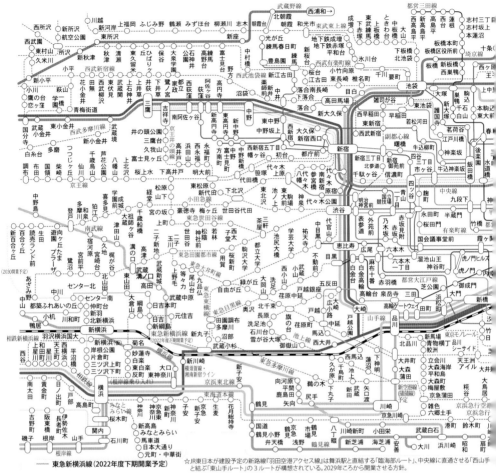

☆JR東日本が建設予定の新路線「羽田空港アクセス線」は舞浜駅と直結する「臨海部ルート」、中央線に直通させる「西山手と結ぶ「東山手ルート」の３ルートが構想されている。2029年ころから開業させる方針。

── 東急新横浜線（2022年度下期開業予定）

東京近郊路線図

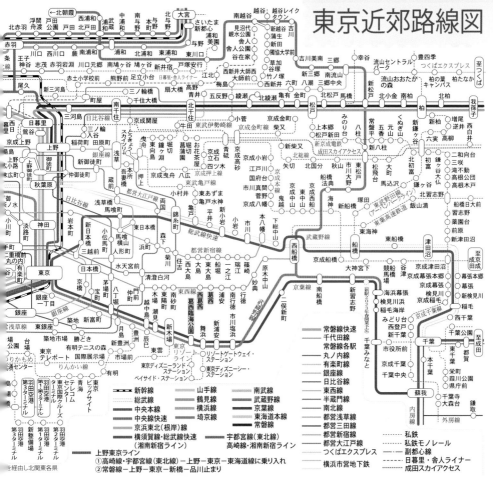

━━ 新幹線	━━ 山手線	━━ 南武線
━━ 総武線	━━ 鶴見線	━━ 武蔵野線
━━ 中央本線	━━ 横浜線	━━ 京葉線
━━ 中央線快速	━━ 埼京線	━━ 東海道本線
━━ 京浜東北(根岸)線		━━ 常磐線
━━ 横須賀線・総武線快速	━━ 宇都宮線(東北線)	
(湘南新宿ライン)	高崎線・湘南新宿ライン	

上野東京ライン
① 高崎線・宇都宮線(東北線)ー上野ー東京ー東海道線に乗り入れ
② 常磐線ー上野ー東京ー新橋ー品川止まり

━━ 常磐線快速	━━ 都営浅草線
━━ 千代田線	━━ 都営三田線
━━ 常磐線各駅	━━ 都営新宿線
━━ 丸ノ内線	━━ 都営大江戸線
━━ 有楽町線	━━ つくばエクスプレス
━━ 銀座線	━━ 横浜市営地下鉄
━━ 日比谷線	
━━ 東西線	⋯⋯ 私鉄
━━ 半蔵門線	⋯⋯ 私鉄モノレール
━━ 南北線	⋯⋯ 副都心線
	━━ 日暮里・舎人ライナー
	⋯⋯ 成田スカイアクセス

7

CONTENTS

葛西カタログ2021-2022

10 葛西でさがそう！
お気に入りグルメ

12 お花見

14 葛西臨海公園

16 行船公園

18 公園＆バスMAP付き
KASAIの公園へ行こう

31 地下鉄博物館

33 鶴岡市東京事務所

34 ドクターの横顔／頼れる街の専門医

36 「整骨院」でからだメンテナンス

37 健康サポートセンター

38 葛西ストリート案内

40 年間イベントカレンダー

46 新川お散歩

158 東京ディズニーリゾート

航空写真 02　　　葛西マップ 04　　　東京近郊路線図 06

項目別INDEX 50

56　葛西はこんな街

58　葛西の寺院・神社

61　公共機関〈公共施設・交通機関 etc〉

64　江戸川区児童相談所はあとポート

67　子育てお役立ち情報

78　江戸川区のがん検診

79　健　　康〈病院・医院・接骨整骨・薬局・介護〉

104　熟年者を支えるサービス

117　おしゃれ〈美容室・エステ・ファッション etc〉

126　区民健康施設

127　グルメ〈テイクアウト専門店・宅配・外食・食品〉

139　住まい〈ライフライン・リフォーム・不動産 etc〉

145　くらし〈ショッピング・専門家に相談する・冠婚葬祭etc〉

157　趣味・ペット・車

170　江戸川総合人生大学

171　塾・習い事・スポーツ

180　スポーツ施設

186　駐輪場&レンタサイクル

187　コミュニティ〈公共団体・ボランティア・サークル〉

188　タワーホール船堀

189　葛西区民館

190　コミュニティ会館／新川さくら館／図書館

199　ボランティアセンター

205　葛西の歴史

212　電車時刻表／バス時刻表

225　ごみの出し方

228　コインパーキング

232　非常持ち出し品チェック表

協賛店一覧 231

かさいtopics

62　新庁舎建設に向けて

かさいnews

63　（仮称）江戸川区角野栄子児童文学館」
　　基本設計を発表

128　鶴岡市東京事務所で
　　「ふるさと物産品」の販売を開始

葛西でさがそう！
お気に入りグルメ

仕事や家事をがんばっている
自分にごほうびを。
地元で見つけたお気に入りグルメを
お店や自宅で味わって
幸せ気分に浸っちゃおう。

葛西市場内に車を止めてご来店ください

オーダー調理の「市場メシ」ご堪能あれ！

日替わりランチ……………………870円
生姜焼き定食 ……………………840円
辛ネギチャーシュー麺 …………750円
炙り豚バラ焼豚丼（ラーメンセット）‥900円
※価格はすべて税込みです

小池寿司食堂　葛西市場

臨海町3-4-1葛西市場管理棟1F
OPEN／7:00〜15:00
日曜・祝日定休（水曜休日の場合有）

tel.03-3878-2033

食卓に彩りを♪

日替わりランチ ………………　550円（税込）
日替わりランチ（デラックス）　650円（税込）
鮭弁当 …………………………　800円（税込）
まいもん特製かつ弁当 ……　950円（税込）

まいもん

中葛西4-7-1-1F
OPEN／平日11:00〜19:00、土10:00〜18:00
定休日／日曜・祝日
http://souzai-maimon.com/shop.html

tel.03-6663-9720

揚げたて！できたて！屋形船の天丼をお家で召し上がれ♪

あみ幸天丼…………………780円（税込）
とり天丼……………………580円（税込）
お子様天丼…………………500円（税込）
天ぷら盛り合わせ一人前 ……700円（税込）

屋形船　あみ幸

江戸川5-31-6（駐車場有）
OPEN／月〜金11:00〜14:00、16:00〜19:00
　　　土日祝 11:00〜19:00　　定休日／水

tel.03-3680-5755

フワフワでプルプル!
日替わり"10種超え"の
フレーバーをお楽しみください♪

1カット ……………220円〜250円(税込)
1ホール ……………1800円(税込)
※ラッピング代込 2日前までの予約要

シフォンケーキ工房　花笑みしふぉん

中葛西8-11-7
OPEN／平日11:00〜21:00
　　　土日10:00〜21:00
定休日／月・火

tel.050-3393-3838

葛西地区で人気のレストラン
新鮮お野菜とコンチネンタル料理

窓が大きくたくさんの光を取り込んだ
明るい店内は贅沢な空間です。
貸切パーティーにもご利用いただけます。

ランチバイキング
　平　日／大人 1,600円〜
　土日祝／大人 1,700円〜
ディナーバイキング ※土日祝のみ
　大人 2,500円〜

ベストウェスタン東京西葛西

1Fカフェダイニングバームツリー　各種宴席も承ります

西葛西6-17-9　　　　　　　(平日ランチは時間制限なし)
ランチ　11:30〜15:00 (L.O.平日13:30／土日祝14:00)
ディナー17:30〜19:30(最終入場) ※土日祝のみ

tel.03-3675-8934(直通9:00〜18:00)

〜おすすめの テイクアウト商品もご一緒に!〜

&Hammy
住所&TELは
P137の
パンでチェック

チキンタマゴサンド
550円(税込)

屋形船 あみ幸

天ぷら盛り合わせ
1人前 700円(税込)

まいもん

オードブル
2500円〜(税込)

ブルーベリークリームチーズ
240円(税込)

シフォンケーキ工房
花笑みしふぉん

11

おでかけ1

葛西エリア お花見

春のひとときを楽しませてくれる "桜"。
葛西の桜スポットは多彩。桜前線がやってきたら、散歩に、
宴会に、お気に入りの場所で心ゆくまで花を堪能しよう。

Map& Data

P 駐車場　🏪 売店など近くのお店　➡ トイレ

葛西親水 四季の道

都立宇喜田公園フラワープロムナー

濃いピンク、淡いピンク、白、いろんな桜がつくる花のトンネル。芝生の土手ではお花見も

←火の見櫓広場から

1 お花見ウオーキングがおすすめ
新川両岸　P 新川地下駐車場 ➡
新川千本桜　約718本　→P46も見てね

「新川千本桜」事業が完了。西水門から新川口橋まで護岸が整備され、新しく架けられた歩道橋たちと桜の眺めは江戸の風情。春には「新川千本桜まつり」が開催される。

2 ちょうちんで演出
宇喜田さくら公園周辺
北葛西5-20-1　P ➡　約101本

公園内も周りの街路樹も桜、桜リングネットなど大型遊具が子どもたちに大人気の公園。

3 情緒あふれる撮影スポット P 🏪 ➡
行船公園　北葛西3-2-1　73本

平成庭園に咲くシダレザクラやソメイヨシノ。池の水面に映る様は情緒あふれ、見とれてしまう。遊具広場近くではお花見も。

↑お花見

4 小川沿いを散歩しながら
新長島川親水公
清新町2地先　➡　55本

↑緑の中の桜も風情が

12

🔟🔟 満開の桜と菜の花のコントラストがきれい
なぎさ公園 (南葛西7-3) P♨➡

小高い丘の緑にピンクの桜が
さわやか。丘のふもとでも斜
面でも子どもたちが駆け回っ
ている。パノラマシャトルが
走る道沿いには2月下旬〜3月
に咲く河津桜も。

←パノラマシャトルと桜　　↑河津桜

←約240mにわたるソメイヨシノの並木

↓駐車場の周りの八重桜。ウコンザクラも

6⃣ 広場で宴会はいかが?
東葛西さくら公園
(東葛西4-10-1) P➡ 約51本

広場をぐるりと囲むソメイヨシノ。公園の半
分は、子どもたちのための遊具広場。

7⃣ ホテルシーサイド江戸川付近が一番スポット
葛西臨海公園 (臨海町6) P♨➡ 770本

オオシマザクラ、ソメイヨシノ、サトザクラなどが咲き誇る。

8⃣ 見たことある? 黄緑色の
神秘的な桜『御衣黄』(ギョイコウ)
雷公園 (東葛西9-21-1) ♨➡

公園の北側に1本だけ植えられている『御衣
黄』は必見。ソメイヨシノより2週間ほど遅く
咲くので、お花見シーズンを逃した人はぜひ
ここで。

御衣黄(ギョイコウ)→

9⃣ さすが『花の園』見ごたえ十分
フラワーガーデン
(南葛西4-9, 15) P♨➡

園内はもちろん、なぎさ公園まで続く遊歩
道沿いに咲き誇る桜は見事。中央広場周辺
では「江戸川さくらまつり」が開催される。

↑バーベキュー広場

🔟 バーベキュー広場あたりが見どころ
富士公園 (南葛西6-23) P♨➡

パノラマシャトルから見る桜並木も
おすすめ。

桜の下でお弁当↑

⑨⑩⑪総合レクリエーション公園 417本

🔟2⃣ この時期団地はピンク一色
なぎさニュータウン周辺
(南葛西7-2) P♨➡ 318本

団地全体に広がる花は幻想的。でも、
居住地なので、ご迷惑のないように。

5⃣ 水面と桜の風景を楽しもう
新左近川親水公園 (臨海町2〜3丁目)
P♨➡ 345本

材料や器具を持ち込め
ば、広場でバーベキュー
もOK。全国でも珍しい
淡黄緑色の『ウコンザク
ラ』が見られる。

↑新左近川マリーナ

※本数は「広報えどがわ」2018.3.20号より

13

海を感じる 広々とした公園 葛西臨海公園

Kasai Rinkai Park

四季折々に楽しませてくれる葛西臨海公園。
園内を隅から隅までめぐってみると、
意外な楽しみ方を再発見できちゃうかも!

クリスタルビュー

ガラス張りの展望棟からは東京湾が一望でき、ビルの間に沈むサンセットは格別! 元旦・初日の出の時刻には特別に開館される。

●通常開館時間
AM9:00〜PM5:00
（入館は4:30まで）

ヒマワリ畑

↓2020デザイン花壇の完成。
11色12種の花々が咲き競う

鳥類園

ウォッチングセンターでは望遠鏡での野鳥観察ができ、土・日・祝に野鳥に詳しい専門スタッフが常駐。散策路にある観察舎や観察窓からは間近に野鳥が見られ（無料）、毎月1回野鳥のガイドツアーが行われる。

★ラムサール条約に登録!

都立葛西海浜公園

渚橋から海側は、東西2つの人工渚の広がる葛西海浜公園。「西なぎさ」の砂浜では春は磯遊び、夏は水遊びが楽しめる。「東なぎさ」は陸地とつながっていない、立入禁止の自然環境保全エリア。2018年10月ラムサール条約に登録された。

■海風の広場／西なぎさ東側の芝生では、スポーツカイト（高さ制限40m）の利用がOK!
●問い合わせ／☎03-5696-4741
（葛西海浜公園 港湾局所轄）

←西なぎさから見た東なぎさ

大きなお花畑

大観覧車周辺と展望広場の2カ所に広がる総面積約10000㎡のお花畑。例年だと1〜2月は水仙、3月は菜の花、5月はポピー、9〜10月はコスモスが見られる。

バーベキュー広場

手ぶらでOKの民営バーベキュー場。食材&器具完備のライトプラン（一人2980円〜）等選べる。要予約、2カ月前より予約受付開始。

●利用時間／AM10:00〜PM4:00
（季節により変動あり）
●問い合わせ／☎03-6854-8749
（AM9:30〜PM10:00）
※12〜2月は毎週水曜定休

"うみ号"と"なのはな号"

大観覧車

葛西臨海公園のシンボル、日本最大級地上117mの大観覧車。お天気なら房総半島から富士山まで一望でき、ここから見る夜景はサイコー!

●営業時間／平日AM10:00〜PM8:00、土・日・祝・春夏冬休みAM10:00〜PM9:00、大晦日AM10:00〜元旦AM8:00（売券は20分前まで）
●運休日／1月第4・5水曜日、2月の全水、3〜12月（8月除く）第3水曜日
●料金／一般（3歳以上）800円、70歳以上400円
●問い合わせ／☎03-3686-6911

パークトレイン

カラフルな"うみ号""なのはな号"は、園内約3.1kmを周遊する汽車型の乗り物。周遊時間はたっぷり25分。

●料金／中学生以上350円、3歳〜小学生・70歳以上150円
●運休日／水曜日（水曜日が祝日の場合はその翌日）・元日

都立葛西臨海公園

臨海町6丁目 ☎03-5696-1331（葛西臨海公園サービスセンター）
東京都公園協会ホームページ
http://www.tokyo-park.or.jp/park/format/index026.html

※新型コロナ感染拡大状況やオリンピック・パラリンピック開催状況などにより、掲載内容が変更となる場合があります

ホテルシーサイド江戸川
Hotel Seaside Edogawa

　豊かな自然に囲まれた江戸川区立の宿泊施設。2階には宿泊者専用の大浴場も。客室（和室・洋室）からの眺めはリゾート感満点。また宿泊者以外の人も利用できる宴会場・レストランもあり。

●問い合わせ／☎03-3804-1180
（ホテルシーサイド江戸川　江戸川区所轄）

葛西臨海水族園
Ses Life Park

　約600種類の海の生物たちが勢揃い。ドーナツ型大水槽で見られるクロマグロの群泳や日本最大級のペンギン展示などは圧巻の一言。イベントも盛りだくさん。

●営業時間／AM9:30 ～ PM5:00（入園はPM4:00まで）
●休園日／毎週水曜日（祝日の場合翌日休園）、12月29日～翌年1月1日
●料金／小学生以下と都内在住・在学の中学生は無料、一般700円、中学生250円、65歳以上350円
●問い合わせ／☎03-3869-5152
https://www.tokyo-zoo.net/zoo/kasai

※新型コロナウイルス感染症対策のため、入園には事前予約が必要

→ミズクラゲ。癒されます

葛西臨海水族園年間イベント

日程	イベント名	内容
5／4（火・祝）	『みどりの日』	入園無料
5／5（水・祝）	『こどもの日』	中学生まで入園無料（都外の中学生も）
9月中旬	『老人週間』	60歳以上の人は入園無料
10／1（金）	『都民の日』	入園無料
10／10（日）	水族園の誕生日を記念して	入園無料

※上記日付は予定なので、必ず事前に確認を

水上バス・東京水辺ライン
Tokyo Mizube Cruising Line

　渚橋の東側に発着場があり、お台場方面へのクルーズが楽しめる。

■葛西・お台場周遊（葛西臨海公園→お台場海浜公園→葛西臨海公園）
・運賃（大人）　片道1200円　往復2400円
・所要時間　片道約50分　往復約100分
　※増税等に伴い、運賃改定の場合もあり。
　※葛西臨海公園～お台場海浜公園～ WATERS竹芝～両国リバーセンター～浅草二天門～両国リバーセンターでの利用もあり。※定期便ではないので、乗船前に運行スケジュール等はwebサイトで確認を。
●東京水辺ライン ☎03-5608-8869 AM9:00 ～ PM5:00 月曜運休（祝日の場合は翌日）
　※webサイトは「東京水辺ライン」で検索

クロマグロです

すぃ～

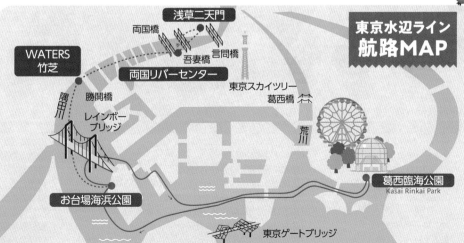

東京水辺ライン 航路MAP

浅草二天門
両国橋
言問橋
吾妻橋
両国リバーセンター
東京スカイツリー
WATERS竹芝
勝鬨橋
隅田川
レインボーブリッジ
葛西橋
荒川
お台場海浜公園
葛西臨海公園
Kasai Rinkai Park
東京ゲートブリッジ

子どもからお年寄りまで楽しめる、23区ベスト1の公園

行船公園
Gyosen Park

充実の施設がすべて無料で利用できることから、書籍「23区公園評価総覧」で総合評価1位に輝いた江戸川区が誇る行船公園! 車で来園の際には、公園北隣の都営駐車場を利用しようね!

1 自然動物園

なんと入場無料! レッサーパンダ、フンボルトペンギン、ベネットワラビー、オオアリクイなど約60種類の動物が見られる動物園。

土・日・祝日の午後に行われる『飼育係のおはなし』を聞いてスタンプを集める『おはなしスタンプラリー』に参加して、動物たちからのステキなプレゼントをもらおう!

●開園時間／ AM10:00 ～ PM4:30
（土・日・祝・夏休みはAM9:30～、11月～2月はPM4:00まで）
●休園日／月曜（祝休日の場合は翌日）、12月30日～1月1日
☎03-3680-0777自然動物園

マークの見方

🚌 最寄のバス停　🅿 駐車場　🚻 トイレ　⛱ 日陰・木陰
👶 オムツ替え＆着替えスペース　🏖 砂　場　🎠 遊具
💦 水遊び場　🏪 お助けSHOP　❓ 問い合わせ

江戸川区立行船公園
北葛西3-2-1　☎03-3675-6442（源心庵）

🚌JR新小岩駅または都営新宿線船堀駅～西葛西駅「北葛西2丁目」、船堀駅～葛西臨海公園駅「行船公園前」、西葛西駅南口～新小岩駅、亀戸駅～なぎさニュータウン、葛西駅～秋葉原駅、臨海車庫～両国駅「宇喜田」
🅿公園北隣に都営宇喜田公園駐車場あり。1時間300円
🚻遊具広場（洋式・障害者用・オムツ替えシートあり）、平成庭園（洋式・障害者用）、釣り池（洋式・障害者用）、自然動物園南門（洋式）の4カ所にあり　⛱長ベンチあり
⛱大きな藤棚、あづまやあり
※飲み物自動販売機あり

クモザル
だよ!

シロフクロウ
です

ふれあいコーナー

ウサギやモルモット、チャボなどをさわったり抱っこしたりできる人気のコーナー。疑問に思ったことは、なんでも気軽に飼育係のお兄さんお姉さんに聞いてみてね!

●利用時間／ AM10:00 ～ 11:45、PM1:15 ～ 3:00、夏季AM10:00 ～ 11:45、PM2:30 ～ 3:45
※団体利用は予約が必要

メェ～

オオアリクイ　　プレーリードッグ

行船公園＆自然動物園の年間イベント
※下記日付は予定なので、必ず事前に確認を。申し込みが必要なものもあり。

日程	イベント名	会場
4/29（木・祝）	『糞で花を咲かせよう（フンコロジー）』	自然動物園
5/4（火・祝）	『ヒツジの毛刈りショー』	自然動物園
5/30（日）	『動物カメラマンによる写真講座』	自然動物園
7/17（土）・18（日）（予定）	『金魚まつり』	行船公園
7/27（火）～30（金）	『サマースクール 1日飼育体験教室』（小3～小6対象 4回）	自然動物園
9～10月	『親子1日飼育体験教室』（小1～小2対象 4回）	自然動物園
秋以降〈日程未定〉	『動物フォトコンテスト』&展示	自然動物園
毎週土・日・祝 午後	『飼育係のおはなし』（雨天中止）	自然動物園

※新型コロナウイルス感染拡大防止のため、イベントの中止や開館時間など通常とは異なる場合があります。

2 源心庵

純和風数寄屋造りの茶室。茶道、華道、句会、会合などに利用でき、茶道具の貸し出しは無料。和室4部屋、洋室1部屋。

● 休館日／12月28日〜1月4日
● 使用料／3時間630円〜
☎ 03-3675-6442（源心庵）
※予約は5カ月前から受付

3 平成庭園

「和」の景色が広がる平成庭園は、人気の癒しスポット。手入れの行き届いたお庭を散策するもよし、せせらぎを聞きながら清流に見入るもよし。日常とは一味違う空間で清浄な気分に。

4 釣り池

釣り好きな人たちが静かに釣り糸を垂れる、無料の釣り池。ヘラブナ釣りが楽しめる。リール竿、ビンドウ、かえしのあるハリの使用は禁止。魚の持ち帰りはできないので、釣ったら返してあげよう。

5 遊具広場

大きな丸い石のすべり台（ジャンボスライダー）は、子どもたちに大人気！ 小さい子が楽しめる遊具が充実。この周辺にはベンチがいっぱいあるので、遊びに疲れたらひと休み。

🅿 あり 🚻 なし
🎯 石のすべり台、鉄棒、小さな家、スプリング遊具、健康遊具

園内MAP

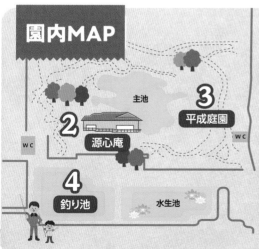

西葛西駅

主池

2 源心庵

3 平成庭園

1 自然動物園

4 釣り池

水生池

5 遊具広場

WC

17

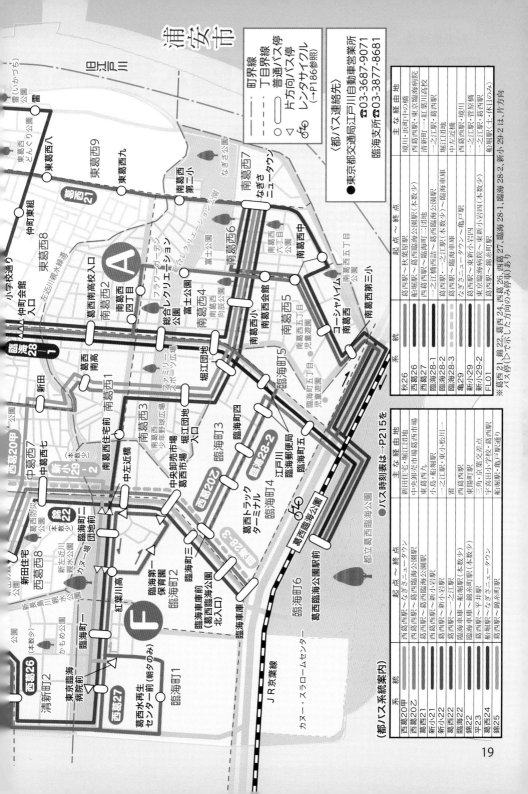

旧江戸川

凡例
- 町界線
- 丁目界線
- 普通バス停
- ○ 片方向バス停
- ▽ 片方向バス停
- レンタサイクル（→P186参照）

《都バス連絡先》
● 東京都交通局江戸川自動車営業所 ☎03-3687-9071
臨海支所 ☎03-3877-8681

系統	起点～終点	主な経由地
秋26	葛西駅～秋葉原駅	境川・浜町中の橋
西葛26	船堀駅～葛西臨海公園駅（本数少）	西葛西駅・東京臨海病院
西葛27	清新町駅～臨海町二丁目	清新町駅・紅葉西高校
臨海28-1	一之江橋西詰～葛西臨海公園駅（本数少）	一之江駅・堀江団地前
臨海28-2	葛西駅～葛西臨海公園駅	葛西駅・中左近橋
臨海28-3	なぎさニュータウン～臨海車庫	西葛西駅・境川
亀29	なぎさニュータウン～亀戸駅	西葛西駅・菅原橋
新小29	葛西臨海公園駅～東西線小岩駅	一之江駅・菅原橋
新小29-2	東京臨海病院～東西線小岩駅（本数少）	一之江駅・葛西駅
FL01	葛西臨海公園駅～東京ビッグサイト（土・休日のみ）	船堀橋・葛西臨海公園（土方向）

※葛西21・錦22、西葛22・葛西24、西葛26、西葛27、臨海28-1、臨海28-2、新小29-2は、片方向のみ運行
バス停（○で示した方向）あり

▶バス時刻表は→P215を

（都バス系統案内）

系統	起点～終点	主な経由地
西葛20甲	西葛西駅～なぎさニュータウン	新田住宅・堀江団地
西葛20乙	葛西駅～葛西臨海公園駅	中央卸売市場・葛西臨海公園駅
葛西21	葛西駅～葛西臨海公園駅	東葛西九
新小22	葛西駅～新小岩駅	小島・船堀駅
臨海22	一之江橋西詰～一之江駅	一之江駅・東小松川
錦22	臨海車庫～錦糸町駅	雷
臨海22	臨海車庫前～西葛西駅	西葛西駅・東陽町駅
平23	臨海車庫前～平井駅	三角・京葉交差点
葛西24	西葛西駅～なぎさニュータウン	宇喜田小学校・葛西駅
錦25	葛西駅～錦糸町駅	船堀駅・雷／魚江通り

JR京葉線

都立葛西臨海公園

キッズもシニアも KASAIの公園へ行こう！

MAP Ⓐ 南葛西

（仮）角野栄子児童文学館ができるよ！

総合レクリエーション公園 なぎさ公園　｜ 南葛西7−3 ｜

展望の丘からは旧江戸川がのぞめ、4月の桜、春から夏はラベンダー、秋には一面にコスモスが咲き絶好の撮影スポット！「ツツジ山」もみごと。文学館は23年7月に完成予定。

▶旧江戸川が望める

▶「ツツジ山」には区の花のツツジが1万株も

🚌 葛西駅〜葛西臨海公園・コーシャハイム「南葛西第二小学校前」、西葛西駅〜なぎさニュータウン、亀戸駅〜なぎさニュータウン、船堀駅〜なぎさニュータウン、船堀駅〜葛西臨海公園「なぎさニュータウン」 🅿 旧江戸川沿い、ポニー広場近くの2カ所にあり* 🚻 シャトルバス乗り場（和式・洋式・障害者用）、遊具広場（和式・洋式）、公園中央（洋式）、ゲートボール広場（洋式）の4カ所にあり 🪑 長ベンチ多数あり 遊具広場に藤棚、展望の丘に藤棚あり ＜遊具広場＞ 🛝 あり 🛝 なし 複合遊具（トンネル・大・小すべり台）、スプリング遊具、シーソー 🏪 パノラマシャトル乗り場近くに自動販売機、公園北側に大型ショッピングセンターあり

◀3つの公園をつないで走るパノラマシャトル。名前は「あおくん」と「はなちゃん」

バーベキュー広場

炊事場にはカマド（8つ）、木のテーブル席などの設備があり、仲間とのレジャーにぜひ！（要予約）

☎ 03-3675-5030富士公園サービスセンター
☎ 03-5658-6054バーベキュー専用ダイヤル

ポニー広場

休日は混んでいるのですいている平日がおすすめ。ポニーに乗れるのは小学6年生まで。馬の手入れ、乗馬などの楽しい体験ができる「サマースクール」（事前申し込み）などのイベントもあるのでチャレンジしてみよう！
※サマースクールは区内小学生対象

【営業時間】 AM10:00〜11:30、PM1:30〜3:00（7月15日〜9月15日 AM10:00〜11:30のみ）
【休業日】 月曜（祝日の場合は翌平日）、年末年始※悪天候・馬場状態によっては中止のこともあり ☎ 03-5658-5720（なぎさポニーランド）🌐 http://www.edogawa-kankyozaidan.jp/pony/

篠崎ポニーランドにも行ってみよう。馬車に乗れるよ！（江戸川区篠崎町3-12-17 江戸川河川敷内 ☎ 03-3678-7520）

篠崎町

"富士山"のふもとでワイルドに遊ぼう

総合レクリエーション公園 富士公園　｜ 南葛西6−23 ｜

アスレチックをしたり、園内に豊富に茂った樹木エリアでは植物や昆虫と戯れたり、ワイルドな遊びを体験できるのが人気の秘密。青空ランチのゴミは必ず持ち帰ろうね！

🚌 葛西駅〜葛西臨海公園・コーシャハイム「南葛西第二小学校前」、西葛西駅〜なぎさニュータウン、亀戸駅〜なぎさニュータウン、船堀駅〜なぎさニュータウン、船堀駅〜葛西臨海公園「なぎさニュータウン」 🅿 公園東側にあり* 🚻 サービスセンター（洋式・障害者用）、バーベキュー場（和式・洋式）、富士見橋麓（和式・洋式）の3カ所にあり 🪑 長ベンチ多数あり、テーブル席多数あり、芝生あり 🌳 木陰、屋根付きベンチあり ＜遊具広場＞ 🛝 あり 🛝 なし 本格アスレチック、ブランコ、木馬、スプリング遊具、石のすべり台（大・小） 🏪 富士公園サービスセンター横に自動販売機、アリオ前の通り沿いにコンビニあり

公園お役立ち情報つき

緑道や公園が多い葛西。子どもたちは走り回ったり、遊具で遊んだり、シニア世代はのんびりしたり、お散歩にウオーキング。サイクリングもいい。天気のいい日にはバスや自転車でちょっと遠くの公園まで出かけてみよう。　←公園&バス路線図MAPは前ページを

総合レクリエーション公園

色とりどりのバラと写真撮影!
フラワーガーデン

南葛西4-9、15

エントランスでは球体やケーキ型の楽しい噴水がお出迎え。バラの見頃は5月と10月。遊歩道沿いには四季の花々が。お花見もOK。

🚌 船堀駅～なぎさニュータウン、一之江橋西詰め～葛西臨海公園、一之江駅～臨海車庫「総合レクリエーション公園」 Ｐ 公園北東角にあり* 🚻 環七側(洋式・障害者用)、芝生広場(和式・洋式・障害者用)の2カ所にあり
👶 環七側トイレにオムツ替えベッドあり。長ベンチ多数あり 🌳 大・小藤棚多数あり
🏖 なし 🎠 あり 💧 なし
🏪 環七沿いにファストフード店、コンビニあり、環七側トイレ前・回廊下に自動販売機あり

総合レクリエーション公園

相撲の土俵もあるよ
ファミリースポーツ広場

南葛西3-23

おちびさんに人気の遊具広場のほか、広～い多目的広場、テニスボード、相撲の土俵などがある。秋には銀杏並木が美しい。

🚌 船堀駅～なぎさニュータウン、一之江橋西詰め～葛西臨海公園、一之江駅～臨海車庫「総合レクリエーション公園」 Ｐ 公園南東鉄塔下にあり* 🚻 和式・洋式・障害者用
👶 長ベンチあり 🌳 藤棚多数あり 🏖 あり 💧 なし
🎠 小さい子向け複合遊具(トンネル・小すべり台)、テニスボード
🏪 管理棟に自動販売機、環七沿いにコンビニあり

ドラゴンのいる公園
南葛西向辰公園

南葛西4-22-1

小さな丘のある居心地のいい公園。南葛西小学校の目の前なので、放課後友だちと遊ぶ待ち合わせに最適。丘の斜面に設置されたドラゴンのすべり台は子どもたちに人気。

🚌 西葛西駅～なぎさニュータウン、亀戸駅～なぎさニュータウン、船堀駅～なぎさニュータウン、船堀駅～葛西臨海公園「南葛西小学校前」 Ｐ なし 🚻 洋式 👶 長ベンチあり 🌳 少ない 🏖 あり 💧 なし 🎠 ブランコ、小さな家、小すべり台、大すべり台 🏪 西側にスーパーあり

み～んな集まれ!
南葛西六丁目公園

南葛西6-13-1

お砂場で遊ぼう!

小さめだが、見通しの良さが人気の公園。午前中は小さい子、午後は園児・学童と子どもの姿が絶えない。

🚌 西葛西駅～なぎさニュータウン、亀戸駅～なぎさニュータウン、船堀駅～なぎさニュータウン～葛西臨海公園、葛西駅～葛西臨海公園・コーシャハイム「なぎさニュータウン」 Ｐ なし 🚻 洋式 👶 長ベンチあり 🌳 少ない 🏖 あり 💧 なし 🎠 複合遊具(トンネル・小すべり台)、ブランコ、スプリング遊具、くねくね棒 🏪 公園東側に自動販売機あり

総合レクリエーション公園 QRコード®

QR Translator.

総合レクリエーション公園

総合レクリエーション公園についての情報を多言語で紹介。

西葛西

わくわくしちゃうね♪

水あそび

水のカーテン

水のカーテンでみんな大はしゃぎ

虹の広場 　西葛西7-2

円形の広い広場。中央に噴水。ベンチではお弁当を食べたりひと休みしたり。子どもたちは思い切り走り回れる。広い芝生は赤ちゃんと遊ぶのにおすすめ。

🚌 西葛西駅～なぎさニュータウン、西葛西駅～葛西臨海公園・臨海車庫「第七葛西小前」 🅿 公園東側にあり*
🚻 和式・洋式・障害者用 🌳 広い芝生あり
🚭 なし 🪑 あり 🌳 ベンチ、木陰、藤棚など多数あり
🚭 なし 🏪 大通り沿いにコンビニ、ファミレスあり。手洗所前に自動販売機あり

圧倒的に高い®英検合格率と第一志望合格率

小1～高3、既卒まで対応!

「ECCの英語」×「全教科対応の個別指導塾」が特長の学習塾。広く快適な教室には、いつでも利用できる自習スペースも完備。生徒さんの自習を促して補講も行い、成績UP・東大などの志望校合格・高い英検合格率を達成しています。苦手意識が強い理系科目の対策も◎ ECCジュニアも併設。詳細はWEBへ!

葛西で暮らす ⓌⒺⒷ

ECCベストワン 西葛西
葛西中央通り校
併設／ECCジュニア 西葛西
　　　葛西中央通り教室

☎ 03-6808-9960
西葛西7-29-16
グランドール西葛西1F
受付時間14:00～21:00 日・祝を除く

駅近のかいじゅう公園

子供の広場 　西葛西6-11

がおぉぉぉ～

砂場近くに大きな恐竜が2体あり、「かいじゅう公園」の名前でおなじみ。駅前のお買物ついでにふらりと立ち寄れるのがうれしい。

🚃 「西葛西駅」より徒歩3分
🅿 なし 🚻 洋式・障害者用
🪑 長ベンチあり 🌳 木陰、藤棚あり
🚭 あり 🚭 なし
🎠 小さい子向け複合遊具、すべり台、ブランコ 🏪 大通り沿いにコンビニ、ファミレスあり

今日はたんけんだー！

新田の森公園 （西葛西8―7）

森のような公園。遊ぼう会による「発見きち」が開催されるのもココ（第2土曜のPM2～日没ごろまで）。虫捕りや植物観察も楽しいね！

🚌 西葛西駅～なぎさニュータウン、西葛西駅～葛西臨海公園・臨海車庫「新田住宅」 🅿 なし
🚻 なし 💺 長ベンチあり
🌳 木陰多い 🚿 なし 🔲 なし
🏯 なし 🏪 虹の広場通りに自動販売機、食堂あり

商店街裏の居ごこちのよい公園

五之割公園 （西葛西3―21―2）

西葛西駅北側の商店街裏手にある便利な立地の公園。小さい子の遊具が1カ所にまとまっているから、ママも安心だね。

🚇 「西葛西駅」より徒歩8分
🅿 なし 🚽 洋式 💺 長ベンチあり
🌸 藤棚あり 🚿 あり 🔲 なし
🎪 大きい子向け複合遊具、小すべり台、ブランコ、スプリング遊具、リフレッシュ遊具
🏪 公園北側に自動販売機あり

じゃぶじゃぶたのしいよぉ～

葛西親水四季の道 （西葛西6―26）
ジャブジャブ池（7月～9月）

水あそび

葛西区民館前から延びる「四季の道」の水遊び場。夏休み期間は水道水の清潔な水が入る。適度な深さで小学生にも大人気！

🚇 「西葛西駅」より徒歩10分
🅿 なし 🚻 なし 💺 長ベンチあり
🌸 藤棚あり 🚿 なし
🚿 あり。シャワーあり
🏪 なし 🏪 公園東側に自動販売機、西葛西駅方面に商店街あり

▶緑の道を歩こう

広場が2段になっている!?

小島公園 （西葛西2―7―1）

一段高くなった広場の大きい子向け遊具が新しくなり、ひと回り小さいので、その分広場を走りまわれる。

🚌 亀戸駅～なぎさニュータウン、葛西駅～秋葉原駅、臨海車庫～両国駅「葛西橋東詰」
🅿 なし 🚽 洋式 💺 長ベンチ、石のテーブル席あり 🌸 あり
🚿 なし 🌳 木陰、藤棚あり
🎪 大きい子向け複合遊具、キリンさんブランコ、スプリング遊具
🏪 公園東側に自動販売機、葛西橋通り沿いにラーメン屋あり

キリンさんのブランコ

MAP C 中葛西

水あそび

ユーカリの木のある

長島一号公園　中葛西3-21-1

区民館前＆駅近くの便利な立地。水遊び場は水の透明度に定評があり、大きな藤棚ベンチは着替えやランチに大助かり。モニュメントも楽しい。

ユーカリの木▶

🚃 船堀駅〜なぎさニュータウン「葛西区民館前」　🅿 なし
🚻 洋式　🪑 長ベンチあり　◯　◯
🌳 木陰、大きな藤棚あり　🎠 小さい子向け複合遊具（中すべり台）、ブランコ、小さな家、ひこうき、スプリング遊具、フレンドカップ
🏪 区民館内に自動販売機、バス通り沿いにコンビニあり

保育所

瞳きらきら☺すくすく元気がいっぱいです。

◎　一人ひとりがダイヤモンド　◎

小さな瞳の中に果てしなく大きな未来が広がります。創立44年で培った楽しいデイリープログラムと毎日のお散歩。管理栄養士による手作りの美味しい給食。そして安心のセキュリティ。どこまでも個性を大切にし温かくすっぽりと包み込み、子どもたちの心身を大きく育ててまいります。

東京都認証保育所
みのり保育園
☎03-3688-2981
中葛西5-36-12グランディオ葛西2階
保育時間／月〜土7:00〜20:00
対象年齢／0歳（生後57日目より）
〜3歳（満3歳の3月迄）
https://www.minorihoikuen.jp

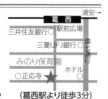

（葛西駅より徒歩3分）

シンボルはタコ型遊具の細長〜い公園

宇喜田東公園　中葛西1-25・26・30

南北に細長く広い敷地の園内には、3カ所の遊具広場がある。タコ風のセメント製複合遊具があるのは、葛西ではココだけ。また、梅園やバラ園もある。

タコさんみたいだね

▲公園中ほどにある梅園。柿の木も

🚃 船堀駅〜なぎさニュータウン「葛西郵便局」　🅿 なし
🚻 洋式　🪑 長ベンチあり　藤棚あり　3カ所あり
🌳 なし　🎠 大・小すべり台、ブランコ、フレンドカップ、小さな家、スプリング遊具、セメントの複合遊具（大すべり台・トンネル）、小さい子向け複合遊具　🏪 公園の中央近く道路沿いにコンビニ、中華レストランあり

みんな大好き　木陰のある広場と充実の遊具

二反割公園 〔中葛西4-11-1〕

ヤッホッホー

海賊が腕を広げたデザインのブランコがユニーク！　大小の新しいコンビネーション遊具ができました。

🚌 船堀駅～なぎさニュータウン「第六葛西小前」　🅿 なし
🚻 洋式　🪑 長ベンチあり
🌳 木陰、藤棚あり
🐾 あり　🚭 なし　🛝 海賊のブランコ、コンビネーション遊具、鉄棒
🏪 公園東側に自動販売機、葛西中央通り沿いにファミレスあり

カミナリくんに会いに行こう

新田公園 〔中葛西7-24-1〕

カミナリくんです

藤棚の下に大きな雛壇があり、日陰に座りながら子どもの様子を見守ることができる。カミナリくんにも会えるよ！

🚌 西葛西駅～なぎさニュータウン、西葛西駅～葛西臨海公園・臨海車庫「中葛西7丁目」　🅿 なし
🚻 洋式　🪑 長ベンチ多数あり　🌳 大きな藤棚あり
🐾 あり　🚭 なし　🛝 ブランコ、すべり台、鉄棒
🏪 公園東側に自動販売機あり

不思議な楽しいオブジェがある

馬頭公園 〔中葛西4-17-1〕

かわいいお城の遊具は、子どもたちの要望によるもの。かつて荷馬車屋街だったため、馬の模様があちこちにあるよ。いくつあるか探してみよう！

🚌 船堀駅～なぎさニュータウン「第六葛西小前」
🅿 なし　🚻 洋式　🪑 長ベンチあり　🌳 木陰、藤棚あり
🐾 あり　🚭 なし　🛝 海賊のブランコ、コンビネーション遊具、鉄棒　🏪 公園東側に自動販売機、葛西中央通り沿いにファミレスあり

25

こん虫さがししよう！

ふれあいの森
宇喜田公園　北葛西3-5-15

樹木が立ち並ぶこの公園は、植物・昆虫観察にぴったり。木の実のなるのが楽しみな柑橘類、山桃、柿、ざくろの木があるよ！

▲いろいろな木々が植えられている

▲ビワの花

◀リスとオコジョ

🚌 船堀駅〜なぎさニュータウン「法蓮寺」
🅿 なし　🚻 洋式　🪑 長ベンチあり
🌳 木陰たっぷり　⛲ なし　🏛 なし　🎪 なし
🏪 船堀街道沿いに自動販売機あり

広場でたこあげする？ キャッチボールする？

都立宇喜田公園　北葛西3丁目

▶並んで並んで

遊具広場

災害時には避難場所として機能する広々とした公園。野球やゲートボール、散策を楽しむ人が憩う。テーブル席が豊富なのでランチに◎。遊具広場も。

スポーツ広場

🚌 船堀駅〜臨海車庫「宇喜田公園前」
🅿 140台収容の大駐車場あり。1時間200円
🚻 東側西側共通（和式・洋式・障害者用）
🪑 長ベンチ多数あり　🏛 藤棚あり
⛲ なし　🏛 なし　🎪 遊具の広場あり
🏪 船堀街道側・公園西側にコンビニあり

長〜いすべり台はキリンさん

宇喜田川公園　北葛西1-5-10

キリンさんのローラーすべり台は、見かけといい長さといい大満足のすべり心地。立派な柳が目印の棒茅場通り近くの細長〜い公園。キリンのブランコもアリ。

🚌 西葛西駅〜新小岩駅「棒茅場」　🅿 なし
🚻 洋式・子ども用便座あり　🪑 長ベンチ多数あり　🏛 藤棚あり　⛲ あり　🏛 なし
🎪 キリンロングローラーすべり台、キリンブランコ、本格アスレチック、ぶら下がりロープ、スプリング遊具、大すべり台、リフレッシュ遊具
🏪 棒茅場通り沿いに自動販売機、そば屋あり

水あそび

木々が多くて気持ちいい

宇喜田中央公園

北葛西4−15−1

木陰たっぷりのじゃぶじゃぶ池は、山のせせらぎをイメージして造られたもの。夏には子どもたちが大喜び。

🚌 船堀駅～なぎさニュータウン「葛西郵便局」 🅿 なし 🚻 洋式 🪑 長ベンチあり 🌳 木陰、藤棚あり 🚰 あり 🚽 あり 🎠 ブランコ、小さい子向け複合遊具、すべり台、スプリング遊具、ロープジャングルジム、本格アスレチック 🏪 葛西橋通り沿いに総合ディスカウントショップあり

ちょっとひと休み

新川休養公園

北葛西1−21−4

新川に面し眺めのよいココは、小さい子やベビーカーママの休憩に◎。腰ひねり遊具は、ママのウエストに効きそう!?

擬宝珠橋を渡って公園へ

🚌 西葛西駅～新小岩駅「七軒町」 🅿 なし 🚻 洋式・障害者用・子ども用便座あり 🪑 長ベンチ、テーブル席あり 🌳 少ない 🚰 なし 🚽 なし 🎠 小すべり台、スプリング遊具、リフレッシュ遊具 🏪 棒茅場通り沿いに自動販売機、そば屋あり

超巨大な遊具にびっくり!

宇喜田さくら公園

北葛西5−20−1

初めて大きな遊具を見たときはきっとおどろくよ。リングネットや大型の珍しいすべり台で、思いっきり遊べちゃう。もちろん小さい用遊具もあり。春はさくらの名所。

◀ さくらの広場

🚌 船堀駅～なぎさニュータウン「宇喜田第一住宅」 🅿 なし 🚻 洋式・子ども用便座あり 🪑 長ベンチ多数あり 🚰 あり 🌳 木陰多い、藤棚あり 🚽 なし 🎠 超大型複合遊具(ロングローラー・大・小すべり台)、ブランコ、スプリング遊具 🏪 葛西中央通り沿いに駄菓子屋あり

MAP E 東葛西

葛西東公園 〔東葛西5−26−1〕

小さい子も大きい子も大満足

水あそび

葛西エリアで遊具の種類が一番豊富なうえ、水遊び場まである公園。小さい子向けの遊具が1カ所にまとめられ、目が届きやすくて安心!

🚃「葛西駅」より徒歩10分 🅿 なし 🚻 洋式
🪑 長ベンチ、木のテーブル席あり 🌳 木陰、藤棚あり
🚰 あり 🎠 小さい子向け複合遊具(小すべり台)、スプリング遊具、ジャングルジム、フレンドカップ、鉄棒、ブランコ、大きい子向け複合遊具(ローラーすべり台)、リフレッシュ遊具 🥤 公園東側に自動販売機あり

東葛西さくら公園 〔東葛西4−10−1〕

さくらの広場と遊具の広場あり

敷地が広く、春には桜の名所として知られる。大きい子は広場を駆け回り、小さい子は充実の遊具に大満足!

🚃 葛西駅〜葛西臨海公園・コーシャハイム「東葛西6丁目」 🅿 なし 🚻 洋式 🪑 長ベンチあり 🌳 大きな藤棚あり 🚰 あり 🎠 なし
🎠 小さい子向け複合遊具(小すべり台)、ターザンロープ、キリンブランコ
🥤 公園西側に自動販売機あり

仲町公園 〔東葛西6−12〕

葛西地区の発展の様子がわかる

災害時にトイレになるベンチも

葛西にはかつては牧場があった!

2014年にオープンした、まだ新しい公園。そんなに広くはないが、子どもたちが遊べるいろいろな遊具がそろっている。小さな2つの築山、葦池も。中央近くには葛西地区の発展の様子がわかる写真と沿革が書かれたパネルが設置されているので、かつての葛西に触れてみよう。

◀葛西の移り変わりを示す写真パネル

🚃「葛西駅」より徒歩約10分 🅿 なし
🚻 洋式・障害者用 🪑 ベンチあり ☀ 日陰・少ない
🚰 あり(小さい) 🎠 なし
🎠 ブランコ、すべり台、小鉄棒、小ロープジャングルジム、滑車、スプリング遊具 🥤 自動販売機

小さい子のための

前津公園
まえつ

東葛西4−48−1

バリアフリー設計のコンパクトな公園は、小さい子が遊ぶには十分の広さ。敷地の約3分の1が芝生広場。

芝生がうれしいね

🚌 葛西駅〜一之江駅「雷上組」
🅿 なし　🚻 洋式　🪑 長ベンチあり
🚰 少ない　🌳 あり　♿ なし　🛝 小すべり台　🏪 なし

大きなけやきの木がシンボル

東葛西けやき公園

東葛西6−32−8

地域の子どもたちの要望をもとに造られた、遊具のない自由遊びのための公園。桜も楽しめるよ。

🚌 葛西駅〜葛西臨海公園・コーシャハイム「第二葛西小」
🅿 なし　🚻 洋式・障害者用・子ども用便座あり　🪑 長ベンチ多数あり　🚰 少ない
🌳 なし　♿ なし　🛝 なし
🏪 園内(手洗所横)に自動販売機あり

ライオンとクマがお出迎え

東葛西四丁目公園

東葛西4−26−10

いらっしゃいませ

入口にライオン・クマの赤ちゃんがちょこんと座ってお出迎えしてくれる。高鉄棒で懸垂何回できるかな？

🚌 葛西駅〜一之江駅「浦安橋」　🅿 なし　🚻 洋式　🪑 長ベンチあり　🌳 大きな藤棚あり
♿ あり　🛝 なし
🎡 すべり台、ブランコ、スプリング遊具、高鉄棒
🏪 東側通り沿いに自動販売機あり

長いローラーすべり台とめずらしい桜「御衣黄」

雷公園
いかづち

東葛西9−21−1

丘の斜面に造られたロングローラーすべり台でヒャッホー！　旧江戸川に面しているため、吹く風がさわやか。

長くすべれて大満足♪

▲黄緑色の桜「御衣黄」（ギョイコウ）

🚌 葛西駅〜一之江駅「雷上組」
🅿 なし　🚻 洋式　🪑 長ベンチあり　🌳 木陰あり
♿ あり　🛝 なし　🎡 ロングローラーすべり台、キリンブランコ、スプリング遊具
🏪 バス通りに自動販売機あり

どんぐりあるかな？

東葛西どんぐり公園

東葛西9−7−1

仲良く並んだ2つの小山が目印のかわいい公園。広くはないが森のような雰囲気があり、虫や小動物に会えるかも！

みんなででかけよう

🚌 葛西駅〜葛西臨海公園・コーシャハイム「東葛西7丁目」
🅿 なし　🚻 洋式　🪑 長ベンチあり　🌳 木陰多い
♿ あり　🛝 なし　🎡 複合遊具(ローラーすべり台)、ブランコ、鉄棒、スプリング遊具、リフレッシュ遊具
🏪 公園北側に自動販売機、アリオ前の通り沿いにコンビニと販売機あり

わかくさ公園
巨大ピラミッドとメガネ橋が目印

（清新町1-4-18）

広々とした公園には、木のテーブル席がたくさんあって、青空ランチにおすすめ！　お友だち家族を誘ってピクニックしよう。

ピラミッド

🚌 船堀駅～葛西臨海公園、西葛西駅前～臨海町2丁目団地前「清新町2丁目」 🅿 なし 🚻 洋式・子ども用便座あり 🪑 長ベンチ、東屋、テーブル席多数あり 🌳 木陰多い 🐟 あり 🎣 なし 🎠 大きい子向け複合遊具、ジャングルジム、シーソー、大すべり台、ブランコ、スプリング遊具、テニスボード 🏪 清新町健康サポートセンター方面にスーパー、園内手洗所脇に自動販売機あり

新長島川親水公園
緑が心地よい散歩道、夏は水遊びおまかせ

（清新町2丁目地先）

水あそび

細長い園内の2カ所にユニークな造りの水遊び場あり。野鳥のさえずりも聞こえる静かな緑道をお散歩してみよう。

お水の階段だよ

🚌 西葛西駅～なぎさニュータウン、西葛西駅～葛西臨海公園・臨海車庫「新田住宅」 🅿 なし 🚻 洋式・障害者用 🪑 長ベンチ、芝生あり 🌳 木陰、屋根つきベンチ、休憩小屋あり 🐟 なし 🎣 あり 🎠 なし 🏪 虹の広場通り沿いと最下流手洗前に自動販売機

さざなみ公園
里山を思わせる小川で水遊び

（清新町2-8-5）

浅瀬の水遊び場は小さい子の水遊びに最適。公園で遊んだ後は、隣接の清新コミ館で本を借りて帰ろう！

水あそび

🚌 船堀駅～葛西臨海公園、西葛西駅前～臨海町2丁目団地前「清新町2丁目」 🅿 なし 🚻 洋式・障害者用 🪑 長ベンチ、東屋 🌳 木陰、藤棚あり 🐟 あり 🎣 あり 🎠 本格アスレチック、小さい子向けすべり台、ブランコ、スプリング遊具 🏪 隣接の清新町コミュニティ会館内に自動販売機あり

新左近川親水公園
広大な水辺の憩いの場

（臨海町2～3丁目）

新左近川沿いの水辺に造られた広大な公園。春は湖畔沿いの桜、バラ、夏は新緑、秋はバラ、冬は冬鳥と、四季を通して景観が楽しめ、ベビーカーママのお散歩コースにおすすめ。2019年6月カヌー場オープン。「多目的カヌー場」では、初心者がカヌーに親しむことができる。（一般100円、小中学生50円/1時間）

▲多目的カヌー場

🚌 西葛西駅～臨海町2丁目団地前「臨海町2丁目団地前」、船堀駅～葛西臨海公園「中左近橋」 🅿 中左近橋南東側に200台収容駐車場あり* 🚻 デイキャンプ場（和式・洋式・障害者用）、駐車場（和式・洋式・障害者用）、遊具広場（洋式）の3カ所にあり 🪑 長ベンチ多数あり 🌳 藤棚ベンチ多数あり
<遊具広場> 🐟 なし 🎣 なし 🎠 ロングローラーすべり台、スプリング遊具、ぶら下がりロープ、遊具広場 🏪 カヌー場・駐車場公園出入口に自動販売機あり、臨海町団地側に大型スーパーあり

デイキャンプ場

広々とした芝生が気持ちいい区営のデイキャンプ場。「違法駐車をしない」「ゴミは持ち帰る」などのマナーはしっかり守ろうね！

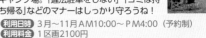

利用日時 3月～11月 AM10:00～PM4:00 （予約制）
利用料金 1区画2100円
申し込み 富士公園サービスセンターへ直接か電話連絡
☎ 03-5658-6054 （デイキャンプ場専用受付 AM9:00～PM5:00）

subway museum
地下鉄博物館

電車でGOGO

入館するときは自動改札を通ります

ファミリーや友だち同士などが訪れ大賑わい。地下鉄の歴史から電車のしくみなど、とことん学べて遊べちゃう! 一日中遊んだら、地下鉄博士になれるかも。

貴重な車両を見に行こう
「1000形(1001号車)」

重要文化財になったー!

昭和2年12月30日、上野〜浅草間の2.2kmを走った日本初の地下鉄1000形。その車両1001号車が2017年9月に鉄道史、交通史において歴史的価値があるとして国の重要文化財に指定された。同年8月には一般社団法人日本機械学会から「機械遺産第86号」として認定されている。

地面の下ではこんな風に地下鉄が走っている!
「メトロパノラマ」

東京メトロ9路線11本の電車(80分の1)HOゲージが、東京の地下を走る様子を再現。AM11〜、PM1〜、PM3〜平日のみ1日3回、電車が走り、その様子を見ながら各路線の解説を聞くことができる。

今日から君も運転士!
「運転シミュレーター」

博物館で一番の人気コーナー。マスコン※を動かし、本物と同じ「千代田線6000系」の動揺装置付き運転シミュレーターの運転体験ができる。「綾瀬〜代々木上原間」全区間を収録し、その区間の運転体験が可能。多くの効果音が聞こえたり、電車の揺れまで体感できるなど、臨場感たっぷり(体験できるのは、小学生以上から)。

また、異なったハンドル型式での運転体験ができる「銀座線」のほか、週替わりで「有楽町線」「東西線」「半蔵門線」「日比谷線」の簡易運転シミュレーターも根強い人気。こちらは小学生以下でも体験が可能だ。係員が操作方法を教えてくれるので、初めての人や小さな子どもでも、安心して楽しめる。

※1台休止中

※マスコン…マスターコントローラーの略で、電車の速度を制御するもののこと。

「地下鉄Q&A」

平成30年12月に問題を一新、音声案内も日本語と英語から選べるようになった。問題は「初級」「中級」「上級」の3レベル。友だちと、家族と一緒に解いて地下鉄博士を目指そう。

隠れた人気スポット
「100形(129号)車両」

昭和13年に製造された100形(129号)車両。平成21年2月、経済産業省から近代化産業遺産として認定を受けた。ドアを開閉したり、マスコンやブレーキを操作して、車両の前の台車にあるモータや車輪を動かすことができる。誰でも運転士気分が味わえるので、ちびっこにも大人気のコーナーだ。

※2021年1月現在、ホームからの見学のみ

INFORMATION

- 東葛西6-3-1(東京メトロ東西線葛西駅下車、葛西駅高架下)
- AM10〜PM4(入館はPM3:30まで)
- 毎週月曜日(祝日・振替休日となる場合は、その翌日)、年末年始(12/30〜1/3)
- 大人220円、こども100円(満4歳以上中学生まで)
- 03-3878-5011
- www.chikahaku.jp

※感染予防対策を実施しての開館のため、HP等で最新情報を確認のうえ来館を

遊びに来てね!

人気スポット

32

枝豆の王様だだちゃ豆にお米…
庄内を知るなら西葛西へ?!

鶴岡市東京事務所

区内のおまつりでよく見かける「鶴岡」の物産品。米にお酒に海の幸、山の幸とおいしいものがいっぱいだけど、そんな鶴岡市（山形県）の魅力を紹介してくれるのがここ、西葛西にある鶴岡市東京事務所。第二次世界大戦中の学童疎開が縁で区と友好都市になり、平成2年に建てられた。地元から来ている職員が「○○だのぅ」と、庄内なまりのあったかい語り口で迎えてくれる。庄内の歴史、観光、食べ物ならお任せあれ!

三角の屋根は出羽三山（月山・羽黒山・湯殿山）をイメージ。→

国内唯一のユネスコ
食文化創造都市

鶴岡の歴史・文化をご紹介

事務所には観光パンフレットが多数そろえられており、いろいろな情報を知ることができる。また、米や漬け物、お菓子などの販売も行っていて、気軽に鶴岡の味覚を購入できる。

↑鶴岡の味覚がそろう「鶴岡物産ミニショップ」

2月は寒鱈のどんがら汁、年4回西葛西駅前で鶴岡の特産をお届け

毎年恒例、2月11日の建国記念日には真冬の日本海で獲れた鱈を味わえる「寒鱈まつり」を船堀駅前で開催。また、年4回、西葛西駅前で「鶴岡の観光と物産展」を開催。そのほか、区民まつりや地域まつりにも鶴岡のお店が出店（出店内容は問い合わせを）しているので、鶴岡の旬の味覚を味わいに行こう。

←「観光と物産展」

鶴岡シルク「kibiso」製品を常時展示

蚕が繭を作る際に最初に吐き出す糸は「きびそ」と呼ばれ、これがブランド名の由来になっている。保湿力に優れ、紫外線吸収力、抗酸化作用もある「きびそ」を使ったストールやバッグなどが常時展示されているので、実際に見て、触れて、ナチュラルな絹製品を実感できる。

観光の前にお立ち寄りください

鶴岡市には、山岳修験の聖地・出羽三山やクラゲ展示種類世界一の加茂水族館など世界に認められた見どころのほか、3つの日本遺産（出羽三山、サムライゆかりのシルク、北前船）など多くの観光地もあり、これらのパンフレットを事務所で入手しよう!

（西葛西駅から徒歩10分）
西葛西7-28-7
☎03-5696-6821
開　館／月～金曜日
　　　　AM8:30～PM5:15
駐車場／1台

33

患者さんと同じ視点で
暮らしを一緒に支えていきたい

ベリークリニック

●患者さんが通いやすい
　クリニックに

　増田美央院長が2006年に開業したのが、糖尿病専門の診療を行うベリークリニックだ。

　前職は浦安市川市民病院（現東京ベイ・浦安市川医療センター）の内科医長だったが、「運動や食事の指導も不可欠な糖尿病の治療は、定期的な通院が必要。大病院よりもクリニックの方が予約を取りやすく、待ち時間も少なく、患者さんも通いやすいのでは」との思いから開業に至った。

●嗜好や暮らし方を優先しつつ
　さらに良い血糖管理を考える

　糖尿病治療の基本は血糖コントロール。厚生労働省の調査では40代の男性に12%ほどの治療中断があるという。同院のアンケート調査でも予約日時に来院できず、薬が足りなくなるのは高齢者より40代に多いという結果が出た。働き盛り世代における負担はより大きいと思われ、医療コストや通院間隔について相談しやすい、風通しのよい関係が大事だと院長は言う。「親の介護が始まったとか、孫の世話があるとか、その方のライフイベントも考慮した治療を心がけています。仕事と介護の両立で疲れている人に運動しなさいとは言えません。患者さんと同じ視点で、暮らしを一緒に支えていきたいと思っています」。

　さらに続けて、「人間は尊厳のある生き物です。それは病気になっても変わらない。病気になった人の人生をすべて否定するようなことがあってはいけません。理想的な食生活や生活習慣は大切なことではありますが、それをただ押し付けるような指導は逆効果と考えています。一生懸命仕事をし、家族を支えてきた患者さんの人生を大切にしながら、心に寄り添って治療を進めていきたいと思っています」。

●他人ごとではない糖尿病
　妊娠予定の人は早目に受診を

　厚生労働省の2016年度の調査では、糖尿病患者と糖尿病の疑いのある人の合計が約2000万人いるという。日本人の6人に1人の割合だけに、他人ごとではない。「ストレスがたまっていたり、食生活の乱れがある方は、一度、受診してほしい。また、遺伝的要因も大きい病気です。一般的な健康診断では診断できないこともあるので、リスクの高いと思う人は、専門機関での受診をおすすめします」

　また、妊娠を予定している女性に対しても「妊婦は飲み薬を用いることができず、妊娠前からインシュリン注射の治療に変えるなど準備が必要です。早目に受診をしてください」と呼びかける

◇

　糖尿病専門だが、もちろん一般内科の外来も受け付けている。「慢性甲状腺炎や橋本病、バセドウ病の治療も行っています。地域のかかりつけ医として、何でもご相談ください」

院長　増田美央
順天堂大学医学部卒業、千葉大学大学院医学研究科修了、医学博士、糖尿病学会認定 糖尿病専門医、内科学会認定 総合内科専門医、日本医師会認定 産業医、音楽療法学会正会員、アンチエイジング学会 会員
★ピアニストでもあり、音楽療法活動も行っている

住 市川市相之川4-14-10-1F　☎ 047-358-6318
時 月・火・木・金8:45～12:00　13:45～17:30
　土　　　　　8:45～12:00　13:45～17:00
　金曜のみ夜間診療あり（要予約）18:30～20:00
　※初診のお申し込みは、電話でご予約ください
休 水曜・日曜・祝日
HP http://www.berryclinic.sakura.ne.jp

診療科目
一般内科・糖尿病外来・甲状腺外来
各種検診・外来迅速血液検査・栄養指導
ED外来・禁煙外来・肥満（認知行動療法）

南行徳駅より徒歩1分

気づいたら進行しているのがガンの怖さ
夢見心地の内視鏡検査で早期発見を

おかはら胃腸クリニック

コロナ禍で「病院へ行きたくない」と不調を放ったままにしている人や、健診で再検査の結果が出たのに検査を受けない人は多いのでは。しかし、「胃ガンも大腸ガンも症状が出てからでは手遅れ。きちんと検査を受けた人しか、早期発見はできないのです」と院長。若い世代でもガンへの罹患リスクはある。「最近では、当院で40歳の女性に胃ガンが見つかりました。健診で再検査が出た人はもちろん、そうでない人も定期的に自分の体としっかり向き合ってほしい」。

病院は、感染症や病気のプロフェッショナルがいる場所。だから、コロナ禍でもウイルス対策は万全で、「スーパーなどに行くよりも、断然安全」とのこと。また、注射を打って眠っているうちに終えることができる、おかはら胃腸クリニックの内視鏡検査は、「夢見心地」と患者に評判。体内にカメラを入れる検査は痛いという固定概念を覆すものだ。

ゲップや胸やけ、喉の違和感などの症状がある逆流性食道炎も、悪化すれば食道ガンの要因に。「自分は大丈夫と高を括らず、病院へ足を運ぶ習慣を身につけることが健康への近道です」

院長 岡原 由明
順天堂大学卒。同大学病院等を経て2001年開業。医学博士

住 江戸川区東葛西6-2-13フローラル東葛西7 2F
⇒江戸川区東葛西6-1-17第6カネ長ビル1F
（21年5月より移転予定）
☎ 03-5659-2155
時 月・火・水・金／9:00〜12:30 15:00〜19:00
土／9:00〜14:00 休 木・日・祝
HP http://www.okahara-clinic.com/
診療科目
胃腸内科・外科

防音に配慮した設備で
患者の気持ちに寄り添う診察・治療を行っています

柴山泌尿器科・内科クリニック

心を癒す音楽が流れる待合室と、十分な防音を施した診察室。「恥ずかしい・心配だという気持ちを抱えた患者さまの力になりたい」と一人ひとりの気持ちに寄り添った診察・治療を行っている柴山泌尿器科・内科クリニックの柴山太郎院長。

同クリニックでは、受診当日に尿検査の結果・診断がその場ですぐわかる。また、顕微鏡で見た尿所見をモニターで見ることができる。「尿潜血がある」と診断された人などのために、腎臓や膀胱をはじめとした超音波検査を行うのだ。

新型コロナウイルス対策として、手指のアルコール消毒液をはじめ、待合室・診察室には紫外線照射装置・空気清浄機・加湿器を設置。患者を第一に考えた安全安心の設備で、いろいろな悩みを持つ患者にとって安心のクリニックだ。

「トイレが近いなどの泌尿器の違和感はもちろん、いつもと違うなと気になることはなんでもご相談ください」と、柴山院長。開院から17年、患者の安心を支える頼もしい存在として、これからも診察・治療を続けていく。

院長 柴山 太郎
慶應義塾大学医学部卒業。同大元講師。日本泌尿器科学会認定専門医。日本人間ドック学会認定指定医。医学博士

住 江戸川区東葛西6-1-17第6カネ長ビル2F
☎ 03-5675-7223
時 月・火・木・金／9:00〜12:30 15:00〜18:30
土／9:00〜12:30
休 水・日・祝・土曜午後
HP http://www.shibayama-clinic.com/
診療科目
泌尿器科、男性更年期（ED）、内科（一般）、
健康診断、旅行医学

一般歯科・小児歯科・矯正歯科・口腔外科

歯医者嫌いも勧める、"患者に優しい"歯科医院

長嶋雄樹 院長

「僕も歯医者が苦手でした」という院長のもと、どんな人でも安心して通えるよう、なるべく「痛くない」「怖くない」「負担が少ない」治療を心がけている。早期発見・予防に特に力を入れ、歯を守り、虫歯・歯周病に効果的な最新のクリーニング機材を導入。駅徒歩1分・平日夜7時まで・土日も診療という通いやすさも患者に優しいポイント。

http://www.claire-shika.com/

クレア歯科医院
☎ 03-3877-1855

江戸川区東葛西6-2-9武企画ビル2 6F
診療時間／平日　9:30～13:30
　　　　　　　　15:00～19:00
　　　　　　土　9:30～13:00
　　　　　　　　14:30～18:00
　　　　　　日　9:30～13:00
休診日／木・祝

地下鉄
博物館口
東西線
葛西駅
西葛西
ロータリー
★ココ
マクドナルド

皮膚科・小児皮膚科

皮膚のトラブルなら、何でもご相談ください

細谷順 院長

ニキビ、じんましん、湿疹、(爪)水虫、脱毛症、アトピー、イボ、うおのめ、シミ、ピアス、ヒアルロン酸注入、ニンニク・ボトックス・プラセンタ注射など。葛西駅前、徒歩30秒。土・日曜日も夕方5時半まで診療。平成4年に開院して以来、28年間で約10万人を超える患者さんを診療。西洋・漢方医学療法から各種注射に至るまで、手腕と実績に自信を持っています。

http://www.hosoyahifuka-clinic.com

細谷皮膚科クリニック
☎ 03-5674-1230

江戸川区中葛西3-37-1-2F
(駅前30秒)
診療時間／月～金10:00～13:00
　　　　　　　　14:30～20:00
　　　　　　土・日 10:30～13:00
　　　　　　　　14:00～17:30
休診日／水・祝・夏季・冬季

パチンコ屋
美容室
★ココ
きらぼし銀行
環七
葛西駅
西葛西
浦安→

整骨院 でからだのメンテナンスを

突き指や捻挫などの急性のけがはもちろん、
肩や腰の痛み、体のゆがみなど気になることがあったら相談にいける整骨院。
国家資格を持つ「柔道整復師」が施術してくれる。

スポーツ障害に強い 子育てママにも安心な鍼灸整骨院

1982年開院。東洋医学と最新機器や技術を日々融合し、交通事故によるけがの迅速な対応、スポーツ障害(日本テニス協会、日本水泳連盟、日本バドミントン協会、陸上競技、バレーボール、ラグビー、プロ野球チームトレーナー在籍)、首・肩・肘・腰・膝の痛みの治療を専門的に行います。各施術における専門家がいるので、相談してみよう。

タナカ整骨院
併設／タナカ鍼灸院
☎03-3687-6103

西葛西3-13-2　休／日・祝
受／月・水・金 9:00～12:00 15:00～19:30
　　火・木 15:00～19:00
　　土 9:00～14:00

江戸川区西葛西　タナカ整骨院 | 検索

カルカッタ(カレー屋)
まいばすけっと
ワイズマート
三菱UFJ銀行
★ココ
ローソン
スマイルホテル東京西葛西 北口
至日本橋
西葛西

赤ちゃんからお年寄りまで、区民の"健康"を応援！
健康サポートセンター

葛西健康サポートセンター　中葛西3-10-1　☎03-3688-0154

- ■**交　通**　葛西駅から徒歩5分、都営バス「船堀駅→なぎさニュータウン　葛西区民館下車」
- ■**駐車場**　68台（葛西区民館と共用）
- ■**オープン**　2006年4月1日
- ■**バリアフリー情報**
  スロープ：なし／誘導ブロック：あり／エレベーター：あり／エスカレーター：なし／手すり：あり／多目的手洗所：あり
- ■**ベビー情報**
  ベビーベッド：なし／ベビーチェア：あり／ベビーシート：あり／授乳室：あり（子育てひろば内）／子ども用トイレ：あり（子育てひろば内）

なぎさ健康サポートセンター　南葛西7-1-27　☎03-5675-2515

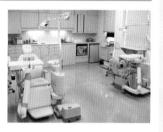

- ■**交　通**　都営バス「葛西駅→なぎさニュータウン　なぎさニュータウン下車」
- ■**駐車場**　4台（医師用）1台（車椅子利用者用）
- ■**オープン**　1998年10月
- ■**バリアフリー情報**
  スロープ：なし／誘導ブロック：あり／エレベーター：あり／エスカレーター：なし／手すり：あり／多目的手洗所：あり
- ■**ベビー情報**
  ベビーベッド：あり／ベビーチェア：あり／ベビーシート：あり／授乳室：あり

清新町健康サポートセンター　清新町1-3-11　☎03-3878-1221

- ■**交　通**　西葛西駅より徒歩6分
- ■**駐車場**　8台
- ■**オープン**　1983年7月
- ■**バリアフリー情報**
  自動ドア：あり／スロープ：あり／誘導ブロック：あり／エレベーター：なし／エスカレーター：なし／手すり：あり／多目的手洗所：あり
- ■**ベビー情報**
  ベビーベッド：なし／ベビーチェア：あり／ベビーシート：あり／授乳室：あり

3館共通項目

- ■**開館時間**　AM8:30 ～ PM5
- ■**閉館日**　土・日・祝・年末年始
- ■**事業内容**
  健康づくり（ファミリーヘルス推進員による健康講座・地域健康講座等）、生活習慣病・その他の疾病予防、母子保健、予防接種、精神保健（専門医による相談）、健診及び保健相談、栄養相談、歯科相談、リハビリ・運動相談、介護保険及び生活支援等の受付、細菌検査、犬の登録等

葛西ストリート 案内 GUIDE

これを知っとけば、
引っ越したばかりのあなたも
立派な"葛西人"です！

凡例：
- 愛称のついている道
- ★『健康の道』
- 交差点名

① 棒茅場通り

八雲神社 / 安楽寺 / 葛西第二中 / 船堀七丁目
宇喜田第一公園
★一之江境川親水公園
新渡橋 / 新川
古川親水公園 / 江戸川六丁目 / 新川大橋 / 江戸川五丁目
葛西図書館 / 三角橋

北葛西三丁目 / 第五葛西小 / ふれあいの森 / 都立宇喜田公園 / 宇喜田東小 / 宇喜田小 / 中葛西一局
水神社 / 北葛西三丁目広場 / 法蓮寺 / 葛西小 / 宇喜田公園 / 宇喜田東公園

★一之江境川親水緑道

行船公園
野球場 / 行船公園自然動物園 / 北葛西四丁目 / 龍光寺 / 妙蓮寺
②葛西橋東詰 / 小島公園 / 北葛西二丁目 / 第三葛西小 / 宇喜田稲荷神社 / 葛西中央公園 / 葛西消防署 / 葛西郵便局 / 葛西中 / 葛西東小 / 新左近

行船公園前

イオン / 西葛西小 / 五之堀公園 / スポーツセンター / 第六葛西小 / 中葛西四丁目 / 滝野公園 / 桑川公園 / 桑川神社 / 香取神社 / 梵音寺 / 称専寺 / 智光院 / 正観寺 / 清光寺

中川 / 船堀街道 / 西葛西二丁目

③虹の道公園

★葛西親水四季の道 / 自性院 / 善徳寺 / 浦安橋 / 妙見島

清新町ランプ / 八幡神社

中葛西4 ← / 西葛西中 / 二反割公園 / 馬頭観音 / 長島1号公園 / 葛西駅前局 / 東葛西五丁目 / 善東寺

至日本橋 / 清砂大橋 / 清新第一中

西葛西駅

長島町交差点 / **葛西橋通り**

西葛西6丁目第3 / 西葛西六丁目

⑤ / 葛西駅西通り / **葛西駅**

清新第一小 / クリーンタウン清新町一丁目 / 江戸川区球場 / 中葛西五局 / 正応寺 / 東葛西六局 / 第二葛西小 / 東葛西さくら公園 / 葛西警察署 / 東葛西中

虹の広場 / スポーツの森 / 西葛西七丁目 / 第七葛西小

③葛西6号公園通り

中葛西5南 / 葛西第三中 / 第四葛西小 / 葛西四丁目
⑧ / 堀江並木通り / **⑥清砂大橋通り** / **中葛西8** / 天祖神社 / 昇覚寺 / 東葛西仲町局 / 真蔵院 / 香取神社

さざなみ公園 / 都営住宅 / かもめ公園 / **西葛西8** / 堀江公園 / 葛西防災公園

★荒川沖 / 清新第二中 / 清新町二丁目 / 陸上競技場 / しじみ橋

⑦ / 環七通り

★荒川沖 / 新左近川マリーナ / 新左近川親水公園 / 新田小 / 中左近橋
新田公園 / 南葛西

★新左近川親水緑道 / 紅葉川高校 / 臨海小 / **中左近橋** / 臨海町二丁目

左近通り / 南葛西二丁目公園 / 葛西南高校 / **⑨左近川親水緑道** / 東葛西小学校 / 東葛西二丁目

葛西南高東 / ファミリースポーツ広場 / フラワーガーデン / 少年キャンプ場

★左近川親水

臨海球技場 / ロッテ葛西ゴルフ練習場 / 東京中央卸売市場葛西市場

旧海岸堤防 / **南葛西通り** / 南葛西会館 / **④** / 総合レクリエーション公園 / 富士公園 / なぎさ公園 / なぎさポニーランド

★新左近川親水緑道 / 都営バス臨海車庫 / 葛西トラクターターミナル / **なぎさニュータウン**

さくら通り / 南葛西第二小 / 南葛西六局 / 南葛西三丁目

浦安市 / 旧江戸川

JR京葉線 / 葛西臨海公園 / 国道357号 / 駐車場

★『健康の道』には、距離表示板や、健康サイン（ストレッチ体操ガイド）などが設置されている。
健康作りのため、おおいに活用しようではありませんか！

通り名	どんな道?

棒みたいに真っすぐな 茅が採れた?
❶ 棒茅場通り
ぼうしば

やっぱり、最初は読めないよね。格子状に整備された道が多いなか、歴史があるんだぞとばかり行船公園から「ナナメ!」に走り、半円形を描いて新川へと続く。「茅場」とは屋根をふくための茅が採れた所。

行船公園

江戸川区のシルクロード （都道308号線）
❷ 船堀街道
ふなぼり

その名のとおり、臨海町から船堀を通ってJR新小岩駅へと続く道。葛西人のメッカ・行船公園、都立宇喜田公園やタワーホール船堀、江戸川区役所、総合文化センターなど、江戸川の文化をつなぐ。

東西線・清砂大橋通り・清新町陸橋の3線が上を走る

本物のレインボーに出合える道
❸ 虹の道& 虹の広場通り
にじのみち& にじのひろば

東西線西葛西駅から葛西防災公園まで、南に延びる緑豊かな道。通称かいじゅう公園「子供の広場」、「江戸川区球場」、半円形の水のカーテン「虹の広場」、「新田の森公園」「葛西防災公園」と公園をつなぐ。

虹の広場通りと清砂大橋通りの交差点に構える、江戸川区球場

葛西の最南端へ行こう
❹ 南葛西通り
みなみかさい

東葛西8丁目の新田仲町通り近くから旧江戸川まで、南に延びる。両側はケヤキの並木でゆったりした歩道も。交差する総合レクリエーション公園の鉄橋が上を走り、通り沿いには南葛西会館がある。

総合レクリエーション公園の鉄橋

かつての磯の香りが 漂ってきそう
❺ 新田仲町通り
しんでんなかまち

棒茅場通りから続く、葛西をナナメに走る道。かつての葛西の海岸線と並行するこの道は、昭和初期の地図にもそれらしき形をとどめている昔からの道。使いこなせるようになれば、かなりの葛西通。

区のスポーツセンター

本名はおカタイので 愛称で呼んでね
❻ 清砂大橋通り
きよすなおおはし

04年3月、江東区と葛西を結ぶ「清砂大橋」が開通し、この名が愛称に。正式名称は「東京都市計画道路幹線街路事業放射第16号線」! ちなみに、放射とは都心から真っすぐ各地へと延びる道路のこと。

ササキスポーツ。窓には、スポーツ選手のポスター!!

三角とは何ぞや?!
❼ 三角葛西通り
さんかくかさい

答えは新川を渡ったところに。葛西図書館前に大きな三叉路があり、その形からここのバス停が「三角」と名づけられた。その後「三角」のある通りは「陣屋通り」となり、新川以南にこの名が残ったもの。

イチョウの並木

自然の恩恵も 受けられる(!?)
❽ 堀江並木通り
ほりえなみき

清砂大橋通りと新田仲町通りが交差するあたりから左近川親水緑道へとつづくヤマモモの並木道。東西線が開通するまでは川で、以前は海苔養殖や釣り舟に使われる "ぺか舟" が停泊していたという。

ヤマモモの実はご近所さんの果実酒の材料に

水と草木が楽しめる 憩いスポット
❾ 左近川親水緑道
さこんがわ

かつての江戸川の分流のひとつで、河港の役割を果たしていた左近川を整備し、水と緑あふれる趣のある道に生まれ変わった。なぎさポニーランド近くから家々の間を流れ、新左近川親水公園までつづく。

環七と交わる付近、仲割川遊歩道からの流れが滝をつくる

KASAIを遊ぼ!
年間イベントカレンダー

お金をかけず、移動時間をかけずに、地元で楽しんじゃいましょう!

※現時点（2021.2.28）で未定のところも多いので事前に確認を

4月 小松川千本桜まつり

区内で最も見応えのあるお花見スポットで、荒川スーパー堤防沿い1.9kmにわたり1000本もの桜が咲き乱れる。大島小松川公園・自由の広場前の会場では特設ステージ、ポニー乗馬、小動物園など催しがたくさん!

行き方　都営新宿線「東大島駅」から徒歩3分
☎03-3683-5183　小松川事務所地域サービス係

鯉のぼりこどもまつり 4月

なぎさニュータウン

集合住宅が多い葛西では、「代々の鯉のぼりを泳がせる場所がない」のが現状。南葛西のなぎさニュータウンでは、4月24日から5月5日まで大きな鯉のぼりが団地の空を立ち上るように泳ぐ。

☎090-7261-7987
なぎさニュータウン 鯉のぼり実行委員会（松井）

年間イベントカレンダー

	日程	イベント名	会場	所在地/交通	問い合わせ	電話	MEMO
4月	24日〜5月5日	鯉のぼり掲揚（予定）	なぎさニュータウン中央広場	南葛西7-1	なぎさニュータウン鯉のぼり実行委員会（松井）	090-7261-7987（松井）	大きな鯉のぼりが団地の空を泳ぐ。AM6：30〜PM6まで
	中止	南葛西さくらまつり	フラワーガーデン	南葛西4-9	江戸川区商店街連合会島支部	03-3688-1605（入船）	桜が見事な中央広場周辺で、模擬店、フリーマーケットなどの催し。雨天中止。
	中止	小松川千本桜まつり	小松川千本桜	小松川1〜3丁目	小松川事務所地域サービス係	03-3683-5183	南北1.9kmにわたり、咲き誇る千本の桜が有名。ステージ、ポニー乗馬、小動物などの催しを予定。
	中止	葛西大師まいり	光明寺を出発	船堀6-8-18	スズキ	03-3689-0964	
	中止	鯉のぼりこどもまつり	なぎさニュータウン管理棟ホール	南葛西7-1	なぎさニュータウン鯉のぼり実行委員会	090-7261-7987（松井）	
5月	4日	みどりの日記念日	葛西臨海水族園	臨海町6-2-3	葛西臨海水族園	03-3869-5152	みどりの日を記念して、この日は入園無料。
	4日	ヒツジの毛刈りショー	自然動物園	北葛西3-2-1	自然動物園	03-3680-0777	プロの毛刈り職人の実演とフェルトボール作り体験。子どもたちが毛刈りを体験＆見学。
	こどもの日	こどもの日記念	葛西臨海水族園	臨海町6-2-3	葛西臨海水族園	03-3869-5152	こどもの日を記念して、都外中学生も入園無料に!
	こどもの日	しょうぶ湯	区内全公衆浴場		区商工勤労係	03-5662-0523	邪気を払い、厄難を除くといわれる菖蒲湯はとってもいい香り。
	5日（予定）	お江戸投網まつり	東京東部漁業協同組合各船宿	−	区農産係	03-5662-0539	葛西臨海公園沖で昔ながらの投網を見物後、舟での食事を楽しむ。
	9日	母の日感謝の入浴デー	区内全公衆浴場		区商工勤労係	03-5662-0523	母子一緒の入浴の場合、無料!
	中旬（予定）	江戸川区特産バラ品評展示即売会	総合文化センター前芝生広場	中央4-14-1	区農産係	03-5662-0539	色とりどりのバラが会場を埋め尽くす。
	27日	さわやか体育祭	陸上競技場	清新町2-1-1	区生きがい係	03-5662-0039	おじいちゃん、おばあちゃんと区内幼・保育園児・保護者による三世代交流の大規模な運動会。
	中止	わんぱく相撲江戸川区大会	江戸川区スポーツセンター	西葛西4-2-20	わんぱく相撲事務局（坂本）		区内の小学生が学年・男女ごとに競い、横綱を決める。優勝した男子（4〜6年）は全国大会へ。（問）wanpakuedogawa2020@gmail.com
	未定	花の祭典	鹿骨スポーツ広場	篠崎町8-5	区農産係	03-5662-0539	区内特産の花・農産物のイベント。野菜の即売やガーデニング教室、小松菜関連商品の販売など。

※日付が明記してあるものは、2021年3月26日〜2022年3月の開催予定です。

江戸川河川敷に広がる、100種5万本のハナショウブは必見！ 約2000株のアジサイも楽しめる。無料駐車場もある。

🚃行き方　バスで都営新宿線「船堀駅」へ。都営新宿線終点「本八幡駅」で京成本線「京成八幡駅」に乗り換え、京成本線「江戸川駅」下車徒歩5分
☎03-5662-0321　区土木部水とみどりの課

7月

左近川イブニングファンタジー

真夏の夜を屋外で満喫できちゃうイベント。新田コミュニティ会館野外東側特設ステージでは、演奏会や子ども向けの映画会が。涼風に吹かれながら、夏ならではのイベントを楽しんで！

☎03-5658-7211　新田コミュニティ会館

左近川で真夏の夜のひとときを

※日程、内容は変更になることがあります。お出かけの前に連絡先などで確認してください。

	日程	イベント名	会場	所在地/交通	問い合わせ	電話	MEMO
6月	6月上〜中旬	小岩菖蒲園	小岩菖蒲園	北小岩4丁目先	区土木部水とみどりの課	03-5662-0321	見ごろを迎えた100種5万本のハナショウブを愛でながらの散策が楽しめる。
	20日	父の日 感謝の入浴デー	区内全公衆浴場	−	区商工勤労係	03-5662-0523	父子一緒の入浴の場合、無料！
	下旬	八雲神社の祭禮	長島 香取・八雲神社	東葛西2-34-20	長島 香取・八雲神社	03-3680-2070	3年に1度開催される長島町の神社のお祭り。神輿が町内を一日中駆け巡る。次回は2022年開催予定
7月	中旬（予定）	小岩あさがお市	JR小岩駅南口商店街	−	区農産係	03-5662-0539	
	中旬	棒茅場 八雲神社祭礼	棒茅場八雲神社	北葛西1-6-14	神社総代表	03-3687-1553	3年に1度の大祭。1日目が宵宮、2日目は祭礼（次回は2023年開催予定）。
	17日	第15回江戸川 総合人生大学祭	しのざき文化プラザ	篠崎町7-20-19	江戸川総合人生大学事務局	03-3676-9075	学生自ら企画し学びの成果を発表する大学最大のイベント。卒業生や地域の人たちも参加。
	下旬	サマースクール 1日飼育体験教室	自然動物園	北葛西3-2-1	自然動物園	03-3680-0777	スタッフと一緒に園内の動物のお世話をしてみよう。区内の小3〜小6の子どもを対象。
	下旬	左近川イブニングファンタジー	新田コミュニティ会館	中葛西7-17-1	新田コミュニティ会館	03-5658-7211	屋外ステージで演奏会や子ども向け映画を楽しもう！
	未定	江戸川区民ラジオ体操大会	未定	−	区スポーツ係	03-5662-1636	区内6地区を毎年巡回し、多人数でラジオ体操を実施するイベント。
8月	中旬〜下旬	町・自治会の夏祭り、盆踊り、納涼大会	各自治会内公園・学校など	−	最寄りのコミュニティ会館	−	
	中旬〜下旬	清新サマ連ビア・ガーデン	清新町コミュニティ会館前庭	清新町1-2-2	清新町コミュニティ会館	03-3878-1981	近隣住民との交流を目的とした納涼ビア・ガーデン。

2021年は9月下旬開催予定

9月 江戸川区花火大会

豪快なオープニングの後、BGMにのせて趣向をこらした花火が打ち上がる。江戸川区と市川市同時開催のこの花火大会は、打ち上げ数約1万4千発と全国でも最大級。

※前回開催時の情報を掲載

☎03-5662-0523　区商工勤労係

みんなで行進だ！

9月 金魚まつり

夏の風情たっぷりの江戸川区の伝統産業、金魚の祭典。恒例の無料金魚すくい目当てに、行船公園の釣り池の周りには長蛇の列。さまざまな種類の金魚が水槽に並ぶ展示販売コーナー、江戸風鈴やつりしのぶなどを販売する江戸伝統工芸コーナーなどあり。

☎03-5662-0539区農産係

10月 江戸川区民まつり

毎年50万人を超える来場者が訪れる都内最大級の祭り。フラダンス、和太鼓などのステージパフォーマンスや、世界各国の食べ物が並ぶ模擬店など見どころ盛りだくさんで、1日では回りきれないかも!?

☎03-5662-0515　区コミュニティ係

年間イベントカレンダー

日程	イベント名	会場	所在地/交通	問い合わせ	電話	MEMO
11・12日（予定）	江戸川区特産金魚まつり	行船公園	北葛西3-2-1	区農産係	03-5662-0539	区伝統産業の金魚の祭典。
18日～20日	笑顔いっぱい長寿の集い	各地域のコミュニティ会館など	–	区生きがい係	03-5662-0039	敬老の日前後の週末に、お祝いのイベントを各地域にて開催。
敬老の日	お背中流し隊	区内全銭湯		区孝行係	03-5662-0314	敬老の日、「お背中流し隊」の子ども達がお年寄りの背中を流し交流するボランティアを実施。
中旬	老人週間	葛西臨海水族園	臨海町6-2-3	葛西臨海水族園	03-3869-5152	60歳以上のお年寄りは入園無料に！
中旬	清新サークル連合会まつり	清新町コミュニティ会館	清新町1-2-2	清新町コミュニティ会館	03-3878-1981	同館で活動するサークルが日頃の成果を披露する。「笑顔いっぱい長寿の集い」同時開催。
下旬（予定）	江戸川区花火大会	区営新宿線「篠崎駅」より徒歩15分（江戸川会場）江戸川河川敷都立篠崎公園先（打ち上げ場所）			03-5662-0523	オープニングは豪快！ BGMにのせて趣向をこらした花火が打ち上がる。
1日	都民の日	葛西臨海水族園	臨海町6-2-3	葛西臨海水族園	03-3869-5152	都民の日を記念して、入園無料に！
第1土曜・日曜	長島香取神社の祭り	長島香取・八雲神社	東葛西2-34-20	長島香取・八雲神社	03-3680-2070	土曜が宵宮、日曜が本祭。地域の人々がカラオケ大会、演芸大会などで楽しむ。模擬店が出る。
上旬	アイススケート場オープン	スポーツランド	東篠崎1-8-1	スポーツランド	03-3677-1711	23区唯一、60m×30mのスケートリンクが5月31日（予定）までオープン。
10日	開園記念日	葛西臨海水族園	臨海町6-2-3	葛西臨海水族園	03-3869-5152	水族園の誕生日を記念して、入園無料！
10日	銭湯の日	区内全公衆浴場	–	区商工勤労係	03-5662-0523	小学生以下無料。ラベンダー湯。先着順で記念タオル配布。
10日（予定）	江戸川区民まつり	都立篠崎公園	上篠崎1-25	区コミュニティ係	03-5662-0515	江戸川区最大の秋の祭典。パレードや子ども向けレジャーコーナーあり。
中旬（予定）	屋形船ハゼ釣り体験	東京東部遊漁船組合 各船宿	–	区農産係	03-5662-0539	

（9月・10月）

10月or11月
葛西市場まつり

葛西が誇る「中央卸売 葛西市場」の祭り。広大な敷地では産地直送野菜が即売され、午前中にはほとんどが売り切れるという盛況ぶり。警察署や消防署のブースなど子ども向けの催しも豊富。大きなステージでのイベントも多数あり、近隣サークルの参加もある。

☎03-3878-2072　葛西市場自治会

11月
えがおの家まつり

利用者が手作りした陶芸やさをり織りの製品等の自主生産販売をはじめ、保護者会によるバザー、地域自治会による模擬店、各種団体によるアトラクション等。ゲームコーナーもあり。みんなが"えがお"になるおまつり。

☎03-3680-3116　江戸川区立えがおの家

11月
江戸川「食」文化の祭典

地元江戸川の味が手ごろな価格で楽しめるグルメフェア。区特産の小松菜関連商品やえどがわグルメの屋台をはじめ、友好都市・鶴岡市などの特産物がずらりと並ぶ。また、区長杯争奪カラオケ大会も開催。のど自慢たちが熱い歌声を披露する。

☎03-5662-0523　区商工勤労係

※日程、内容は変更になることがあります。お出かけの前に連絡先などで確認してください。

日程	イベント名	会場	所在地/交通	問い合わせ	電話	MEMO
10月	10月〜11月（予定）| 江戸川区文化祭	総合文化センター タワーホール船堀	中央4-14-1 船堀4-1-1	区文化課文化振興係	03-5662-1628	美術、書道、俳句などの8種目の日頃の成果を披露する。2会場に分かれて開催。
	10〜11月に開催予定	葛西市場まつり	中央卸売葛西市場	臨海町3-4-1	葛西市場自治会	03-3878-2072	産地直送野菜即売。
	10月中旬〜11月下旬（予定）| 影向菊花大会	善養寺	東小岩2-24-2	区農産係	03-5662-0539	昭和42年に始まった伝統ある菊花会。
	未定	りんかいフェスタ	臨海町コミュニティ会館	臨海町2-2-9	臨海町コミュニティ会館	03-3869-2221	同館で活動するサークルが日頃の成果を披露する。
11月	3日	スポーツセンターまつり	スポーツセンター	西葛西4-2-20	スポーツセンター	03-3675-3811	クイズ大会など子ども向けイベントもたくさん。スポーツ界の有名ゲストが来場することも。
	14日	えがおの家まつり	えがおの家	東葛西5-10-5	えがおの家	03-3680-3116	知的障害者生活介護施設の利用者と地域住民がふれあう祭り。趣向を凝らしたイベントあり。
	上旬	江戸川「食」文化の祭典	総合文化センター	中央4-14-1	区商工勤労係	03-5662-0523	区内飲食業組合の祭典。物産販売・模擬店のテントがずらり。区長杯争奪カラオケ大会も開催。
	19〜20日（予定）| 産業ときめきフェア in EDOGAWA	タワーホール船堀	船堀4-1-1	産業ときめきフェア実行委員会事務局	03-5662-0525	区内のものづくり産業の発展のためのイベント。体験コーナーは子どもも楽しめる。
	中旬	北葛西コミュニティ会館サークル発表会	北葛西コミュニティ会館	北葛西2-11-39	北葛西コミュニティ会館	03-5658-7311	同館で活動するサークルが日頃の成果を披露する。
	中旬	南葛西会館サークルフェア	南葛西会館	南葛西6-8-9	南葛西会館	03-3686-9411	同館で活動するサークルが日頃の成果を披露する。
	28日	りんご風呂	区内全公衆浴場	−	区商工勤労係	03-5662-0523	先着順でりんごを配布。

スイス〜イ♪

12月

氷上フェスティバル

年に一度、スケートリンク上で繰り広げられる祭り。華麗な演技を披露するフィギュアスケートエキシビジョンや、誰でも参加できるアイスホッケーシューティングゲームなど。

☎03-3677-1711　スポーツランド

上手にまわせるかな？

ア さて、ア さて、さてさてさてさて、さては…

1月

寿・初春
新川江戸の賑い

獅子舞や曲芸、玉すだれなどの伝統芸能の披露や、和船の運航など、江戸情緒あふれる正月が楽しめるイベント。「羽根突き」や「たこ揚げ」、「コマ回し」などの昔遊びの道具が借りられるブースは子どもたちに大人気だ。キッチンカーをはじめ近隣飲食店による飲食ブースもある。

☎03-3804-0314　新川さくら館

大江戸すだれ

年間イベントカレンダー

	日程	イベント名	会　場	所在地/交通	問い合わせ	電話	MEMO
	5日	ボランティア フェスティバル	タワーホール 船堀	船堀4-1-1	えどがわ ボランティアセンター	03-5662-7671	活動内容もさまざまな区内のボランティア 団体が活動を発表。
	上旬	新田コミュニティ 会館サークル発表会	新田 コミュニティ会館	中葛西7-17-1	新田 コミュニティ会館	03-5658-7211	同館で活動するサークルが日頃の成果を披露 する。
	上旬	氷上 フェスティバル	スポーツランド	東篠崎1-8-1	スポーツランド	03-3677-1711	23区唯一のアイススケート場。当日は一般滑走が 無料。模擬店、リンク内ではウルトラクイズなど。
12月	冬至の日 (22日)	冬至 ゆず湯	区内全公衆浴場	－	区商工勤労係	03-5662-0523	「冬至に入ると無病息災」といわれるゆず入りの風呂が 楽しめる。小学生以下無料。先着順で飲み物配布。
	下旬 (予定)	区特産正月用花の 展示即売会	区内の駅前など 7カ所（予定）	－	区農産係	03-5662-0539	梅、シクラメン、ポインセチアなど季節の花を 安価で提供。会場は一部変更する場合もあり。
	31日	除夜の鐘	安楽寺	北葛西1-25-16	安楽寺	03-3689-0976	18時から一般参加可能。毎年、地元青年部が チャリティーで年越しそばを振る舞う。
	31日	除夜の鐘	正圓寺	東葛西3-4-22	正圓寺	03-3689-0727	23時30分から先着108人まで。
	31日	ダイヤと花の 大観覧車	葛西臨海公園 大観覧車	臨海町6-2	泉陽興業㈱	03-3686-6911	31日10時〜元日朝8時までオールナイト営業。 ※場合によっては変更あり

2月 節分祭

毎年多くの人でにぎわう節分祭。豆まきが夕方ということもあり、家族そろって行けるのも魅力的だ。年男・年女がまくお菓子や紅白餅で福を分けあおう。

☎03-3687-1553
棒茅場八雲神社 総代表

鬼はぁ〜外！

福はぁ〜内！

走る！走る！

2月 雷の大般若 (いかづち)

江戸末期から伝わる雷地区（東葛西4丁目および9丁目）の奇祭。"雷不動"と呼ばれる真蔵院を拠点とし女装の一群が無病息災を願い大般若経の入った大きな箱を担ぎ町内を一日中走り回る。

☎03-3680-4853　真蔵院

※日程、内容は変更になることがあります。お出かけの前に連絡先などで確認してください。

	日程	イベント名	会　場	所在地/交通	問い合わせ	電話	MEMO
1月	1日	初詣	長島香取神社・八雲神社	東葛西2-34-20	長島香取神社・八雲神社	03-3680-2070	元日0時からお囃子が始まる。
	1日	元旦祭	棒茅場八雲神社	北葛西1-6-14	神社総代表	03-3687-1553	お神酒・年越しそば・おしるこなどの振る舞いあり。
	2・3日	水族園のお正月	葛西臨海水族園	臨海町6-2-3	葛西臨海水族園	03-3869-5152	お正月ならではのイベントがもりだくさん。
	5日	寿・初春 新川江戸の振い	新川さくら館	船堀7-15-12	新川さくら館	03-3804-0314	昔遊びの道具が借りられるブースや飲食物の出店、曲芸など、催し物が多数行われる。
	成人の日	江戸川区成人式	総合文化センター	中央4-14-1	健全育成課青少年係	03-5662-1629	記念式典は大ホールで、午前・午後の2回に分けて開催予定。
	中旬(予定)	小松菜まつり	グリーンパレス(予定)	松島1-38-1	区農産係	03-5662-0539	
2月	3日	節分祭	棒茅場八雲神社	北葛西1-6-14	神社総代表	03-3687-1553	18時より豆まき（8回）。
	9・10日	熟年文化祭	総合文化センター	中央4-14-1	区生きがい係	03-5662-0039	熟年者の区民が芸能、作品、俳句・短歌の3部門に分かれて日頃の成果を披露。
	11日(予定)	鶴岡寒鱈まつり	船堀TOKIビル前広場 船堀駅前	都営新宿線船堀駅前	鶴岡市東京事務所	03-5696-6821	鶴岡直送の鱈たっぷりの「どんがら汁」を販売。物産展あり。
	最終日曜	雷(いかづち)の大般若	真蔵院	東葛西4-38-9	真蔵院	03-3680-4853	女装した男性の一群が、経本の入った箱を担いで町内を走る奇祭。
	下旬〜3月上旬	ひなかざり	なぎさニュータウン管理棟小ホール	南葛西7-1	松井	090-7261-7987	ぼんぼりに灯りをともした2組のひなかざりを展示。

おでかけ6

江戸の風情を感じながら…

新川お散歩

2015年3月に完成した「新川千本桜」事業。堤防によって切り離されていた川が生活の中に戻ってきた。両岸には遊歩道、桜並木が続き、水辺へも行ける。西水門から東水門までの全長約3kmは、散歩に、ウオーキングに最適のコース。春には「新川千本桜まつり」が開催される。桜の季節はもちろん、どの季節も川沿いの道というのは気持ちいいよね。

※この新川千本桜沿川地区は平成28年度都市景観大賞に選ばれた。

西水門橋 1
西水門広場
棒茅場通り
修景土塀

2 **櫓橋**
▲モニュメント

3 **擬宝珠橋**
新川休養公園

宇喜田橋 4
案内板

5 **忍者橋〈人道橋〉**
船堀稲荷園の前に架かる黒色の橋。桁隠しの小鹿を設けた木屋根構造が江戸の風情を演出。

◀サトザクラ（紅豊）

4 **宇喜田橋**

▲擬宝珠橋から宇喜田橋

北葛西
直進市場通

船堀
地下駐車場入口
● 船堀幼稚園
5 **忍者橋**
宇喜田第一公園

宇喜田町

◀一之江境川親水公園

萩の花（9月

1 火の見櫓と西水門橋

江戸の町にあった火の見櫓のなかでも最も格式の高いものを模して造られた「新川千本桜」のシンボル。高さ15.5m、外壁と柱は杉、内部はヒノキの間伐材を使用、上屋根の角には半鐘が設置された。
●一般開放 土・日・祝
AM10:00～PM3:00（年末年始除く）
※桜の季節には平日も見学できる
※雨天、荒天の場合、変更あり

▲火の見櫓からの眺めは抜群
（2010.1.31西水門広場完成記念式典の日に撮影）

2 **櫓橋〈人道橋〉**

シンプルなデザインの木橋。唯一石張り造りの橋脚を持つ。

3 **擬宝珠橋〈人道橋〉**

橋名が示すように、日本古来の木橋に用いられている擬宝珠（ぎぼし）の付いた高欄が特徴。新川休養公園と対岸を結ぶ。

7 **桜橋（広場橋）**

地域交流の拠点「新川さくら館」とともに、新川中央ゾーンの象徴。橋のたもとの賑わいを思い起こさせる空間として設置された。

新渡橋

小江戸橋 6
新川櫓時計

新川さくら館（P193

6 **桜橋** 7
三角橋

千本桜記念碑

桁に化粧張りを施していて、江戸緒漂う木の橋に見える。この辺り早くから桜が植えられていて、季節の眺めはすばらしい。

6 **小江戸橋〈人道橋〉より**

西水門広場から中川の堤防に上がると景色が一転。川の上を高速道路が走る。

修景土塀
新川周辺景観づくりの一環として、既存の壁を生かしながら江戸の景観を模した土塀に。

ここもCheck! 新川イベント

お花見和船で優雅に川下り

2021 3月 「新川千本桜まつり」

「新川千本桜」の完成に合わせ、2015年に第1回を開催。新川さくら館では「ジオラマと模型でみる『日本の城』展」を開催。また、大江戸玉すだれ、和太鼓、おしゃらく、葛西囃子など多彩な江戸の芸が披露される。模擬店の出店やお花見和船の運航もあり。

江戸情緒あふれる手漕ぎ和船からのお花見は格別。ウォーキング大会も同日開催。

（※イベントは中止になる場合あり）

2021 8月 「金魚ちょうちんまつり」

夏の風物詩ともなった新川沿川の金魚ちょうちん。夏休み期間中、新川さくら館の軒下と合わせて約200個が飾り付けられる。夜はライトアップで一段と鮮やかに映える。「金魚ちょうちんまつり」では、金魚ちょうちん船の運航をはじめ、「浴衣撮影会」や「和船に乗って邦楽鑑賞を楽しむ集い」などを開催。

▶新川さくら館の花魁道中

2021 11月 「新川大江戸絵巻」

タイムスリップ

新川さくら館が江戸の町並みにタイムスリップ。時代劇衣装を着て新川の散策ができる。秋を彩る紅葉の新川を往く和船の運航やスタンプラリーを開催。特設ステージでは、さまざまな大道芸パフォーマンスを披露。忍者体験コーナーやキッチンカー、地元産品の模擬店も多数出店。

小江戸橋より

⑩ 宝橋〈人道橋〉

いちばん東側に架かる人道橋。川に張り出した石張りの橋台が特徴で、欄干には大きな擬宝珠。

古川親水公園

古川親水公園

宝橋、東水門を眺める

川の上の新川口児童遊園

公園の下の流出口より水が勢いよく新川へ流れ込んでいる。

江戸川

新川大橋

⑧ 新川橋

三角葛西通り

中葛西

小彼岸桜

環状七号線

葛西駅↓

⑨ 花見橋

案内板

⑩ 宝橋

新川口児童遊園

東葛西

⑪ 新川東水門

案内板

新川口橋

東水門

旧江戸川

⑧ 新川橋
新川橋から三角橋

新川橋には江戸情緒を醸し出す木製の欄干が設置された。橋の両端4カ所の木製の親柱には、橋の南北の中学校から代表の生徒が揮毫した橋名が鋳物で取り付けられている。

⑨ 花見橋〈広場橋〉と新川大橋

ミツマタのつぼみ

新川の東のゾーンの象徴。広場と橋の機能を併せ持ち、賑わいを演出する空間になっている。

47

妙見島

48

葛西カタログ 2021-22

内科はどこ? 公園は?
キーワードで探そ .... **50** ページ
「内科」「リサイクルショップ」「インド料理」など
キーワードから項目を探すにはP50の項目別
インデックスが便利です!

あの広告何ページ?
協賛店から探そ .... **231** ページ
『葛西カタログ2021-22』の協賛店は、
P231にあいうえお順で一覧を掲載!

近郊路線図 ………	**6**	子育て特集 ………	**67**
公園・遊び場 ……	**14**	区民館・図書館など	**189**
イベント情報 ……	**40**	電車・バス時刻表…	**212**
寺・神社 …………	**58**	コインパーキング…	**228**

マークもフル活用

Ⓣ&Ⓕ 電話番号とファックス番号
Ⓕ ファックス番号
HP ホームページのあるお店です。
　詳しい情報をチェックしてみて!
出前 出前をしてくれるお店 …………P132〜134
　出前エリア・料金等、詳細を確認のうえ、注文を
座敷 お座敷があるお店 …………P132〜135
子・シニア ベビーカー・車イスOKのお店……P129〜135
ネット ネットスーパーあり …………… P147
宅配 宅配をしてくれるお店 ………… P147
　宅配エリア・料金等、詳細を確認のうえ、注文を
集配 集配をしてくれるお店 ………… P151
　集配エリア・料金等、詳細を確認のうえ、依頼を

★本文中赤色になっているのは「葛西カタログ2021-22」協賛店です

公共機関	**61**
子育てガイド	**67**
健康（病院・医院）	**79**
シニアガイド	**104**
おしゃれ	**117**
グルメ	**127**
住まい	**139**
くらし	**145**
趣味・ペット・車	**157**
塾・習い事・スポーツ	**171**
コミュニティー	**187**
葛西ガイド	**56 205**
時刻表	**212**

項目別 INDEX

あ
合鍵　146
アイスクリーム　137
アイススケート
　→公営スポーツ施設　P179
アクセサリー　125

い
医院　81
居酒屋　135
医師会　197
イタリア料理　130
市場　147
イベント　150
イベントカレンダー　40
衣料品　124
印刷　156
印章・印鑑　156
インターネットカフェ　169
インテリア　140
　日用品・生活雑貨　→P141
　バラエティ雑貨　→P160
インド料理　131

う
うどん　132
うなぎ　134
運送　150

え
英会話　174
映画館　169
英語塾　175
エステティックサロン　122
エスニック　131
江戸川区長・区議会議員　62
江戸川総合人生大学　170
NTT　65
FM放送局　156
園芸　161
演劇サークル　201

お
オーダーメイド　124
お好み焼き　134
お茶　138
おでん　134

お花見マップ　12
親子サークル　201
親子丼　130
音楽教室　176
音楽個人教授　177
音楽サークル　200
音響工事　142

か
ガーデニング
　→園芸・造園　P161
カーテン　140
カー用品　166
絵画　176・201
会館
　→コミュニティ会館　P62・190
　→南葛西会館　P62・193
外国語教室　174
介護　114
　介護施設(老人ホーム)→P116
　グループホーム、特別養護
　老人ホーム、介護老人保
　健施設、介護医療院、養
　護老人ホーム、軽費老人
　ホーム、有料老人ホーム
　介護サービス　→P114
　介護用品レンタル　→P114
　介護保険　→P105
海産物　138
カイロプラクティック　102
鍵　146
家具
　→ホームセンター　P141
　→日用品・生活雑貨　P141
学習塾　172
各種療法　102
学生服　123
格闘技　177
学童保育　76
額縁・額装　160

画材　160
葛西事務所　62・189
葛西臨海公園　14・63
傘の修理　125
菓子　137
貸スタジオ　160
貸スペース　160
カジュアルウエア　123
ガス　66
ガソリンスタンド　167
楽器　160
学校　75
合唱サークル　200
家電量販店　140
華道サークル　200
金物　141
カヌー場　183
かばん　125
壁紙　141
カフェ　129
カメラ店　165
カラオケ店　168
カラオケサークル　200
ガラス工芸　160
ガラス工事　141
空手　177・202
カレー　131
カルチャー教室
　→総合教室　P177
簡易保育園　71
眼科　89
観光バス　66
韓国料理　131

き
貴金属　125
貴金属などの買取　149
生地　124
着付サークル　200

項目別 INDEX

喫茶店　　　　　129
　インターネットカフェ →P169
　マンガ喫茶　　→P169
ギフト　　　　　160
着物　　　　　　124
きり絵サークル　201
灸　　　　　　　100
求人情報　　　　154
牛丼　　　　　　130
急病診療所　　　80
共育プラザ　　　65
　→子育て関連施設　P65
教会　　　　　　155
行政書士　　　　154
行船公園　　16・63
協同組合　146・197
銀行　　　　　　146
金融機関　　　　146
く 空調工事　　　　140
区議会議員　　　62
くすのきカルチャーセンター
　→熟年者施設　　P64
薬　　　　　　　102
くだもの　　　　138
靴　　　　　　　125
靴・傘の修理　　125
区民館　　　62・189
区民健康施設　65・126
区民センター(グリーンパレス)
　→文化施設　　　P63
区役所・事務所　62
クリーニング　　151
グループホーム　116
車　　　　166〜167
け ケアプラン作成
　→介護サービス　P114
経営に関する相談
　→商工会議所　　P197

警護サービス　　141
警察署　　　　　65
形成外科　　　　87
携帯電話　　　　156
軽費老人ホーム　116
警備サービス　　141
京葉線　　　66・214
ケーキ　　　　　137
ケーブルテレビ　156
ゲームセンター　168
外科　　　　　　87
化粧品専門店　　121
結婚式場　　　　155
健康サポートセンター
　　　　　　37・65
健康食品　　　　138
健康体操サークル　204
言語治療　　　　90
検診・健診　78・90
建設　　　　　　142
建築事務所　　　142
剣道サークル　　202
こ コインランドリー　151
コインパーキング　228
公営スポーツ施設　179
公園　　　　14・63
公共施設　　　　62
公共団体　　　　197
航空写真　　　　165
公証役場　　　　65
紅茶　　　　　　137
交通機関　66・212
公認会計士　　　152
交番　　　　　　65
工務店　　　　　142
高齢者に関する相談
　地域包括支援センター → P63
　介護サービス　　→ P114
　介護保険　　　　→ P105

コーラスサークル　200
語学　　　　　　174
子育て関連施設　65
子育て情報　　　67
子どもに関する相談　64
子ども服　　　　123
子ども未来館
　→子育て関連施設　P65
呉服　　　　　　124
米　　　　　　　138
ごみの出し方　　225
　リサイクルショップ → P149
コミュニティ会館 62・190
小料理　　　　　135
ゴルフ　　　　　179
コンタクトレンズ　125
コンビニエンスストア 147
さ サークル　　　　200
サーフショップ　179
斎場
　→葬祭業　　　P155
再生資源回収
　→古着・古布移動回収 P226
魚　　　　　　　138
作業服　　　　　123
作文サークル　　201
酒　　　　　　　138
雑貨
　インテリア　　→ P140
　日用品・生活雑貨 → P141
　バラエティ雑貨　→ P160
サッカー　　178・203
茶道サークル　　200
産科・婦人科　　90
散歩　　　　　　46

項目別 INDEX

し 指圧 100
CATV 156
CD 160
CD レンタル 160
CD 制作 160
ＪＲ 66・214
歯科 91
歯科医師会 92・197
詩吟サークル 200
時刻表 212
寺社 58
自然食品 138
仕出し 128
質店 149
自転車 167
　レンタサイクル →P186
自動車 166〜167
　販売（新・中古車）、中古車専
　門、修理・整備、板金・塗装、
　車検、部品・アクセサリー、ガ
　ラス、タイヤショップ
自動車教習所 168
児童相談所 64
児童発達支援 76
シニアガイド 104
耳鼻咽喉科 89
自費出版 156
司法書士 152
社会活動グループ 198
社会福祉協議会 197
社会保険労務士 154
車検 166
社交ダンスサークル 204
写真サークル 201
写真スタジオ 165
しゃぶしゃぶ 134
就職の相談
　→税務・就労 P65

住宅展示場 143
就労 65
就労支援 154
ジュエリー 125
塾 172
熟年相談室
（地域包括支援センター）63
熟年者施設 64
宿泊施設 65
手芸材料 124
手工芸サークル 201
珠算 176
出版社 156
将棋 176
小規模保育所 70
商工会議所 197
商店会 147
小児科 81
消費者相談
　→消費者センター P63
消防署 65
ショールーム 143
食事処 132
食料品 138
食器 140
ショットバー 136
ショッピングセンター 147
書店 160
書道 176・201
シルバー人材センター 104
　→税務・就労 P65
新川さくら館 193
新川散歩 46
神経科 90
人材派遣・人材サービス
150
紳士服 124
神社 58

新体操サークル 203
神仏具 155
新聞社 156
新聞専売所・取扱店 146
信用金庫 146
す 水上バス 15・66
水族館 15・63
水道衛生工事 140
水道局 66
スーパーマーケット 147
すくすくスクール 76
すし 128・133
ステーキ 131
ストリート案内 38
スポーツサークル 202
スポーツ施設 179・180
スポーツクラブ 178
スポーツ用品 161
スマートフォン
　→携帯電話 P156
せ 生花 161
青果 138
声楽サークル 200
生活協同組合 197
生活雑貨 141
　インテリア →P140
　日用品 →P141
　バラエティ雑貨 →P160
整形外科 87
整骨 98
精神科 90
清掃事務所 65
清掃 150
　保健・衛生 →P65
清掃用機械器具・用品 149
整体 102
青年会議所 197
税務 65

税務所
　→税務・就労　　　P65
税理士　　　　　152
石材　　　　　　155
セキュリティ　　141
設計事務所　　　142
接骨　　　　　　98
鮮魚　　　　　　138
銭湯　　　　　　151
せんべい　　　　137
専門学校　　　　75
川柳サークル　　201
そ 造園　　　　　161
総合教室　　　　177
総合病院　　　　80
葬祭業　　　　　155
そうじ用具のレンタル 149
そば　　　　　　132
ソフトボールサークル 203
そろばん　　　　176
た 太極拳サークル　202
体操サークル　　204
大正琴サークル　200
ダイニングバー　136
ダイビングショップ 179
タイヤショップ　167
タウン誌　　　　156
タクシー　　　　66
宅配（弁当・ピザ） 128
畳　　　　　　　141
卓球　　　　179・203
建具　　　　　　141
多目的ホール　　169
タワーホール船堀 62・188
ダンス　　　177・204
ダンスホール　　169
ち 地域包括支援センター
　（熟年相談室）　63

地下鉄博物館　31・63
ちぎり絵サークル　201
地図　　　　　4・5
中華料理　　　　133
中国料理　　　　133
中古車専門販売　166
駐車場　　　　　228
駐輪場　　　　　186
沈下修正　　　　143
つ 釣具　　　　　161
釣舟　　　　　　161
鶴岡市東京事務所 33・62
て テイクアウト　128
DIY
　→ホームセンター　P141
DPE　　　　　　165
DVD　　　　　　160
DVD レンタル　　160
鉄板焼き　　　　134
テニス　　　　　178
寺　　　　　　　58
電化製品　　　　140
電器店　　　　　140
電気　　　　　　66
電気工事　　　　140
天丼　　　　　　130
てんぷら　　　　134
と 陶器　　　　　140
東京ディズニーリゾート
　　　　　　　　158
東京メトロ東西線
　　　　　　66・212
豆腐　　　　　　138
動物園　　　　16・63
動物病院　　　　161
都営バス　　66・215
特別養護老人ホーム 116
時計　　　　　　125

図書館　　　　62・194
塗装　　　　　　141
都庁　　　　　　62
ドラッグストア　102
トランクルーム　149
トランポリンサークル 203
トリミング
　→ペット美容室　P165
塗料　　　　　　141
とんかつ　　　　134
丼　　　　　　　130
な 内科　　　　　81
内装工事　　　　142
に 肉　　　　　　138
日用品　　　　　141
日本語学校　　　175
日本舞踊　　　　177
日本料理　　　　133
乳製品　　　　　137
認可保育園　　　68
認証保育所　　　70
認定こども園　　70
ね ネイルサロン　122
年金事務所　　　65
年中行事　　　　40
燃料・燃焼機器　140
の 農業協同組合　146
納骨堂　　　　　155
のり　　　　　　138
は バー　　　　　136
はぁとポート
　→江戸川区児童相談所 P64
俳画サークル　　201
バイク販売・修理・買取
　　　　　　　　167
バイク便　　　　150
配水管工事
　→水道衛生工事　P140

項目別 INDEX

歯医者 91
ハウスクリーニング 150
バウンドテニスサークル 203
博物館 31・63
バス 66・215
バスケットボールサークル 202
パスポート案内
　→区役所・事務所　P62
パソコン教室 175
パソコン修理・サービス 154
バッグ 125
バッティングセンター 168
バドミントンサークル 202
花 161
バラエティ雑貨 160
はり 100
バレエ 177・204
バレーボールサークル 202
ハローワーク
　→税務・就労　P65
パン 137
はんこ 156

ひ ピザ（宅配） 128
美術館 160
非常持ち出し品リスト 232
引っ越し 150
泌尿器科 87
皮膚科 88
100円ショップ 148
病院 80
表具・表装 141
美容室 118
ピラティス 177
ビリヤード 168
ビル総合管理 150

ふ ファストフード 129
ファッションリサイクル 149
ファミリー・サポート・
　センター 77
　→子育て関連施設　P65
ファミリーレストラン 130
フィットネスクラブ 178
福祉機器 115
福祉施設 64
服飾雑貨 125
婦人科 90
婦人服 123
ふすま紙 141
仏壇 155
フットサル 178
ブティック 123
不動産 143
ふとん乾燥 150
フラダンスサークル 204
フラメンコサークル 204
フランス料理 131
古着
　→ファッションリサイクル P149
　→古着・古布移動回収 P226
古本 160
プログラミング教室 174
文化サークル 200
文化施設 62
文具 160

へ ヘアーサロン 118
ペット 161〜165
　ペットショップ、ペットフード、
　ペットクリニック、ペットシッ
　ター、ペット美容室・ホテル、
　ペット葬祭
ベビー服 123
ペン習字サークル 201
弁当 128

べんりや 150

ほ 保育園 68
防音工事 142
放課後等デイサービス 76
縫製加工 124
包装用品 160
包丁 141
法務局 65
訪問看護ステーション
　→介護サービス　P114
法律事務所 152
ボウリング 168
ボーカルスクール 176
ボート免許 179
ホームセンター 141
ホームページ制作 156
保健・衛生 65
保健所 65
ホテル 169
ホビー 160
保養施設 126
ボランティア 198
ボランティアセンター 199
ホルモン料理 135
本 160

ま マッサージ 100
マンガ喫茶 169
マンション管理士 154

み 水 138
水もれ修理 140
民謡サークル 200

め メガネ 125

も モデルハウス
　→住宅展示場　P143
もんじゃ 134

や 八百屋 138
屋形船 161
焼鳥 135

焼肉 135
野菜 138
薬局・薬店 102
ゆ 有償ボランティア 199
郵便局 66
郵便番号 55
有料老人ホーム 116
輸入食品 138
よ 洋菓子 137
養護老人ホーム 116
洋裁 176
幼児教育施設 71
幼児教室 175
幼稚園 71
洋服店 123
洋服リフォーム 124
ヨガ 177・203
予備校 174

ら ライオンズクラブ 197
ラーメン 132
り リサイクルショップ 149
リフォーム（衣） 124
リフォーム（住） 142
理容室 120
料理 176
旅行代理店 169
リラクゼーション
　→エステティックサロン P122
れ 霊園 155
冷暖房工事 140
歴史 205
レコード制作 160
レジャーランド 169
レストラン 130
レンタサイクル 186
レンタカー 167

レンタル（くらし） 149
　そうじ用具、トランクルーム
レンタル（趣味） 160
　スタジオ、スペース、CD・
　DVD
レンタルボックス
　トランクルーム　→P149
ろ 老人ホーム 116
路線図 6・18
　→電車 P6、バス P18
ロッククライミング 179
わ 和菓子 137
和裁 176
和食 133
和装小物 124
和太鼓サークル 200
和服裁縫 124

江戸川区郵便番号一覧

	以下に掲載がない場合	132-0000	セ	清新町	134-0087		東小岩	133-0052
イ	一之江	132-0024	チ	中央	132-0021		東小松川	132-0033
	一之江町	134-0092	ナ	中葛西	134-0083		東篠崎	133-0063
ウ	宇喜田町	134-0082	ニ	新堀（ニイホリ）	132-0001		東篠崎町（ヒガシシノザキマチ）	133-0062
エ	江戸川	132-0013		西一之江	132-0023		東松本	133-0071
	（1〜3丁目、4丁目1〜14番）			西葛西	134-0088		東瑞江	132-0014
	江戸川（その他）	134-0013		西小岩	133-0057		平井	132-0035
オ	大杉	132-0022		西小松川町（ニシコマツガワマチ）	132-0032	フ	船堀（フナボリ）	134-0091
	興宮町（オキノミヤチョウ）	133-0042		西篠崎	133-0055	ホ	本一色（ホンイッシキ）	133-0044
カ	上一色（カミイッシキ）	133-0041		西瑞江	132-0015	マ	松江	132-0025
	上篠崎	133-0054		（3丁目、4丁目3〜9番）			松島	132-0031
キ	北葛西	134-0081		西瑞江	134-0015		松本	133-0043
	北小岩	133-0051		（4丁目1〜2番、10〜27番、5丁目）		ミ	瑞江	132-0011
	北篠崎	133-0053		二之江町	134-0093		南葛西	134-0085
コ	小松川	132-0034	ハ	春江町	132-0003		南小岩	133-0056
シ	鹿骨（シシボネ）	133-0073		（1〜3丁目）			南篠崎町（ミナミシノザキマチ）	133-0065
	鹿骨町	133-0072		春江町	134-0003	ヤ	谷河内（ヤゴウチ）1丁目	132-0002
	篠崎町（シノザキマチ）	133-0061		（4、5丁目）			谷河内2丁目	133-0002
	下篠崎町（シモシノザキマチ）	133-0064	ヒ	東葛西	134-0084	リ	臨海町	134-0086

55

葛西はこんな街

データ編

面　　積	13.9425km²
世　帯　数	106,267世帯
人　口　密　度	15,080人／km²
人　　口	210,251人　男 107,498人 女 102,753人

(2020.1.1　住民基本台帳より〈新川以南〉)

交通事故 (人身事故)	359件	1日 0.98件

死亡2人・重傷15人・軽傷398人
(2020年1月〜12月末　葛西警察署調べ)

出　　生	2,234人	1日	6.1人
死　　亡	1,747人	1日	4.8人
転　　入	19,023人	1日	52.1件
転　　出	17,163人	1日	47件

(2019年1月〜12月末　江戸川区調べ)

火　　災	49件	7.5日に1件
救急出動	11,974件	1日に32.8件

(2020年1月〜12月末　葛西消防署調べ)

葛西の世帯数・人口の推移(新川以南)

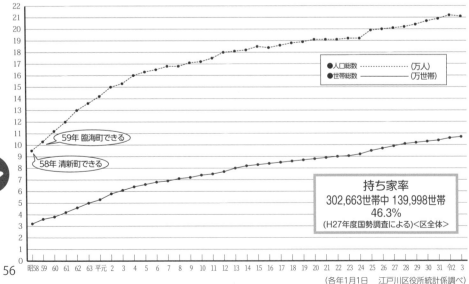

●人口総数 ‥‥‥‥(万人)
●世帯総数 ―――(万世帯)

59年 臨海町できる

58年 清新町できる

持ち家率
302,663世帯中 139,998世帯
46.3%
(H27年度国勢調査による)<区全体>

葛西ガイド

(各年1月1日　江戸川区役所統計係調べ)

■年齢別人口

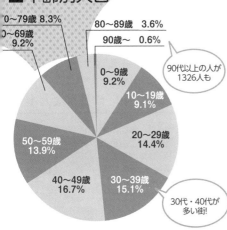

	男	女	計
0〜9歳	9,994人	9,419人	19,413人
10〜19歳	9,710人	9,496人	19,206人
20〜29歳	16,083人	14,305人	30,388人
30〜39歳	16,838人	14,975人	31,813人
40〜49歳	18,303人	16,878人	35,181人
50〜59歳	15,609人	13,660人	29,269人
60〜69歳	9,943人	9,504人	19,447人
70〜79歳	8,272人	9,363人	17,635人
80〜89歳	3,020人	4,545人	7,565人
90〜99歳	309人	975人	1,284人
100歳〜	6人	36人	42人

（2020.4.1現在 住民基本台帳より〈新川以南〉）

円グラフのラベル：
- 0〜9歳 9.2%
- 10〜19歳 9.1%
- 20〜29歳 14.4%
- 30〜39歳 15.1%
- 40〜49歳 16.7%
- 50〜59歳 13.9%
- 60〜69歳 9.2%
- 70〜79歳 8.3%
- 80〜89歳 3.6%
- 90歳〜 0.6%

90代以上の人が1326人も

30代・40代が多い街!

▲西葛西駅前

保育園数と定員

公 立 11園	1,166人
私 立 30園	2,842人

（2021.1.1現在 江戸川区役所資料参考〈新川以南〉）

区立小・区立中に通う人数

小 学 校	17校	11,139人
中 学 校	9校	4,550人

（2020.5.1現在 江戸川区役所資料参考〈新川以南〉）

一日の駅別乗降車人員

西 葛 西 駅	105,321人
葛 西 駅	107,152人
葛西臨海公園駅	13,701人（乗車のみ）

（2019年度）

※文中の新川以南とは、新川より南の地域をさしています。

葛西に多い店ベスト5

1位	美容室	101
2位	不動産	82
3位	歯 科	78
4位	コンビニ	68
5位	学習塾	67

（葛西カタログより）

■外国人登録国籍別人口

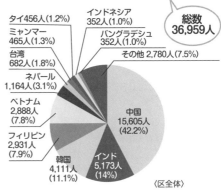

円グラフのラベル：
- タイ 456人（1.2%）
- ミャンマー 465人（1.3%）
- 台湾 682人（1.8%）
- ネパール 1,164人（3.1%）
- ベトナム 2,888人（7.8%）
- フィリピン 2,931人（7.9%）
- 韓国 4,111人（11.1%）
- インド 5,173人（14%）
- 中国 15,605人（42.2%）
- インドネシア 352人（1.0%）
- バングラデシュ 352人（1.0%）
- その他 2,780人（7.5%）

総数 36,959人

〈区全体〉
（2021.2.1現在 江戸川区調べ）

葛西ガイド

葛西の寺院・神社

一歩裏通りに入ると趣たっぷりのお寺や神社に出合うことができる葛西。なかでも東葛西1～3丁目付近は多くの寺社が集中して建立され、お散歩にはおすすめのコース。数百年の歴史を刻む名所や旧跡、何代もの時代を見つめ続けた老木など、見どころもいっぱい。住職や宮司さんに地元の昔話を聞いてみるのも楽しい。

安楽寺　武田家ゆかりの山門があるお寺

武田家ゆかりの立派な鐘楼門があり、境内には大江藍田の墓、村田権兵衛栄章先生頌徳碑がある。2月15日の涅槃会には、近衛文麿家にあった涅槃図が本堂に飾られるので、行ってみよう。

大晦日は18時より除夜の鐘をつくことができ、地元の青年会による年越しそばがふるまわれる。とん汁の接待もあり（一般参加可）。住職による悩み相談室あり。

正圓寺　樹齢800年の「サルスベリ」は見事な大木

かつて「談林（だんりん）」という仏教の学問所だった由緒ある正圓寺。徳川の将軍が鷹狩りをしたときの御膳所でもあり、将軍家より拝領した葵の御紋入り蒔絵の高杯（非公開）がある。

境内には区指定文化財「庚申塔」、区指定保護樹のサルスベリの木（樹齢800年以上）がある。サルスベリの花や紅葉の時期等、四季折々に楽しめる。

寺社散策マップ

① 安楽寺
㉑ 棒茅場八雲神社
⑪ 法蓮寺
⑬ 龍光寺
⑫ 妙蓮寺
⑮ 称専寺
⑩ 東善寺
⑭ 梵音寺
⑨ 智光院
③ 正圓寺
⑦ 清光寺
② 自性院
⑧ 善徳寺
⑳ 長島香取・八雲神社
⑲ 香取神社
④ 正応寺
⑯ 天祖神社
⑥ 真蔵院
⑰ 水神社
⑤ 昇覚寺
⑱ 香取神社

中川
船堀街道
くすのきカルチャーセンター
共育プラザ葛西
行船公園自然動物園
葛西橋
イオン
葛西郵便局
葛西橋通り
スポーツセンター
葛西事務所区民館
葛西図書館
西葛西駅
葛西駅
地下鉄東西線
長島桑川コミュニティ会館
浦安橋
旧江戸川
葛西警察署
葛西中央通り
環七通り
荒川

葛西ガイド

58

真蔵院　雷の大般若は口紅を塗った男性が登場

2月の最終日曜日に行われる「雷の大般若」は160年続く伝統のお祭り。女装した地元の青年たちが大般若経全600巻を100巻ずつ木のつづらに入れ、肩に担いで町内を駆け回る。朝早いけど、その奇祭ぶりを見に行ってみよう（P45「イベントカレンダー」参照）。

本堂のお不動様は、永禄年間（1560年頃）に雷を退治したとして「雷（いかづち）不動」とも呼ばれ、雷の地名の元となった。

▲雷の大般若。着物姿で町中を駆ける

東善寺　33年に一度見られる「薬師如来像」があるお寺

1月8日の初薬師では健康増進、家内安全を祈願して護摩が焚かれる。境内には、区の保護樹である幹回り約5mの銀杏の木のほか、四国八十八ヶ所巡礼が

▲薬師尊御開帳の稚児行列

叶わぬ人も、参拝できるようにしたお砂踏み修行大師像がある（像を一周してお参りする）。

また、この寺には33年に一度しか見られない貴重な仏像「薬師如来像」（江戸川区指定有形文化財）がある。病気全般、特に眼病平癒の御利益があるといわれている。

善徳寺　浄行菩薩で身体の気になるところを治す

善徳寺は昔、法華経道場として葛西領・長島湊で唯一の寺だった。境内にある浄行菩薩は、身体の悪い部分をたわしでこすると治るといわれ、今でも地元の人の信仰を集めている。毎年10月20日には、日蓮上人ゆかりのお会式が行われている。

◀境内には狸や蛙のかわいらしい置き物が並び、心が和む

長島香取神社・長島八雲神社　人情あふれる八雲神社の祭禮

3年に一度行われる「八雲神社の祭禮」は、昭和30年ごろから始まった長島町（東葛西2〜5丁目、中葛西2、3丁目）のお祭り。家内安全、町内融和を願い、1日がかりで神輿が町内を練り歩く。6月末の土日に開催され、町内は一日祭り一色に。次回は2022年に開催の予定（変わる場合あり）。

▶香取神社

▲八雲神社の祭禮

棒茅場八雲神社　見ごたえ十分の神輿渡御

▲2005年の様子

江戸初期に個人のお宮として作られ、現在は宇喜田の守り神として親しまれている八雲神社。3年に一度『神幸祭（しんこうさい）』が行われる。見どころは神輿渡御で、お囃子を先頭に、山車や獅子頭、子ども神輿、本社宮神輿、青年部神輿と続き、列は150mにもなる。また、お札と一緒に参詣者に配られる『笹だんご』は、煎じて飲むと万病に効くといわれ、これも楽しみ。

葛西ガイド

葛西の寺院・神社データ

▲（雷）香取神社

＜寺院＞

①安楽寺（浄土宗）伊藤顕翁 ☎ 03-3689-0976
北葛西1-25-16 　　 fax 03-3689-7683
◆大江藍田の墓 　◆村田権兵衛栄章先生頌
徳碑 　★涅槃会（2月15日）★除夜の鐘
★隔月で写経会開催（一般参加可）
★本堂で寺ヨガ
　毎月第1・3火曜/午前10時半～11時半
　毎月第2・4日曜/午後3時～4時
　　　※詳細はHP（anraku-ji.net）

②自性院（真言宗豊山派）
東葛西2-30-20 　　 ☎ 03-3687-0696
◆区指定文化財・観音菩薩庚申塔

③正圓寺（新義真言宗）赤塚明保
東葛西3-4-22 　　 ☎ 03-3689-0727
◆区指定文化財・庚申塔 　◆区指定保護樹
サルスベリの木 　◆葵の御紋入り蒔絵の高
杯（非公開）★除夜の鐘（一般参加中止※
2021年2月現在）★葛西巡礼会(会員募集
中)★写経会(毎月第4日曜)一般参加可

④正応寺（新義真言宗）赤塚明保
中葛西5-36-17 　　 ☎ 03-3675-3926

⑤昇覚寺（真言宗豊山派）
東葛西7-23-17
・本尊阿弥陀如来
◆区指定文化財・鐘楼
◆区指定保護樹クロマツ

⑥真蔵院（真言宗豊山派）東野一丸
東葛西4-38-9 　　 ☎ 03-3680-4853
★雷の大般若（2月最終日曜）

⑦清光寺（浄土宗）吉田宏昭
東葛西3-3-16 　　 ☎ 03-3680-6651

⑧善徳寺（日蓮宗）矢島哲良
東葛西3-9-17 　　 ☎ 03-3689-0514
◆浄行菩薩 　★お会式（10月20日）

⑨智光院（浄土宗）
東葛西3-14-3

⑩東善寺（真言宗豊山派）横山良誉
東葛西2-29-21 　　 ☎ 03-3680-7691
◆区の保護樹、幹周り約5mの大銀杏
◆お砂踏み修行大師像、像を一周して参拝
◆薬師如来護摩祈願（毎月8日午後2時）

⑪法蓮寺（浄土宗）北川汪二
北葛西4-5-18 　　 ☎ 03-3680-0620
・宇田川氏開基の寺。地名として残る宇喜
田新田を開拓した宇田川喜兵衛の菩提寺。

⑫妙蓮寺（日蓮宗）
中葛西1-5-14 　　 ☎ 03-3680-2037
・護国護法の神、毘沙門天や浄行菩薩は地
元の信仰を集めている。
★お会式（10月19日）

⑬龍光寺（真言宗豊山派）高橋秋彦
北葛西4-22-9 　　 ☎ 03-3689-4910
★初不動護摩供養会（1月15日）
★葛西大師参り（4月21日）
★施餓鬼供養会（6月5日）

⑭梵音寺（曹洞宗）
東葛西2-28-16

⑮称専寺（浄土宗）
北葛西1-38-23 　　 ☎ 03-3689-1441

＜神社＞

⑯天祖神社 　天照大神を奉斎する
東葛西7-17 　　 ☎ 03-5676-0846

⑰水神社
東葛西8-5-12 　　 ☎ 03-5676-0846
・水神様を奉斎し、相殿に八雲神社の大神
を奉斎する。

⑱（雷）香取神社
東葛西4-38-11 　　 ☎ 03-5676-0846

⑲（新田）香取神社
中葛西5-36-18 　　 ☎ 03-5676-0846

[四社共通] 宮司　森
◇天照大神（祭神）を奉斎する天祖神社は、
例祭を11月第1日曜日に行っている。水神社
の相殿に奉斎してある八雲神社の例祭は7月
の第1日曜日、御神輿の渡御は3年に一度行
われる。八雲神社では、例祭の前夜に半年分
の罪穢れを自分自身の名前を書いた人形（ひ
とがた）に託す、大祓神事が行われている。

⑳（長島）香取神社・八雲神社 　神職 加藤　明
東葛西2-34-20 　　 ☎ 03-3680-2070
★八雲神社の祭禮
　（3年に一度。次回2022年予定）

㉑棒茅場 八雲神社
北葛西1-6-14
★3年に一度大祭が行われ、神輿の渡御がある。
　（次回は2023年開催の予定）

▶**公共施設**······················ **62**
江戸川区長、区議会議員、区役所・事務所、図書館、
文化施設・会館、公園、動物園、水族館・博物館、熟
年相談室（地域包括支援センター）、熟年者施設、福祉施設、
子どもに関する相談、子育て関連施設、区民健康・宿泊
施設、保健・衛生、税務・就労、警察署・交番、消防署、
法務局・公証役場、NTT、電気・ガス・水道、郵便局

▶**交通機関**······················ **66**
東京メトロ東西線、JR京葉線、都営バス、水上バス、観
光バス、タクシー

▶**学校・教育機関**················ **68**
認可保育園、認定こども園、小規模保育所、認証保育所、
簡易保育園、幼稚園・幼児教育施設、学校、専門学校、
すくすくスクール、学童保育、放課後等デイサービス・
児童発達支援

★本文中赤色になっているのは「葛西カタログ2021-22」協賛店です
★Ｆ はFAX番号、Ｔ&Ｆ は電話番号とFAX番号、ＨＰ はホームページのあるお店

公共機関

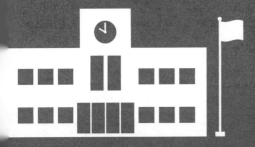

公共施設

—— public facilities

区役所・事務所

江戸川区役所　広報課
中央1-4-1 ……………………… **03-3652-1151**
葛西区民館　中葛西3-10-1 …… **03-3688-0435**
葛西事務所　中葛西3-10-1 …… **03-3688-0431**
★詳しい情報はP189へ

鶴岡市東京事務所
西葛西7-28-7 ………………… **03-5696-6821**
★詳しい情報はP33へ

東京都庁　新宿区西新宿2-8-1 … **03-5321-1111**
　パスポート電話案内センター　**03-5908-0400**

図書館

★詳しい情報はP194へ
中央図書館　中央3-1-3 ………… **03-3656-6211**
葛西図書館　江戸川6-24-1 …… **03-3687-6811**
清新町コミュニティ図書館
清新町1-2-2-2F ……………… **03-3878-1926**
西葛西図書館　西葛西5-10-47　**03-5658-0751**
東葛西図書館　東葛西8-22-1 … **03-5658-4008**

江戸川区長
任期満了日　2023年4月26日
斉藤　猛

江戸川区議会議員（44人）
任期満了日　2023年5月1日
〈葛西地区在住者〉
伊藤照子（公明党）
伊藤ひとみ（生活者ネットワーク・立憲民主党）
大橋美枝子（日本共産党）
川口俊夫（自由民主党）
窪田龍一（公明党）
佐々木勇一（公明党）
野﨑　信（自由民主党）
福本光浩（自由民主党）
桝　秀行（江戸川クラブ）
よぎ（生活者ネットワーク・立憲民主党）

文化施設・会館

タワーホール船堀（江戸川区総合区民ホール）
船堀4-1-1
　管理事務所　…………………… **03-5676-2211**
　予約受付　……………………… **03-5676-2111**
　ブライダル関連　……………… **03-5676-5511**
　えどがわエコセンター
　船堀4-1-1（タワーホール船堀内）　**03-5659-1651**
★タワーホール船堀はP188へ
江戸川区総合文化センター
中央4-14-1 …………………… **03-3652-1111**
小岩アーバンプラザ　北小岩1-17-1 **03-5694-8151**
東部フレンドホール　瑞江2-5-7　**03-5666-1221**
南葛西会館　南葛西6-8-9 …… **03-3686-9411**
★詳しい情報はP193へ
北葛西コミュニティ会館
北葛西2-11-39 ………………… **03-5658-7311**
新田コミュニティ会館
中葛西7-17-1 …………………… **03-5658-7211**
清新町コミュニティ会館
清新町1-2-2 …………………… **03-3878-1981**

かさいtopics

江戸川区の新庁舎建設に向けて

現在の区役所本庁舎は築後約60年が経過、老朽化や狭隘化、交通利便性など課題が多いことから、移転し新庁舎を建設する。

2019年3月から約2年にわたる「江戸川区新庁舎建設基本構想・基本計画策定委員会」が、今年（2021年）1月に最終回を迎えた。

新庁舎建設の基本理念は、第一に「災害対応の拠点」。現庁舎が抱える課題を解消し、水害や大地震の際にも機能し、復旧・復興の司令塔となる庁舎を目指す。他に「協働・交流の拠点」、「区民サービスの拠点」、「環境の最先端を歩む庁舎」、「将来変化にも柔軟に対応できる庁舎」の5つ。

基本構想・基本計画は3月末に策定・公表予定。今後は基本設計方針の策定を進める。建設予定地は、都営新宿線船堀駅徒歩3分の都有地。周辺権利者の協力を得て、市街地再開発事業によって整備する。庁舎の供用開始は2028年度を予定。

長島桑川コミュニティ会館
　東葛西5-31-18……………… 03-5679-6022
東葛西コミュニティ会館
　東葛西8-22-1 ……………… 03-5658-4073
臨海町コミュニティ会館
　臨海町2-2-9 ………………… 03-3869-2221
　　　　　　　　★詳しい情報はP190へ

小岩区民館　東小岩6-9-14 …… 03-3657-7611
江戸川区民センター（グリーンパレス）
　松島1-38-1 …………………… 03-3653-5151
　消費者センター ……………… 03-5662-7635
　　　　　　　　　（相談）03-5662-7637
　郷土資料室 …………………… 03-5662-7176
　ボランティアセンター ……… 03-5662-7671
　社会福祉協議会 ……………… 03-5662-5557

公園

　　　　　　　★詳しい情報はP14へ
葛西臨海公園サービスセンター **HP**
　臨海町6-2-1 ………………… 03-5696-1331
行船公園 **HP**　北葛西3-2-1 …… 03-3680-0777
富士公園サービスセンター
　南葛西6-23 …………………03-3675-5030
平成庭園源心庵（行船公園内）
　北葛西3-2-1 ………………… 03-3675-6442
　　　　　　　★公営スポーツ施設はP180へ

動物園

江戸川区自然動物園（行船公園内）
　北葛西3-2-1 ………………… 03-3680-0777

水族館・博物館

東京都葛西臨海水族園（案内係）**HP**
　臨海町6-2-3 ………………… 03-3869-5152
地下鉄博物館 **HP**
　東葛西6-3-1 ………………… 03-3878-5011
　　　　　　　　★詳しい情報はP31へ

熟年相談室（地域包括支援センター）

北葛西熟年相談室暖心苑 **HP**
　北葛西4-3-16 ……………… 03-3877-0181
西葛西熟年相談室なぎさ和楽苑 **HP**
　西葛西8-1-1 ………………… 03-3675-1236
東葛西熟年相談室なぎさ和楽苑
　東葛西7-12-6 ……………… 03-3877-8690
南葛西熟年相談室みどりの郷福楽園
　南葛西4-21-3-1F …………03-5659-5353
　　　　介護サービスはP114へ、老人ホームはP116へ

2020.10/27

発見・想像・冒険が詰まった空間
（仮称）江戸川区角野栄子児童文学館基本設計を発表

● 「いちご色」がテーマカラーのあっと驚く館内
　江戸川区役所で報道機関向けに開催された発表会。当日は斉藤猛区長と、リモートで角野栄子さん、設計パートナーの隈研吾さんが参加した。
　同館のコンセプトは、建築・造園・展示が一体的につながる「ものがたりの世界」。建設地のなぎさ公園展望の丘は緑豊かな環境に囲まれており、この環境を生かして「子どもたちが想像力豊かな心を育めるように」という願いが込められている。
　外観の花のような「フラワールーフ」は、隈さんこだわりのデザインで「角野先生の世界は皆の心を温かくしてくれる。そのイメージを花で表現しました」と語る。
　内装は「コリコの街」の世界観を「いちご色」をメインカラーに使って再現し、「あっと驚くような空間になっていると思う」と角野さん。館内では好きなところに座って本を読むだけでなく、寝転んだ

り外のテラスでも角野作品が楽しめるほか、背景にはプロジェクションマッピングを使って何度も来たくなるような工夫がされている。
　また角野さんのアトリエをイメージした部屋も作られ、自由に入って椅子に座ったりもできる。
　斉藤区長は「未来を担う子どもたちが角野先生の世界観に触れ、児童文学に親しみ、豊かな想像力を育む場所にしていきたい。同館は角野先生と隈先生がコラボレーションした唯一の建物です。全国に誇れる場所にしていきたい」と紹介。
　開設予定は2023年7月。今後、開設に向けて準備を進めていくと同時にイベントも打ち出していく予定。

▲（空からの）完成イメージ図

公共機関

熟年者施設

葛西くすのきカルチャーセンター
宇喜田町191 ················· **03-3686-5898**
★詳しい情報はP104へ

福祉施設

福祉事務所（生活援護第三課）
東葛西7-12-6 ················· **03-5659-6610**
なごみの家
葛西南部
清新町2-7-20 ·············· **03-5659-0753**
長島桑川
東葛西6-34-1 ·············· **03-3680-2753**
江戸川区あったかハウス
南葛西1-1-1-1F ············ **03-5662-0031**
江戸川区葛西育成室
宇喜田町175 ················· **03-3688-8613**
江戸川区立えがおの家
東葛西5-10-5 ··············· **03-3680-3116**
地域活動・相談支援センターかさい
中葛西2-8-3-2F ············· **03-5679-6445**
就労移行支援事業所natura
中葛西2-8-3-1F ············· **03-6808-5291**
江戸川区立障害者支援ハウス
中葛西2-11-8 ················ **03-5667-1333**

江戸川区立障害者就労支援センター
東小岩6-15-2 ··············· **03-5622-6050**
江戸川区立希望の家
江戸川5-32-6 ··············· **03-3680-1531**
江戸川区立虹の家
西篠崎2-18-22 ·············· **03-3676-3391**
江戸川区立福祉作業所
西小岩3-25-15 ············· **03-3657-1971**
江戸川区立福祉作業所分室（ベリィソイズ）
北小岩2-14-17 ·············· **03-3672-4905**

子どもに関する相談

江戸川区児童相談所
中央3-4-18 ·················· **03-5678-1810**
★詳しい情報は下記を
江戸川区教育研究所
グリーンパレス教育相談室
松島1-38-1 ·················· **03-5662-7204**
教育電話相談 ·········· **03-3655-8200**
いじめ電話相談 ········ **03-3654-7867**
西葛西教育相談室
西葛西3-11-4 ··············· **03-5676-2898**
教育電話相談 ·········· **03-5676-3288**
★子育て情報はP67へ

子どもと保護者の笑顔を守る「心の港」になりたい

江戸川区児童相談所　はあとポート

■**交通**　都営バス（葛西駅→東新小岩四丁目行き）「ＮＴＴ江戸川支店前」下車徒歩４分
　　　　　（西葛西駅→新小岩駅前行き）「江戸川区役所前」下車徒歩８分
■**開館時間**　月〜土ＡＭ８：３０〜ＰＭ５
■**休所日**　日・祝日・年末年始
■**場所**　中央3-4-18
■**問い合わせ**　☎03-5678-1810（いいハート）

　18歳未満の子どもに関することであれば、どんな相談にものってくれる総合相談窓口があり、そのほか里親の登録についての手続きや「愛の手帳※」の申請受付も行っている。
　また１階には子育て交流会や里親サロンなどが開催できる地域交流スペースもある。

※知的障害者と判定された人が公共料金の割引などの福祉サービスを受けるために必要な手帳

子育て関連施設

共育プラザ葛西　宇喜田町175… **03-3688-8611**
子ども未来館　篠崎町3-12-10… **03-5243-4011**
ファミリー・サポート・センター
　　瑞江2-9-15 ……………… **03-6231-8470**
　　　　　　　　　子育てひろばはP74へ

区民健康・宿泊施設

江戸川区立穂高荘　長野県安曇野市穂高有明2105-22
　　………………………………… **0263-83-3041**
　　予約専用 ………………… **03-5662-7051**
塩沢江戸川荘　新潟県南魚沼市舞子字十二木2063-29
　　………………………………… **025-783-4701**
　　予約専用 ………………… **0120-007-095**
　　　　　　　　　★詳しい情報はP126へ
ホテルシーサイド江戸川
　　臨海町6-2-2 ………… **03-3804-1180**
　　予約専用 ………………… **0120-92-1489**

保健・衛生

江戸川保健所　中央4-24-19 … **03-5661-1122**
中央健康サポートセンター (江戸川保健所内)
　　中央4-24-19 ……………… **03-5661-2467**
葛西健康サポートセンター
　　中葛西3-10-1 …………… **03-3688-0154**
清新町健康サポートセンター
　　清新町1-3-11 …………… **03-3878-1221**
なぎさ健康サポートセンター
　　南葛西7-1-27 …………… **03-5675-2515**
　　　　　　　　　★詳しい情報はP37へ
東京二十三区清掃一部事務組合江戸川清掃工場
（令和9年度まで建て替え工事予定）
　　江戸川2-10
葛西清掃事務所
　　臨海町4-1-2 ………… **03-3687-3896**
小松川清掃分室　平井1-8-8 … **03-3684-6060**

税務・就労

江戸川南税務署　清新町2-3-13 **03-5658-9311**
江戸川都税事務所
　　中央4-24-19 …………… **03-3654-2151**
江戸川年金事務所
　　中央3-4-24 …………… **03-3652-5106**

（公社）シルバー人材センター江戸川区高齢者事業団
　　本部　西小松川町34-1 ……… **03-3652-5091**
　　葛西分室　宇喜田町191 ……… **03-3686-5341**
　　小岩分室　東小岩6-15-2 …… **03-3650-3335**
ほっとワークえどがわ
　　中央1-4-1東棟1F ………… **03-5662-0359**
ヤングほっとワークえどがわ
　　船堀3-7-17-6F (船堀ワークプラザ内) **03-5659-3685**
ハローワーク木場 (木場公共職業安定所)
　　江東区木場2-13-19 ……… **03-3643-8609**

警察署・交番

葛西警察署　東葛西6-39-1 … **03-3687-0110**
　　宇喜田駐在所　宇喜田町1035
　　江戸川六丁目交番　江戸川6-7
　　葛西駅前交番　中葛西5-43-21
　　葛西橋東交番　西葛西1-15-14
　　共栄橋交番　中葛西3-27-11
　　清新町交番　清新町2-8-6
　　西葛西駅前交番　西葛西6-15-1
　　東葛西五丁目交番　東葛西4-19-7
　　東葛西九丁目駐在所　東葛西9-4-6
　　船堀駅前交番　船堀3-6-1
　　南葛西交番　南葛西3-16-9
　　臨海公園交番　臨海町6-2-5

消防署

江戸川消防署　中央2-9-13 …… **03-3656-0119**
葛西消防署　中葛西1-29-1 …… **03-3689-0119**
葛西消防署南葛西出張所
　　南葛西4-4-12 …………… **03-3680-0119**

法務局・公証役場

東京法務局江戸川出張所
　　中央1-16-2 …………… **03-3654-4156**
小岩公証役場　西小岩3-31-14-5F **03-3659-3446**

NTT

NTT
〈新設・移設・各種相談など〉……………… **116**
　　携帯電話からは ……… **0120-116-000**
受9:00〜17:00 ※年末年始除く
〈故障〉………………………………… **113**
　　携帯電話からは ……… **0120-444-113**

公共機関

65

公共機関

電気・ガス・水道

東京電力パワーグリッド㈱
(停電・電柱・電線など設備に関すること)
·················· **0120-995-007**
上記番号を利用できない場合
·················· (有料)**03-6375-9803**
(耳や言葉の不自由な人専用)**0120-995-606**
東京ガスお客さまセンター ····· **03-6838-9020**
　ガス漏れ通報専用電話······· **03-6735-8899**
東京ガスライフバル江戸川
　江戸川6-18-4 ·················· **0120-86-2656**
水道局江戸川営業所
　松江5-4-12 ·················· **03-5661-5085**
水道局お客さまセンター
　(引っ越し・契約の変更) ····· **03-5326-1100**
　(料金など) ·················· **03-5326-1101**
　電気工事・燃料・燃焼機器・水道衛生工事はP140へ

郵便局

日本郵便㈱葛西郵便局　中葛西1-3-1
　郵便・小包の配達・転居等 ··· **0570-943-353**
　集荷 ························· **0120-950-489**
　保険 ························· **0570-943-353**
江戸川北葛西三郵便局
　北葛西3-1-32 ·············· **03-3680-9930**
江戸川中葛西一郵便局
　中葛西1-49-14 ·············· **03-3680-9800**
江戸川中葛西五郵便局
　中葛西5-7-16 ·············· **03-3675-0421**
江戸川長島郵便局　東葛西5-45-1 **03-3689-4411**
江戸川東葛西六郵便局
　東葛西6-8-1················· **03-3878-3329**
江戸川南葛西六郵便局
　南葛西6-7-4 ················ **03-3675-6151**
江戸川臨海郵便局
　臨海町5-2-2················· **03-3877-7588**
葛西駅前郵便局
　中葛西3-29-19 ·············· **03-3680-5700**
葛西クリーンタウン内郵便局
　清新町1-3-9················· **03-3878-1244**
葛西仲町郵便局　東葛西7-19-16 **03-3680-9900**
西葛西駅前郵便局
　西葛西6-8-16 ·············· **03-3675-7003**
江戸川船堀郵便局　船堀2-21-9 **03-3680-9920**
江戸川春江五郵便局
　春江町5-11-7 ·············· **03-3689-8456**

交通機関

東西線・京葉線・バスの時刻表は
P212～224へ

public transport

東京メトロ東西線

葛西駅　中葛西5-43-11 ·········· **03-3688-0866**
西葛西駅　西葛西6-14-1 ········ **03-3688-5834**

JR京葉線

JR東日本お問い合わせセンター
　列車時刻、運賃・料金、空席情報
　·············· (6:00～24:00)**050-2016-1600**
　お忘れ物 ····· (6:00～24:00)**050-2016-1601**
　外国語 (英語・中国語・韓国語)
　··· (10:00～18:00、年末年始除く)**050-2016-1603**

都営バス

東京都交通局江戸川自動車営業所
　中葛西4-9-11 ················· **03-3687-9071**
東京都交通局江戸川自動車営業所臨海支所
　臨海町4-1-1 ················· **03-3877-8681**

水上バス　★詳しい情報はP15へ

東京水辺ライン ··················· **03-5608-8869**

観光バス

㈱東陽バス事業部 **HP**
　中葛西4-16-22 ················· **03-3688-1424**

タクシー

岩井田タクシー　東葛西1-10-7 **03-5667-3666**
日の丸交通Tokyo-Bay **HP**
　臨海町2-3-11 ··············· **03-5679-6581**
小松川タクシー　松島1-32-20··· **03-3654-2211**
平和自動車交通㈱江戸川営業所
　松江3-1-8················· **03-3651-1183**
ヒノデ第一交通㈱江戸川営業所
　中央3-16-3 ················· **03-3654-4121**
　介護タクシー予約 ············· **03-3655-4611**

66

子育てしやすい街KASAI
子育てお役立ち情報

江戸川区は子育てに対する制度が充実している。不安をふきとばし、安心して出産・子育てするための知っておきたい子育て情報を紹介。

妊娠・出産

安心して出産を迎えるために、保健師等が妊娠・出産・子育てなどのさまざまな相談に応じている。妊娠がわかったら、まず健康サポートセンターで妊娠届を出そう。親子健康手帳（母子健康手帳）が交付され、保健師と面接して母と子の保健バッグ（妊婦健康診査受診票、各種制度・手当の案内等）が渡される。管轄の健康サポートセンターへ。

〈葛西健康サポートセンター〉☎03-3688-0154
管轄：船堀／宇喜田町／北葛西／春江町5／江戸川5・6／中葛西1〜4／一之江町／二之江町／東葛西1〜3・5／東葛西4丁目14〜28番地、56番地、57番地／西瑞江5
〈清新町健康サポートセンター〉☎03-3878-1221
管轄：清新町／西葛西／中葛西5〜8／臨海町1〜4
〈なぎさ健康サポートセンター〉☎03-5675-2515
管轄：南葛西／臨海町5・6／東葛西4丁目1〜13番地、29〜55番地、58番地／東葛西6〜9

入院助産

▶健康サービス課母子保健係
　☎03-5661-2466
出産費用に困っている場合に、助産が受けられる（いくつか条件あり）。

ぴよママ相談

▶健康サポートセンター
妊娠中の出産や子育て等のさまざまな不安や悩みを軽減するため、妊娠届を提出した妊婦全員に、保健師等の専門職員が相談にのってくれる。妊娠中に「ぴよママ相談」を受けると「ぴよママギフト」（こども夢商品券）がもらえる。

妊婦本人が届出をした場合はその場で、本人以外が届出をした場合は後日、妊娠届の控えと親子健康手帳（母子健康手帳）を持っていけば受けられる。他自治体で妊娠届を提出し転入した場合も母子健康手帳持参のうえ、健康サポートセンターに行けば相談を受けられる。
対象：江戸川区に住所があるか、他自治体で妊娠届を提出し江戸川区に転入した妊婦
受付日：月〜金（土日、祝日、年末年始を除く）
受付時間：8:30〜16:30

ハローベビー教室

▶健康サポートセンター
初めて赤ちゃんを迎える妊婦とそのパートナーが対象。保健師・助産師・栄養士・歯科衛生士による講習。平日コース（2日制）と休日コース（1日制）いずれかの選択制で、開催月は各センターで異なる。事前に予約が必要。

子育て支援アプリ「ぴよナビえどがわ」開始

2019年12月から江戸川区総合アプリで「ぴよナビえどがわ」を利用できるようになった。このアプリでは妊婦の健康状態や子どもの成長記録、予防接種のスケジュール管理ができて、家族で共有できる機能も。また区からの情報がタイムリーに受け取れる。

主な機能
【記録・管理】
●妊娠中の体調・体重（グラフ化）
●胎児や子どもの成長記録（グラフ化）
●予防接種：標準接種日の自動表示、接種予定、実績管理
●健診情報：妊婦や子どもの健診診査データを記録
【情報提供・アドバイス】
●出産・育児 ●沐浴 ●区からのお知らせ
●周辺施設（病院、幼稚園・保育園、子育て施設など）
【育児日記：できたよ記念日】
●子どもの成長を、写真と一緒に記録

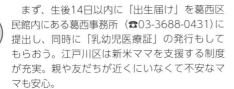

赤ちゃんが家に来たら

まず、生後14日以内に「出生届け」を葛西区民館内にある葛西事務所（☎03-3688-0431）に提出し、同時に「乳幼児医療証」の発行もしてもらおう。江戸川区は新米ママを支援する制度が充実。親や友だちが近くにいなくて不安なママも安心。

新生児訪問など

▶健康サポートセンター

親子健康手帳（母子健康手帳）に綴られているハガキを投函すると保健師または助産師が、出産したお母さんと赤ちゃんを家庭訪問。

また、赤ちゃん訪問員が子育て支援に関する情報を持って自宅を訪ねることもある。さらに乳幼児・妊産婦のいる家庭にも必要に応じて保健師が訪問し、相談を受けることもできる。

児童手当

▶児童家庭課手当助成係　☎03-5662-0082

中学校修了までの国内に居住する児童を養育している人に支給（所得制限あり）。児童1人あたりの支給額は、3歳未満は月額15000円、3歳以上小学校修了前までの第1子・第2子は月額10000円、第3子以降は月額15000円、中学生は月額10000円。所得限度額以上の場合は一律月額5000円。生計中心者による申請が必要。申請月の翌月分から支給。

※申請は児童家庭課手当助成係へ郵送または区役所本庁舎2階4番窓口へ

※申請書はホームページからダウンロード。区役所各事務所の戸籍住民係で配布

※詳しくはQRコード® からチャットボットへ

乳児養育手当

▶児童家庭課手当助成係　☎03-5662-0082

0歳児を養育している家庭に支給（所得制限あり）。手当額は月額13000円。区役所区民課・各事務所の庶務係へ申請を。

※詳しくはQRコード® からチャットボットへ

認可保育園

区立宇喜田第二保育園
中葛西4-9-5 ·················· **03-3687-9977**
区立小島保育園　西葛西5-8-2··· **03-3687-3915**
区立新田保育園　西葛西8-2-1 **03-3688-4908**
区立清新第一保育園
清新町1-3-2·················· **03-3878-1901**
区立清新第三保育園
清新町2-8-4················· **03-3878-1943**
区立東葛西保育園
東葛西9-10-1 ··············· **03-3686-2771**
区立堀江保育園　南葛西3-16-5 **03-3688-7415**
区立堀江第二保育園
南葛西7-1-6··············· **03-3687-9535**
区立堀江第三保育園
南葛西7-2-5················· **03-3675-8860**

区立臨海第一保育園
臨海町2-2-5 ··············· **03-3869-5478**
区立臨海第二保育園
臨海町5-1-2··············· **03-3686-1772**
宇喜田おひさま保育園
北葛西2-19-1 ··············· **03-3687-9559**
葛西おひさま保育園
東葛西5-29-14 ············· **03-5679-0130**
葛西第二おひさま保育園
中葛西2-11-13 ············· **03-3687-0130**
北葛西おひさま保育園
北葛西4-3-23 ··············· **03-5659-5051**
新田おひさま保育園
西葛西8-15-6 ··············· **03-3675-1588**
清新おひさま保育園
清新町1-1-37 ··············· **03-5878-0167**
清新第二おひさま保育園
清新町1-2-1-101 ············· **03-3878-1922**

子ども医療費助成

▶児童家庭課医療費助成係　☎03-5662-8578

　乳幼児から中学3年生までの児童の保険診療自己負担分および入院時の食事療養費を助成。保護者の所得制限はない。区役所児童家庭課医療費助成係・各事務所の保険年金係へ申請を。

※詳しくはQRコード® から
　チャットボットへ

養育医療

▶健康サポートセンター

　出生体重2000g以下または一定の症状を有する未熟児で、指定の医師が入院養育を必要と認めた世帯には所得に応じ、医療費の一部または全額を公費負担する。

乳幼児の健康診査

▶健康サポートセンター

　健診の案内は実施時期にあわせて郵送される。

◆3〜4か月頃
　　乳児健康診査　→健康サポートセンター
◆6か月および9か月頃
　　6〜7か月児および9〜10か月児健康診査
　　→指定の医療機関
　※「乳児健康診査」の際、受診票が渡される

◆1歳2か月頃
　　1歳児歯科相談（歯ッピー教室）　→健康サポートセンター
　※1歳1か月に達する月の下旬に、ハガキで通知。歯科医師による健診ではない
◆1歳6か月頃
　　1歳6か月児健康診査　→指定の医療機関
　※1歳5か月に達する月の下旬に受診票を送付
◆1歳7か月頃
　　1歳6か月児歯科健康診査　→健康サポートセンター
　※1歳5か月に達する月の下旬に、封書で通知
◆2歳1か月頃
　　2歳児歯科相談（歯ウツー教室）　→健康サポートセンター
　※2歳に達する月の下旬に、ハガキで通知。歯科医師による健診ではない
◆2歳7か月頃
　　2歳6か月児歯科健康診査　→健康サポートセンター
　※2歳5か月に達する月の下旬に、ハガキで通知
◆3歳1か月頃
　　3歳児健康診査　→健康サポートセンター
　※3歳に達する月の下旬に、封書で通知
★予防接種の問い合わせは、健康サービス課健康サービス係（☎03-5661-2473）、各健康サポートセンターへ

- -

中葛西おひさま保育園
　中葛西6-17-15 ……………… 03-3689-0010
西葛西おひさま保育園
　西葛西5-10-12 ……………… 03-3688-9892
南葛西おひさま保育園
　南葛西5-18-1 ………………… 03-6808-5312
葛西駅前さくら保育園
　東葛西5-1-3-2・3F……………… 03-3878-0026
グローバルキッズ南葛西園
　南葛西6-19-13-1F …………… 03-3877-4581
サクラナーサリー 🅗🅟
　中葛西3-15-6 ………………… 03-3686-9687
白百合保育園　北葛西4-3-9 … 03-3877-8344
太陽の子東葛西保育園
　東葛西7-28-15-1F …………… 03-6663-8235
たんぽぽ保育園　東葛西8-19-2　03-5878-0290

ちゃいれっく西葛西駅ビル保育園 🅗🅟
　西葛西6-7-1西葛西メトロセンター A棟1F・2F
　…………………………… 03-5667-9680
西葛西ちとせ保育園
　西葛西2-17-15 ……………… 03-5679-7200
にじのいるか保育園南葛西
　南葛西5-7-2-1F ……………… 03-6240-5010
フロンティアキッズ葛西 🅗🅟
　東葛西6-18-11 ……………… 03-3804-3055
ふきのとう保育園
　中葛西6-4-7 ………………… 03-3675-1876
ほっぺるランド中葛西
　中葛西1-1-15 ………………… 03-6456-0590
ポピンズナーサリースクール中葛西
　中葛西5-21-2 ………………… 03-6808-8102

学校へあがるまで

より子育てしやすい環境に！
子ども・子育て支援新制度の手引き

すべての子育て家庭を支援するため制定された「子ども・子育て支援法」に基づき、質の高い幼児期の教育・保育を提供し、子育てひろばや一時預かりなどの子育て支援の充実を図る「子ども・子育て支援新制度」が平成27年4月からスタートした。新制度を理解して子どもや家庭に合った園を探そう。制度や施設の詳細は区のホームページを参照。

子ども・子育て支援新制度

0～2歳児の保育の場を増やし、待機児童を減らすことが期待されている新制度。既存の認可保育園や私立幼稚園※を利用するほかに、幼稚園と保育所の機能や特長をひとつにした「認定こども園」や、小規模保育事業、事業所内保育事業等からなる「地域型保育事業」がある。新制度対象施設を利用するためには、区から「保育の必要性の認定」を受ける必要がある。
※新制度へ移行する園と移行しない園があるので、入園を希望する私立幼稚園に問い合わせを

「保育の必要性の認定」の申請について

認定区分によって、新制度対象の利用できる施設や申請方法が異なる。詳細は区のホームページを参照。

★子ども・子育て新制度の問い合わせ先はP73を

新制度対象園

区立・私立　認可保育園

区内には区立33園、私立104園の認可保育園がある（2021年4月1日）。居住地域に近い園に限らず、希望の保育園に申し込むことができる。申し込みは通年受け付け。私立の場合、保育時間や保育方針は園により異なる。

認定こども園

仲よし駅前保育園 HP
　中葛西4-12-15 ‥‥‥‥‥‥‥‥‥ **03-3680-8497**
プレスクール第2仲よしこども園 HP
　中葛西3-3-6-1F ‥‥‥‥‥‥‥‥‥ **03-3680-8636**

小規模保育所

おれんじハウス西葛西保育園
　西葛西5-8-3‥‥‥‥‥‥‥‥‥ **03-6456-0412**
Kid's Patioかさい園
　東葛西6-22-8 ‥‥‥‥‥‥‥‥ **03-3804-7722**
ほっぺるランド西葛西
　西葛西2-22-45-1F ‥‥‥‥‥‥ **03-6808-0518**

認証保育所

子ばと保育園 HP
　南葛西3-24-11 ‥‥‥‥‥‥‥‥ **03-3686-9687**
仲よし保育園 HP
　東葛西8-5-8 ‥‥‥‥‥‥‥‥‥ **03-3675-3883**
ピノキオ幼児舎西葛西園 HP
　西葛西6-13-7-3F ‥‥‥‥‥‥‥ **03-5667-6477**
みのり保育園 HP
　中葛西5-36-12-2F ‥‥‥‥‥‥ **03-3688-2981**
　　　　　　　（P24カラーページもご覧ください）
みんなの遊々保育園 HP
　中葛西4-2-1 ‥‥‥‥‥‥‥‥‥ **03-5659-3880**

認定こども園

　幼稚園と保育園の機能や特長を併せ持つ施設で、区内には3園ある（2021年4月1日）。

新制度に移行した私立幼稚園

　新制度に移行した園は一部なので、詳しくは各幼稚園へ問い合わせを。

小規模保育所

　0〜2歳児を対象に、少人数（定員6〜19人）で家庭的保育に近い雰囲気のもと、きめ細かな保育を行う。入園の申し込み手続きや利用者負担額（保育料）は認可保育園と同様。詳細は保育課保育係または施設に問い合わせを。

えどがわ子育て応援サイト

　子育て中のパパ・ママの"知りたい、聞きたい"子育て情報がこのサイトに集約されている。イベントをはじめ、保育計画や仲間づくりまで、困ったときに役に立つ情報が満載。子育てに関する区の各種制度や施設紹介などをカテゴリー別にわかりやすく表示している。お気に入りに登録してぜひ利用しよう。

🔗https://www.city.edogawa.tokyo.jp/kosodate/kosodate_ouen/index.html

■新制度対象施設利用申請方法

認定区分	対象年齢	保育の必要性	利用できる主な施設	利用申請方法
1号認定	3〜5歳	なし	新制度に移行した私立幼稚園　認定こども園（幼稚園部分）※	私立幼稚園等に入園申し込み・内定後認定申請→入園
2号認定	3〜5歳	あり	認可保育園　認定こども園（保育園部分）※	区に認定の申請と入園申し込み、区分決定後認定、利用調整、通知、面接・健康診断→入園
3号認定	0〜2歳	あり	認可保育園、認定こども園（保育園部分）※、地域型保育事業	区に認定の申請と入園申し込み、区分決定後認定、利用調整、通知、面接・健康診断→入園

※認定こども園希望の申請方法は認定区分に準じる

◤ 簡易保育園 ◢

イーグルインターナショナルスクール
東葛西6-2-9-5F ……………… 03-3686-8681

おれんじオハナ保育園
西葛西5-8-3 ……………… 03-6456-0412

ステラエデュケーションガーデン葛西保育園
東葛西5-37-16-2F ……………… 03-3804-0160

中葛西幼保園
中葛西1-31-9-1F ……………… 03-3804-1333

◤ 幼稚園・幼児教育施設 ◢

区立船堀幼稚園　船堀6-11-39　03-3675-1131

宇喜田幼稚園 🅷🅿
北葛西4-3-13 ……………… 03-3688-6336

江戸川幼稚園 🅷🅿
清新町1-1-40 ……………… 03-3675-3374

江戸川めぐみ幼稚園 🅷🅿
北葛西2-25-15 ……………… 03-3688-7771

葛西めぐみ幼稚園 🅷🅿
北葛西2-25-4 ……………… 03-5667-1170

キッズインターナショナル西葛西 🅷🅿
西葛西3-6-7-1F ……………… 03-5679-5571

杉の子英幼稚園 🅷🅿
東葛西4-27-3 ……………… 03-5696-5560

聖いずみ幼稚園　南葛西4-17-6　03-3688-5550

清新めぐみ幼稚園 🅷🅿
清新町1-4-17 ……………… 03-3878-1201

なぎさ幼稚園 🅷🅿　南葛西7-2-54　03-3675-3370

ばとうばし幼稚園 🅷🅿
中葛西4-16-11 ……………… 03-3689-4413

子育て

入園申し込み（保育園・認定こども園等の場合）

募集数は入園希望月の前月1日に区のホームページや保育課保育係で公表される。「申込の必要書類」をそろえて保育課保育係または各保育園・認定こども園等へ申し込む。受付期間は入園希望月の前月10日締切り（10日が土・日・祝の場合は直前の平日）。年度途中でも入園・転園の受け付けをしている。ただし、4月入園は例年入園希望年の前年10月ころが申込期間となる。期間等詳しくは保育課保育係へ問い合わせを。

受付期間〈例〉

■2021年8月入園希望
2021年6月11日(金)～7月9日(金)

■2021年9月入園希望
2021年7月12日(月)～8月10日(火)

※詳しくは区のホームページ、または江戸川区発行令和3年度版認可保育施設「入園のご案内」を

新制度対象園の保育料は？

幼児教育・保育の無償化を参照

幼児教育・保育の無償化

2019年10月から、幼稚園、保育所、認定こども園などの3～5歳児クラスの利用料無償化がスタートしている。また0～2歳児クラスの子どもについては、住民税非課税世帯を対象に無償。認可外保育施設なども一定額まで無償になる。利用するサービスにより、手続きや無償化の対象となる利用料・上限額が異なる。詳しくは下表を。

認定を受ければ必ず入園できるの？

認定を受ければ先着順や希望通りに入園できるというわけではなく、認定とは別に保育の必要性に応じて区が利用調整を行い、入園の可否を決定する。

※新制度対象幼稚園は認定の手順が異なる

★申請方法はP71を

■幼児教育・保育の無償化　手続きおよび対象

対象施設・事業	手続き	0～2歳（住民税非課税世帯）	3～5歳
私立幼稚園（新制度移行園以外）	必要	—	最大月額3.1万円まで無償* 入園時期に合わせて満3歳から対象
私立幼稚園（新制度移行園）、区立幼稚園	不要	—	無償* 入園時期に合わせて満3歳から対象
幼稚園の預かり保育	必要	最大月額1.63万円まで無償	最大月額1.13万円まで無償
認可保育園等（注1）	不要	無償*延長保育は対象外	無償*延長保育は対象外
保育ママ	必要	無償*雑費は対象外	—
認可外保育施設（注2）、認証保育所（注3）、一時預かり事業、病児保育事業、ファミリーサポート事業	必要	最大月額4.2万円まで無償	最大月額3.7万円まで無償

注1　小規模・事業所内・認定こども園を含む　注2　都に届出をし、国が定める基準を満たしている施設を対象
注3　0～2歳児対象に保育料の負担軽減補助も別途あり
※就学前の障害児の発達支援を利用する子どもについても、3～5歳までの利用料が無償化

発達相談・支援センター

平井4-1-29（小松川区民館隣）

発達障害は見た目に分かりにくく、特徴のあらわれ方もさまざま。少しでも気になることがあれば、気軽に相談を。

また、科学的根拠のあるプログラムを用いて、個別療育や集団療育などの児童発達支援・障害児相談支援・保育所等訪問支援を実施。

①相談　月～金　8時30分～17時　※面談は予約制
18歳以上：発達障害相談センター　☎03-5875-5401
18歳未満：発達相談室「なないろ」　☎03-5875-5101
対象者：発達が気になる本人とその家族および支援者
②療育　月～金　9時～17時　※要面談
児童発達支援センター　☎03-5875-5321
対象者：1歳6カ月～就学前の心身の発達、遅れが気になる子ども

入園できなかった場合は？

申し込みの最初の月と希望園を変更した月のみ文書で通知される。年度内は名簿に登録され、毎月利用調整し、入園内定した場合のみ通知される。

保育施設入園（転園）申込書の有効期限は、申込日から年度末（今年度は2022年3月入園分）まで。

※来年度（2022年4月）以降も入園を希望する場合は、再度申し込みが必要

ベビーシッター利用支援事業

子どもが保育所等へ入園できるまでの間、都の認定を受けたベビーシッター事業者を低額で利用できる事業。詳細は子育て支援課計画係へ問い合わせを。

対象：①0～2歳児の待機児童の保護者
②0歳児クラスに入園申し込みをせず、1年間の育児休業を満了した後、復職する人

※入園の辞退、入園申し込みの取り下げ、保育ママ、認証保育所、幼稚園を利用している場合は当事業は利用できない

認定を受けなくても利用できる施設は？

新制度に移行しない私立幼稚園・幼稚園類似施設・区立幼稚園・認証保育所・認可外施設＊・保育ママは「保育の必要性の認定」を受けずに利用できる。利用希望の場合は、各施設に直接利用申し込みを（保育ママを除く）。

※企業主導型保育所は認定が必要

＊幼児教育・保育無償化により認定が必要になることがある

幼稚園

▶区立：学務課学事係　☎03-5662-1624

区内にある区立幼稚園は船堀幼稚園のみ。
公立・私立共に区のホームページに一覧を掲載。

《区立》

4歳・5歳児対象の2年保育。次年度入園募集は毎年11月ころに行う。年度途中の入園は随時船堀幼稚園で受け付け。

船堀幼稚園では、一時的な時間外保育の「ショートサポート保育」を実施している（有償）。一定の要件を満たした場合、無償化の対象になる。

《私立》

区では私立幼稚園に通う園児の保護者を対象に補助金を交付している。区外に通園する場合も補助対象となる。

入園料補助金…80000円限度（入園時のみ）

※入園情報は江戸川区私立幼稚園協会のホームページ（http://www.eshiyo.com）で

※入園手続きは例年10月15日より各園が願書を配布。11月1日より入園受け付け、および決定

認証保育所

▶子育て支援課推進係　☎03-5662-1001

都の認証により区の助成を受けて運営されている保育施設。保護者が直接契約で入所できる。主に駅前など利便性の高い場所に開所され、長時間保育を実施しているところも。申し込みなどは各認証保育所へ。区のホームページに一覧が掲載されている。

また、低所得世帯を対象に、保育料の負担軽減補助を行っている。詳しくは区のホームページを。

子育て

問い合わせ先

●子ども・子育て支援新制度
→ 子育て支援課計画係　☎03-5662-0659
●私立幼稚園・認定こども園（幼稚園部分）・幼稚園類似施設・認証保育所
→ 子育て支援課推進係　☎03-5662-1001
●認可保育園・認定こども園（保育園部分）等の入園申し込み
→ 保育課保育係　☎03-5662-0066
●区立幼稚園 → 学務課学事係　☎03-5662-1624
●保育ママ → 保育課保育ママ係　☎03-5662-0072

子育て

保育ママ

▶保育課保育ママ係 ☎03-5662-0072
　生後9週目から1歳未満（4月1日が基準日）の健康な乳児を、保育ママの自宅で、家庭的な環境と愛情の中で預かってくれる。保育時間は8時半から17時まで（時間外保育は要相談）。働くママにはありがたい制度。費用は月額14000円のほかに雑費がかかる。時間外は別途。

子育て・母親交流（子育てひろば）

　就学前の乳幼児と保護者を対象に、自由に遊びながら友だちづくりをし、子育て情報の交換・悩み相談などができる場所が多く設置されている。「子育てひろば」は区内に20カ所あり、さまざまな機関に設けられている。

船堀子育てひろば
　船堀1-3-1 ☎03-3877-2549
　月～土9:00～16:30（日・祝日は休館）
中葛西子育てひろば
　中葛西1-2-8 宇喜田ホームズ内 ☎03-3804-8168
　月～金10:00～15:00
　（祝日・年末年始は休館）
堀江子育てひろば
　南葛西3-16-8 ☎03-3688-7416
　火～日10:00～16:00（祝日は休館）
臨海子育てひろば
　臨海5-1-2 ☎03-3686-2340
　火～日10:00～16:00（祝日は休館）
共育プラザ葛西子育てひろば
　宇喜田町175 ☎03-3688-8611
　火～日9:00～17:00（祝日は休館）
共育プラザ南小岩子育てひろば ☎03-3673-2206
　火～日9:00～17:00（祝日は休館）※
共育プラザ一之江子育てひろば ☎03-3652-5911
　火～日9:00～17:00（祝日は休館）

共育プラザ小岩子育てひろば ☎03-3672-0604
　火～日9:00～17:00（祝日は休館）
共育プラザ南篠崎子育てひろば ☎03-3678-8241
　火～日9:00～17:00（祝日は休館）
共育プラザ平井子育てひろば ☎03-3618-4031
　月～日9:00～17:00（年末年始は休館）
共育プラザ中央子育てひろば ☎03-5662-7661
　月～日9:00～17:00（年末年始は休館）
子育てひろば（清新町健康サポートセンター）
　☎080-7940-3683　月～金9:00～16:00
子育てひろば（葛西健康サポートセンター）
　☎03-3688-0154　月～金9:00～16:00
子育てひろば（なぎさ健康サポートセンター）
　☎03-5675-2515　月～金9:00～16:00
子育てひろば（小岩健康サポートセンター）
　☎03-3658-3171　月～金9:00～16:00
子育てひろば（東部健康サポートセンター）
　☎03-3678-6441　月～金9:00～16:00
子育てひろば（鹿骨健康サポートセンター）
　☎03-3678-8711　月～金9:00～16:00
子育てひろば（小松川健康サポートセンター）
　☎03-3683-5531　月～金9:00～16:00
はあとポート子育てひろば（江戸川区児童相談所内）
　月～金9:00～12:00
ベーテルひろば（NPO法人）☎03-3686-8350
　月・火・水・金10:00～16:00
　土11:00～16:00
　＊子育て相談、一時預かりあり
※令和3年4月から開室日が変更
　開室日：月～日9:00～17:00（年末年始は休館）

児童虐待SOS

　子どもに対する虐待は子どもの人格形成に重大な影響を与えるだけでなく、生命を危険にさらす可能性もある。解決には、行政機関と地域住民の連携・協力が大切。虐待と感じたら連絡を。

・児童虐待SOS ☎03-5662-5115　・江戸川区児童相談所 ☎03-5678-1810
・全国共通ダイヤル ☎189　　　・（福）子どもの虐待防止センター ☎03-5300-2990
　　　　　　　　　　　　　　　　　＊区のホームページで「児童虐待防止ガイド」を紹介している

小・中学校

入学

▶学務課学事係　☎03-5662-1624

　入学する年の1月中旬、教育委員会から「就学通知書」が送られてくる。届かないときや私立に通うとき、住所変更したときなどは、区の教育委員会に申し出を。

転校

▶学務課学事係　☎03-5662-1624

　転入・転居の際に発行される「転入学通知書」、それまで通っていた学校が発行した「在学証明書」「教科用図書給与証明書」を指定の学校に持参。

就学援助費

▶学務課学事係　☎03-5662-1624

　国公立等の小学校または中学校でかかる費用に困っている人へ学校生活で必要な費用の一部を援助している。

学校

〈小学校〉

宇喜田小学校	北葛西5-13-1 …	03-3689-1291
葛西小学校	中葛西2-4-3………	03-3680-9366
新田小学校	西葛西8-16-1 …	03-3675-4681
清新第一小学校	清新町1-4-19	03-3878-1271
清新ふたば小学校	清新町1-1-38 …	03-3878-3621
第二葛西小学校	東葛西6-33-1	03-3689-0211
第三葛西小学校	北葛西4-2-19	03-3680-5111
第四葛西小学校	中葛西8-8-1	03-3688-1833
第五葛西小学校	北葛西2-13-33	03-3689-6216
第六葛西小学校	西葛西4-5-1	03-3688-0485
第七葛西小学校	西葛西7-8-1	03-3688-4891
西葛西小学校	西葛西3-9-44…	03-3686-7640
東葛西小学校	東葛西8-23-1 …	03-3686-2806
南葛西小学校	南葛西5-10-1 …	03-3675-0315
南葛西第二小学校	南葛西7-5-9	03-3686-1431
南葛西第三小学校	南葛西5-2-1	03-3878-3357
臨海小学校	臨海町2-2-11 ……	03-5674-2761

〈中学校〉

葛西中学校	中葛西2-4-3 ………	03-3680-3486
葛西第二中学校	宇喜田町1085	03-3680-5146
葛西第三中学校	中葛西6-6-13	03-3687-8021
清新第一中学校	清新町1-5-14	03-3878-1281
清新第二中学校	清新町2-1-2	03-3877-6631
西葛西中学校	西葛西5-10-18	03-3686-7874
東葛西中学校	東葛西6-40-1 …	03-3675-4761
南葛西中学校	南葛西5-12-1 …	03-3675-0317
南葛西第二中学校	南葛西5-3-1	03-3878-3651

〈高等学校〉

都立葛西南高等学校		
	南葛西1-11-1 ……	03-3687-4491
都立紅葉川高等学校		
	臨海町2-1-1 ………	03-3878-3021

専門学校

東京医薬専門学校		
	東葛西6-5-12 ……	03-3688-6161
		0120-06-1610
東京映画・俳優＆放送芸術専門学校 HP		
	西葛西3-14-9 ……	0120-233-557
東京コミュニケーションアート専門学校 HP		
	西葛西5-3-1 ……	03-3688-6501
東京スクール オブ ミュージック＆ダンス専門学校 HP		
	西葛西3-14-8 ……	0120-532-304
東京スポーツ・レクリエーション専門学校 HP		
	西葛西7-13-12………	03-5696-9090
		0120-61-9090
東京福祉専門学校 HP		
	西葛西5-10-32 ……	03-3804-1515
東京ベルエポック製菓調理専門学校 HP		
	中葛西4-2-5………	0120-080-332
東京ベルエポック美容専門学校 HP		
	西葛西6-28-16 ……	0120-866-909
東京メディカル・スポーツ専門学校 HP		
	西葛西3-1-16 ……	0120-35-2930
東京リハビリテーション専門学校 HP		
	中央1-8-21 ………	03-3674-0233

日本語学校はP175へ

すくすくスクール

▶教育推進課　すくすくスクール係
　☎03-5662-2732
　小学校の放課後や学校休業日に、校庭・体育館などの施設を利用して、児童がのびのびと自由な活動ができる事業。学校・地域・保護者と連携し、遊びや学び・多くの人とのふれあいを通じて、コミュニケーション力を高め、豊かな心と自ら考え行動する力を育む。
・**対象**…区内在住の小学生（通学している区立小学校で登録。私立小学校などに通学している児童は住まいのある学区域内の区立小学校で登録）

・**登録**…「すくすく登録」と「学童クラブ登録」
・**費用**…保険料（年額500円）
　　　　　学童クラブ登録は育成料（月4000円）
【令和3年4月以降】学童クラブ延長登録は延長育成料（月1000円）
※減免制度あり
・**活動時間**…平日：放課後～17:00
　　　　　　　土曜・学校休業日：8:30～17:00
※学童クラブ登録の場合、平日（学校休業日を含む）は18:00まで
【令和3年4月以降】学童クラブ延長登録の場合、平日（学校休業日を含む）は19:00まで
※日曜・祝日・年末年始は休み

すくすくスクール

宇喜田小学校すくすくスクール
　北葛西5-13-1-1F …………… **070-6444-3819**
葛西小学校すくすくスクール
　中葛西2-4-3-1F …………… **070-6444-3770**
新田小学校すくすくスクール
　西葛西8-16-1-1F…………… **070-6444-3817**
清新第一小学校すくすくスクール
　清新町1-4-19校庭内別棟 …… **070-6444-3820**
清新ふたば小学校すくすくスクール
　清新町1-1-38-1F…………… **070-6444-3830**
第二葛西小学校すくすくスクール
　東葛西6-33-1-1F …………… **070-6444-3779**
第三葛西小学校すくすくスクール
　北葛西4-2-19-1F …………… **070-6444-3781**
第四葛西小学校すくすくスクール
　中葛西8-8-1体育館1F ……… **070-6444-3789**
第五葛西小学校すくすくスクール
　北葛西2-13-33-1F ………… **070-6444-3790**
第六葛西小学校すくすくスクール
　西葛西4-5-1-3F …………… **070-6444-3791**
第七葛西小学校すくすくスクール
　西葛西7-8-1-1F …………… **070-6444-3799**
西葛西小学校すくすくスクール
　西葛西3-9-44-2F…………… **070-6444-3816**
東葛西小学校すくすくスクール
　東葛西8-23-1校庭内別棟 …… **070-6444-3835**
南葛西小学校すくすくスクール
　南葛西5-10-1-1F…………… **070-6444-3803**
南葛西第二小学校すくすくスクール
　南葛西7-5-9校庭内別棟……… **070-6444-3804**
南葛西第三小学校すくすくスクール
　南葛西5-2-1-1F …………… **070-6444-3811**

臨海小学校すくすくスクール
　臨海町2-2-11-1F ………… **070-6444-3832**

学童保育

明光キッズ葛西（民間学童） **HP**
　東葛西6-7-20-2F ………… **03-3686-3381**
リックキッズ（民間学童） **HP**
　葛西校　中葛西5-32-18-1F … **03-5677-1446**
　西葛西校　西葛西3-15-15-2F **03-5677-1446**

放課後等デイサービス・児童発達支援

スマートキッズ **HP**
　プラス葛西　東葛西6-4-3-3F **03-6808-3233**
　内放課後等デイサービス、児童発達支援
　プラス北葛西　北葛西4-22-11-1F **03-6808-2996**
　内放課後等デイサービス
　プラス西葛西
　西葛西6-22-16-2F ………… **03-6808-6734**
　内放課後等デイサービス
　ジュニア船堀　北葛西4-5-7-1F **03-6663-8545**
　内放課後等デイサービス
日本重症心身障害児支援協会　多機能型ステーション望
　中葛西5-4-4-1F …………… **03-3675-3701**
　内児童発達支援、放課後等デイサービス
ハッピーテラス **HP**
　葛西教室　中葛西3-16-17-2F **03-6663-9622**
　内放課後等デイサービス
　西葛西教室　西葛西7-3-10-5F **03-6663-8561**
　内放課後等デイサービス
　東葛西教室　東葛西5-13-13-2F **03-6240-5441**
　内放課後等デイサービス

子育て

子育てのお手伝いの　頼みたい　と　したい　をつなぎます

江戸川区 ファミリーサポート

ファミリーサポートは、子育てのサポートを必要とする人（依頼会員）と子育てのお手伝いができる人（協力会員）、それぞれの会員同士の信頼関係に基づき助け合う、有償ボランティア活動の会員組織である。

＜援助活動の内容＞
■援助できること
・保育園、幼稚園、すくすくスクールなどへの送迎と預かり
・その他、子育てに必要な子どもの預かりなど
■援助できないこと
・子どもが病気のとき
・洗濯、掃除などの家事援助
・宿泊を伴う活動など

＜援助報酬＞
■基本援助時間：月～土　8：00～19：00
　子ども1人1時間につき800円

■基本時間以外、日・祝・年末年始
　子ども1人1時間につき900円

＜会員資格・登録＞
■依頼会員
江戸川区に在住または、在勤の人で援助が必要な子どもを養育している人は入会できる。依頼会員になるには、センターが実施する説明会に参加する必要がある。日程等詳細は問い合わせを。
※世帯に1人の登録
※第1子出産前の登録は不可
■協力会員
江戸川区に在住で、心身ともに健康で安全に適切な援助活動が行える人が入会できる。特別な資格は必要ない。
協力会員になるには、センターが実施する説明会、基礎研修会を受講する必要がある。研修会日程等、詳細は問い合わせを。

【ファミリー・サポート・センター】
中央1-4-1（児童家庭課内）
☎03-5662-0364　📠03-5662-0824
受付時間：月～金　9：00～17：00
※土・日・祝・年末年始を除く

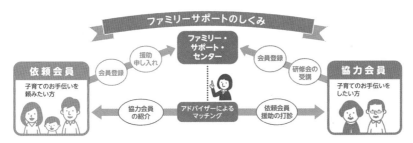

ファミリーサポートのしくみ

子育て

江戸川区の子育てハウツー本 えどがわ子育てガイド

区の子育て支援事業や関連施設など、子育てに役立つ情報が満載のガイドブック。子育てひろば（各共育プラザ・健康サポートセンターほか）や区役所2Ｆ保育課・児童家庭課の窓口、区役所3Ｆ子育て支援課などで閲覧できるほか、ＷＥＢでも公開されている。【区公式ＨＰ　トップページ＞子育て・教育＞子育て＞えどがわ子育てガイド】で検索しよう。
◇問い合わせ　子育て支援課企画係　☎03-5662-0659

✚ 元気なときこそ　がん検診
江戸川区のがん検診

区のがん検診は通年で実施。対象者は年1回（胃がんの内視鏡、子宮頸がん、乳がんのマンモグラフィ、口腔がんは2年に1回）、無料で受けられる。がんは早期発見が肝心。定期的に受診しよう。

胃がん検診

対象・内容：30～49歳 胃部X線（バリウム）検査
　　　　　50歳以上 胃部X線（バリウム）
　　　　　または内視鏡検査
　　　　　※内視鏡検査は前年度同検査未受診者のみ
受診方法：電話またはインターネットで予約を
　　　　　※内視鏡検査は電話予約のみ
電話予約：☎03-5676-8818
　　　　　月～土 8:45～17:00（祝休日除く）
Web予約：https://www.
　　　　　kenshin-edogawa-web.jp
会　　場：医療検査センター（タワーホール船堀6階）
持 ち 物：予約時に確認を

肺がん検診

対　　象：40歳以上
受診方法：予約不要。直接会場で受診
受付時間：月～土（祝休日除く）
　　　　　9:00～11:00 13:00～15:00
会　　場：医療検査センター（タワーホール船堀6階）
持 ち 物：保険証など本人確認できる書類
内　　容：胸部X線検査・喀痰細胞診

子宮頸がん検診

対　　象：20歳以上の女性（前年度未受診者）
受診方法：受診会場に直接申し込み
会　　場：区内指定医療機関
持 ち 物：保険証など本人確認できる書類
内　　容：視診・内診・細胞診

口腔がん検診

対　　象：40歳以上（前年度未受診者）
受診方法：健診係へ電話申し込み後、郵送される受診券をもとに指定歯科医療機関へ予約
会　　場：区内指定歯科医療機関
持 ち 物：保険証・受診券
内　　容：視触診
　　　　　（細胞診は医師の判断により実施）

前立腺がん検診

対　　象：年度末年齢で60・65・70歳の男性
受診方法：予約不要。直接会場で受診
受付時間：月～土（祝休日除く）
　　　　　9:00～11:00 13:00～15:00
会　　場：医療検査センター（タワーホール船堀6階）
　　　　　※区内指定医療機関でも受診可
　　　　　（受付時間等は医療機関に確認を）
持 ち 物：保険証など本人確認できる書類
内　　容：血液検査

大腸がん検診

対　　象：40歳以上
受診方法：検査容器を配布場所より受け取り、採便後提出する
容器配布・提出場所
　　　　　：医療検査センター（タワーホール船堀6階）、各健康サポートセンター、区内指定医療機関
内　　容：検便による便潜血反応検査（2日法）

乳がん検診

対象・内容：30～39歳 超音波検査
　　　　　40～64歳 超音波またはマンモグラフィ検査
　　　　　65歳以上 マンモグラフィ検査
　　　　　※マンモグラフィは前年度同検査未受診者のみ
受診方法：電話またはインターネットで予約を
電話予約：☎03-5676-8818
　　　　　月～土 8:45～17:00（祝休日除く）
Web予約：https://www.
　　　　　kenshin-edogawa-web.jp
会　　場：医療検査センター（タワーホール船堀6階）
　　　　　※マンモグラフィ検査のみ東京臨海病院、江戸川病院でも受診可
持 ち 物：保険証など本人確認できる書類

┌─────────────────────────┐
　　　　　問い合わせ
　健康推進課健診係 ☎03-5662-0623
└─────────────────────────┘

※タワーホール船堀の休館時は医療検査センターも休診
※実施期間・会場は変更になる場合があります

▶病院へ行く ………………………… **80**
総合病院・病院、急病診療所、内科・小児科、泌尿器科、外科・形成外科・整形外科、皮膚科、耳鼻咽喉科、眼科、神経科・精神科、言語治療、産科・婦人科

▶歯医者へ行く ……………………… **91**
歯科医師会、歯科

▶体をほぐす・整える ……………… **98**
接骨・整骨、はり・灸・指圧・マッサージ

▶各種療法 …………………………… **102**
整体・カイロ

▶薬を買う …………………………… **102**
薬局・薬店

▶介護する …………………………… **114**
介護サービス、福祉機器、グループホーム、特別養護老人ホーム（介護老人福祉施設）、介護老人保健施設、介護医療院、養護老人ホーム、軽費老人ホーム、有料老人ホーム

●江戸川区のがん検診 78
●江戸川区の健診 90
●急病診療所 101

★本文中赤色になっているのは「葛西カタログ2021-22」協賛店です
★Ⓕ はFAX番号、Ⓣ&Ⓕは電話番号とFAX番号、ⒽⓅはホームページのあるお店

健康

病院・医院

病院へ行く

hospital

健康

内：内科		整：整形外科	
小：小児科		形：形成外科	
呼：呼吸器科		皮：皮膚科	
呼内：呼吸器内科		泌：泌尿器科	
胃：胃腸科		肛：肛門科	
消：消化器科		産婦：産婦人科	
消内：消化器内科		産：産科	
循：循環器科		婦：婦人科	
循内：循環器内科		眼：眼科	
脳内：脳神経内科		耳：耳鼻咽喉科	
腎内：腎臓内科		放：放射線科	
糖内：糖尿病内科		麻酔：麻酔科	
精：精神科		歯：歯科	
神：神経科		矯正：矯正歯科	
神内：神経内科		口外：歯科口腔外科	
心内：心療内科		アレ：アレルギー科	
外：外科		リウ：リウマチ科	
消外：消化器外科		リハ：リハビリテーション科	
脳外：脳神経外科		ペイン：ペインクリニック	
心外：心臓血管外科		ドック：人間ドック	
乳外：乳腺外科			

総 合 病 院・病 院

葛西昌医会病院 HP

東葛西6-30-3 …………………… **03-5696-1611**
(脳外・循内・消内・消外・内・整／リウ・神内・呼内・腎内・泌・糖内・皮・リハ・麻・形・ドック・企業健診)
月～土／受8:00～12:00（初診11:00まで）　診9:00～
月～金／受13:00～16:00（初診15:00まで）
診14:00～　　　　　　休土午後・日・祝・年末年始

東京臨海病院 HP

臨海町1-4-2 …………………… **03-5605-8811**
(内・循内・消内・呼内・呼外・神内・リウ・糖内・腎内・緩和ケア内・精・小・外・乳外・整・形・脳外・心外・皮・泌・産・婦・眼・耳・放・放射線治療・救急・麻酔)
受初診・再診8:00～11:00　再診（予約）13:00～16:00
土（第2・4）8:00～10:30
※土曜日は原則として予約不可　※健康医学センター併設（人間ドック・健康診断／要予約）
　　　　休第1・3・5土・日・祝・年末年始（12/29～1/3）

森山記念病院 HP

北葛西4-3-1 …………………… **03-5679-1211**
(脳外・外・内・整・泌・消外・消内・循内・リハ・麻酔・内視鏡外・血管外・腎内・大腸肛門外・口外・膠原病リウマチ・糖尿病・内分泌内・救急)
診月～金8:30～11:30（受付7:30～11:00）
14:30～17:30（受付13:45～16:30）
土8:30～11:30（受付7:30～11:00）
※人間ドック・脳ドック・健康診断／要予約
※救急24時間365日　　　休日・祝・12/30～1/3

森山脳神経センター病院 HP

西葛西7-12-7 …………………… **03-3675-1211**
(リハ・脳外・外・内・整・腎内・循内・透析)
診月～土9:00～12:00（受付8:15～11:30）
　　　　　　休月～土午後・日・祝・12/30～1/3

急 病 診 療 所

休日急病診療

西瑞江5-1-6江戸川区医師会地域医療支援センター内
………………………（開設時間内）**03-5667-7775**
(内・小)　診日・祝・年末年始9:00～17:00

夜間急病診療

西瑞江5-1-6江戸川区医師会地域医療支援センター内
………………………（開設時間内）**03-5667-7775**
(内・小)　診21:00～翌6:00

休日歯科応急診療　東小岩4-8-6歯科医師会館内

……………（開設時間内）Ⓣ&Ⓕ**03-3672-8215**
(歯)　診日・祝・年末年始9:00～17:00（受付30分前まで）　※あらかじめ電話で申し込みのうえ受診

★詳しい情報はP101へ

新型コロナウイルスの状況により、診療時間などの内容に変更が生じる場合があります。
医療機関受診前に最新の情報を電話またはホームページ等で確認してください。

可能なかぎりの調査に基づいて作成しましたが、万一掲載もれや締め切り後の変更などありましたらお知らせください。　　　　　☎047-396-2211

医院

内科・小児科

青木クリニック
宇喜田町1039-1-1F ……………… 03-5878-3063
（内・胃・外）
診月・火・水・金9:00〜12:00　15:00〜18:30
土9:00〜12:00　　　　　　　　　**休**木・日・祝

麻生小児科医院
西葛西6-9-12-2F ……………… 03-5659-5220
（小）　診月〜金9:00〜12:30　14:00〜17:30
土9:00〜12:30
乳幼児健診・予防接種／月〜水14:00〜15:00※予約制
専門外来／木午後　　　　　　**休**土午後・日・祝

安藤内科医院 HP
東葛西6-15-16 ………………… 03-3689-7309
（内・胃）
診月〜土9:00〜13:00　月・火・水・金14:00〜18:00
　　　　　　　休木午後・土午後・日・祝

医療法人社団清正会　飯塚内科医院
中葛西3-16-6 ………………… 03-3688-0395
（内・呼内）　受月・火・水・金・土8:40〜11:30
月・火・水・金14:50〜18:00　土14:50〜17:00
　　　　　　　　　　　　休木・日・祝

いがらし内科医院
東葛西5-46-11 ………………… 03-3680-9771
診9:30〜12:00　15:30〜18:00
　　　　　　休木午後・土午後・日・祝

江戸川クリニック
西葛西3-8-3 ……………………… 03-3687-8933
（内・精・心内）
診月・火・金9:00〜12:30　15:00〜18:00
水9:00〜12:30　土9:00〜12:30　14:00〜17:00
　　　　　　　　　　休水午後・木・日・祝

えんどう医院　西葛西3-19-5 … 03-3675-0330
（内・胃・外・消・肛・放）
診月〜土9:00〜11:30　月・火・木・金15:30〜17:00
（受付8:30〜11:30　15:30〜17:00）
※診療は変更あり。問い合わせを
　　　　　　休水午後・土午後・日・祝

医療法人社団　由寿会　おかはら胃腸クリニック HP
東葛西6-2-13-2F ……………… 03-5659-2155
（胃腸内・外）
診月〜金9:00〜12:30　15:00〜19:00
土9:00〜14:00　　　　　　　　**休**木・日・祝
　　　　　（P35カラー・健康特集もご覧ください）

おがはら循環器・内科 HP
西葛西3-15-5-1F ……………… 03-3680-2525
（内・循内・呼内・消内）
診月〜土9:00〜12:30　15:00〜19:00
※受付時間は診療終了30分前まで　　**休**日・祝

葛西小児科 HP
東葛西6-23-17 ………………… 03-5675-2501
（小）
診月・火・木・金9:00〜12:00　16:00〜18:00
土9:00〜12:00
乳児健診・予防接種／月・火・木・金　※予約制
　　　　　　　　休土午後・水・日・祝

〈次ページへつづく〉

内科・小児科〈前頁から〉

かさい糖クリニック ㏋
東葛西6-2-9-7F ・・・・・・・・・・・・・・・・・・ **03-5659-7616**
(糖尿) 診10:00〜13:00　15:30〜19:00
木15:30〜19:00
土10:00〜13:00　14:30〜17:00
※完全予約制　　　　　　　　　休木午前・火・日・祝

葛西内科クリニック ㏋
東葛西5-1-4・・・・・・・・・・・・・・・・・・・・・・ **03-3687-5755**
(内・小・皮・胃・循・呼・日帰りドック・糖尿病・高血圧・甲状腺外来)
受9:00〜12:00　16:00〜18:30 (土12:00まで)
　　　　　　　　　　　　　　　休木・日・祝

葛西内科皮膚科クリニック ㏋
中葛西3-16-17-1F ・・・・・・・・・・・・・・ **03-5679-8211**
診月〜金9:00〜12:30　14:00〜18:00
土・日9:00〜12:30　　　　　　休水・祝

葛西みなみ診療所 ㏋
南葛西2-12-1-2F・・・・・・・・・・・・・・・・ **03-5679-7144**
(内)
診月〜土9:00〜12:30 (受付8:30〜)
木10:00〜12:30　金14:00〜16:30
月・火・木14:00〜16:30 (予約制)
火・木18:00〜19:30 (受付17:30〜)　休日・祝

かとう内科クリニック ㏋
西葛西6-24-7-2F ・・・・・・・・・・・・・・・ **03-5679-2317**
(内・消内・肝臓内)
受9:00〜12:00　15:00〜18:00
　　　　　　　休水午後・土午後・木・日・祝

かまかみ医院 南葛西2-8-9・・・・・ **03-3686-5141**
(内・小・皮)　診月〜金9:00〜12:00　16:00〜18:00
土9:00〜12:00　　　　　　　　休木・日・祝

キャップスクリニック北葛西 ㏋
北葛西5-15-2 ・・・・・・・・・・・・・・・・・・ **03-4579-0040**
(内・小)　診9:00〜13:00　15:00〜20:00　年中無休

キャップスこどもクリニック西葛西 ㏋
西葛西6-12-1-1F ・・・・・・・・・・・・・・・ **03-5878-3918**
(小)　診9:00〜13:00　15:00〜21:00　　年中無休

慶生会クリニック
東葛西6-2-7-4F ・・・・・・・・・・・・・・・・ **03-3689-7323**
(内)　受9:15〜12:45　14:00〜17:30　休土・日・祝

酒井内科・神経内科クリニック ㏋
西葛西6-15-20-2F・・・・・・・・・・・・・・ **03-6808-2807**
(内・神内)
診9:00〜12:00　14:00〜18:00　土9:00〜13:00
　　　　　　　　　　　　　　休金・日・祝

佐藤医院　中葛西1-4-16 ・・・・・・・・ **03-3688-7460**
(内・胃・小)　診月〜金9:00〜12:00　15:30〜18:30
土9:00〜12:00　　　　　休土午後・水・日・祝

柴山泌尿器科・内科クリニック ㏋
東葛西6-1-17-2F ・・・・・・・・・・・・・・・ **03-5675-7223**
(泌・内)
受月・火・木・金9:00〜12:30　15:00〜18:30
土9:00〜12:30　　　　　　休土午後・水・日・祝

しゅんしゅんキッズクリニック
西葛西6-6-1-1F-B ・・・・・・・・・・・・・・ **03-5658-3601**
(小・アレ)
診9:00〜12:30　15:00〜18:30　土9:00〜12:30
　　　　　　　　　　　　休土午後・木・日・祝

新葛西クリニック
西葛西6-19-8 ・・・・・・・・・・・・・・・・・・ **03-3675-2511**
(内・透析)　診月〜金9:00〜17:00 (木11:00〜)
土9:00〜12:00　　　　　　　　　　　休日・祝

清新南クリニック
清新町1-1-6-1F ・・・・・・・・・・・・・・・・ **03-3877-8665**
(内・小)
受月・火・水・金9:00〜12:15　14:15〜17:15
土9:00〜12:15　　　　　　休土午後・木・日・祝

たべ内科クリニック
北葛西1-3-25 ・・・・・・・・・・・・・・・・・・ **03-6456-0862**
(内・呼内・アレ)
診9:00〜12:30　15:30〜19:00
　　　　　　　休木午後・土午後・日・祝

中鉢内科・呼吸器内科クリニック ㏋
西葛西6-13-7-3F ・・・・・・・・・・・・・・・ **03-3687-1161**
(内・皮)
診月・木・金9:00〜12:00　14:00〜18:00
水9:00〜12:00　14:00〜19:00　土9:00〜13:00
日10:00〜13:00　　休第2・3日曜と第3土曜・火・祝

辻医院　東葛西3-3-6 ・・・・・・・・・・・・ **03-3680-2029**
(内)
診月・火・水・金9:00〜12:00　15:00〜18:00
土9:00〜12:00　※受付は10分前まで
　　　　　　　　　　　　休土午後・木・日・祝

電話番号、住所など間違い、および『葛西カタログ』に対するご意見・ご希望がありましたら、お手数ですがご一報を！　☎047-396-2211

健康

なかにし小児科クリニック

西葛西5-1-8-1F ················· **03-3675-6678**

(小) 診月・火・木・金9:00～12:00　15:00～18:00

土9:00～12:00　14:00～16:00

乳児健診／月・火14:00～15:00

予防接種／木・金14:00～15:00　　**休**水・日・祝

なぎさ診療所

南葛西7-2-2号棟 ················· **03-3675-2801**

(内・小・胃) 診月・火・木・金9:30～12:30　15:00～18:30

土9:30～13:00　※予防接種は要予約　**休**水・日・祝

西葛西駅前総合クリニック

西葛西3-15-13-3F ················· **03-5679-7851**

(内・小・整・皮) 診月・火・木・金9:00～13:00　15:00～19:00

土9:00～12:00　13:00～15:00　　**休**水・日・祝

西葛西クリニック

西葛西4-2-75 ····················· **03-3686-5555**

(内・皮) 診9:00～12:00　15:00～18:00

※受付は15分前まで　　**休**土午後・水・日・祝

西葛西わんぱくクリニック

西葛西3-15-13-2F ················· **03-5679-7681**

(小・アレ) 診月・火・水・金9:00～13:00

月15:00～19:00　火・水・金16:00～19:00

土9:00～12:00　13:00～15:00

健診（要予約）・予防接種／火・水・金15:00～16:00

　　休木・日・祝

博愛ホーム診療所

西葛西8-1-1 ····················· **03-3675-1208**

(内)

ひかりクリニック

西葛西6-13-7-3F ················· **03-3878-9800**

(小・アレ・呼) 受月・火・木・金8:50～11:50　13:50～17:50

水・土8:50～11:50　　**休**日・祝

弘邦医院　中葛西3-37-18-3F ··· **03-3686-8651**

(内・呼・胃・アレ) 診月～金9:15～12:00　18:15～19:30

土9:15～12:00　**休**土午後・日・祝、午後不定休あり

〈次ページへつづく〉

健康

内科・小児科〈前頁から〉

星田小児クリニック 🅗🅟
　中葛西2-3-10 ………………… **03-3680-2028**
　(小)　診9:30〜12:30　15:00〜18:00
　火・木・金9:30〜12:30　16:30〜18:00
　水・土9:30〜12:30
　乳児健診・予防接種／火・木・金15:00〜16:30
　　　　　　　　　　　休水午後・土午後・日・祝

まつおクリニック 🅗🅟
　東葛西2-9-10-3F ………………… **03-5667-4181**
　(内・呼・アレ)
　診9:00〜12:00　14:30〜18:00（月20:00まで）
　　　　　　　　　　　　　休土午後・木・日・祝

まなべファミリークリニック
　南葛西6-12-7-1F ………………… **03-3869-1525**
　(内・小)
　診月・火・木・金9:00〜12:30　14:30〜18:30
　水9:00〜12:00　土9:00〜12:30　14:30〜16:30
　　　　　　　　　　　　　休水午後・日・祝

南葛西クリニック
　南葛西4-2-2………………… **03-5674-5371**
　(内・循・胃・皮)
　診月・火・水・金9:00〜12:15　16:00〜17:45
　土9:00〜12:15（特殊検査のみ）
　皮／火午後のみ（要予約）　※受付は30分前まで
　　　　　　　　　　　休土午後・木・日・祝

宮澤クリニック 🅗🅟
　西葛西6-18-3-1F ………………… **03-3878-0826**
　(内・小・皮・整・リハ)
　診月・火・木・金9:00〜13:00　15:00〜18:30
　土9:00〜12:30　14:00〜17:00　　**休**水・日・祝

☆ **星田小児クリニック**
地域に根ざした「やさしい・わかりやすい
医療」を目指します。

一般小児科診療・乳幼児健診・予防接種
休診：水、土午後、日・祝日

診療時間	月	火	水	木	金	土
9:30〜12:30	○	○	○	○	○	○
15:00〜16:30	○	★	/	★	★	
16:30〜18:00	○	○		○	○	

★＝予防接種、乳児健診
中葛西2-3-10(葛西中学校前)
☎03-3680-2028　Ｐあり

新型コロナウイルスの状況により、診療時間などの
内容に変更が生じる場合があります。

宮澤クリニック

内科／小児科／整形外科／リハビリテーション科／皮膚科

診療時間	月	火	水	木	金	土	日・祝
9:00〜13:00	●	●※	−	●	●	△	−
15:00〜18:30	●	●※	−	●	●	△	−

**栄養相談も
行っております**

△土曜　9:00〜12:30
　　　　14:00〜17:00
※時間短縮あり

地域の皆様のすこやかな毎日を応援しています

至東京　東西線　至津田沼
西葛西駅
南口バスターミナル　三菱UFJ銀行
ミスタードーナツ　メッセ西葛西　■当院　クリスクロスさん
三井住友銀行　ホテルベストウェスタン
西葛西駅より1分

西葛西6-18-3 KIRAKUⅡ1F
☎ **03-3878-0826**

医療法人社団結草会　みやのこどもクリニック　HP
　南葛西2-18-27 ・・・・・・・・・・・・・・・・ **03-3869-4133**
　(小・アレ・皮)　診月〜金8:30〜12:00（11:30）
　15:00〜18:15（17:30）
　土8:30〜12:00（11:30）　※（ ）内は予約終了時間
　※完全予約制　　　　　　　　　　　**休土午後・日・祝**

明育小児科
　東葛西2-3-16 ・・・・・・・・・・・・・・・・ **03-3686-0359**
　(小・アレ)　診月〜金9:00〜12:00　15:00〜18:30
　土9:00〜12:30　　　　　　　**休土午後・木・日・祝**

森内科クリニック　HP
　東葛西4-7-6 ・・・・・・・・・・・・・・・・ **03-3869-3411**
　(内)　診月・火・木・金9:00〜12:00　15:00〜18:00
　水・土9:00〜12:00　　　　**休水午後・土午後・日・祝**

矢島循環器・内科
　中葛西5-38-10 ・・・・・・・・・・・・・・・・ **03-5667-2525**
　(循・内・呼・消・アレ)
　受月・火・水・金・土9:00〜12:00　15:00〜18:30
　木9:00〜12:00　　　　　　　**休木午後・日・祝**

山下内科／糖尿病クリニック　HP
　西葛西6-15-3-4F ・・・・・・・・・・・・・・・ **03-5679-8282**
　(内・糖尿病)
　受月・水・木・金10:00〜12:30　15:00〜17:30
　土10:00〜12:30　※最終受付は30分前まで
　　　　　　　　　　　　　　　休土午後・火・日・祝

山本小児クリニック　HP
　中葛西3-11-20 ・・・・・・・・・・・・・・・・ **03-3688-8600**
　(小)　診月〜土8:30〜12:30
　月・火・木・金14:30〜18:00
　乳児健診／火・第2木14:30〜16:00
　　　　　　　　　　　　休水午後・土午後・日・祝

吉利医院　HP
　南葛西3-24-12 ・・・・・・・・・・・・・・・・ **03-3675-2771**
　(内・消・皮・泌)　診月7:00〜12:00
　火〜9:00〜12:50　14:00〜18:00
　　　　　　　　　　　　　　　休月午後・日・祝

医療法人社団淳風会　渡内科・胃腸科　HP
　西葛西6-9-12-2F ・・・・・・・・・・・・・・・ **03-5667-1653**
　(内・胃)　診月〜金9:00〜12:30　15:00〜18:30
　土9:00〜12:30　　　　　**休木午後・土午後・日・祝**

医聖よろずクリニック　HP
　市川市相之川1-8-1 ・・・・・・・・・・・・・・ **047-358-3070**
　(内・小・皮・アレ・在宅)
　診月〜金9:00〜18:00　土9:00〜12:00　**休日・祝**

医療法人社団　**医聖よろずクリニック**
☎ **047-358-3070**　よろず　市川　検索

〈次ページへつづく〉

健康

内科・小児科〈前頁から〉

行徳フラワー通りクリニック
市川市行徳駅前1-26-12-2F・3F　**047-306-9307**

（内・リウ・整・呼・皮・アレ・循・リハ）

診月～金9:00～12:00　15:00～21:00

土・日・祝9:00～12:00

※健康診断・予防接種／予約不要

ベリークリニック
市川市相之川4-14-10-1F　……　**047-358-6318**

（内・糖内）

診月・火・木・金8:45～12:00　13:45～17:30

土8:45～12:00　13:45～17:00

金曜夜診療あり18:30～20:00　　**休**水・日・祝

（P34カラー・健康特集もご覧ください）

わたなべ糖内科クリニック
市川市行徳駅前1-26-4-1F　……　**047-306-7570**

（糖内）

診9:00～12:00　15:00～18:00　※予約制

休土午後・木・日・祝

健康

泌尿器科

柴山泌尿器科・内科クリニック HP
　東葛西6-1-17-2F ················ **03-5675-7223**
　(泌・内)
　受月・火・木・金9:00～12:30　15:00～18:30
　土9:00～12:30　　　　**休**土午後・水・日・祝
　　　　　　（P35カラー・健康特集もご覧ください）

外科・形成外科・整形外科

医療法人社団昭扇会　扇内整形外科 HP
　西葛西5-4-6-1F ··················· **03-5658-1501**
　(整・リウ・リハ)
　診月～金9:00～12:30（初診受付12:00まで）
　土9:00～12:00（初診受付11:30まで）
　月・火・水・金15:00～18:00
　　　　　　　休木午後・土午後・第3木・日・祝

葛西整形外科内科
　南葛西3-22-9 ····················· **03-3688-3131**
　(整・内・皮・リハ)
　受9:00～12:30　15:30～18:00（初診17:45まで）
　物理療法／9:00～13:00　15:30～18:30　**休**日・祝

医療法人社団こくわ会　片岡整形・形成外科
　西葛西6-9-12-2F ··············· **03-5667-1623**
　(整・形・リハ)　診9:00～12:30　15:00～17:30
　木・土9:00～12:30　　**休**木午後・土午後・日・祝

整形外科久保医院 HP
　東葛西2-9-10-2F ················ **03-5879-5544**
　(整)　診9:00～12:00　15:00～18:00
　　　　　　　　　　　　休土午後・木・日・祝

佐藤整形外科 HP
　中葛西5-41-16 ··················· **03-5658-5711**
　(整・リハ)
　診月・火・木・金9:00～12:30　15:00～18:30
　水・土9:00～12:30　　**休**水午後・土午後・日・祝

清新外科クリニック HP
　清新町1-4-5-1F ·················· **03-3675-4707**
　(外・リハ・小・内・消)
　診月・火・木・金9:00～12:00　13:00～17:00
　水・土9:00～12:00　　**休**水午後・土午後・日・祝

西葛西南口整形外科リウマチ科 HP
　西葛西6-6-12 ····················· **03-5675-3191**
　診月～水・金8:30～12:30　15:00～18:00
　土8:30～12:30　　　　　　**休**木・日・祝

南葛西整形外科・リウマチ科 HP
　南葛西6-12-7 ····················· **03-6808-6868**
　(整・リウ)
　診月～土9:00～12:30　月・火・水・金15:00～18:30
　　　　　　　　休木午後・土午後・日・祝

宮澤クリニック HP
　西葛西6-18-3-1F ··············· **03-3878-0826**
　(内・小・皮・整・リハ)
　診月・火・木・金9:00～13:00　15:00～18:00
　土9:00～12:30　14:00～17:00　　**休**水・日・祝

行徳フラワー通りクリニック HP
　市川市行徳駅前1-26-12-2F・3F　**047-306-9307**
　(内・リウ・整・呼・皮・アレ・循・リハ)
　診月～金9:00～12:00　15:00～21:00
　土・日・祝9:00～12:00
　※健康診断・予防接種／予約不要

健康

新型コロナウイルスの状況により、診療時間などの
内容に変更が生じる場合があります。
医療機関受診前に最新の情報を電話またはホーム
ページ等で確認してください。

健康

皮膚科

明石皮膚科 西葛西6-9-15 …… **03-3675-3355**
診9:00～12:15　14:45～18:45
休土午後・木・日・祝

あきこ皮膚科クリニック
北葛西4-1-45-2F ……………… **03-5658-8799**
診月15:00～18:00
火・金9:30～12:30　15:00～18:00
土9:30～13:00　※受付は30分前から
休月午前・土午後・水・木・日・祝

あさくら皮膚科 Ⓗ
中葛西5-36-12-2F …………… **03-3689-5188**
診月・火・木・金9:00～12:30　15:00～18:30
土9:00～12:30
休土午後・水・日・祝

石井皮膚科 東葛西6-1-17-3F **03-5878-6336**
診月14:30～19:00
火・金9:00～13:00　14:30～19:00　土9:00～13:00
休月午前・土午後・水・木・日・祝

葛西内科皮膚科クリニック Ⓗ
中葛西3-16-17-1F ……………… **03-5679-8211**
診月～金9:00～12:30　14:00～18:00
土・日9:00～12:30
休水・祝

葛西皮膚科クリニック Ⓗ
中葛西5-32-8 ………………… **03-3688-8550**
診9:00～12:00　15:00～18:00
休土午後・火・木・日・祝

葛西明香皮膚科 Ⓗ
東葛西2-9-10-1F …………… **03-5679-7565**
診9:00～12:00　15:00～18:30　※火午後は予約制
休土午後・木・日・祝

西葛西駅前皮フ科
西葛西6-10-14-2F …………… **03-3688-5300**
受9:00～12:30　15:00～18:30
土9:00～12:30　休金午後・土午後・火・日・祝

細谷皮膚科クリニック Ⓗ
中葛西3-37-1-2F …………… **03-5674-1230**
診月～金10:00～13:00　14:30～20:00
土・日10:30～13:00　14:00～17:30　休水・祝
（P36カラー・健康特集もご覧ください）

さくら皮フ科スキンケアクリニック Ⓗ
市川市行徳駅前1-26-12-4F …… **047-397-7777**
（皮・アレ）
診月～金9:00～12:00　15:00～19:00
土・日9:00～12:00　休祝

耳鼻咽喉科

医療法人社団いつお会　かさい駅前耳鼻咽喉科 🅗🅟
中葛西5-36-12-1F ……………… **03-5659-1878**
診月・火・水・金10:00～13:00　15:00～19:00
土10:00～14:00　　　　　　　　**休**土午後・日・祝

さの耳鼻科　東葛西6-1-17-3F　**03-5675-6155**
診月・火・木・金10:00～13:00　15:00～19:00
土10:00～13:00　　　　　　　**休**土午後・水・日・祝

敷井耳鼻咽喉科クリニック
南葛西6-15-14-1F ……………… **03-5676-4787**
診月～金10:00～12:45　15:00～18:30
土10:00～12:45　　　　　　　**休**土午後・木・日・祝

しんでん耳鼻咽喉科医院
西葛西8-12-17-1F ……………… **03-6411-4133**
診月～金9:00～12:00　15:00～18:15
土9:00～12:00　※新患受付は11:50・18:00まで
　　　　　　　　　　　休土午後・木・日・祝

たんぽぽ・水野耳鼻咽喉科医院 🅗🅟
北葛西4-1-45-2F　…………… **03-3804-8711**
診9:30～12:30　15:00～18:00（土17:00まで）
　　　　　　　　　　　　　　休木・日・祝

二木・深谷耳鼻咽喉科医院 🅗🅟
東葛西5-13-9 ………………… **03-3877-4133**
診月～金9:00～12:00　15:00～18:00
土9:00～12:00　　　　　**休**第5土・木・日・祝

はら耳鼻咽喉科 🅗🅟
東葛西6-11-3 ………………… **03-3680-0304**
診火・木9:30～12:30　16:00～18:30
水・金9:30～12:30　16:00～18:30　20:00～21:30
土9:30～12:00　14:00～16:00
日9:30～12:00　　　　　　　　　　　**休**月

モトヤ耳鼻咽喉科
中葛西2-4-31 ………………… **03-5659-3387**
診9:00～12:00　14:00～18:00　土9:00～13:00
　　　　　　　　　　　　　　休木・日・祝

眼科

あおば眼科 🅗🅟
中葛西5-32-7 ………………… **03-3688-3688**
診月・火・水・金9:00～12:30　14:30～18:30
土9:00～12:30　14:00～16:00　　**休**木・日・祝

葛西かもめ眼科 🅗🅟
東葛西2-9-10-4F ……………… **03-6423-8288**
診9:30～12:30　14:00～17:00
　　　　　　　　　　　休土午後・木・日・祝

葛西眼科医院
西葛西6-10-13-2F ……………… **03-3687-7710**
受8:40～12:30　14:00～17:15
　　　　　　　　　休木午後・土午後・日・祝

たかま眼科クリニック 🅗🅟
西葛西6-9-12-2F ……………… **03-5675-7165**
診月・水・木・金9:00～13:00　15:00～17:30
火9:00～13:00　14:00～16:30
土9:00～12:30　　　　　　　　**休**土午後・日・祝

丹呉眼科 🅗🅟
アリオ葛西2F ………………… **03-3686-2611**
診10:00～12:30　14:30～18:30
※土・日・祝は17:30まで　　　　　　　**休**木

西葛西・井上眼科病院 🅗🅟
西葛西3-12-14 ………………… **03-5605-2100**
診一般・専門眼科／
月～土9:00～11:30　14:00～16:30
小児眼科／月・水・金14:00～16:30
火・木・土9:00～11:30　14:00～16:30
コンタクトレンズ外来／月～金14:00～18:30
土10:30～13:00　15:00～18:30　**休**日・祝・年末年始

東葛西眼科　東葛西6-2-9-4F … **03-5605-2641**
診10:00～13:00　15:30～18:30
　　　　　　休木午前・土午後・日・祝
→コンタクトレンズはP125へ

健
康

神経科・精神科

いとうメンタルクリニック HP
西葛西6-16-4-6F ……………… **03-6663-4567**
（心内・精）
診月・火・木・金9:00〜13:00　15:00〜18:00
土9:00〜13:00　※予約制　**休**土午後・水・日・祝

言語治療

言語・学習指導室葛西ことばのテーブル HP
西葛西5-1-3-3F ……………… **03-3687-3158**
対言語障害・発達障害のある小児・成人

産科・婦人科

池下レディースチャイルドクリニック HP
中葛西5-2-41 ……………… **03-5605-4103**
（小児科）……………… **03-3680-1152**
（婦・産・小）
受9:00〜11:00　14:00〜18:00（土16:00まで）
日9:00〜11:00　　　　　　　**休**お盆・年末年始
葛西産婦人科 HP
東葛西6-8-6 ……………… **03-3686-0311**
診9:00〜11:50　14:00〜16:00
土9:00〜11:50　　　　　　　**休**土午後・木・日・祝
三枝産婦人科医院 HP
西葛西3-18-1 ……………… **03-3680-3003**
診月・水・金9:00〜12:00　15:00〜18:00
火・土9:00〜12:00　乳児健診／14:00〜16:00
　　　　　　　　　　　　　　　休木・日・祝

電話番号、住所など間違い、および『葛西カタログ』
に対するご意見・ご希望がありましたら、お手数
ですがご一報を！　　　　　☎047-396-2211

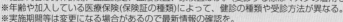

自分の健康を守ろう！ 江戸川区の健診 無料

※健診内容は身体計測、血圧測定、血液検査、尿検査ほか。（受診する際はマスクの着用を）
※年齢や加入している医療保険（保険証の種類）によって、健診の種類や受診方法が異なる。
※実施期間等は変更になる場合があるので最新情報の確認を。

40〜74歳の方「国保健診（特定健診・特定保健指導）」

対象：40〜74歳で江戸川区国民健康保険に加入している方
※その他の医療保険に加入している方は各保険者（保険証の発行機関）に問い合わせを。

40〜64歳の方
時期：4月〜3月
　　　（対象者には前年度3月上旬に受診券を送付）
会場：医療検査センター（タワーホール船堀6階）

65〜74歳の方
時期：8〜10月（対象者には7月
　　　下旬に受診券を封書で送付）
会場：区内指定医療機関

※健診の結果、生活習慣病の発症リスクが高い方には「特定保健指導」を案内するので必ず利用しよう

40歳未満の方「区民健診」
対象：40歳未満の区民（他に健診の機会がない方）
時期：〈前期〉7〜8月〈後期〉12月〜翌年2月
会場：医療検査センター
　　　区内指定医療機関
　　　　　　　　※詳細は区ホームページ等に掲載

75歳以上の方「長寿健診」
対象：75歳以上の区民（65歳以上で後期高齢
　　　者医療制度に加入している方も含む）
時期：8〜10月（対象者には7月下旬に受診券を
　　　封書で送付）
会場：区内指定医療機関

問い合わせ／健康推進課健診係　　☎03-5662-0623

歯医者へ行く

dental clinic

歯科医師会

歯科医師会葛西会はP92、P93へ

歯科

あい歯科クリニック HP
東葛西6-6-1-2F ・・・・・・・・・・・・・・・・ **03-5667-6758**
診月〜金10:00〜13:30　15:30〜20:00
土10:00〜13:00　14:00〜17:00　　**休**水・日・祝

あきやま歯科医院
東葛西4-1-4-1F ・・・・・・・・・・・・・・・・ **03-3869-3306**
診9:30〜12:30　15:00〜18:00
　　　　　　　　　　　　休土午後・木・日・祝

芦澤歯科診療所 HP
中葛西3-33-11-3F ・・・・・・・・・・・・・・ **03-3688-0687**

有坂歯科医院
東葛西1-44-12 ・・・・・・・・・・・・・・ **03-3687-7053**
診9:00〜12:00　15:00〜19:00
　　　　　　　休木午前・土午後・日・祝

石原歯科 HP
西葛西6-14西葛西メトロ ・・・・・・・ **03-3869-8841**
診月・火・水・金15:00〜20:00
土・日10:30〜13:30
　　　　休月午前・火午前・水午前・金午前・木・祝

いとう歯科医院
東葛西5-27-1 ・・・・・・・・・・・・・・・・ **03-5676-8148**
診月・火・水・金10:00〜13:00
14:30〜20:00（火19:00まで）
土9:00〜13:00　14:30〜16:00　　**休**木・日・祝

上田歯科医院 HP
南葛西5-9-10 ・・・・・・・・・・・・・・・・ **03-5658-6448**
診9:15〜13:30　14:30〜19:00　　**休**木・日・祝

うちだ歯科・小児歯科医院
清新町1-3-6パトリア2F ・・・・・・・ **03-6663-8077**
診10:00〜13:00　15:00〜19:00
※診療時間変動あり　※予約制、急患随時対応
　　　　　　　　　　　　　　　　休水・祝
（カラー・裏表紙もご覧ください）

駅前歯科クリニック（西葛西）
西葛西6-15-2-3F ・・・・・・・・・・・・・・ **03-3675-8418**
診10:00〜12:00　14:30〜20:00　**休**土午後・日・祝

大西デンタルオフィス HP
東葛西6-2-8-3F ・・・・・・・・・・・・・・・・ **03-5674-6878**
診10:00〜12:30　14:30〜19:00
土14:30〜18:00
※小児・矯正・審美　　　　　　**休**木・日・祝

大山歯科　中葛西7-4-6 ・・・・・・・・・・ **03-5696-2466**
診月・火・木・金・土10:00〜12:30　14:00〜19:00
（土16:00まで）　水17:00〜19:00　　**休**日・祝

〈P94へつづく〉

新型コロナウイルスの状況により、診療時間などの内容に変更が生じる場合があります。
医療機関受診前に最新の情報を電話またはホームページ等で確認してください。

健康

歯科医師会に入会している
安心・安全な
"街の歯医者さん"

　歯の健康を維持して一生自分の歯で食べるということは、なかなか難しいものです。虫歯だけでなく、今の時代には歯槽のうろうや顎関節症など現代病と称される病気もあるほか、健康で白く、といった美的視点も欠かせません。歯に関する悩みはきちんと歯科医師会に所属している歯医者さんに任せたいものです。その点、この地域に『葛西会』というプロの歯科医の団体があることは、ひとつの安心材料ですね。

（歯科医師会への問い合わせは　☎3672-1456）

江戸川区歯科医師会葛西会会員エリアマップ

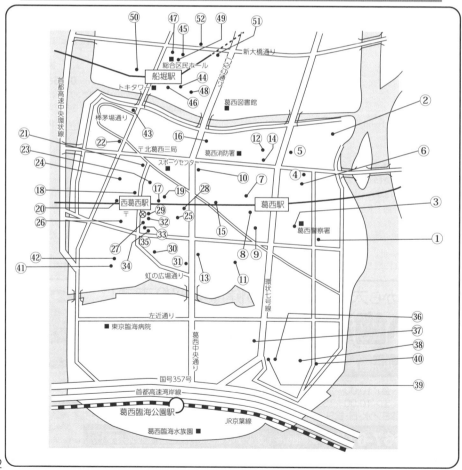

江戸川区歯科医師会葛西会会員

1	あきやま歯科	東葛西4-1-4-1F ☎3869-3306
2		有坂歯科医院	東葛西1-44-12 ☎3687-7053
3	東葛西	こまざわ歯科	東葛西6-25-3-1F ☎3675-8211
4		しらみず歯科	東葛西5-43-3 ☎3804-2686
5		竹内歯科診療所	東葛西2-9-10 ☎6808-3313
6		吉野歯科医院	東葛西5-48-5 ☎3680-0763
7		芦澤歯科診療所	中葛西3-33-11-3F ☎3688-0687
8		岡本歯科クリニック	中葛西5-34-7 ☎3869-8211
9		香川歯科医院	中葛西5-36-10 ☎3689-0108
10		葛西歯科	中葛西4-8-15 ☎3688-6339
11	中葛西	加藤歯科医院	中葛西6-20-24 ☎3689-1296
12		甲田歯科医院	中葛西2-2-19 ☎3680-2019
13		小林歯科	中葛西6-2-1 ☎3687-4181
14		たなか歯科医院	中葛西2-1-31 ☎3686-6607
15		中葛西歯科・矯正歯科	中葛西5-13-5-2F ☎3680-9111
16		フルカワ歯科医院	中葛西1-15-6 ☎3878-7988
17		タナカ歯科	西葛西5-6-21 ☎0120-42-6480
18		田村矯正歯科	西葛西3-15-9-6F ☎5674-6220
19		西葛西歯科医院	西葛西5-11-4-2F ☎3675-0602
20	西葛西（駅北口）	西葛西スマイル歯科クリニック	メトロセンター西葛西A棟2F ☎3675-4182
21		服部歯科医院	西葛西3-22-1-1F ☎3689-6471
22		ほしば歯科医院	西葛西1-13-7 ☎3686-4657
23		むろおか歯科医院	西葛西5-2-10-2F ☎5658-0345
24		森島歯科医院	西葛西3-6-3-1F ☎5658-8241
25		金沢歯科	西葛西6-24-8-1F ☎3675-8181
26	⇩	かなまる歯科クリニック	西葛西6-9-12-2F ☎5667-4184
27	⇩	児玉歯科医院	西葛西6-13-7-3F ☎3686-8241
28		鈴木歯科医院	西葛西6-23-13-1F ☎3675-2210
29	西葛西（駅南口）	駅前歯科〈西葛西〉	西葛西6-15-2-3、4F ☎3675-8418
30		なかの歯科クリニック	西葛西7-6-2 ☎5674-8211
31		ハタ・デンタルクリニック	西葛西8-18-5 ☎3804-8881
32		広瀬矯正歯科	西葛西6-16-4-4F ☎3687-5116
33		やまもと歯科	西葛西6-17-3-2F ☎5605-3870
34		わかば歯科医院	西葛西6-12-7 ☎5674-4312
35		ぱらん歯科クリニック	西葛西7-3-2-2F ☎6339-1140
36		上田歯科医院	南葛西5-9-10 ☎5658-6448
37	南葛西	田中歯科医院	南葛西3-24-19 ☎5658-1818
38		ちあき歯科	南葛西6-12-7-1F ☎3869-1577
39		ドルフィンファミリー歯科	南葛西4-1-23-1F ☎5675-1448
40		なぎさニュータウン歯科医院	南葛西7-1-7-7号棟1F ☎0120-047-325
41	清新町	清新南歯科	清新町1-1-6-1F ☎3689-6699
42		パトリア歯科クリニック	清新町1-3-6-2F ☎6661-3986
43	北葛西	さかうえ歯科医院	北葛西1-21-14 ☎3804-1555
44		あきしげ歯科医院	船堀4-7-18-2F ☎3804-0418
45		アクアリオ小児歯科医院	船堀4-5-16-1F ☎6663-6028
46	船堀	今井矯正歯科	船堀3-7-1 ☎3878-3100
47		柿崎歯科医院	船堀4-3-7-2F ☎3675-8200
48		田中歯科クリニック	船堀5-2-23 ☎3687-8148
49		ふくら歯科医院	船堀4-6-6-2F ☎3680-0088
50		船堀歯科	船堀1-8-22-1F ☎3687-7070
51	一之江	すえよし歯科クリニック	一之江町2990-2 ☎5674-7648
52	松江	つくし歯科医院	松江5-20-15-1F ☎3680-0084

健康

歯科 〈P91 から〉

オカトミ歯科
南葛西1-13-9-2F ················ **03-5674-8011**
診10:00～13:00　15:00～20:00
土・日10:00～13:00　14:30～19:00　　　**休**水・祝

岡本歯科クリニック 🅗🅟
中葛西5-34-7-3F ················ **03-3869-8211**
診10:00～13:00　14:30～19:00　　　**休**木・日・祝

医療法人社団　香川歯科医院
中葛西5-36-10 ················ **03-3689-0108**
診月・火・水・金9:30～11:00　13:00～19:00
木9:30～11:00　13:00～16:00　　　**休**土・日・祝

葛西歯科
中葛西4-8-15 ················ **03-3688-6339**
診10:00～12:00　14:00～18:00　　　**休**土・日・祝

葛西ハート歯科クリニック 🅗🅟
中葛西5-41-16-2F ················ **03-5659-7888**
診月～金10:00～13:00　14:30～20:00
土10:00～13:00　14:00～17:00
日9:00～13:00　14:00～16:00　　　**休**祝

葛西東歯科医院 🅗🅟
東葛西6-2-14-2F ················ **03-5667-8181**
診月～金9:30～13:00　14:00～21:00
土・日9:30～13:00　14:00～18:00　　　**休**祝

葛西ひまわり歯科 🅗🅟
西葛西1-15-9-2F ················ **03-3687-8020**
診月・水・金10:00～13:00　14:30～19:00
木10:00～13:00　14:00～18:00
土10:00～13:00　14:00～17:00
日9:00～13:00　　　**休**火・祝

葛西ベイサイド歯科医院 🅗🅟
南葛西5-3-6-1F ················ **03-3689-4500**
診月・火・水・金10:00～13:00　14:30～20:00
土10:00～13:00　14:00～18:00　　　**休**木・日・祝

葛西南歯科医院 🅗🅟
南葛西4-11-10 ················ **03-3869-1182**
診月～金9:00～13:00　14:00～21:00
土9:00～13:00　14:00～18:00　　　**休**日・祝

加藤歯科医院
中葛西6-20-24 ················ **03-3689-1296**
受9:00～11:30　14:30～18:30
土9:00～12:00　　　**休**土午後・日・祝

金沢歯科　西葛西6-24-8-1F ····· **03-3675-8181**
診月～水10:00～13:30　15:00～19:00
金・土10:00～13:00　14:00～17:00　**休**木・日・祝

かなまる歯科クリニック 🅗🅟
西葛西6-9-12-2F ················ **03-5667-4184**
診月～金9:00～13:00　15:00～19:00
土9:00～13:00　※予約制　　　**休**土午後・日・祝

川瀬歯科医院
中葛西5-42-3-3F ················ **03-5674-6788**
診月・水・金9:30～13:00　14:00～17:00
火9:30～13:00　14:00～19:00
土9:30～13:00　14:00～16:00　　　**休**木・日・祝

健康

医療法人社団　柊匠会　木村歯科医院
　西葛西7-20-8 ……………… **03-5658-6487**
　診8:30～13:00　14:00～18:00　　　**休**木・日・祝

クレア歯科医院 🅗
　東葛西6-2-9-6F ……………… **03-3877-1855**
　診月～金9:30～13:30　15:00～19:00
　土9:30～13:00　14:30～18:00
　日9:30～13:00
　　　　　　　　　　　　　　　　休木・祝
　（P36カラー・健康特集もご覧ください）

桑川デンタルクリニック
　中葛西2-19-10 ……………… **03-6808-6480**
　診9:00～13:00　14:30～18:30
　　　　　　休土午後・日午後・木・祝

慶生会歯科クリニック 🅗
　東葛西6-2-7-3F ……………… **03-3688-6181**
　受月～金9:30～12:30　14:00～20:30
　火・水・木・土9:30～12:30　14:00～17:30
　　　　　　　　　　　　　　　　休日・祝

甲田歯科医院 🅗
　中葛西2-2-19 ……………… **03-3680-2019**
　診月・水・木・金9:00～12:30　14:00～19:30
　火・土9:00～12:30　14:00～18:00　　**休**日・祝

児玉歯科医院 🅗
　西葛西6-13-7-3F ……………… **03-3686-8241**
　診月～金9:30～12:30　14:30～18:30
　土9:30～13:00　　　　　　　　　**休**日・祝

小林歯科　中葛西6-2-1 ………… **03-3687-4181**
　診9:30～13:00　14:30～19:30（土17:00まで）
　　　　　　　　　　　　　　　　休日・祝

こまざわ歯科
　東葛西6-25-3-1F ……………… **03-3675-8211**
　診9:30～12:30　14:30～19:00（土17:00まで）
　　　　　　　　　　　　　　休木・日・祝

さかうえ歯科医院
　北葛西1-21-14 ……………… **03-3804-1555**
　診9:30～13:00　14:30～18:00　　**休**木・日・祝

さとう歯科クリニック
　中葛西3-35-4-1F ……………… **03-6808-4618**
　診月～水・金10:00～13:00　15:00～20:30
　土10:00～13:00　15:00～18:00　**休**木・日・祝

しらみず歯科 🅗
　東葛西5-43-3 ……………… **03-3804-2686**
　診月～水・金9:00～13:00　14:30～19:00
　木9:00～13:00　14:00～18:30
　土9:00～13:00　14:30～17:00　　　**休**日・祝

鈴木歯科医院
　西葛西6-23-13-1F ……………… **03-3675-2210**
　診9:00～13:00　14:30～20:00　　　**休**木・祝

〈次ページへつづく〉

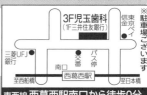
健康

歯科〈前頁から〉

医療法人社団ティースガーデン
スマイルデンタルクリニック ⓗⓟ
　　西葛西3-22-21-1F ……………… **03-3804-1675**
　　診詳細はHPを
清新南歯科 ⓗⓟ
　　清新町1-1-6-1F ………………… **03-3689-6699**
　　診月・水・金9:30〜13:00　15:00〜19:00
　　火・木・土9:30〜13:00
　　※往診・手術／火午後・土午後　　**休**木午後・日・祝
関口歯科医院 ⓗⓟ
　　北葛西2-4-4 …………………… **03-5696-6661**
　　診9:30〜13:00　15:00〜19:00　　**休**木・日・祝
せき歯科医院 ⓗⓟ
　　東葛西5-13-13-2F …………… **03-3869-6480**
　　診月〜金10:00〜13:00　14:30〜20:00
　　土9:30〜13:00　14:00〜18:00　　**休**水・日・祝
竹内歯科診療所 ⓗⓟ
　　東葛西2-9-10 ………………… **03-6808-3313**
　　診月〜土9:30〜13:00　14:30〜18:30
　　（土18:00まで）　※予約制　　**休**日・祝
武田歯科医院 ⓗⓟ
　　中葛西5-19-17葛西メトロ第1 … **03-5605-3555**
　　診月〜金10:00〜13:00　14:30〜19:00
　　土・日10:00〜13:00　14:30〜18:00　　**休**祝
タナカ歯科 ⓗⓟ
　　西葛西5-6-21 ………………… **0120-42-6480**
　　診月・火・木9:30〜18:30　水・金9:30〜18:00
　　土9:30〜17:30　日9:30〜16:30
　　　　　　　　　　　　　　　休第1・3・5日・祝
たなか歯科医院　中葛西2-1-31　**03-3686-6607**
　　診10:00〜13:00　14:30〜19:30（土・祝18:00まで）
　　　　　　　　　　　　　　　　　　　　休日
田中歯科医院　南葛西3-24-19　**03-5658-1818**
　　診10:00〜12:30　15:00〜19:30（土18:00まで）
　　　　　　　　　　　　　　　　休木・日・祝
田部歯科医院　北葛西1-10-3 ‥　**03-3687-0118**
　　診9:30〜12:30　14:00〜18:30（土17:00まで）
　　　　　　　　　　　　　　　　休水・日・祝
田村矯正歯科 ⓗⓟ
　　西葛西3-15-9-6F ……………… **03-5674-6220**
　　診月・水10:00〜12:00　14:00〜18:30
　　火・金14:00〜18:30
　　土9:30〜12:30　14:00〜17:30
　　　　　　　　　休火午前・金午前・木・日・祝

たろう歯科医院 ⓗⓟ
　　西葛西6-29-20-1F ………… **03-5658-0418**
　　診月・火・水・金・土9:30〜13:00　14:30〜20:30
　　木9:30〜13:00　　　　　　　　**休**木午後・日・祝
ちあき歯科　南葛西6-12-7-1F… **03-3869-1577**
　　診10:00〜18:30　　**休**土午後・水・日・祝
ドルフィンファミリー歯科
　　南葛西4-1-23-1F ……………… **03-5675-1848**
　　診10:00〜13:00　14:30〜19:00（土17:30まで）
　　　　　　　　　　　　　　　　　　　　休日・祝
中葛西歯科 ⓗⓟ
　　中葛西5-13-5 ………………… **03-3680-9111**
　　診9:30〜12:30　14:30〜21:00（土18:00まで）
　　　　　　　　　　　　　　　　休木・日・祝
医療法人社団 ホワイトティース なかの歯科クリニック ⓗⓟ
　　西葛西7-6-2 …………………… **03-5674-8211**
　　診9:00〜12:30　14:00〜20:00（土17:00まで）
　　　　　　　　　　　　　　　　　　　　休日・祝
なぎさニュータウン歯科医院 ⓗⓟ
　　南葛西7-1-7 7号棟1F ………… **0120-047-325**
　　診月・水・木10:00〜13:00　14:30〜19:00
　　火・金10:00〜13:00　14:30〜21:00
　　土10:00〜13:00　14:00〜16:00　　**休**日・祝
西葛西歯科医院
　　西葛西5-11-4-2F ……………… **03-3675-0602**
　　診9:30〜13:00　14:30〜19:00
　　土9:30〜13:00　　　**休**土午後・木・日・祝

健康

西葛西歯科室
西葛西6-16-4-3F ……………… **03-5667-2821**
診10:00〜13:00　14:30〜19:30
土・日・祝10:00〜13:00　14:30〜18:00
休月・火・年末年始

西葛西杉井歯科クリニック **HP**
西葛西5-8-3-1F ……………… **03-3878-6480**
診月・木・金9:30〜21:00　火9:30〜19:00
土9:30〜18:00　日9:30〜13:00　14:00〜18:00
休水・祝

西葛西スマイル歯科クリニック
西葛西6-7-1西葛西メトロ2F … **03-3675-4182**
受10:00〜13:00　14:30〜20:00（木21:00まで）
土・祝9:30〜15:00　　　　　　　　　　**休**日

西葛西ファミリー歯科 **HP**
イオン葛西店4F ……………… **03-5679-8240**
診月〜金10:00〜13:00　14:30〜20:00
土・日10:00〜13:00　14:30〜18:00
※受付は30分前まで　**休**イオン休業日・木・祝

西葛西マリーナ歯科医院 **HP**
西葛西8-15-12-05 ……………… **03-3877-1110**
診10:00〜13:00　14:30〜18:30（日17:30まで）
休土・祝

ハタ・デンタルクリニック **HP**
西葛西8-18-5 ……………… **03-3804-8881**
診月〜金8:30〜12:00　15:00〜20:00
土8:30〜12:00　14:00〜17:00
※第3木曜日午後矯正診療　**休**水・日・祝

服部歯科医院
西葛西3-22-1-1F ……………… **03-3689-6471**
診9:30〜12:00　14:00〜18:00　**休**木・日・祝

パトリア歯科クリニック **HP**
清新町1-3-6-2F ……………… **03-6661-3986**
診10:00〜12:30　14:00〜19:15
※最終受付は30分前まで　　　　　**休**祝

原田歯科医院
中葛西3-28-3-1F ……………… **03-5659-6818**
受9:30〜12:00　14:00〜19:00（土17:00まで）
休日・祝

ぱらん歯科クリニック **HP**
西葛西7-3-2-2F ……………… **03-6339-1140**
診月・木・金9:30〜13:00　14:30〜19:30
火18:00〜22:00
土・日9:00〜12:30　13:30〜17:30　**休**水・祝

広瀬矯正歯科 **HP**
西葛西6-16-4-4F ……………… **03-3687-5116**
診11:00〜19:00　　　　　　　　**休**木・日・祝

福井歯科　中葛西8-23-16-1F … **03-5679-9095**
診9:30〜12:30　14:30〜18:30　**休**木・日・祝

フルカワ歯科医院
中葛西1-15-6 ……………… **03-3878-7988**
診9:30〜11:30　14:00〜18:00（土17:00まで）
休木・日・祝

ほしば歯科医院 **HP**
西葛西1-13-7 ……………… **03-3686-4657**
診10:00〜13:00　14:30〜19:30（土17:30まで）
休木・日・祝

まさき歯科クリニック **HP**
西葛西6-13-12-2F ……………… **03-6808-6696**
診月・火・木・金9:30〜13:30　15:00〜19:00
土・日9:30〜13:00　14:00〜18:00　**休**水・祝

みやした歯科クリニック **HP**
西葛西6-16-7-6F ……………… **03-3675-1182**

むろおか歯科医院 **HP**
西葛西5-2-10-2F ……………**0120-660418**
診10:00〜13:00　15:00〜20:00（最終受付19:30）
土10:00〜15:00　　　　　　　**休**木・日・祝

森島歯科医院 **HP**
西葛西3-6-3-1F ……………… **03-5658-8241**
診月〜金9:30〜12:30　14:00〜19:30
土9:30〜13:00　14:00〜17:30　**休**日・祝

モンキッズデンタル **HP**
中葛西1-31-9-2F ……………… **03-5878-0151**
診月〜日9:30〜13:00　14:00〜18:00
※土・日は17:00まで　**休**祝・年末年始

医療法人社団真清会　やまもと歯科 **HP**
西葛西6-17-3-2F ……………… **03-5605-3870**
診月〜金10:00〜13:00　15:00〜20:00
土9:30〜13:00　14:00〜18:00　**休**木・日・祝

ユウ歯科クリニック **HP**
西葛西3-3-1-1F ……………… **03-5658-4182**
診月・火・水・金10:00〜13:00　15:00〜20:00
土9:00〜12:00　14:00〜17:00　**休**木・日・祝

吉野歯科医院　東葛西5-48-5 … **03-3680-0763**
診9:40〜12:00　14:30〜19:00　**休**木・日・祝

リバーサイド歯科クリニック **HP**
アリオ葛西店2F ……………… **03-5675-6874**
診10:00〜19:00
休木・アリオ休業日・年末年始・お盆

わかば歯科医院 **HP**
西葛西6-12-7 ……………… **03-5674-4312**
診9:30〜12:30　14:30〜18:00
土9:00〜11:30　13:00〜17:00　**休**日・祝

健康

〈次ページへつづく〉

歯科〈前頁から〉

あきしげ歯科医院
船堀4-7-18-2F ················· **03-3804-0418**
診10:00〜13:00　15:00〜20:00
土10:00〜13:00　　　　　　休土午後・水・日・祝

アクアリオ小児歯科医院 ⓗ
船堀4-5-16-1F ··············· **03-6663-6028**
診10:00〜12:30　14:30〜18:30
土10:00〜13:00　　　　　　休土午後・日・祝

今井矯正歯科 ⓗ
船堀3-7-1 ····················· **03-3878-3100**
診10:00〜12:30　14:00〜18:30（日17:00まで）
休月・木・日（第2日曜・第4月曜は診療、ただし第4
月曜が祝日の場合第3月曜か第5月曜に診療）

柿崎歯科医院
船堀4-3-7-2F ················· **03-3675-8200**
診月・火・金・土9:00〜13:00　14:00〜18:00
水10:00〜13:00　14:00〜19:00　　休木・日・祝

すえよし歯科クリニック
一之江町2990-2 ·············· **03-5674-7648**
診月・火・水・金・土9:00〜13:00　14:30〜18:30
（土は受付16:00まで）　　　　休木・日・祝

田中歯科クリニック
船堀5-2-23 ··················· **03-3687-8148**
診月〜金9:30〜12:30　14:00〜19:00　休土・日・祝

つくし歯科 ⓗ
松江5-20-15-1F ·············· **03-3680-0084**
診10:00〜12:30　14:30〜19:00（土18:00まで）
休日・祝

ふくら歯科医院 ⓗ
船堀4-6-6-2F ················· **03-3680-0088**
診10:00〜13:00　14:30〜19:00（土17:00まで）
休木・日・祝

船堀歯科医院
船堀1-8-22-1F ··············· **0120-380418**
診10:00〜12:00　14:30〜20:30　　休日・祝

オーラルケア浦安歯科・小児歯科・矯正歯科 ⓗ
浦安市東野3-4-1-2F ·············· **047-354-0025**
診月〜金9:30〜13:30
14:30〜19:00（木は18:00まで）
土・日9:30〜13:30　14:30〜18:30
無休（年末年始のみ）
（カラー・裏表紙もご覧ください）

体をほぐす 整える
orthopedic clinic

接骨・整骨

アール整骨院 ⓗ
中葛西5-34-7-2F··············· **03-5675-2339**
受月〜金9:00〜19:00　土9:00〜17:00　休日・祝

あさひろ鍼灸整骨院 ⓗ
西葛西3-6-13-1F ··············· **03-3688-6486**
診月〜金9:30〜13:00　15:00〜19:30
土・祝9:00〜13:00　15:00〜19:00
日9:00〜12:30　15:00〜18:30　　休第4・5日

飯塚接骨院 ⓗ
中葛西5-19-4 ················· **03-3688-3935**
診9:00〜10:30　17:40〜21:00（火・木20:30まで）
土9:00〜15:00　　　　　　　休不定休

いけだ接骨院　東葛西6-24-15 **03-3877-1213**
診月〜金8:00〜12:00　15:00〜20:00
土8:00〜12:30　　　　　　　休日・祝

いわた鍼灸整骨院
西葛西メトロ ················· **03-5605-2515**

岩田接骨院　中葛西8-1-5 ··· **03-3877-7675**
診8:00〜12:00　15:00〜21:00　　休日・祝

いわだて接骨院
西葛西8-13-3 ················· **03-3869-4452**
受9:00〜12:00　15:00〜19:00
土9:00〜14:00　　　　　　　休日・祝

うきた　おれんじ整骨院
中葛西4-8-15-1F ··············· **03-6311-1665**
受月〜金9:00〜20:00　土9:00〜15:00　休日・祝

おおくぼ整骨院 ⓗ
西葛西5-5-10-1F ··············· **03-6663-9709**
診9:00〜13:00　16:00〜20:00　土9:00〜13:00
※予約制　　　　　　　　　休日・祝

おおぞら針灸・整骨院 ⓗ
中葛西4-7-1-1F ··············· **03-6663-9539**
診月〜土9:00〜12:30　15:00〜19:30
日・祝9:00〜14:00　　　　　　休水

葛西駅前中央整骨院 ⓗ
中葛西3-37-8 ················· **03-3877-0721**
診9:00〜12:00　15:00〜20:00
土9:00〜12:00　14:00〜17:00　　休日・祝

健康

葛西整骨院 **HP**
南葛西4-3-10 ……………… **03-5878-1345**
診月・火・木・金9:00〜12:30　15:00〜20:00
土・日・祝9:00〜12:30　15:00〜18:00　　**休水**

葛西中央整骨院
中葛西2-27-9 ……………… **03-5696-2337**
受8:30〜14:00　15:30〜21:00　　**休木・日・祝**

葛西橋整骨院 **HP**
西葛西1-11-6 ……………… **03-3687-6604**
診月〜金8:30〜12:30　15:00〜19:00
土9:00〜13:00　　　　　　　　　　**休日・祝**

葛西南整骨院 **HP**
南葛西3-10-12-1F ………… **03-5878-1482**
診月〜金9:30〜12:00　14:30〜20:00
土・日・祝9:30〜12:00　13:30〜17:00　　**休木**

きくーわ鍼灸整骨院
西葛西6-16-4-6F …………… **03-3688-8806**
診月〜金9:00〜12:00　15:00〜20:00
土・祝9:00〜12:00　15:00〜19:00　日9:00〜12:00
年中無休（年末年始除く）

くまがい接骨院
南葛西5-7-6-1F ……………… **03-3689-7699**
診月〜金8:30〜12:00　15:00〜20:00
土8:30〜14:00　　　　　　　　　　**休日・祝**

ごとう接骨院
中葛西1-42-22 ……………… **03-3680-6366**
診月〜金8:30〜12:00　15:00〜19:00
土8:30〜14:00　　　　　　　　　　**休日・祝**

コバ東京ベイ整骨院 **HP**
中葛西5-14-8 ……………… **03-5674-6646**
診月〜金9:30〜12:00　15:00〜19:30
土9:30〜12:00　15:00〜18:00（予約診療）　**休日**

こもだ整骨院 **HP**
中葛西4-1-8-1F ……………… **03-6753-5736**
診9:00〜13:00　15:00〜20:00　　**休木午後・日・祝**

桜井接骨院
南葛西3-14-13 ……………… **03-3689-9671**

CA鍼灸整骨院 **HP**
東葛西5-15-17-1F ………… **03-5659-1515**
診10:00〜13:00　15:00〜20:00
土・祝10:00〜13:00　15:00〜18:30
日10:00〜13:00　15:00〜17:00

CMC西葛西整骨院 **HP**
西葛西5-3-4 ………………… **03-5675-2410**
診9:00〜12:00　15:00〜20:00
土9:00〜12:00　14:00〜17:00　　**休日・祝**

すがさわ整骨院 **HP**
東葛西6-14-14-1F ………… **03-6456-0896**
診月〜金9:00〜12:30　15:00〜20:30
土9:00〜14:00　火・木・土15:00〜20:30（予約制）
休日・祝

杉田整骨院　東葛西1-3-16 …… **03-3689-2010**
診8:00〜12:00　15:00〜19:00　土8:00〜12:00
休水午後・日・祝

スミレはりきゅう整骨院 **HP**
西葛西6-22-13-1F ………… **03-6456-0189**
受月〜金9:30〜12:30　15:00〜20:00
土・祝9:30〜17:00　　　　　　　　　**休日**

ゼロスポ鍼灸・整骨院 **HP**
西葛西3-22-6-1F小島町2丁目団地内
……………………………… **03-5674-0088**
受9:00〜12:30　15:00〜20:00

たがみ整骨院　中葛西6-7-3…… **03-5676-3912**
診月〜金9:00〜12:00　15:00〜20:00
土9:00〜13:00　　　　　　　　　　**休日・祝**

タナカ整骨院 **HP**
西葛西3-13-2 ……………… **03-3687-6103**
受月・水・金9:00〜12:00　15:00〜19:30
火・木9:00〜12:00　15:00〜19:00
土9:00〜14:00　　　　　　　　　　**休日・祝**
（P36カラー・健康特集もご覧ください）

東京整骨院・施療院　南葛西 **HP**
南葛西2-1-1-1F ……………… **03-6808-0432**
診9:00〜12:00　15:00〜20:00　土9:00〜12:00
※土12:00〜15:00予約診療　　　　**休日・祝**

桃李鍼灸整骨院 **HP**
中葛西6-21-10 ……………… **03-6671-0488**
受月〜金9:30〜12:30　14:30〜20:30
土9:30〜12:30　14:30〜18:30　　**休日・祝**

なぎさキャピタル鍼灸整骨院 **HP**
南葛西7-1-7　7号棟-1F …… **03-3877-2565**
診9:00〜12:30　15:00〜20:00　　年中無休

なめき接骨院
西葛西5-10-14-1F………… **03-5696-2844**
診7:00〜12:30　15:00〜20:00　土・祝7:00〜15:00
休日

〈次ページへつづく〉

> 新型コロナウイルスの状況により、診療時間などの内容に変更が生じる場合があります。
> 医療機関受診前に最新の情報を電話またはホームページ等で確認してください。

健康

接骨・整骨〈前頁から〉

西葛西駅前あさひろ鍼灸整骨院 🄗
西葛西6-15-20-1F ……………… **03-3688-0688**
診月～金10:00～13:00　15:00～20:00
土・祝9:00～13:00　15:00～19:00　　　　**休日**

西葛西オアシス整骨院 🄗
西葛西6-13-14-2F ……………… **03-6456-0750**
受9:00～13:00　15:00～20:30
土・日9:00～17:00　　　　　　　　　　**休祝**

西葛西さくら整骨院
西葛西3-16-12 ……………… **03-3680-7115**
診月～金9:00～12:00　15:00～20:00
土9:00～12:00　14:00～17:00　　　　**休日・祝**

西葛西中央整骨院 🄗
西葛西6-22-3-1F ……………… **03-5696-4578**
診9:00～12:00　15:00～20:00
土9:00～12:00　14:00～17:00　　　　**休日・祝**

野崎整骨院　東葛西5-16-17 … **03-3680-1398**
診8:00～12:00　14:30～19:30　土8:00～13:00
　　　　　　　　　　　　　　　　　休日・祝

はぎわら整骨院 🄗
中葛西3-11-15-1F ……………… **03-5667-7776**
診9:00～19:00　土・祝8:30～13:00　　　**休日**

VIE-LY　ビレイ女性専用整骨院 🄗
西葛西6-27-6-1F ……………… **03-6808-0913**
受月～金9:00～19:00　土・日9:00～17:00
　　　　　　　　　　　　休祝・不定休もあり

ほほえみ整骨院
中葛西2-9-22 ……………… **03-3687-0799**

ポラリス整骨院 🄗
清新町1-3-6パトリア2F ………… **03-3877-6116**
診10:00～12:30　15:00～20:00　土10:00～15:00
　　　　　　　　　　　　　　　　　休日・祝

まごころ接骨院 🄗
中葛西4-1-23-1F ……………… **03-3869-6680**
診月～金9:00～12:00　15:00～19:00
土・日9:00～13:00　　　　　　　　　　**休祝**

まつやま接骨院 🄗
中葛西4-19-17 ……………… **03-3877-7157**
診9:30～12:00　15:30～19:00
※予約制　　　　　　　　　　　　　　**休日・祝**

まんぼう鍼灸整骨院
中葛西8-23-6 ……………… **03-3869-0336**
診9:00～20:30　土9:00～17:00　　　　**休日・祝**

みうら整骨院
イオン葛西店4F ……………… **03-3877-6603**

南葛西整骨院　南葛西6-15-1 … **03-3675-4970**
診月～金9:00～12:30　15:00～19:30
土9:00～13:00　　　　　　　　　　　　**休日・祝**

もてぎ接骨院　中葛西3-29-7 … **03-3804-7083**
診月～土9:00～12:00　15:00～21:00　　**休日・祝**

森整骨院 🄗
中葛西3-30-11-1F ……………… **03-3878-1026**
受9:00～13:00　15:30～20:00　土9:00～14:00
　　　　　　　　　　　　　　　　　休日・祝

やぎ整骨院 🄗
東葛西6-21-4 ……………… **03-6796-0058**
診月・火・水・金・土13:00～21:00
日・祝8:00～12:00　　　　　　　　　　**休木**

山中整骨院 🄗
南葛西1-10-5 ……………… **03-3877-1454**
診月～金9:30～12:00　15:30～19:30
土9:30～13:00　　　　　　　　　　　　**休日・祝**

養心堂整骨院
西葛西6-8-5-2F ……………… **03-5980-8348**
受11:00～23:00　　　　　　　　　　　　**休火**

リフレ鍼灸整骨院 🄗
中葛西3-18-24-1F ……………… **03-5667-5411**
診月・火・水・金10:00～12:00　15:00～20:00
土・日・祝10:00～13:00　15:00～19:00　**休木**

りらくせいこついん葛西駅前 🄗
東葛西6-2-8-2F ……………… **03-6427-0980**
診10:00～13:00　15:00～20:30　　　　**休水**

はり・灸・指圧・マッサージ

あすか鍼灸院
東葛西6-5-3-5F ……………… **03-3877-9041**
診10:00～13:00　15:00～18:00　　　**休木・祝**

アロムはりきゅう治療院 🄗
中葛西3-23-21-1F ……………… **03-6240-5800**
診13:00～21:00（日曜受付17:00まで）　**休水・祝**

大畑鍼灸治療院 🄗
中葛西1-13-17 ……………… **03-5676-4976**
受月・火・木・金・土9:00～11:00　14:00～18:00
（土16:00まで）　　　　　　　　　**休水・日・祝**

おさめ治療院　中葛西5-32-2 … **0120-110522**
診9:30～20:00　　　　　　　　　　　　**休水**

葛西　稲葉鍼灸治療院 🄗
中葛西3-15-14-2F ……………… **03-3686-9105**
診月～金・土・祝10:00～20:00　日10:00～18:00
　　　　　　　　　　　　　　　　　　休不定休

葛西はりきゅう漢方治療室 🄗
中葛西5-32-5-5F ……………… **03-3878-0705**
診10:00～20:00　　　　　　　　　　　**休木・日**

健康

かなもり鍼灸治療院 🅗🅟

　西葛西3-2-11-1F ……………… **03-6456-0657**
　診月～金9:00～21:00　土・日・祝9:00～19:00
　　　　　　　　　　　　　　　　休水・第2・4日

カミヤ治療院 🅗🅟

　西葛西6-18-8-1F ……………… **03-3877-9053**
　診9:30～12:00　14:00～19:00（土16:00まで）
　　　　　　　　　　　　　　　　休日・祝

訪問医療マッサージ
KEiROW（ケイロウ）葛西ステーション 🅗🅟

　南葛西6-13-12-3F ……………… **0120-558-322**

健康の森治療院

　東葛西6-6-2-6F …………………… **03-5658-3616**
　受10:00～17:30　※予約制　　　休月・祝

鍼師祥寿院 🅗🅟

　東葛西6-5-4-4F ………………… **03-5679-2780**
　診9:00～19:00　※完全予約制　　休不定休

仁鍼灸治療院 🅗🅟

　東葛西6-6-5-1F ……… **03-5658-8688**
　受月～金9:30～12:30　14:00～17:30
　土・日9:30～16:30　　　休火午後・水・祝

スッキリハウス誠和治療院 🅗🅟

　東葛西2-1-6　　　　 **03-3804-2930**
　診10:00～20:00　　　　　　　　　休金

鍼灸院爽快館　西葛西店

　西葛西5-4-6-1F ……………… **03-5674-3130**
　診10:00～19:00（最終受付18:00）　※予約制
　　　　　　　　　　　　　　休月・金・年末年始

高橋治療院 🅗🅟　西葛西7-14-3… **03-3686-0102**
　診9:00～18:00　※予約制　往診可

望鍼灸治療院 🅗🅟

　中葛西3-19-1-1F ……………… **03-3675-1328**
　診9:00～13:00　14:00～20:00　　休木・祝

BNB鍼灸・指圧・マッサージ院　Brand New Body 🅗🅟

　西葛西6-8-11-3F ……………… **03-6456-0915**
　受10:00～21:00　土10:00～19:00　休木・日・祝

健康

✚ 健康保険証等を忘れずに…

夜間・休日の急病で困ったときは…

詳細は、江戸川区公式ホームページまたは「広報えどがわ」で。

夜間急病診療

☎**03-5667-7775**（開設時間内）
西瑞江5-1-6（江戸川区医師会地域医療支援センター1F）
■診療時間　PM9～翌朝AM6（毎日）
■診療科目　内科、小児科の急患

休日急病診療

☎**03-5667-7775**（開設時間内）
西瑞江5-1-6（江戸川区医師会地域医療支援センター1F）
■診療時間　AM9～PM5（日・祝、年末年始）
■診療科目　内科、小児科の急患

休日歯科応急診療

☎&FAX**03-3672-8215**（要予約）
東小岩4-8-6（江戸川区歯科医師会館内）
■診療時間　AM9～PM5（日・祝、年末年始）
■受付時間　AM9～PM4:30

休日夜間診療に関する問い合わせ先

■江戸川区医師会休日診療テレホンセンター
　日祝、年末年始 AM9～PM5／
　　　　　　☎&FAX.**03-5667-7557**
■東京消防庁救急相談センター　☎**#7119**
　24時間／☎**03-3212-2323**
■東京都保健医療情報センター「ひまわり」
　24時間／☎**03-5272-0303**
　　　　　FAX.**03-5285-8080**

◎応急処置のため、最小限の薬の処方です
◎夜間のかけ間違いには特に注意を
◎新型コロナウイルス感染症拡大防止のため、受診する前に当番医療機関へ電話で相談を

各種療法

manipulation, cairo

整体・カイロ

アスケル東京 HP
西葛西3-11-8-1F ‥‥‥‥‥ **03-6659-8066**
診10:00〜21:00 ※予約制　　　　休不定休

いりかわカイロプラクティック HP
南葛西1-3-17-11F ‥‥‥‥‥ **03-5676-2587**
受12:00〜19:00 ※予約制　休日・祝（不定休）

江戸川ケイシーカイロプラクティック西葛西整体院 HP
西葛西6-22-19-1F ‥‥‥‥‥ **03-5676-0138**
営10:00〜12:30　14:30〜19:30　※要予約 休日・祝

中国整体 快復堂
東葛西6-1-10-2F ‥‥‥‥‥ **03-3869-3363**
診10:00〜22:00　　　　　　　　休1/1〜2

施術院 葛西オステオパシールーム HP
東葛西6-1-10-4F ‥‥‥‥‥ **03-6909-5102**
受月〜土10:00〜20:00　日10:00〜19:00
※予約制　　　　休不定休（要確認）

葛西整体院 HP
中葛西3-14-1 ‥‥‥‥‥ **03-5676-1677**
受10:00〜20:00（時間外は問い合わせを）
土・日・祝10:00〜16:00　　　　休不定休

葛西ボディケアセンター HP
臨海町2-4-2 ‥‥‥‥‥ **03-5658-8189**

中国気功康復院
西葛西3-15-8-4F ‥‥‥‥‥ **03-3686-6221**
診10:00〜20:00　※予約制　　休1/1〜3

JITAN BODY整体院 葛西 HP
中葛西8-21-18-1F ‥‥‥‥‥ **03-6808-1244**

ストレッチ専門店トレーナーズ HP
西葛西5-7-1-2F ‥‥‥‥‥ **03-6808-7581**
診月〜土10:00〜22:00（最終受付21:20）
日・祝10:00〜20:00（最終受付19:20）　休金

TEI-ZAN操体医科学研究所 HP
西葛西2-22-38 ‥‥‥‥‥ **03-3675-8108**
施術時間月〜金9:00〜19:00（最終受付18:00）
土9:00〜18:00（最終受付17:00）※完全予約制

中国整体 中原治療院
西葛西6-13-14-3F ‥‥‥‥‥ **03-3877-5606**
受14:00〜19:00　※予約制・時間外予約可 休火・水

はくしんどう整体院
中葛西2-2-1 ‥‥‥‥‥ **03-3878-6478**
診火〜金10:00〜19:00　土10:00〜17:00
日10:00〜15:00　　　　休第3火・月・祝

百年整体葛西院 HP
中葛西3-1-13-1F ‥‥‥‥‥ **03-6663-8399**
受9:00〜20:00　※完全予約制　　休水・祝

二川カイロプラクティック
中葛西5-35-8-2F ‥‥‥‥‥ **03-5605-3101**
診月〜金9:00〜20:00　土9:00〜18:00
日・祝10:00〜18:00　　　　　　年中無休

治療庵 楽道 HP
西葛西6-15-12-2F ‥‥‥‥‥ **03-3686-9502**
診10:00〜21:00　　　　　　　　年中無休

薬を買う

pharmacy

薬局・薬店

アイセイ薬局南葛西店
南葛西6-17-1-1F ‥‥‥‥‥ **03-3869-2432**

アイ調剤薬局 西葛西3-19-2 ‥ **03-5674-1336**

あけぼの薬局
　北葛西店　北葛西4-1-22-1F‥ **03-5667-0580**
　西葛西店　西葛西7-20-2 ‥‥ **03-5659-7266**
　西葛西北口店
　西葛西5-1-2-1F ‥‥‥‥‥ **03-5674-4189**

ウエルシア薬局江戸川中葛西店
中葛西6-8-11 ‥‥‥‥‥ **03-5679-7817**

小島（オジマ）薬局
東葛西5-30-8 ‥‥‥‥‥ **03-3686-4714**

ファーマシィ薬局 かさい中央
東葛西6-27-11-1F ‥‥‥‥‥ **03-5676-5775**

クオール薬局西葛西店 HP
西葛西6-12-1-1F ‥‥‥‥‥ **03-5679-6389**

くすりの福太郎
　北葛西店　北葛西3-5-5 ‥‥ **03-5667-6510**
　西葛西店　西葛西6-21-9 ‥‥ **03-5679-6788**

クリスタル薬局 HP
西葛西4-2-34-1F ‥‥‥‥‥ **03-6456-0581**

サン薬局 東葛西5-13-9 ‥‥‥ **03-3686-0338**

健康

三和薬品 **HP**
　パトリア店　清新町1-3-6 ……… 03-3675-8103
　サンサンファーマシー
　　西葛西6-5-12 ………………… 03-6240-5851
　三和調剤薬局うきた店
　　宇喜田町167-2 ……………… 03-5878-1796
　三和調剤薬局西葛西店
　　西葛西6-24-7 ………………… 03-6663-9670
シオン薬局
　　西葛西6-13-7-3F …………… 03-3804-1155
スミレ薬局
　　中葛西5-39-2-1F …………… 03-5674-5509
漢方薬　誠心堂　西葛西店 **HP**
　　西葛西5-4-6-1F ……………… 03-5878-8940
セイワ薬局 **HP**
　　南葛西2-16-7 ………………… 03-5667-2877
セイワ薬局西葛西店 **HP**
　　西葛西6-15-20 ……………… 03-5878-7855
つくし薬局南葛西店
　　南葛西3-24-9 ………………… 03-3877-8014
ツルハドラッグ
　葛西駅前店
　　東葛西6-5-4 ………………… 03-5696-2826
　南葛西店
　　南葛西4-11-5 ……………… 03-5679-6675
東京中央薬局　東葛西6-27-15 B号室
　 …………… Ⓕ03-3687-1160… 03-3687-1150
ドラッグストアいわい西葛西サンパティオ店 **HP**
　　西葛西3-15-5-1F …………… 03-3877-3531
日本調剤 **HP**
　葛西薬局
　　東葛西6-2-10-1F …………… 03-5679-8012
　西葛西駅前薬局　西葛西6-7-2西葛西メトロ3番街
　 ………………………………… 03-5667-5447

ハル薬局 **HP**　南葛西4-3-10 … 03-3686-5709
薬局ビーエヌファーマシー **HP**
　駅前店　西葛西6-13-7 ……… 03-3686-0331
　6丁目店　西葛西6-6-1 ……… 03-3688-9026
藤井薬局　中葛西4-20-3 ……… 03-3688-1148
petit madoca南葛西店 **HP**
　　南葛西5-7-4 ………………… 03-3877-5253
薬マツモトキヨシ **HP**
　葛西駅前店　東葛西5-1-1 …… 03-5605-0274
　西葛西駅前店
　　西葛西6-16-1 ………………… 03-5696-2552
美都薬局　中葛西6-10-9 ……… 03-3688-2150
ミルキー薬局 **HP**
　東葛西6-1-17-1F ……………… 03-3877-1193

ミルキー薬局
http://tokyo-republic.com
処方箋フリーFAX
0120-98-0107
休／水・土午後・日

吉岡薬局　南葛西7-1-7-1F …… 03-3687-0048
ロビン薬局
　　宇喜田町1039-1-1F ………… 03-6808-1166
わかば薬局　西葛西5-1-8 ……… 03-5674-9360

健康

熟年者を支えるサービス

年をとっても住み慣れたこの街で暮らしたい。できるだけ介護を必要としない状態でいるために、また体が弱ってきたり、ひとり暮らしになっても安心して老後を送れるように、行政のサービスやサポート体制を知っておこう。

シニアガイド

いつまでもイキイキ

体を動かす・学ぶ

くすのきクラブ

60歳以上の区内在住の熟年者が健康づくりや仲間づくりを目的に集まった団体。現在約195のクラブ（総会員数約1万5000人）が「教養の向上」、「健康の保持」、「レクリエーション」、「ボランティア活動」を4本柱に地域で元気に楽しく活動している。また、さわやか体育祭、リズム運動大会、熟年文化祭、輪投げ大会などイベントにも積極的に参加、地域を越えた交流を図っている。

▶福祉部福祉推進課　☎03-5662-0039

リズム運動

「くすのきクラブ」の活動の一つ。

区内在住の60歳以上を対象に、区内の区民施設や町会館などで行っているマンボやルンバ、ワルツなどの社交ダンスをベースとした軽運動で江戸川区独自の運動。だれでも簡単に覚えられ、熟年者にとても親しまれている。例年10月にはリズム運動大会も実施。現在区内約210会場でくすのきクラブを中心に約230団体が参加している。また、未経験者を対象に、初心者教室を通年で開催。募集は年1回（1月）で、「広報えどがわ」に掲載（定員に達しなかった場合、3月に追加募集）。

▶福祉部福祉推進課　☎03-5662-0039

くすのきカルチャー教室

熟年者が、趣味を生かし、教養を高めながら仲間づくりをすることで、生き生きとした毎日を送ることができるように開講している教室。区内に6カ所あるカルチャーセンターで書、文学・語学、絵画・手工芸、音楽・踊り、茶道・園芸など多様な科目の教室を開講。対象は区内在住の人（定員を超えた場合60歳以上の人優先）。

▶葛西くすのきカルチャーセンター
　（宇喜田町191）　☎03-3686-5898

＊江戸川総合人生大学はP170を

働く

江戸川区シルバー人材センター

☎03-3652-5091

「高年齢者等の雇用の安定等に関する法律」に基づき、江戸川区や国、東京都からの支援を受けて運営されている公益社団法人で、区内に居住するおおむね60歳以上の人による自主的な会員組織。企業や家庭、公共団体などからさまざまな仕事を引き受けて地域の経験豊かな高齢者に仕事を提供する団体であり、働くことを通じて高齢者の生きがいと健康づくりをすすめている。

「会員による自主的・主体的な運営」「共働・共助のもとで働く」を理念としていて、会員一人ひとりが豊かな経験と知識を生かし、お互いに協力し合い、仕事を開拓し、働いている。依頼された仕事はセンターが責任もって請け負い、会員に提供。仕事は基本的に、会員が自主的に事務局に赴くか、会員専用ページで希望の仕事を探す。会員に対して、仕事の実績に応じて「配分金」が支払われる。

▶熟年人材センター葛西分室
　（宇喜田町191）　☎03-3686-5898
　（葛西くすのきカルチャーセンター内）

介護・健康・生活について 相談する

相談窓口

◎熟年相談室（地域包括支援センター）

　熟年者や介護者のための総合的な相談窓口として、主任ケアマネジャー・社会福祉士・保健師など専門職が介護や認知症などのあらゆる相談を受け支援する。要介護認定申請の受け付けも行う。
※必要に応じて訪問も

▽月〜土　9：00〜18：00（祝休日を除く）

・中央熟年相談室江戸川区医師会
　（中央4-24-14）　☎03-5607-5591
・北葛西熟年相談室暖心苑
　（北葛西4-3-16）　☎03-3877-0181
・西葛西熟年相談室なぎさ和楽苑
　（西葛西8-1-1）　☎03-3675-1236
・東葛西熟年相談室なぎさ和楽苑
　（東葛西7-12-6）　☎03-3877-8690
・南葛西熟年相談室みどりの郷福楽園
　（南葛西4-21-3）　☎03-5659-5353
・臨海町（分室）熟年相談室みどりの郷福楽園
　（臨海町1-4-4）　☎03-5659-4122

◎区の相談窓口

▽月〜金　8：30〜17：00
　介護保険課相談係（江戸川区役所内）
　☎03-5662-0061
　健康サポートセンター
　・清新町（清新町1-3-11）　☎03-3878-1221
　・葛西（中葛西3-10-1）　☎03-3688-0154
　・なぎさ（南葛西7-1-27）　☎03-5675-2515

◎24時間電話介護相談
　（なぎさ和楽苑内）　☎03-3675-7676

◎介護ホットライン
　☎03-5662-0400（月〜金　8：30〜17：00）
　介護によるストレスや介護疲れ、介護の悩みを相談。

福祉サービス相談

◎社会福祉協議会安心生活センター（グリーンパレス1F）

▶相談専用電話　☎03-3653-6275

▽月〜金　8：30〜17：00（要電話予約）
　（祝休日を除く）

　認知症状や物忘れのある熟年者・知的障害者などの福祉サービスの利用手続きの支援や成年後見制度の利用、福祉サービスに関する苦情の相談。

介護保険

福祉部介護保険課

▶給付係　☎03-5662-0309
▶認定係　☎03-5662-0843
▶保険料係☎03-5662-0827

介護保険制度とは　介護が必要になっても熟年者が地域で安心して暮らせることを目指すとともに、いつまでも自立した生活を送れるように、熟年者の介護を社会全体で支える制度。40歳以上の人全員が被保険者（保険加入者）となり保険料を負担、介護が必要と認定されたとき、費用の一部（原則1〜3割）を負担することで心身の状況に応じた介護サービスを受けることができる。

▽**対象**　江戸川区に住む65歳以上の人と40〜64歳で医療保険（健康保険）加入者

要介護・要支援認定の申請

　介護が必要になったら、近くの熟年相談室（地域包括支援センター）または区の相談窓口で、「要介護」「要支援」認定の申請をする。ただし、40〜64歳未満の人は国の定めた16の特定疾病が原因の場合に限る。医療保険の被保険者証も提示。申請の手続きは、原則として本人、家族が行う。家族が来られない場合、ケアマネジャーや介護保険施設も代行できる。

■要介護度区分の心身の状態

要支援	1	日常生活上の基本動作については、ほぼ自分で行うことが可能であるが、手段的日常生活動作において何らかの支援を要する
	2	日常生活動作を行う能力がわずかに低下し、何らかの支援が必要
※要支援2と要介護1については、状態の安定性や日常生活自立度などにより区分される		
要介護	1	日常生活動作を行う能力が一部低下し、部分的な介護が必要
	2	要介護1の状態に加え、日常生活動作についても、部分的な介護が必要
	3	要介護2の状態と比較して、日常生活動作および手段的日常生活動作の両方の観点からも著しく低下し、ほぼ全面的な介護が必要
	4	要介護3の状態に加え、更に動作能力が低下し、介護なしには日常生活を営むことが困難
	5	要介護4の状態より更に動作能力が低下し、介護なしには日常生活を行うことがほぼ不可能
非該当		日常生活上の基本動作については、自分で行うことが可能であり、手段的日常生活動作を行う能力もある

介護保険 申請からサービスを受けるまで

① **申請** 介護が必要になった本人または家族が、近くの熟年相談室（地域包括支援センター）、健康サポートセンターなど区の相談・受付窓口で「要介護・要支援認定」の申請をする。

② **訪問調査と主治医の意見書** 区の担当職員や区が委託した調査員が自宅を訪問し、心身の状態や日中の生活・家族・居住環境などについて、聞き取り調査をする。質問調査は、

①視力・聴力などについて、②歩行や立ち上がりがどの程度できるか、③入浴や排泄、食事で介助が必要か、④着脱、洗顔など身のまわりのことで介助が必要か、⑤ ひどい物忘れ、徘徊などの行動があるかなど 74 項目。

また、江戸川区の依頼により、かかりつけの医師が病気や心身の状態に関する書類「主治医の意見書」を作成する（本人が提出する必要はない）。

③ **審査・認定通知** 訪問調査と主治医の意見書をもとにコンピュータで、どの程度介護の手間がかかるか推計する。（一次判定）

一次判定の結果と訪問調査の特記事項、主治医の意見書などをもとに、保健・医療・福祉の専門家で構成する「介護認定審査会」で審査し、介護が必要な度合い（要介護度）に応じ、非該当（自立）、要支援1・2、要介護1～5の区分に判定する。（二次判定）

介護が必要な度合い（要介護度）に応じて、利用できるサービスや月々の利用限度額などが異なる。結果の通知は申請から原則 30 日以内に届く。

④ **利用できるサービス** 「要支援」や「要介護」と認定を受けたら介護保険のサービスが利用できる。また、「要支援」や基本チェックリストにより事業対象者と判断された人は、介護予防・生活支援サービスが利用できる。

⑤ **ケアプランの作成** 在宅で介護サービスを利用するときは、「ケアプラン」を作成し、その計画に基づきサービスを利用する。「要支援」の人は熟年相談室へ、「要介護」の人は居宅介護支援事業所にケアプラン作成を依頼。居宅介護支援事業所が決まっていない人は熟年相談室へ相談を。

⑥ **介護サービスの利用** ケアプランに基づき、サービス提供事業者と契約を結び介護サービスを利用する。原則として、介護サービス費用の1～3割を自己負担。なお、1～3割の自己負担が高額になった人や所得の低い人には負担の軽減措置を設けている。

⑦ **更新・変更申請** 要介護認定・要支援認定には有効期間がある。引き続きサービスを利用する場合には更新の申請が必要。また、認定の有効期間内でも著しく心身の状況が変化した場合は、認定の見直しを申請できる。

介護保険で利用できるサービス

サービスを受けられるのは —

・**要介護1～5の人→**
 介護サービスが利用できる。

・**要支援1・2の人→**
 介護予防サービス（各介護サービス名の前に「介護予防」が付く）が利用できる。サービス内容は介護予防に資するもの。

居宅サービス

自宅を中心に利用するサービス

◇在宅で受けるサービス

・訪問介護（ホームヘルプ）
・訪問入浴介護・介護予防訪問入浴介護〈以下（予防あり）で示す〉
・訪問看護（予防あり）
・訪問リハビリテーション（予防あり）
・居宅療養管理指導（医師等による訪問診療）（予防あり）医師、歯科医師、薬剤師、管理栄養士などが訪問し、療養上の管理や指導をする。

◇日帰りで施設などに通って受けるサービス

・通所介護（デイサービス）
・通所リハビリテーション（デイケア）（予防あり）老人保健施設や病院・診療所で、リハビリテーションなどを日帰りで受ける。

◇一時的に施設などに入所して受けるサービス

・短期入所生活介護（ショートステイ）（予防あり）
・短期入所療養介護（ショートステイ）（予防あり）

◇在宅介護の環境を整えるサービス

福祉用具貸与（予防あり）	車いすなど 13 種類の福祉用具の貸与を受ける。月々の利用限度額内で、かかった費用の1～3割は自己負担。※要介護度によって受けられないものあり
福祉用具購入（予防あり）	腰掛便座、自動排せつ処理装置の交換可能部品、入浴補助用具、簡易浴槽、移動用リフトつり具部分の5種類の福祉用具を、都道府県の指定を受けた事業者から購入した場合、購入費の9～7割を支給する。年間 10 万円まで。
住宅改修（予防あり）	事前申請をしたうえで、下記の住宅改修を行った場合、費用の9～7割を支給する。

住宅改修（予防あり）	①手すりの取り付け ②段差や傾斜の解消 ③滑りにくい床材・移動しやすい床材への変更 ④開き戸から引き戸等への扉の取り換え、扉の撤去 ⑤和式から洋式への便器の取り換え ⑥その他これらの各工事に付帯して必要な工事 ※利用限度額は1住宅につき20万円まで（原則1回限り）

その他のサービス

・特定施設入居者生活介護（予防あり）
　有料老人ホームなどで、食事、入浴などの介護や機能訓練などを受ける。
・居宅介護支援・介護予防支援
　ケアマネジャーがケアプランを作成する（本人負担なし）ほか、安心して介護サービスを利用できるよう支援する。

※施設などを利用するサービスは利用料のほかに食費・居住費などがかかる

地域密着型サービス

地域の特性に応じた柔軟な体制で提供されるサービス。利用は江戸川区住民のみ。

24時間対応の訪問サービス	・定期巡回・随時対応型訪問介護看護　日中・夜間を通じて「訪問介護」と「訪問看護」が密接に連携し、定期巡回や緊急時などの通報により随時訪問する。
夜間のサービス	・夜間対応型訪問介護　夜間にホームヘルパーが定期巡回や、緊急時などの通報により訪問する。
複合的なサービス	・小規模多機能型居宅介護（予防あり）　小規模な住居型の施設への「通い」を中心に「訪問」や「宿泊」を組み合わせたサービスが受けられる。 ・看護小規模多機能型居宅介護＊ ＊葛西にこのサービスを提供する事業所はない。（2021年3月現在）
日帰りのサービス	・地域密着型通所介護　定員18人以下の施設で、食事や入浴などの介護サービスや機能訓練を日帰りで受ける。
認知症の人向けのサービス	・認知症対応型通所介護（予防あり）　認知症の熟年者が施設に通い、食事、入浴などの介護や支援、機能訓練を日帰りで受ける。 ・認知症対応型共同生活介護（グループホーム）（予防あり）　認知症の熟年者が、5～9人で共同生活を送りながら日常生活上の支援や介護、機能訓練を受ける。
小規模施設サービス	・地域密着型介護老人福祉施設入所者生活介護　常に介護が必要で自宅では介護ができない人を対象に、定員29人以下の特別養護老人ホームで食事、入浴などの介護や健康管理を受けられる。※要介護3以上の人が対象(例外あり) ・地域密着型特定施設入居者生活介護　定員29人以下の介護専用の有料老人ホームなどで食事、入浴などの介護や機能訓練が受けられる。

※施設などを利用するサービスは、利用料のほか食費・居住費がかかる
※要介護度により利用できないサービスあり

施設サービス

入所は利用者が直接施設に申し込み契約を結ぶ。※「要支援1・2」の人は利用できない。※利用料のほか、食費・居住費や日常生活費などがかかる

施設に入所して受けるサービス	介護老人福祉施設（特別養護老人ホーム）	常に介護が必要で、自宅では介護が困難な人が入所して、入浴や食事などの介護や機能訓練、健康管理などを受ける。※原則として要介護3以上の人（例外あり）
	介護老人保健施設	病状が安定し、リハビリに重点を置いたケアが必要な人が入所。自宅への復帰を目標に、医学的管理のもとにおける介護や看護、機能訓練などを受ける。
	介護医療院	主に長期にわたり療養が必要な人が対象。医療と介護（日常生活上の世話）を一体的に受ける。
	介護療養型医療施設	急性期の治療が終わり、病状は安定しているが長期間にわたり療養が必要な人が入院する介護体制の整った医療施設。医療や看護、機能訓練などを受ける。

【原則として介護サービスにかかった費用の1～3割を利用料として負担する。要介護度ごとに利用できるサービスの限度額が設定されている】

認知症について

認知症は誰もがかかる可能性のある病気。認知症になっても本人がよりよい生活を続けていけるよう支援するには、認知症についてよく知り、医療・介護・福祉のサービスを上手に活用し、地域ぐるみで連携していくことが大切。

◎認知症の検診
◇認知症あんしん検診
長寿健康診査および福祉健康診査のフレイル予防に関する質問票の結果により、75・77・79・81・83歳の区民を対象に無料で実施。

検診の実施方法は、江戸川区から対象者に受診表が郵送されてくるので、掲載されている検診実施医療機関に電話で申し込み検査を受ける。

◎認知症の相談は
◇もの忘れ相談医
認知症やもの忘れなどの相談を受けられる地域の医療機関。江戸川区医師会HPを。

◇認知症ホットライン
中央熟年相談室　江戸川区医師会　専用電話
☎03-3652-2300（月～土9：00～18：00）
もの忘れがひどくなった、医療機関を探している、認知症への対応・介護の仕方がわからないなどで悩んでいる人、気になることがあれば、気軽に相談を。精神保健福祉士等が対応。

◇熟年相談室（地域包括支援センター）→P105を

◎認知症支援
◇認知症支援コーディネーター
西瑞江熟年相談室　江戸川区医師会一之江
☎03-5667-7676（月～土9：00～18：00）
認知症の医療・介護・生活支援等の情報に精通した、地域の認知症の専門家である認知症支援コーディネーターを配置、早期発見・診断・対応を進める。医療機関の受診が困難な認知症が疑われる人または認知症の人を訪問、必要な医療や介護サービスにつなげる。

◇認知症初期集中支援チーム
認知症サポート医、認知症支援コーディネーター、認知症地域支援推進員などの医療や介護の専門職で構成するチーム。本人や家族、地域の人、ケアマネジャーなどから相談を受けて、家庭訪問を行い、病院受診や介護保険サービスの利用など本人・家族を含めた支援を集中的に行う。

認知症地域支援推進員 （熟年相談室に配置）

認知症になっても住み慣れた地域で安心して生活できるよう、医療、介護、生活支援サービスが有機的に連携したネットワークを形成し、認知症の人への効果的な支援体制づくりを図る。認知症かもと不安な人、また、役に立ちたい人は気軽に相談を。

活動内容	・認知症サポーター養成講座
	・認知症予防教室の企画運営
	・認知症疾患医療センターとの連携
	・「江戸川オレンジカフェ」（認知症カフェ）の開設支援
	・認知症の人と家族の会への支援
	・相談（電話・面接・訪問）

「えどがわメールニュース」で認知症行方不明者情報を配信

「えどがわメールニュース」は、区から気象や防災・防犯、消費者生活の情報等を、登録した携帯電話やパソコンへ配信するサービス。これに「認知症行方不明者情報」を追加。地域をあげて早期発見と保護につなげたいと区民へ利用登録を呼びかけている。
■登録の方法
①スマートフォンやパソコンなどから「えどがわメールニュース」と検索　②QRコード®を読み取って空メールを送るか、読み取れない場合は、t-edogawamail@sg-m.jpに空メールを送信し、受信したメールのリンク先から配信を希望する項目を選択。

■情報収集したい場合
認知症の家族が行方不明になってしまったら、①まず最寄りの警察署で行方不明者届を提出したのち、②介護保険課相談係へ身体的特徴や行方不明時の状況などを記載する「えどがわメールニュース配信申請書」を提出。申請者の本人確認書類が必要。

区は申請を受けると、個人情報を除いた行方不明者の身長や髪型、服装などの特徴や写真（希望者のみ）が掲載された専用リンク先を登録者へ配信。

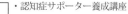

介護予防

介護が必要な状態にならないためには、健康を維持することが大切。いつまでもイキイキと自分らしく生きることを実現するための手立てが介護予防だ。

高齢になって元気がなくなる原因には病気と老化がある。これを予防するには、中高年からの生活習慣病予防と老化予防の実践が欠かせない。

介護予防の相談	◎健診で、生活機能の低下の疑いが見られる→熟年相談室（地域包括支援センター）へ ◎健診の結果や、運動・食事・口腔ケアについて、もの忘れや認知症の相談 　　　　　　　　　　　　　　　　　　　　　　　　　→健康サポートセンターへ

介護予防の実践

介護予防には、「社会参加（役割を持つ）」「運動」「食事」「口腔」が大切。自分に合った方法で、取り組んでみよう。

社会参加

役割を持つ、自分の力を発揮する

仕事・ボランティア・趣味・自治会町会お手伝い・認知症サポーター・介護サポーター・リズム運動・カルチャー等々。気持ちに張りができて、閉じこもり・認知症予防にもなる。

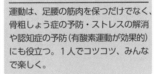

運動

できれば週に1回はみんなで運動

運動は、足腰の筋肉を保つだけでなく、骨粗しょう症の予防・ストレスの解消や認知症の予防（有酸素運動が効果的）にも役立つ。1人でコツコツ、みんなで楽しく。

食事

たんぱく質をしっかり摂取・週1回は誰かとおしゃべりしながら楽しく食事

低栄養を予防するためにできれば動物性たんぱく質（牛肉・豚肉）がおすすめ。緑黄色野菜・カルシウムも忘れずに。料理することも認知症予防の1つ。

口腔

口の筋肉を鍛える、口の中をきれいに保つ、唾液を出す

会話や食事をするのに、顔・口・首の筋肉が活躍する。この筋肉が衰えると、噛む力・飲み込む力が低下する。食事量にも影響し、低栄養につながる。噛むことは認知症予防にもなる。

◆**熟年相談室の活用を**

地域のいろいろな資源を知っている。介護予防を始めたいときは相談を。住民主体のグループ・介護予防教室・オレンジカフェ・介護者交流会なども案内してくれる。

誤嚥性肺炎を予防するためにも

■口腔を清潔に健康に保つことが大変重要

近年、認知症・糖尿病・誤嚥性肺炎予防にも、口腔の手入れが重要といわれるようになってきた。口腔の健康が、全身の健康を守ることにつながり、介護予防につながる。

■口の衰えを感じたら

口の周りの筋肉が衰えたり唾液の量が少なくなり噛む・飲み込む・唾液のバランスが崩れると、食べたものがうまく食道に行かず、気管に入ってしまってむせることがある。食事がうまく取れず低栄養になることもある。

口の周りの筋肉を鍛えると、気管に食物などが入ることが減り、誤嚥性肺炎を予防できる。また、口のなかを清潔に保つことで、寝ている間に唾液が気管に入っても誤嚥性肺炎になることを予防することができる。入院や低栄養をきっかけに寝たきりにならないよう、口腔ケア・口の筋力トレーニング（健口体操）にチャレンジしよう。

シニアガイド

介護予防・日常生活 支援総合事業
（新しい総合事業）

▶介護保険課事業者調整係 ☎03-5662-0032

介護予防・生活支援サービス事業

　利用者のニーズに応えられるよう、生活支援などのさまざまなサービスを提供することが目的。ポイントは、介護サービス事業者だけでなく、企業やボランティア、ＮＰＯや住民主体の支援など多様な支援が受けられること。サービスの利用については、熟年相談室に相談を。
▽**対象**　①要支援認定を受けた人
　　　　②基本チェックリストにより介護予防・生活支援サービス事業対象となった人
▽**費用**　サービス内容に応じて、区が単価や利用者負担を設定
〈事業例〉
○**訪問型サービス**／掃除、洗濯等の日常生活上の支援
○**通所型サービス**／機能訓練や集いの場など通所型のサービス
○**介護予防ケアマネジメント**／総合事業によるサービスが適切に提供できるよう、ケアプランの作成など

一般介護予防事業

　各種事業に参加する人を増やすとともに、通いの場が増えていくような地域づくりを進める。リハビリの専門職等が住民主体の通いの場などに関わり、介護予防の人材を育て活動内容を充実させる。
▽**対象**　65歳以上のすべての人
〈事業例〉
○**にこにこ運動教室**　くつろぎの家やなごみの家で行っている、音楽や脳トレを取り入れた運動教室。
○**口腔ケア健診（江戸川歯〈は〉つらつチェック）**
　飲み込む力、噛む力などを測定し、誤嚥性肺炎や低栄養の重症化を予防する健診。区内指定歯科医療機関で、毎年1回受けられる。
○**熟年介護サポーター**　区主催の研修を受講した熟年介護サポーターが、区内の介護施設などで、ボランティアとして活動している。活動には時間に応じてポイントが付与される。（要介護認定を受けていない人が対象）

○**介護予防パンフレット発行**（HPからダウンロード可）
○**介護予防教室・介護者交流会**（P113を）

熟年者の健康のために

熟年者の健康に…健康診査

▶健康推進課健診係
　☎03-5662-0623
◇**長寿健診**
▽**対象**　75歳以上の区民。または65歳以上で後期高齢者医療制度に加入している区民。
※7月下旬に受診券が送付されてくる。区内指定医療機関で受診できる。

熟年者の健康・相談

▶申し込み・問い合わせ　各健康サポートセンター
　　　　　　　　　＊健康サポートセンターはP37を
◇**健康長寿塾（熟年者のための出前健康講座）**
　熟年者を対象に、健康で長生きするための実践方法を知る講座。日常の健康生活・口腔ケア・栄養・運動・認知症予防についてのアドバイスや実習を行うため、講師を派遣する。講師は、保健師・栄養士・歯科衛生士・理学療法士・作業療法士など。
▽**対象**　おおむね、60歳以上の区民で構成される団体・グループの人

◇**介護保険・生活支援サービス**
　熟年者の介護や健康に関する相談、介護保険・生活支援サービスの受付や、保健師・栄養士などの専門スタッフによる、食事やリハビリ・介護予防などに関する相談ができる。
◇**物忘れ相談**
　物忘れなど気になる症状があり、「認知症ではないか」と悩んでいる場合、専門医が個別に相談を受ける。
◇**地域ミニデイサービス**
　閉じこもりがちなお年寄りが元気な生活を送れるよう、町会の会館などで楽しい時間を過ごす『地域ミニデイサービス活動』の輪が広がっている。月に1～2回、お茶を飲みながら思い出話をしたり、軽い運動で体を動かしたり、季節の行事を楽しみながら、お年寄りがボランティアと和気あいあいと過ごしている。参加したい人、ボランティアとして活動したい人は連絡を。

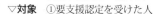
シニアガイド

◆えどがわ筋力アップトレーニング(えどトレ)をやってみよう

　スムーズに立ったり歩いたりし、転びにくい体になる効果のあるストレッチと筋力トレーニング運動。「えどトレ」出張講座を申し込んだ江戸川区内のグループにリーフレット、DVDを配布している。

▶各健康サポートセンターへ

●フレイルを予防して健康長寿を目指そう

　フレイルとは、年をとって心身の活力(筋力、認知機能、社会とのつながりなど)が低下した状態(虚弱)。健康と要介護の間の状態で、兆候を早期に発見し、日常生活を見直すなどの正しい対処で、進行を抑制したり、健康な状態に戻したりできる。

▶健康部(江戸川保健所)健康サービス課

暮らしの情報

生活の支援サービス　▶福祉部福祉推進課　☎03-5662-0314

三療サービス	江戸川区三療師会の協力で、年度内に75歳以上になる人に三療券(はり・灸・マッサージが1回の施術につき本人負担200円)を年15枚、三療割引券(1回の施術につき本人負担2200円)を年10枚、また年度内に65歳から74歳になる人へ三療割引券を年10枚、希望により支給。(利用期限は年度ごと。出張費は別途負担)
東京都シルバーパス	70歳以上の都内在住者に、(一社)東京バス協会が都の支援を受け発行。都内のほとんどの乗合バス、都営地下鉄、都電に乗車できる。 負担金(シルバーパス発行時)　・1000円(①住民税非課税の人と②年所得金額125万円以下の人)　・20510円(住民税が課税〈上記②を除く〉の人) 有効期間　10月1日～翌年9月30日 ▶東京バス協会・シルバーパス専用電話　☎03-5308-6950
健康長寿協力湯	区から65歳になる人に「入浴証引換券」が送られてくる。それを協力湯の番台で「入浴証」と交換して利用。通常470円が230円で、何回でも利用できる。
補聴器購入資金の助成	聴力低下のため、日常生活に支障を来している65歳以上の住民税非課税の人で医師が必要と認めた人を対象に、購入した本体価格に応じて20000円までを助成(1人1回のみ)。※購入日から3カ月以内に申請のこと
ふれあい訪問員	60歳以上でひとり暮らしや熟年者だけの世帯の人(日中独居を含む)を定期的(月1回程度)に訪問して話し相手になることで孤独感を解消している。ふれあい訪問員はボランティア。外出できない人、大勢でのコミュニケーションが苦手な人、ぜひ申し込みを。
ジュニア訪問員	中学生ボランティアが近所の熟年者世帯を訪問。元気と笑顔を届けるとともに、世代間交流と見守りの一助とする。

地域支援ネットワーク

民間緊急通報システム「マモルくん」	65歳以上のひとり暮らし、熟年者世帯、65歳以上の人がいる世帯で希望する場合は、区の契約料金(月額2200円)で設置する(状況により区からの助成あり)。万一のときボタンを押すと24時間受付の受信センターへ届き、救急訓練を受けた警備員などが駆けつける。救急車手配も行う。また、火災感知器や生活リズムセンサーもつけ、月に1回安否確認、生活相談も24時間受信センターで受け付ける。
配慮が必要と思われる熟年者について(目配り訪問)	定期的な安否確認の訪問などを希望する人は、区域を担当する民生・児童委員、または近くの熟年相談室(地域包括支援センター)へ相談を。定期的な電話連絡や訪問を実施する。
熟年者の異変に気づいたら(協力事業者や区民による連絡)	ひとり暮らしの熟年者の異変に気づいたら、区か区域を担当する民生・児童委員、または近くの熟年相談室へ連絡を。必要に応じて、緊急の安否確認を実施。緊急を要する場合は至急119番通報を。

住まいの情報

住まいのあっせん・助成

民間賃貸住宅家賃等助成

▶都市開発部住宅課 ☎03-5662-0517

　民間賃貸住宅に2年以上住み、取り壊しなどのため家主から転居を求められ、新しい民間賃貸住宅に移転する場合に差額家賃等を助成する。対象は75歳以上の人のみの世帯または75歳以上の人とその配偶者だけの世帯。転居前後の住宅の広さ、間取りが同程度であり、家賃の差額が月額20000円以内であること。助成するのは転居前後の住宅の家賃の差額と転居に伴う礼金および仲介手数料・転居前後の更新料差額。転居する前に相談を。※所得制限あり

住まいの改造助成

▶福祉部福祉推進課 ☎03-5662-0043

　日常生活で介助を必要とする介護認定を受けている60歳以上の熟年者、また身体障害者手帳の交付を受け、介助が必要な60〜64歳までの人のために、車いすなどで暮らしやすいように住まいを改造する費用を助成する。熟年者の居室、浴室、トイレ、玄関とそれぞれへの動線となる廊下部分が対象。リフォーム、修繕、増改築、マンション等の共用部分は対象外。

　助成対象となる改造費用の上限は200万円。助成割合は9割または8割。対象者および同居する家族全員の所得を合算した額により助成割合が決まる。生活保護世帯、非課税世帯（居住者全員が非課税）は全額助成する。工事着手前に相談を。

※介護保険の福祉用具、住宅改修、また障害者福祉の日常生活用具の給付、設備改修が優先する

熟年者の住まい探し

▶(公社) 東京都宅地建物取引業協会江戸川区支部
　☎03-3654-0411

　江戸川区と協定している(公社)東京都宅地建物取引業協会江戸川区支部では「熟年者に親切な店協議会」加盟店の店頭にステッカーを掲示し、熟年者の住まい探しの相談やあっせんなどをしている。

熟年者住まいの補修のお手伝い

▶熟年者住まいのボランティア推進協議会
　（事務局：東京土建一般労働組合江戸川支部内）
　☎03-3655-6448

　65歳以上のひとり暮らしや熟年者だけの世帯で、家の中の修理が自分ではできない人のために区内の大工さんたちのグループが、補修工事のボランティアを行う。戸の建てつけが悪いなど半日程度で終わる補修工事が対象。

老人ホームに入りたい人は　▶福祉部介護保険課

養護老人ホーム	家庭環境上の理由と、経済的理由により在宅で生活することが困難な65歳以上（介護度の高い人は入所困難）の熟年者のための施設。費用は本人の収入・扶養義務者の所得の状況により異なる。（P116を）
特別養護老人ホーム（介護老人福祉施設）	心身の状態から、日常生活全般にわたっていつも介助が必要で、自宅で介護ができない人のための施設。介護保険対象施設で、入所は、原則として要介護3以上の人が対象。（P116を）
軽費老人ホーム(A型・B型、ケアハウス、都市型軽費老人ホーム)	60歳以上で住宅事情などにより家庭で生活することが困難な熟年者のための施設（B型は自炊）。
有料老人ホーム	食事とその他日常生活上のサービスを提供している施設。入所条件、サービス内容は施設によって異なる。入所については各施設に直接相談を。（P116を）

在宅介護

在宅介護のサービス・手当　▶福祉部福祉推進課　☎ 03-5662-0314

◆生活支援のためのサービス

シルバーカーの給付	65歳以上で、住民税非課税、歩行車を使用することにより安定した歩行ができる人に対して、シルバーカーを給付。（シルバーカー代金の1割を自己負担）
熟年者徘徊探索サービス	60歳以上の徘徊行動のある人が行方不明となったとき、GPS機能を使って、現在地を家族に知らせるサービス。その利用料の一部を助成。利用金額は月額1430円。
紙おむつ・防水シーツの支給	60歳以上で、失禁のある人に、紙おむつを支給〈1人900点（9000円相当）まで〉。また防水シーツを年度内に2枚支給。（1割自己負担）
おむつ使用料の助成	60歳以上で、区支給の紙おむつを持ち込めない病院へ入院した人に、月8100円を限度に助成する。
配食サービス	65歳以上のひとり暮らしまたは、65歳以上のみの世帯の人、食事づくりが困難な人が健やかに生き生きとした生活ができるように配食サービスを実施。週3回以上利用のこと。弁当代1食470円実費負担。

◆寝具乾燥消毒・福祉理美容サービス

寝具乾燥消毒・水洗いクリーニング	60歳以上で介護保険の要介護4または5の在宅の人に、毎月1回布団や毛布などの寝具の乾燥消毒をしている（1回5点まで363円）。また、年2回（6月・12月）敷布団または掛布団いずれか1枚の水洗いクリーニングも実施（1回440円）。
福祉理美容サービス（福祉理美容券の交付）	60歳以上で介護保険の要介護4または5の在宅の人に、自宅で理美容のサービスが受けられる券を交付。年度内6枚まで（理容・美容、どちらも510円自己負担）。

◆熟年者激励手当

60歳以上で介護保険の要介護4または5の、世帯全員が住民税非課税で在宅の人に、月額15000円の手当を支給。ただし、病院や介護保険施設などへの入院・入所中は対象にならない。

◆在宅療養サポート搬送システム	自宅や福祉施設での療養中、具合が悪くなり、入院しての治療が必要になったときに、かかりつけ医を通じて、あらかじめ決めておいた病院・有床診療所に搬送できる。　▶詳しくは江戸川区医師会　☎03-3652-3166

(対象は江戸川区在住の人)

介護者のために

┃介護の方法は？

▶福祉部介護保険課
◇熟年相談室「介護者交流会」
　熟年相談室（地域包括支援センター）ごとに、認知症サポート医、またはもの忘れ相談医を交えて専門職員と一緒に介護者同士の交流・情報交換、介護方法・技術の学びの場を開催している。
▽**対象**　在宅で熟年者を介護している家族

楽しく健康に年を重ねるために
介護予防教室

　各熟年相談室では、「介護予防教室」を開催。日常できる健康づくりについて、また普段気になっていることや知りたいこと、食事・運動・口腔ケア・脳トレなど認知症予防に関する情報が学べる多様な内容。会場は区民館など公共施設。申し込み・問い合わせは各熟年相談室まで。
●テーマ例
「頭と体を動かして認知症予防！」
「口腔ケアと介護予防」etc.

介護する

elder care

〈サービスの種類（主に居宅サービス）〉

居宅介護支援：居宅介護支援（ケアプランの作成）
訪問介護：訪問介護（ホームヘルプ）
入浴：訪問入浴介護　**訪問看護**：訪問看護
訪問リハビリ：訪問リハビリテーション
通所介護：通所介護（デイサービス）
通所リハビリ：通所リハビリテーション（デイケア）
福祉用具：福祉用具の貸与
短期入所生活：短期入所生活介護（ショートステイ）
短期入所療養：短期入所療養介護(医療型ショートステイ)

介護サービス

あさがおリハ南葛西 ⑭
　南葛西7-1-7 ……………… **03-5878-0480**
　内通所介護
アサヒサンクリーン㈱江戸川営業所 ⑭
　東葛西5-12-5 …………… **03-5679-3205**
　内入浴
あっぷる訪問看護ステーション葛西 ⑭
　中葛西5-35-8-3F ………… **03-5676-8221**
　内訪問看護・居宅介護支援
イオンスマイル葛西SC店
　イオン葛西店4F ………… **03-5878-3091**
　内通所介護
いきいきらいふSPA　中葛西店 ⑭
　中葛西4-20-20-1F ……… **03-6808-3903**
　内通所介護
楠目会　老人保健施設　くすのきの里 ⑭
　西葛西6-19-8 …………… **03-3675-2518**
　内通所リハビリ・短期入所療養
介護老人保健施設こでまり ⑭
　北葛西2-5-21 …………… **03-5658-9115**
　内通所リハビリ・短期入所療養
介護サポートコンパス
　東葛西6-29-17 ………… **03-3688-6887**
　内居宅介護支援・通所介護
小規模多機能サービス　葛西みなみ ⑭
　南葛西2-12-1-3F ………… **03-5679-7142**
　内小規模多機能型居宅介護

城東訪問看護ステーション
　西葛西3-22-15 ………… **03-5676-5011**
　内訪問看護・リハビリ
しんみケアーセンター
　西葛西6-15-20-4F ……… **03-3878-0345**
　内訪問介護
　西葛西6-15-20-3F ……… **03-5667-6750**
　内居宅介護支援
暖心苑 ⑭　北葛西4-3-16…… **03-3877-0100**
　内居宅介護支援・通所介護・短期入所生活・認知症対応型通所介護
訪問看護ステーションつぐみ ⑭
　西葛西3-3-13-12F ……… **03-6456-0972**
　内訪問看護・訪問リハビリ
デイサービスセンター東葛西
　東葛西5-9-19 …………… **03-5667-6331**
　内通所介護
デイサービスとも ⑭
　中葛西5-19-4 …………… **03-3688-3935**
　内通所介護　※機能訓練あり
テルウェル東日本　江戸川介護センタ ⑭
　東葛西2-5-1-2F ………… **03-5667-4615**
　内訪問介護
テルウェル東日本　東京中央ケアプランセンタ ⑭
　東葛西2-5-1-3F ………… **03-3877-5100**
　内居宅介護支援
ともケアセンター ⑭
　中葛西3-3-3 ……………… **03-5676-5221**
　内居宅介護支援・訪問介護・福祉用具・福祉用具販売
　※障害者支援あり
社会福祉法人東京栄和会　なぎさ和楽苑 ⑭
　西葛西8-1-1 ……………… **03-3675-1201**
　内居宅介護支援・訪問介護・通所介護・短期入所生活・認知症対応型通所介護・訪問看護・福祉用具・配食サービス
リハビリデイサービス　nagomi葛西店 ⑭
　南葛西6-32-11 ………… **03-6808-4928**
　内通所介護
NPO虹の会介護ステーション・虹の会デイサービス ⑭
　南葛西7-2-3 ……………… **03-3686-4477**
　内居宅介護支援・訪問介護・通所介護
ノイエすみれケアセンター
　中葛西8-23-5-2F ……… **03-5679-1780**
　内居宅介護支援・訪問介護
ハートケア　中葛西3-8-18-3F
　内居宅介護支援…………… **03-6663-8807**
　内訪問介護………………… **03-6663-8684**
パナソニックエイジフリーショップ葛西店 ⑭
　中葛西8-11-5-1F ……… **03-5878-3031**
　内福祉用具・レンタル・販売・住宅改修

介護老人保健施設ひまわり **HP**
　東葛西8-19-16 ……………… **03-5658-5111**
　内通所リハビリ・短期入所療養

訪問看護ステーションひまわり **HP**
　東葛西8-19-16 ……………… **03-6808-5012**
　内訪問看護・訪問リハビリ

ケアサービスひまわり（居宅介護支援事業所）**HP**
　東葛西5-1-4-3F ……………… **03-6808-5013**
　内居宅介護支援

フォービスライフ西葛西 **HP**
　北葛西4-1-1-2F Ⓕ03-3869-1271…**03-3869-1260**
　内訪問介護

ふくらはぎ健康法タオ東葛西 **HP**
　北葛西3-6-3 ………………… **03-6808-9723**
　内通所介護

医療法人社団新虎の門会　訪問看護ステーションまごころ **HP**
　東葛西4-52-5-1F …………… **03-5676-5531**
　内訪問看護

特別養護老人ホーム　みどりの郷福楽園 **HP**
　臨海町1-4-4 ………………… **03-5659-4122**
　内通所介護・短期入所生活・配食サービス

居宅介護支援事業所　みどりの郷福楽園
　南葛西4-21-3 ………………… **03-5659-3838**
　内居宅介護支援

社会福祉法人　みなみ江戸川ケアセンター **HP**
　南葛西6-2-28 ………………… **03-5676-0373**
　内訪問介護・通所介護・短期入所生活

㈱みなみ北葛西ケアセンター **HP**
　北葛西2-23-14 ……………… **03-3686-3730**
　内居宅介護支援・訪問介護・通所介護

らいおんハートリハビリ温泉デイサービス葛西 **HP**
　中葛西3-33-14 ……………… **03-5878-0570**
　内通所介護

ライフアンドケア㈱いきいき介護サービス
　中葛西7-17-19-1F …………… **03-5679-6321**
　内居宅介護支援・訪問介護

ライブラリ葛西　デイサービスセンター **HP**
　中葛西6-17-9 ………………… **03-3869-0968**

Rakue葛西 **HP**
　西葛西3-14-3-2F ……………… **03-4283-2745**
　内訪問介護

ラック葛西 **HP**
　中葛西4-9-18-2F ……………… **03-5674-7151**
　内居宅介護支援・訪問介護

ふれあいプラザ　ラビット **HP**
　西葛西3-22-15 ……………… **03-5675-3677**
　内訪問介護・訪問看護・居宅介護支援・福祉用具

レコードブック葛西 **HP**
　中葛西6-11-11 ……………… **03-5667-8383**
　内通所介護

福祉機器

㈱フツラ **HP**　中葛西7-19-3 … **03-3688-3771**

健康

グループホーム

きらら
北葛西 北葛西3-5-30 ········ **03-5659-6835**
西葛西 西葛西1-3-9 ········ **03-5675-3788**
南葛西 南葛西4-3-19 ········ **03-5679-3788**
ゆう希苑かさい **HP**
東葛西2-28-9 ················ **03-3877-0661**

特別養護老人ホーム (介護老人福祉施設)

特別養護老人ホームアゼリー江戸川 **HP**
本一色2-13-25 ············ **03-5607-0482**
特別養護老人ホーム癒しの里西小松川 **HP**
西小松川町1-21 ············ **03-3654-7650**
特別養護老人ホームウエル江戸川 **HP**
平井7-13-32 ················ **03-3617-1112**
特別養護老人ホーム江戸川光照苑 **HP**
北小岩5-7-2 ················ **03-5668-0051**
特別養護老人ホーム江戸川さくらの杜 **HP**
東小松川1-5-4 ··············· **03-5607-3366**
特別養護老人ホームきく **HP**
鹿骨3-16-6 ·················· **03-3677-3030**
特別養護老人ホーム小岩ホーム **HP**
南小岩5-11-10 ············· **03-5694-0101**
特別養護老人ホーム清心苑 **HP**
西一之江4-9-24 ············ **03-3655-5963**
特別養護老人ホーム泰山 **HP**
北小岩5-34-10 ············· **03-5622-1165**
特別養護老人ホーム暖心苑 **HP**
北葛西4-3-16 ··············· **03-3877-0100**
特別養護老人ホームなぎさ和楽苑 **HP**
西葛西8-1-1 ················ **03-3675-1201**
特別養護老人ホーム春江さくらの杜
春江町5-4-2 ················ **03-5879-3260**
特別養護老人ホーム古川親水苑 **HP**
江戸川5-4-2 ················ **03-5667-1211**
瑞江特別養護老人ホーム **HP**
瑞江1-3-12 ················· **03-3679-3759**
特別養護老人ホームみどりの郷福楽園 **HP**
臨海町1-4-4 ················ **03-5659-4122**
特別養護老人ホーム第二みどりの郷 **HP**
江戸川2-29-5 ··············· **03-5664-2029**
特別養護老人ホームみどりの郷福楽園東小松川
東小松川1-13-2 ············ **03-3674-8081**
特別養護老人ホームリバーサイドグリーン **HP**
江戸川1-11-3 ··············· **03-3677-4611**

特別養護老人ホームわとなーる **HP**
鹿骨1-3-8 ·················· **03-6804-8722**
特別養護老人ホームわとなーる葛西 **HP**
東葛西7-19-8 ··············· **03-6808-5700**

介護老人保健施設

楠目会　老人保健施設　くすのきの里 **HP**
西葛西6-19-8 ··············· **03-3675-2518**
介護老人保健施設こでまり **HP**
北葛西2-5-21 ··············· **03-5658-9115**
介護老人保健施設ひまわり **HP**
東葛西8-19-16 ············· **03-5658-5111**

介護医療院

介護医療院松寿会病院 **HP**
中葛西5-33-15 ············· **03-3689-5451**

養護老人ホーム

江東園 **HP** 江戸川1-46 ········· **03-3677-4611**
長安寮 篠崎町4-5-9 ········ **03-5664-2960**

軽費老人ホーム

都市型軽費老人ホームJOYなぎさ **HP**
西葛西8-1-1 ················ **03-3675-1201**
都市型軽費老人ホームわとなーる葛西 **HP**
東葛西7-19-8 ··············· **03-6808-6123**

有料老人ホーム

イリーゼかさい **HP**
中葛西1-44-11 ············· **0120-122943**
えど川　明生苑 **HP**
東葛西7-13-8 ··············· **03-5696-7080**
そんぽの家　葛西 東葛西5-33-7 **03-5679-5161**
プレザンメゾン葛西（旧たのしい家　葛西）**HP**
東葛西3-8-2 ················ **03-5679-6721**
ナーシングホーム江戸川 **HP**
東葛西6-42-17 ············· **03-5696-4311**
ライフコミューン西葛西 **HP**
西葛西4-3-26 ··············· **0120-886090**
リアンレーヴ西葛西 **HP**
西葛西5-5-8 ················ **0120-886090**
ロングライフ葛西 **HP**
中葛西5-22-14 ············· **03-3680-9472**

地域包括支援センターはP63・P105へ、介護保険はP105へ

健康

▶**きれいになる** ……………… **118**
美容室、理容室、化粧品専門店、ネイルサロン、エステ
ティックサロン

▶**ファッション** ………………… **123**
婦人服、カジュアルウエア、ベビー・子ども服、作業服・
学生服、オーダーメイド、紳士服、衣料品、和服裁縫、
呉服・和装小物

▶**洋服リフォーム** ……………… **124**
洋服リフォーム、縫製加工、手芸材料・生地

▶**アクセサリー** ………………… **125**
時計・メガネ・コンタクトレンズ、ジュエリー・貴金属、
アクセサリー・服飾雑貨、靴、バッグ、靴・傘etc.の修理

★本文中赤色になっているのは「葛西カタログ2021-22」協賛店です
★ⒻはやFAX番号、Ⓣ&ⒻはやTEL番号とFAX番号、ⒽⓅはホームページのあるお店

おしゃれ

きれいになる

beauty

美容室

HAIR MAKE EARTH 🅷🅿
葛西店　東葛西6-14-3-1F …… 03-5667-4466
西葛西店　西葛西6-12-7-1F … 03-5878-3231
HAIR LOUNGE ACRO南葛西店 🅷🅿
南葛西2-1-9-1F ……………… 03-6808-6614
ACHA　西葛西6-22-23-1F … 03-5675-2675
あどん美容室
本店　西葛西1-9-8 ………… 03-3686-9857
中葛西店　中葛西3-3-6-1F … 03-3877-2576
Arrows 🅷🅿　中葛西5-20-19 … 03-5605-3199
アンクルート
中葛西3-27-1-1F ……………… 03-5659-1771
ヘアーメイクange（アンジュ）
中葛西3-35-4-1F ……………… 03-3687-9296
&-hair 🅷🅿
西葛西3-16-13-B1 …………… 03-3680-7559
ICH・GO 🅷🅿
西葛西3-22-16 ………………… 03-5878-3454
INC'S 🅷🅿　東葛西6-2-15-2F … 03-5675-5025
air　西葛西6-18-3-2F………… 03-3804-6459
H POCKET　中葛西2-3-6 … 03-6808-4690
Espace de creer
中葛西3-18-24-2F …………… 03-3877-0523
カットスペースエルモーソ
中葛西8-23-5-1F ……………… 03-5674-2280
hair OVAL 🅷🅿
中葛西3-29-10-1F …………… 03-3688-7654
オレンジポップ葛西店 🅷🅿
中葛西3-35-15-1F …………… 03-5675-3349
カセ・ヘアー（理美容）
西葛西6-7-1西葛西メトロ4番街 … 03-5605-0005
髪師Kenjiro 🅷🅿
西葛西3-4-15-1F ……………… 03-3688-7740
GALANO（ガラーノ）
西葛西1-12-13 ………………… 03-3675-1501
カラーリゾートAi
中葛西3-29-19-1F …………… 03-3689-9338
きゃんでぃ　中葛西3-30-10 … 03-3687-3291
Qooing 🅷🅿
中葛西5-41-5-1F ……………… 03-3686-3113

COUPE HAIR 🅷🅿
東葛西6-5-9-1F ……………… 03-5674-4569
1/4QUARTER（クオーター）
西葛西5-1-9-2F ……………… 03-3686-4907
美容室クリーク 🅷🅿
東葛西6-2-9-2F ……………… 03-3869-1331
Greath　東葛西3-7-11-1F … 03-6808-9236
グリーンパーク美容室
南葛西6-20-6-1F …………… 03-3687-9689
クルアルガ 🅷🅿　中葛西3-17-4… 03-6808-0495
ヘアーサロンGLOW
中葛西5-32-2-1F …………… 03-5674-1923
GER（ゲル） 🅷🅿
中葛西4-18-10-1F …………… 03-6326-5760
美容室ココ　中葛西3-27-9 … 03-3878-0050
Cocochi葛西店 🅷🅿
イオン葛西店2F ……………… 03-6663-9498
美容室サラ　中葛西3-33-3 … 03-3675-4715
サリーレ　中葛西2-27-11 … 03-3687-2766
SEES 🅷🅿
SEES HAIR西葛西店
西葛西6-10-14-1F …………… 03-3686-9983
too hair西葛西北口店
西葛西5-3-6-1F ……………… 03-3869-0402
Zion葛西アリオ店
アリオ葛西2F ………………… 03-5675-6555
ビューティーシバタココマナミ
中葛西6-10-5 ………………… 03-5674-1907
シャローム　東葛西6-18-10 … 03-3877-3730
カットスタジオジャンクス
西葛西3-13-4 ………………… 03-3878-5422
ヘアアンドデザイン　シャンパーニュ
中葛西3-18-22-1F …………… 03-6808-1524
美容室シュヴー西葛西店
西葛西5-11-15-1F …………… 03-5667-7333
スカーレット　中葛西5-3-11 … 03-3675-3935
スター美容室　東葛西8-6-3… 03-3680-5542
SNIPS　西葛西4-3-11 …… 090-9685-2924
美容室スリーシー
南葛西2-6-4 ………………… 03-3804-6722
ヘアードレッシング・ゼル葛西本店 🅷🅿
中葛西5-35-6-2F …………… 0120-184-531
ソーエン西葛西店
西葛西5-6-8-2F ……………… 03-5696-1277
tie to…　中葛西3-33-6………… 03-3689-2256
TAYA西葛西店 🅷🅿
西葛西6-8-15-2F …………… 03-6663-3733
Deva　中葛西3-36-15-1F……… 03-6808-5259

おしゃれ

ヘアーサロン　デゼージョ
西葛西6-3-4 ……………………… 03-3804-0391

てる美容室　東葛西8-11-21 … 03-3680-2750

ドクターズサロン　ラブ **HP**
西葛西6-22-19-1F …………… 03-6808-3982

hair make Tres
東葛西5-6-5-1F ………………… 03-3689-1445

ヘアームラノ　ハーモニー
西葛西6-21-14-1F ……………… 03-3804-2742

美容室ばななあっぷる
中葛西3-15-14 ………………… 03-3680-7539

ビーズヘアー
西葛西5-20-11-1F ……………… 03-3688-2210

美容室びーとる
南葛西1-5-12 …………………… 03-3686-7816

Believe葛西店 **HP**
東葛西6-6-2-1F ………………… 03-5667-5301

美容室フーアーユ **HP**
西葛西3-15-17-2F ……………… 03-3689-8190

Hoorays　中葛西5-29-4-1F … 03-6663-9460

FAME
西葛西5-8-4小島町2丁目団地内 03-3687-7760

ヘアーブティックフェイムメトロ店
西葛西6-7-3-50西葛西メトロ … 03-3687-7766

美容室フォレスト
中葛西7-9-32 …………………… 03-3680-5927

美容室プラウドリー **HP**
南葛西2-3-18-1F ……………… 03-3688-3393

ヘアカラー＆スキャルプケア専門店　染髪美屋 **HP**
西葛西5-6-23 …………………… 03-6808-8900

ヘアカラー専門店fufu　西葛西店
西葛西6-16-7-2F ……………… 03-6663-9229

Hair Design RegaLo **HP**
中葛西3-36-5 …………………… 03-6808-7708

ヘアーデューン葛西店
東葛西5-13-13-2F …………… 03-5658-3692

ベルダ　西葛西4-3-38 …………… 03-3877-2566

hair design PAUL **HP**
西葛西6-21-12-1F …………… 03-6808-9112

カットハウスポロ
西葛西8-11-2 …………………… 03-3675-3985

マイスタイル
西葛西6-16-4 …………………… 03-3680-8334

マインド
西葛西6-12-8-2F ……………… 03-3869-7200

マモル美容室
中葛西7-20-8 …………………… 03-3687-0291

美容室南屋敷
清新町1-3-6パトリア2F ……… 03-3688-6159

みはる美容室
東葛西5-54-19 ………………… 03-3688-8970

ミモザ
中葛西1-31-44 ………………… 03-3680-6860

美容室メイク・ユー
西葛西6-15-3-3F ……………… 03-3686-3733

HAIR＆MAKE Mona
中葛西3-33-19-1F …………… 03-6240-5731

美容室MOMOKA
西葛西6-6-1 …………………… 03-3804-3292

美容室八重垣　中葛西5-18-13… 03-3878-4171

クラブカットヤナセ
中葛西4-1-8 …………………… 03-3877-2880

〈次ページへつづく〉

おしゃれ

美容室 メイク・ユー
MAKE YOU
スタッフは全員女性です！

成人式・七五三・御着付
貸衣裳承ります。
―――　受付時間　―――
月〜土
10:00〜18:30(パーマ、カラー)
10:00〜19:00(カット)
日・祝
9:30〜18:00(パーマ、カラー)
9:30〜18:30(カット)
火曜定休　予約優先
TEL.03-3686-3733

西葛西駅改札から1番近い美容室

西葛西
南口
メイク・ユー
3F
南口
バスター
ミナル
三菱UFJ銀行
三井住友銀行
ピタットハウス
西葛西6-15-3 中兼ビル3F

119

美容室〈前頁から〉

hair Yush **HP**
中葛西5-19-18 ………………… 03-3877-1771

ユーチャリス　ビィ **HP**
西葛西6-13-14-2F ……………… 03-3675-4889

美容室ラ・シュール
中葛西5-41-4-2F ……………… 03-5674-5888

hair&Make RIE. **HP**
東葛西6-7-10 …………………… 03-6808-9854

ヘアーメイク　renew **HP**
西葛西6-23-20-1F ……………… 03-5675-5565

LIMILEST　南葛西1-15-5 …… 03-5605-0556

hair&make　Luxiel
中葛西5-33-9-2F ………………… 03-6240-5087

le jardin葛西店 **HP**
東葛西6-4-18 …………………… 03-5667-6515

Lufca **HP**　西葛西6-22-17-2F … 03-6808-8776

ヘアデザイン　レア　レフア葛西店 **HP**
中葛西3-36-2-1F ……………… 03-5667-6466

レーヴ・デトワール **HP**
中葛西3-14-12-1F ……………… 03-6456-0229

美容室レクラン
中葛西8-5-22 …………………… 03-3877-2709

ロワール美容室
東葛西5-1-1-4F ………………… 03-3675-4823

美容室ng'aa gugu　((ン)ガー・ググ)
中葛西3-37-3-1F ……………… 03-3869-0699

理容室

おしゃれサロンAKIO
中葛西8-6-5-1F ………………… 03-3689-6140

M-RISE **HP**
東葛西6-14-14 ………………… 03-3877-1189

カットスタジオKEN
南葛西6-22-15 ………………… 03-5696-9570

カットスペース　Green Leaf
中葛西3-28-3-1F ……………… 03-3877-3307

髪工房　中葛西1-33-7 ……… 03-3680-3672

ヘアーサロン髪友 **HP**
中葛西4-13-10 ………………… 03-3687-3306

川原理容院　中葛西6-10-10 … 03-3687-6673

SALON DE KIMURA（理美容）
東葛西8-9-13 …………………… 03-3675-0319

QBハウス **HP**
　アリオ葛西店　　アリオ葛西2F　0120-585-919
　イオン葛西店
　　イオン葛西店2F ……………… 0120-585-919
　西葛西店
　　西葛西5-11-12-1F …………… 0120-585-919

バーバークロサカ
南葛西4-1-16 ………………… 03-3687-0724

ヘアステージK-ONE **HP**
南葛西6-11-7 ………………… 03-3878-4619

ヘアーサロン・サイトー
東葛西8-11-11 ………………… 03-3680-3680

バーバーサンライズ
西葛西6-26-16 ………………… 03-3675-3491

シルクカット **HP**
中葛西3-18-17 ………………… 03-3680-6901

ZOOK **HP**　西葛西3-2-9-1F … 03-3869-3588

スーパーヘアーカットコ
西葛西6-8-7 …………………… 03-3804-0019

ヘアーサロンスカイ **HP**
　駅前店　西葛西6-15-12 ……… 03-3675-3920
　新田店　西葛西8-13-13 ……… 03-3680-8400

ヘアサロンソレイユ **HP**
西葛西5-11-11-1F ……………… 03-5696-1019

おしゃれ床屋たんちょう
西葛西3-6-8 …………………… 03-3688-1656

カットルームたんちょう
　清新町店
　　清新町1-3-6パトリア2F ……… 03-3675-6269
　南葛西店　南葛西5-3-6-1F … 03-3877-0005

nono's barber **HP**
中葛西7-29-10-1F ……………… 03-3675-8055

はくあい　東葛西4-45-1 ……… **03-3680-1026**
Pani ⓗⓟ　中葛西3-30-15-1F … **03-3686-7220**
ヘアーサロンピー
　東葛西7-4-15 ……………… **03-3687-6851**
BAR BAR HIROSI
　北葛西1-3-16 ……………… **03-3680-4956**
ファミリーハウス友
　西葛西8-15-12 …………… **03-5674-3260**
ヘアーサロン　フェニックス
　中葛西2-11-17 …………… **03-3689-5193**
Hair SMILE
　西葛西3-10-12-1F………… **03-3687-4322**
髪業師マエダ
　北葛西2-10-36 …………… **03-3687-6608**
ヘアーサロンミナガワ中葛西店
　中葛西3-29-10 …………… **03-3686-3366**
ヘアーサロンユーボン ⓗⓟ
　西葛西3-7-13 ……………… **03-3686-9866**
Hair the RIDE
　南葛西4-23-14 …………… **03-3877-7319**
理容室　ランド
　　葛西店　中葛西5-42-3-2F **03-3878-3200**
　　西葛西店　西葛西5-6-16 **03-5676-3667**
Re/Do Hair M
　中葛西3-27-8 ……………… **03-6808-3844**
リバティークラブ ⓗⓟ
　東葛西6-6-8-1F …………… **03-5605-9567**
リムレ葛西店（理美容）ⓗⓟ
　東葛西6-4-2-2F …………… **03-3869-2717**

化粧品専門店

KURUMU FACTORY SHOP ⓗⓟ
　東葛西6-9-9 ……………… **03-6808-3382**
㈱サビーナ自然化粧品 ⓗⓟ
　西葛西6-8-3-4F …………… **03-5674-9766**
コスメパークシーズン葛西店
　中葛西5-43葛西メトロ ……… **03-3686-9135**
ナレル西葛西ショールーム
　西葛西6-15-12-2F ………… **03-5675-3650**
コスメティックまつや
　西葛西6-19-11 …………… **03-3877-9981**
CPコスメティクス代理店㈱CP明光 ⓗⓟ
　西葛西5-4-6-3F …………… **03-5667-3436**

㈱CP明光

CP明光 ⓗⓟ
　アクアティア
　　中葛西3-35-14-2F ……………… **03-3869-1092**
　ange　南葛西4-21-14-1F …… **03-3869-4130**
　COCO Face
　　西葛西5-8-26-1F ……………… **03-3688-5584**
　サロンTOCO
　　西葛西3-1-9-1F ……………… **03-5674-8620**
　NICO　西葛西6-10-13-4F … **03-3689-2881**
　プティ ヌアージュ
　　東葛西6-4-7-2F ……………… **03-3804-0733**
　まぁ・ま
　　西葛西6-15-15-4F…………… **03-5605-0803**
　MOMO　西葛西6-22-4-3F **03-3689-2220**
　ROCO　船堀3-7-11-4F …… **03-5675-7282**
　本店サロン
　　浦安市北栄1-2-37-1F ………… **047-312-6686**
　Cats　浦安市猫実4-19-16-3F **047-381-6635**
　Beeju　浦安市入船4-33-6 … **047-355-0127**
　Pico　浦安市北栄4-5-15-2F … **047-352-9555**
　VERY2
　　浦安市東野3-17-13 ………… **047-721-7778**
　moiモア
　　浦安市今川2-1-3-1F ………… **047-355-2215**
　Merci pico
　　浦安市猫実2-33-15-6F … ⓉⓈⒻ**047-711-2268**
　Rico　浦安市海楽2-7-20-1F … **047-721-8585**
　nalu　市川市高浜2-14-8-1F … **047-356-3961**
　ブリランテ
　　市川市市川南1-2-21-3F ……… **047-712-6511**
　ラ・モーレ
　　市川市新田5-18-10-6F ………… **047-326-8325**
　アンフェル
　　船橋市前原東2-14-1-6F ……… **047-478-2213**
　JJ-Do！
　　船橋市本中山4-3-2-7F ………… **047-320-2520**
　ルシエル
　　船橋市習志野台3-17-5-1F …… **047-461-4955**
　肌育工房PiPi
　　千葉市花見川区幕張本郷1-6-30-3F
　　……………………………… **043-306-2209**
　ラ・カクテル
　　千葉市稲毛区小仲台2-10-19-3F
　　………………… ⓉⓈⒻ**043-254-0016**
　　　　　　（P48カラーページもご覧ください）

おしゃれ

121

ネイルサロン

Kumiko nail
西葛西6-8-11-3F ……………… **03-6456-0915**

ティーエヌ葛西店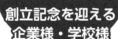
中葛西3-18-24 ……………… **03-6456-0740**

BAMBA NAIL（バンバネイル）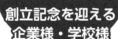
中葛西3-35-17-6F ……………… **03-3804-4777**

ビューティーマジック葛西本店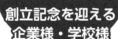
中葛西5-18-9 ………………… **0120-70-4044**

Plage（プラージュ）
東葛西5-1-2-7F ……………… **03-6808-7938**

MATSUYA 西葛西6-19-11 … **03-3877-9981**

エステティックサロン

アールボーテ葛西店（まつげエクステサロン）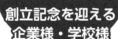
東葛西6-1-13-10F …………… **03-6808-0816**

アイラッシュオアーゼ（まつげ・ネイル）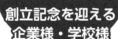
西葛西6-16-7-2F ……………… **03-6887-0900**

アップルマインド西葛西店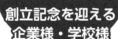
西葛西5-1-9-3F ……………… **03-3878-9666**

エステティックサロン　aile（エール）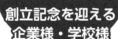
西葛西6-12-4-10F …………… **03-3878-0325**

シェービングエステサロン　enne（エンネ）
中葛西4-13-10 髪友内 ……… **03-5878-1578**

KuRuN（まつげエクステサロン）
西葛西6-12-4-4F …………… **03-6808-9455**

CILGRACE（まつげエクステサロン）
アリオ葛西1F ………………… **03-6808-5345**

耳つぼダイエットサロン　スタイルココ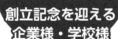
東葛西5-1-2-8F ……………… **03-5658-3308**

エステソフィアパレス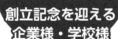
西葛西3-15-9-7F ……………… **03-5667-0391**

ハッピーシェービング ピュアリィ(シェービング専門店)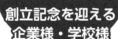
中葛西4-3-1-2F ……………… **03-6382-5120**

脱毛トータルエステ　ピュール・ブラン
西葛西5-5-14-7F ……………… **03-6240-5988**

メディカルエステ　Belleza
西葛西5-5-16-6F ……………… **03-5676-3367**

POLA　サロン・ド・葛西
西葛西5-5-14-1F ……………… **03-5878-0040**

ラヴィーナプレミアム西葛西（まつげエクステサロン）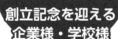
西葛西3-14-21-2F …………… **03-6808-1755**

可能なかぎりの調査に基づいて作成しましたが、万一掲載もれや締め切り後の変更などありましたらお知らせください。　☎047-396-2211

おしゃれ

ファッション

fashion

婦人服

e.r.g*　アリオ葛西1F …………… 03-5675-6824
エニィシス　アリオ葛西1F …… 03-5605-8723
クールカレアン
　　アリオ葛西2F ………………… 03-6808-1480
Green Parks topic
　　アリオ葛西1F ………………… 03-6663-9322
K Charm
　　中葛西3-14-10-1F…………… 03-6808-4745
サバービア葛西店
　　中葛西3-37-18 ……………… 03-3877-1666
SM2 keittio　アリオ葛西1F … 03-6808-8365
switch ⒽⓅ　西葛西3-22-6-1F小島町2丁目団地内
　　……………………………… 03-6663-8382
チチカカ　アリオ葛西2F ……… 03-5658-1251
ハニーズ
　　イオン葛西店
　　イオン葛西店2F ……………… 03-5878-0989
　　葛西店　ホームズ葛西店2F … 03-5696-4701
ブルーベリーヒルズ
　　西葛西5-8-17 ………………… 03-3688-6988
ミセス　プラス・デ・モード
　　アリオ葛西2F ………………… 03-3675-2720
ブティック　ラ・セーヌ
　　中葛西5-41-7-1F …………… 03-5605-2661
ラピス・ルージュ
　　アリオ葛西2F ………………… 03-3687-5588
ル・ファンナ
　　西葛西店（本店）
　　西葛西6-14-1-7西葛西メトロ … 03-3675-2477
　　葛西店
　　中葛西5-43葛西メトロ ……… 03-3689-8211
　　西葛西南口店
　　西葛西6-10-12-1F…………… 03-3878-0305

カジュアルウエア

Availサニーモール西葛西店
　　西葛西4-2-28サニーモール2F … 03-5679-5228
GU
　　アリオ葛西店　アリオ葛西1F 03-5667-4428
　　西葛西店　西葛西5-8-5 ……… 03-5878-3206
ジーンズプラザ摩耶
　　中葛西5-41-15-1F …………… 03-3869-5587
ジーンズメイト西葛西店
　　西葛西3-16-20 ……………… 03-5674-0421
しまむら
　　サニーモール西葛西店
　　西葛西4-2-28サニーモール2F … 03-5679-5201
　　ホームズ葛西店
　　ホームズ葛西店1F …………… 03-5679-8687
ユニクロホームズ葛西店
　　ホームズ葛西店2F …………… 03-5679-7407
Right-on　アリオ葛西1F……… 03-5659-2560

ベビー・子ども服

アカチャンホンポ　アリオ葛西店
　　アリオ葛西3F ………………… 03-5659-1820
西松屋チェーン
　　江戸川宇喜田店
　　宇喜田町180-2 ……………… 03-5605-5091
　　ホームズ葛西店
　　ホームズ葛西店2F …………… 03-3878-1451

作業服・学生服

寿屋
　　西葛西5-8-5-1F小島町2丁目団地 03-3687-0221
㈲ヨシダ洋服店
　　中葛西8-11-16 ……………… 03-3680-0730
㈲ワークボックス
　　北葛西4-2-34-124……………… 03-5658-0881

オーダーメイド

テーラー丸山　北葛西1-7-5 ……… **03-3680-5041**

紳士服

AOKI葛西店
　中葛西3-6-1 ………………… **03-5696-0888**
洋服の青山江戸川西葛西店
　西葛西3-8-2 ………………… **03-5696-5681**
オリヒカ　ホームズ葛西店
　ホームズ葛西店2F ………… **03-5659-6688**
紳士服のコナカ西葛西店
　西葛西6-15-16 ……………… **03-5696-2251**
サカゼン西葛西店 ⓗⓟ
　西葛西4-2-28サニーモール3F … **03-6895-1641**
シャツ工房
　アリオ葛西1F ……………… **03-5696-6018**
紳士服はるやま
　東葛西6-2-3 ………………… **03-3680-8016**

衣料品

ヴァンベール西葛西店
　西葛西6-15-10 ……………… **03-3675-3519**
㈲エス・ティ・キング
　中葛西5-20-19-1F …………… **03-3688-8750**

和服裁縫

友進㈲
　西葛西6-10-5-9F …………… **03-3804-3895**

呉服・和装小物

近江屋呉服店　東葛西6-8-7 …… **03-3689-2056**
さが美葛西店
　イオン葛西店2F ……………… **03-5676-7500**
みやび西葛西店
　西葛西7-3-10-2F …………… **03-3877-5797**

洋服リフォーム

dress alteration

洋服リフォーム

アトリエ　ベルアール
　西葛西6-15-15-3F …………… **03-5605-4620**
マジックミシン
　イオン葛西店2F ……………… **03-5676-2251**
ママのリフォーム
　アリオ葛西2F ………………… **03-5696-3066**

縫製加工

高木商事㈱　中葛西5-11-11 … **03-3687-3407**
㈱ワイケーエス
　東葛西6-23-16-2F …………… **03-3878-4911**

手芸材料・生地

パンドラハウス
　イオン葛西店3F …………（代）**03-3675-5111**
ミルキーウェイコットンハウス
　西葛西3-17-10 ……………… **03-3675-3322**
ユーミン
　西葛西5-8-4-1F小島町2丁目団地内 **03-3877-2070**

おしゃれ

アクセサリー accessory

時計・メガネ・コンタクトレンズ

メガネの愛眼葛西店
　　イオン葛西店3F ･･････････････ 03-3689-1789
アイケアワールド西葛西店
　　西葛西6-14-1西葛西メトロ ･･････ 03-3675-5090
コンタクトのアイシティ　アリオ葛西店
　　アリオ葛西2F ･･････････････ 03-5667-4788
メガネのアイメイト
　　南葛西4-22-10-9F ･･････････ 03-3877-5184
メガネのアイワ Ⓗ⒫
　　葛西本店　東葛西6-2-9 ･･････ 03-3680-4334
　　西葛西店　西葛西3-10-15･･･ 03-5675-2946
イチノエメガネ葛西店
　　東葛西5-32-9 ･･････････････ 03-3687-1534
メガネの井上西葛西店
　　西葛西3-19-2-2F ･･････････ 03-5605-6214
オプタス　アリオ葛西2F ･･････ 03-6240-5903
クボタ時計店　中葛西3-28-1 ･･ 03-3688-3988
ザ・クロックハウス
　　アリオ葛西3F ･･････････････ 03-3869-1296
西葛西コンタクト
　　西葛西6-10-13-2F ･･････････ 03-3689-3589
フジモト時計店
　　中葛西3-16-9 ･･････････････ 03-3680-0641
眼鏡市場北葛西店 Ⓗ⒫
　　北葛西5-30-14 ･･････････････ 03-5679-5545
めがね工房　まつざわ
　　西葛西6-10-13 ･･････････････ 03-3675-0220
メガネサロンルック西葛西店
　　西葛西4-2-28サニーモール2F ･･･ 03-5605-1301
メガネスーパー西葛西店
　　西葛西4-1-1 ･･････････････ 03-5659-0970
メガネドラッグ葛西駅前店
　　中葛西3-35-17 ･･････････････ 03-3877-0056
和真メガネ
　　アリオ葛西2F ･･････････････ 03-5675-6831

ジュエリー・貴金属

中真堂イオン葛西店
　　イオン葛西店2F ･･････････････ 03-3675-9500
ジュエリー HANAJIMA Ⓗ⒫
　　西葛西6-18-8 ･･････････････ 03-3687-5312
美宝貴金属　西葛西5-8-26 ･････ 03-3686-6192
ベリテ葛西店
　　アリオ葛西2F ･･････････････ 03-5675-6861
　　　　　　　　　　貴金属買取はP149へ

アクセサリー・服飾雑貨

Bleu Bleuet　アリオ葛西1F ･･ 03-3680-8110

靴

グリーンボックス葛西店
　　イオン葛西店2F ･･････････････ 03-5676-7208
SHOE-PLAZA西葛西店
　　西葛西5-1-9 ･･････････････ 03-3687-7211
東京靴流通センター
　　葛西店　中葛西3-32-14-1F ･･･ 03-5679-1474
　　サニーモール西葛西店
　　西葛西4-2-28サニーモール2F ･･･ 03-5878-3038

バッグ

GRAN SAC'S
　　アリオ葛西1F ･･････････････ 03-5659-6588
平野カバン店　中葛西7-22-7 ･･ 03-3680-6006

靴・傘 etc. の修理

クラフトマンサービス
　　アリオ葛西1F ･･････････････ 03-5675-6761
リペアショップ　東京工房　葛西店
　　中葛西5-19-4 ･･････････････ 03-3804-1192
東京修理センター
　　中葛西3-15-10-1F ･･････････ 03-6904-1081

おしゃれ

電話番号、住所など間違い、および『葛西カタログ』
に対するご意見・ご希望がありましたら、お手数
ですがご一報を！　☎047-396-2211

別荘、見つけた!
区民健康施設を上手に利用しよう

　長野県安曇野市にある「穂高荘」と新潟県南魚沼市にある「塩沢江戸川荘」。どちらも魅力たっぷりの区立の区民健康施設。予約は電話一本で、支払いは現地のフロントでOKと、手続きも簡単。区内から出発する観光付き送迎バスもあり。区民健康施設をどんどん活用しちゃおう!

■利用対象者　　区内外問わず利用可。ただし、予約開始時期や料金は異なる。
■予約受付時期および申込方法
☆区民・区内在勤者　利用月の3カ月前の1日から電話で申し込み。
　　　　　　　　　特定日(ゴールデンウィーク・お盆・年末年始など)利用分は抽選あり。
　　　　　　　　　※受付初日のみ予約が重なる日は抽選。以降は申し込み順。
☆区外利用者　　　利用月の2カ月前から電話・Webで申し込み。
※団体で利用の場合は5カ月前の1日から受け付け。

穂 高 荘(40室)

長野県安曇野市穂高有明2105-22
☎0263-83-3041
http://www.hotakaso.jp/

予約センター　☎03-5662-7051(9:00〜17:00)
※日曜・祝日を除く

　有明山のふもと、標高600mに建つ安曇野の絶景・展望風呂の宿。70℃以上の良質な温泉は、神経痛・五十肩・冷え性などに効果あり。信州の自然を感じながら羽を伸ばそう!

■利用料金(1人/1泊2食付・税込、特定日除く)
　一般(中学生以上)＊ …………… 7,600円〜 9,200円
　65歳以上(区民のみ) ………… 5,800円〜 6,600円
　区外利用の一般(中学生以上)… 8,700円〜10,200円
　別途入湯税150円(一般)
　子ども料金、キャンセル料などはホームページで確認を
　※区民・区内在勤者とその同居家族対象料金

塩沢江戸川荘(24室)

新潟県南魚沼市舞子字十二木2063-29
☎025-783-4701
http://www.edogawasou.com/

予約センター　☎0120-007-095(9:00〜17:00)

　周囲は、越後山脈、魚沼丘陵…、日本有数の米どころに建つ山荘風の建物。夏には川遊び、冬にはスキー遊びの拠点として大活躍!

■利用料金(1人/1泊2食付・税込、特定日除く)
　一般(中学生以上)＊ ………… 7,600円〜 9,000円
　65歳以上(区民のみ) ………… 5,500円〜 6,200円
　区外利用者の一般(中学生以上) 8,800円〜10,600円
　子ども料金、キャンセル料などはホームページで確認を

　※区民・区内在勤者とその同居家族対象料金

※17:00以降の予約は、穂高荘(〜20:30)、塩沢江戸川荘(〜20:00)で受け付ける

■江戸川区(葛西駅・一之江駅・総合文化センター前)等と各施設を結ぶ「観光付き送迎バス」※子ども料金はホームページで確認を
【穂高号】13,000円〜 16,000円(中学生以上、コースによる)
【塩沢号】12,000円〜(中学生以上、コースによる)

◎空室情報など詳細は…各施設ホームページへ。
(参考)江戸川区ホームページ(**http://www.city.edogawa.tokyo.jp/sports/index.html**)

▶**テイクアウト専門店** ……………… **128**
弁当、すし

▶**宅配してもらう** ……………… **128**
弁当・仕出しほか、ピザ

▶**外食する** ……………………… **129**
喫茶店・カフェ、ファストフード、牛丼・天丼・丼、ファ
ミリーレストラン、レストラン、イタリア料理、フランス料理、
ステーキ、韓国料理、エスニック、インド料理、カレー、
うどん・そば、食事処、ラーメン、中華料理、中国料理、
日本料理・和食、すし、とんかつ、うなぎ、てんぷら、しゃ
ぶしゃぶ、おでん、お好み焼き・鉄板焼き・もんじゃほか、
焼肉・ホルモン料理

▶**お酒を飲む** …………………… **135**
焼鳥、小料理、居酒屋、ショットバー・ダイニングバー

▶**食品を買う** …………………… **137**
和菓子、せんべい、洋菓子・パン、菓子、乳製品、アイ
スクリーム、紅茶、お茶・のり、海産物、鮮魚、輸入食品、
健康・自然食品、豆腐、野菜・くだもの、肉、食料品、水、米、
酒

★本文中赤色になっているのは「葛西カタログ2021-22」協賛店です
★Ⓕ はFAX番号、Ⓣ&Ⓕ は電話番号とFAX番号、ⒽⓅ はホームページのあるお店
出前 は出前をしてくれる飲食店　P132〜134
　　※出前エリア・料金等、詳細を確認のうえ、注文を
座敷 はお座敷があるお店　P132〜135
ﾍﾞﾋﾞｰｶ車ｲｽ ベビーカー・車イスOKのお店　P129〜135
　　※バリアフリーというわけではありません
　　※混雑時やスタッフの都合等により対応できない場合あり

グルメ

テイクアウト専門店 takeout

弁当

お弁当一番
西葛西本店　西葛西6-29-12　**03-3686-8957**
江戸川球場前店　西葛西6-5-17　**03-3869-6931**
北葛西店　北葛西1-22-18……　**03-3686-5001**
キッチンオリジン
葛西店　中葛西5-19-17………　**03-5878-1956**
葛西南口店　中葛西5-35-6　**03-5659-2036**
西葛西店
西葛西6-7-10西葛西メトロ………　**03-5679-0495**
西葛西6丁目店
西葛西6-14-2西葛西メトロ……　**03-5679-8831**

かさいNEWS 2020.10/9
鶴岡市東京事務所で「ふるさと物産品」の販売を開始

　第二次世界大戦時の学童疎開が縁で友好都市となった江戸川区に、1990年4月開設された「鶴岡市東京事務所」。庄内をイメージした趣向を凝らした造りと、城下町・鶴岡のイメージから別名『鶴岡江戸屋敷』として親しまれていて、各種観光パンフレットや特産品、工芸品の展示紹介などを行っている。

　以前よりイベントでの物販や西葛西駅前でのイベント販売などを行っていたが、新型コロナウイルス感染拡大防止の観点からその機会も減り、地域住民からの「物産を購入したい」との声を受けて販売を開始した。

　取り扱う商品は、漬物・乾麺・菓子類・玉こんにゃく・新米など。冷蔵、冷凍の商品は扱っておらず、時期により商品が異なる場合がある。
▽AM9～PM4
　（土・日・祝日は休館）
▽西葛西7-28-7
☎ 03-5696-6821

ほっかほっか亭東葛西4丁目店
　東葛西4-1-4……………………　**03-5679-0920**
ほっともっと
　葛西店　東葛西6-1-4…………　**03-3688-5776**
　北葛西2丁目店
　北葛西2-22-13…………………　**03-5659-6502**
　中葛西4丁目店　中葛西4-9-18　**03-5659-7350**
　中葛西6丁目店
　中葛西6-10-8…………………　**03-5659-7027**
　南葛西店　南葛西6-17-1………　**03-5675-2831**
まいもん ㏋　中葛西4-7-1-1F…　**03-6663-9720**
（P10カラーページもご覧ください）

すし

小僧寿し
　葛西中央通り店　中葛西4-3-3　**03-3688-7119**
　西葛西店　西葛西7-20-5………　**03-3675-6647**
たみ　丼丸　南葛西店
　南葛西5-8-12…………………　**03-6240-5977**

宅配してもらう delivery

弁当・仕出しほか

㈱大江戸食品
　中葛西2-7-8…㋫03-3686-8126…**03-3680-7561**
四季　北葛西5-7-1……………　**03-3675-5241**
フレッシュランチ39東京ベイサイド店
　南葛西6-7-15　㋫03-3687-2160…**03-3687-2100**
龍神ぎょうざ商店（二代目TATSU）
　東葛西5-33-8…………………　**03-6661-3185**

ピザ

ドミノ・ピザ
　江戸川中葛西店
　中葛西3-29-6…………………　**03-3686-5008**
　西葛西店　西葛西6-22-4………　**03-5659-1100**
ピザーラ葛西店
　中葛西5-20-10…………………　**03-3804-3200**
ピザハット葛西店
　中葛西4-19-10…………………　**03-5674-0444**
ピザポケット葛西店
　中葛西5-30-12…………………　**03-5667-6455**

グルメ

外食する 🍴
eat out

喫茶店・カフェ

岩本珈琲　北葛西4-1-49 ………… **03-6875-2800**
絵音カフェ 子・シニア HP
　中葛西5-18-14-1F ……………… **03-6808-5276**
Cafe excellen 子・シニア
　東葛西6-18-20-1F ……………… **03-3680-5430**
CAFE de CRIEアリオ葛西 子・シニア
　アリオ葛西1F ………………… **03-6808-2821**
カフェ・デ・ミール 子・シニア
　西葛西5-1-1-2F ……………… **03-3675-0039**
カフェ・ド・ペラゴロ葛西店 子・シニア
　イオン葛西店4F ……………… **03-6661-4278**
珈琲館
　アリオ葛西店 子・シニア
　　アリオ葛西2F ……………… **03-5675-4720**
　葛西店　東葛西5-1-1-2F … **03-3686-8336**
コメダ珈琲店 HP
　東葛西6-1-13-1F ………… **03-6808-1182**
ジン　中葛西5-19-17葛西メトロ **03-3687-9994**
スイーツパールレディ 子・シニア
　アリオ葛西1F ………………… **03-6808-5512**
ドトールコーヒーショップ
　西葛西南口店 子・シニア
　　西葛西6-16-4 ……………… **03-5679-2781**
　ホームズ葛西店 子・シニア
　　ホームズ葛西店1F ………… **03-3877-2292**
コミュニティカフェ　虹の空広場 子・シニア
　南葛西6-13-12-1F …………… **03-3686-4477**
NECOT COFFEE HOUSE
　東葛西5-19-22 ……………… **03-3877-0082**
パティスリーカフェ　ひばり
　中葛西1-31-51-1F …………… **03-5878-1176**
FOUR SEASONS CAFE 子・シニア HP
　西葛西6-5-12-1F……………… **03-3689-1173**
Cafe Lagoon 子・シニア HP
　中葛西3-14-2-1F……………… **03-6808-4747**
カフェ・リネア 子・シニア HP
　北葛西4-13-2-1F……………… **03-5878-1288**

ファストフード

ケンタッキーフライドチキン
　アリオ葛西店 子・シニア
　　アリオ葛西1F ……………… **03-5675-6835**
　イオン葛西店 子・シニア
　　イオン葛西店1F ………… **03-5659-2311**
　葛西店　東葛西5-1-2 ……… **03-5674-7045**
築地 銀だこ 子・シニア
　アリオ葛西1F ……………… **03-6808-5235**
マクドナルド
　葛西店　東葛西6-2-5 ……… **03-5676-6227**
　葛西アリオ店 子・シニア
　　アリオ葛西1F ……………… **03-5675-6726**
　葛西ホームズ店 子・シニア
　　ホームズ葛西店1F ………… **03-5659-3454**
　西葛西店 子・シニア
　　西葛西3-16-13-1F ………… **03-5676-5046**
　東葛西店 子・シニア
　　東葛西5-19-10 …………… **03-5667-2302**
ミスタードーナツ
　アリオ葛西ショップ 子・シニア
　　アリオ葛西1F ……………… **03-5675-6805**
　葛西駅前ショップ 子・シニア
　　東葛西5-1-4…………………… **03-5674-5674**
　西葛西駅前ショップ 子・シニア
　　西葛西6-16-6 ……………… **03-5674-7044**
モスバーガー
　西葛西北口店 子・シニア
　　西葛西3-22-16 ……………… **03-5659-1201**
　西葛西南口店 子・シニア
　　西葛西6-21-7 ……………… **03-5674-3070**
ロッテリア
　葛西駅店 子・シニア
　　中葛西5-43葛西メトロ ………… **03-3680-7190**
　西葛西駅店 子・シニア
　　西葛西6-14-1西葛西メトロ … **03-3675-3350**

アイスクリームはP137へ

グルメ

★子・シニア マークはベビーカー・車いすOKのお店

※バリアフリーというわけではありません
※混雑時やスタッフの都合等により対応できない場合あり

129

牛丼・天丼・丼

すき家
中葛西店　中葛西6-1-10-1F … 0120-498-007
西葛西店　西葛西1-15-9-1F … 0120-498-007
西葛西駅前店
西葛西6-8-11-1F ……………… 0120-498-007
南葛西店　南葛西2-2-2-1F … 0120-498-007
天丼てんや
葛西駅前店
中葛西5-43葛西メトロ ………… 03-5659-0725
西葛西店
西葛西6-14-7西葛西メトロ …… 03-5667-2881
なか卯
葛西店
中葛西5-19-17葛西メトロ ……… 03-5659-3561
環七南葛西店
南葛西3-24-21 ………………… 03-3877-8227
西葛西駅前店
西葛西6-7-B-2西葛西メトロ …… 03-5658-3588
松屋西葛西店 🅗🅟
西葛西3-17-7 ………………… 03-5878-3930
吉野家
葛西駅前店
中葛西5-43-1葛西メトロ ……… 03-5667-0374
西葛西駅一番街店
西葛西6-14-2西葛西メトロ …… 03-5679-6217

ファミリーレストラン

ガスト
葛西店 子・シニア
東葛西6-2-7 …………………… 03-5667-8188
西葛西店 子・シニア
西葛西4-2-28-1F ……………… 03-5659-2638
西葛西駅前店 子・シニア
西葛西6-10-12-2F ……………… 03-5674-7057
Sガスト葛西駅前店 子・シニア
中葛西5-43-1葛西メトロ ……… 03-5667-3423
サイゼリア
アリオ葛西店 子・シニア
アリオ葛西3F ………………… 03-5679-0171
西葛西駅店 子・シニア
西葛西6-7-1西葛西メトロ …… 03-5658-6399
ジョナサン
葛西駅前店　中葛西5-34 …… 03-5679-7133
西葛西店　西葛西7-3-6 ……… 03-5696-7383

デニーズ
葛西店 子・シニア
東葛西9-3-3 …………………… 03-3804-4060
西葛西店　西葛西6-29-16 … 03-3688-6870
バーミヤン南葛西店 子・シニア
南葛西4-2-17 ………………… 03-5659-6520
びっくりドンキー中葛西店 子・シニア
中葛西4-4-6 …………………… 03-5605-4315
ロイヤルホスト
西葛西店　西葛西6-16-3 … 03-5696-5624
南葛西店 子・シニア
南葛西3-24 …………………… 03-3675-6568

レストラン

ANEMONE
東葛西5-4-11-1F ……………… 03-3877-5006
銀の小びと　東葛西7-2-1-1F … 03-3877-1715
ベストウエスタン東京西葛西 パームツリー 子・シニア 🅗🅟
西葛西6-17-9 ………………… 03-3675-8934
（P11カラー・グルメページもご覧ください）
マリーナレストラン　トリム 🅗🅟
東葛西3-17-16-2F …………… 03-6808-5188
キッチンハウス　モア 子・シニア
西葛西6-14-1西葛西メトロ …… 03-3675-2088

イタリア料理

伊太利庵 子・シニア
中葛西3-33-6-1F ……………… 03-3675-3056
VANSAN西葛西店 🅗🅟
西葛西6-9-1 …………………… 03-5679-7730
カプリチョーザ西葛西店 子・シニア
西葛西6-17-17-1F ……………… 03-5676-1360
鎌倉パスタ東葛西店 子・シニア
東葛西6-43-15 ………………… 03-5679-7309
サンマリノ 子・シニア
西葛西6-14-7西葛西メトロ …… 03-3680-5730
SEAFOOD KITCHEN PICHI 🅗🅟
中葛西5-41-8-1F ……………… 03-6808-5997
Tavrena e Pizzeria Salute 🅗🅟
東葛西5-13-1 ………………… 03-6808-4570
barchetta（バルケッタ）子・シニア
東葛西8-28-11 ………………… 03-5878-0595
BEYOND 子・シニア
葛西メトロ …………………… 03-6663-9500

グルメ

ポポラマーマ **HP**
　アリオ葛西店 **子・シニア**
　アリオ葛西3F …………… **03-5878-1490**
　葛西駅前店
　中葛西3-34-9-2F ………… **03-3878-9000**
マリノステリア葛西店 **子・シニア**
　東葛西6-4-16 …………… **03-6808-8780**
ミート酒場　ぼいす **子・シニア**
　中葛西3-18-24 …………… **03-3688-3908**

フランス料理

パールホテル葛西　Bon Coin (ボンコアン)
　東葛西6-1-7-2F ………… **03-3804-8081**

ステーキ

エル・アミーゴ (ステーキとメキシコ料理) **子・シニア**
　西葛西6-14-1西葛西メトロ …… **03-3675-2340**
加真呂葛西店 **子・シニア**
　中葛西3-19-5 …………… **03-3688-7961**
肉の村山　葛西店　葛西メトロ　**03-3689-1129**
バズグリル　ハンバーグ＆ビア
　中葛西4-1-24-2F ………… **03-3687-8255**
ビリー　ザ　キッド西葛西店
　西葛西6-22-16 …………… **03-3688-6603**
フォルクス葛西店 **子・シニア**
　中葛西3-6-4………………… **03-5605-7470**

韓国料理

おぱ屋　西葛西5-2-16-2F ……… **03-3869-3880**
韓国家庭料理居酒屋　オアシス
　西葛西6-5-17 …………… **03-3869-0880**
韓国ダイニング狎宮満 (コグマ) **HP**
　中葛西5-41-15-2F ………… **03-5696-2319**
にしき亭 **子・シニア**
　西葛西6-14-2西葛西メトロ …… **03-3675-5650**

エスニック

エルトリート西葛西店
　西葛西6-10-15 …………… **03-5696-7488**
ラ・コパ (メキシコ料理)
　中葛西5-20-2 …………… **03-3687-5199**

インド料理

スパイスマジック　カルカッタ
　本店　西葛西3-13-3 ………… **03-5667-3885**
　南口店　西葛西6-24-5-2F …… **03-3688-4817**
デリーダバ　インド料理
　西葛西6-12-9-2F ………… **03-5878-0553**
デリーハイト　南インド料理屋
　中葛西3-35-16-5F …………… **03-3804-4889**
インド・ネパール・アジアダイニング　バター カレー
　中葛西3-29-12 ………………… **03-3680-7622**
インド・ネパール料理　ヒマラヤン・キャラバン
　中葛西8-21-17-1F …………… **03-3878-6062**
スパイスカフェ　フンザ
　中葛西3-29-1 …………… **03-3680-7865**
ムンバイキッチン
　西葛西6-12-9 …………… **03-3878-4088**

カレー

カレーハウスCoCo壱番屋
　江戸川区葛西店
　中葛西3-32-17 …………… **03-5659-7512**
　江戸川区西葛西駅北口店
　西葛西5-6-11 …………… **03-5679-5077**
ゴーゴーカレー　アリオ葛西1F… **03-5658-1255**

グルメ

★**子・シニア** マークはベビーカー・車いすOKのお店
　※バリアフリーというわけではありません
　※混雑時やスタッフの都合等により対応できない場合あり

うどん・そば

オリオリ　西葛西店 **HP**
西葛西5-4-7変なホテル1F ……… 03-5679-7030
葛西めんや　葛西メトロ ……… 03-6808-9934
家族亭 **子・シニア**　アリオ葛西3F 03-6663-8255
手打蕎麦清かわ **座敷** **HP**
南葛西2-22-1 ……… 03-5659-3288
弘昇庵 **子・シニア** **座敷** **出前**
西葛西2-13-20 ……… 03-3687-4546
小進庵 **子・シニア** **座敷** **出前**
北葛西1-22-4 ……… 03-3689-6910
讃岐直送うどん　さいた川 **子・シニア**
西葛西5-8-4小島町2丁目団地内 03-3687-9971
長盛庵　めん秀 **子・シニア**
西葛西メトロ……… 03-3687-3170
はなまるうどん　ホームズ葛西店 **子・シニア**
ホームズ葛西店1F ……… 03-5659-0870
立ちそばやしま　西葛西メトロ … 03-3675-1461
若鯱家 **子・シニア**　アリオ葛西3F 03-5675-4717

食事処

稲 **子・シニア**　西葛西5-8-16……… 03-3680-4034
大戸屋西葛西北口店 **子・シニア** **HP**
西葛西3-15-8-2F ……… 03-6456-0810
喜界 **HP**
北葛西2-23-19 ……… 03-4361-1438
小池寿司食堂葛西市場 **HP**
臨海町3-4-1葛西市場管理棟1F 03-3878-2033
（P10カラー・グルメページもご覧ください）
関甚 **座敷**　中葛西3-25-9 ……… 03-3689-2053
中華和食　千里 **子・シニア** **座敷**
中葛西3-35-12 ……… 03-3689-5811
大六天 **子・シニア** **座敷**
中葛西3-30-15 ……… 03-3680-2543
豚料理　田 **子・シニア** **HP**
東葛西6-2-7-1F ……… 03-6808-7168
鶏千　西葛西メトロ ……… 03-3680-3607
麺ソーレきよ（沖縄料理） **子・シニア**
西葛西6-13-14 ……… 03-3680-1148
ごはん処　やよい軒 **HP**
葛西店 **子・シニア**
中葛西5-33-9 ……… 03-5679-9501
西葛西店　西葛西3-17-7……… 03-5878-3097

ラーメン

らーめん　朝日堂
西葛西5-6-11-1F……… 03-5679-5125
らあめん花月嵐西葛西メトロセンター店
西葛西6-14-2西葛西メトロ … 03-3869-1855
らーめんからしや葛西本店
中葛西3-26-6 ……… 03-6808-5545
くるまやラーメン宇喜田店
宇喜田町1125 ……… 03-3688-8971
支那そば　ちばき屋
東葛西6-15-2-1F……… 03-3675-3300
萃寿　西葛西6-14西葛西メトロ … 03-3675-0577
節骨麺たいぞう葛西店 **HP**
中葛西5-19-18……… 03-6808-2913
たかし屋西葛西店
西葛西6-15-20 ……… 03-5878-0186
二代目TATSU　東葛西5-33-8 03-3877-2255
だるまのめ西葛西店 **HP**
中葛西6-3-5 ……… 03-5696-5861
横浜家系ラーメンだるま家²葛西店
東葛西5-1-4-1F ……… 080-4092-8903
ちりめん亭中葛西店
中葛西5-15-9 ……… 03-3687-4741
東京タンメン　トナリ　西葛西店 **HP**
西葛西6-15-18……… 03-6808-6609
どさん子ラーメン葛西店
中葛西5-43-1葛西メトロ … 03-3686-8654
豚骨一燈　アリオ葛西1F… 03-5878-1103
葫　東葛西5-5-1 ……… 03-6808-6248
らあめん　ひろや　東葛西5-1-17 03-3680-4110
みそラーメン専門店　みそ膳葛西店 **HP**
中葛西5-19-17葛西メトロ ……… 03-3687-9998
麺屋永吉・花鳥風月
中葛西3-30-11-1F ……… 03-6808-5738
麺家　大勝軒
中葛西店　中葛西1-31-5 …… 03-5674-3751
東葛西店　東葛西6-1-5 …… 03-5605-5170
ラーメンの王様　西葛西1-11-24 03-3687-6402
ラーメンヨシベー西葛西店
西葛西5-6-24 ……… 03-3686-3305
ラーメンリバーサイド
西葛西8-15-44 ……… 03-3869-0010
ラーメン若 **HP**
西葛西3-15-11-1F ……… 03-5878-1700
リンガーハット　アリオ葛西1F … 03-5679-6570

グルメ

中華料理

大阪王将西葛西北口店 **HP**
西葛西5-2-1 ·············· 03-3804-0040
餃子の王将　アリオ葛西1F　03-3804-8807
興安園　中葛西3-30-9-1F········ 03-3687-2382
中華食堂好運餃子
中葛西5-41-15-1F ············ 03-3680-2522
末っ子
西葛西6-7-2西葛西メトロ ······· 03-3675-3040
第二万福　西葛西1-7-1 ······· 03-3689-4885
宝亭　西葛西7-21-18 ·········· 03-3680-5916
福々亭　東葛西3-10-11 ········ 03-3687-2348
福満楼　西葛西5-2-16-2F ······· 03-3804-7466
宝来軒　中葛西2-22-9 ········· 03-3687-7273
萬来軒　中葛西7-23-2 ········· 03-3675-3683
中華レストランみつはし **出前**
中葛西1-24-1 ·············· 03-3687-0384
八千代軒　中葛西3-15-1 ······· 03-3869-0141
山長 **出前**　中葛西4-18-12········ 03-3687-9090
楼上重慶火鍋 **HP**
西葛西5-5-17-6F ············ 03-6808-6482

中国料理

中国広東料理　鮮菜
中葛西3-25-16 ·············· 03-5674-1031
独一処餃子葛西本店 **HP**
中葛西3-33-19 ·············· 03-3878-0319
福龍香（フウロンシャン）
西葛西3-22-22 ·············· 03-5676-3263
龍高飯店西葛西本店 **HP**
西葛西7-3-2-1F ············· 03-3804-3983

★ **座敷** マークはお座敷があるお店

★ **出前** マークは出前をしてくれるお店
出前エリア・料金等、詳細を確認のうえ、注文を

★ **子・シニア** マークはベビーカー・車いすOKのお店
※バリアフリーというわけではありません
※混雑時やスタッフの都合等により対応できない場合
あり

日本料理・和食

かに猿 **子・シニア** **座敷**
中葛西2-17-9 ·············· 03-3869-8777
旬彩　ごっさま **座敷**
中葛西3-30-10 ·············· 03-5605-7301
天ぷら　耐兵衛　西葛西5-8-5-1F小島町2丁目団地内
·············· 03-3688-1010
美味健食　松乃井　中葛西3-1-8 03-3869-7607

すし

いこい寿司 **座敷** **出前**
西葛西6-24-9 ·············· 03-3689-1510
魚河岸寿司 **子・シニア** **座敷**
清新町1-3-6パトリア ·········· 03-3878-1206
鮨処　うおよし　東葛西7-6-1 ·· 03-3689-4875
扇寿司 **座敷** **出前**
西葛西1-6-10 ·············· 03-3680-0919
鮨・大山 **座敷** **出前**
東葛西6-2-11-1F ············ 03-3686-0830
海鮮三崎港　アリオ葛西1F ···· 03-5878-1178
桜寿司　葛西駅環七店
中葛西3-37-12 ············· 03-3688-5757
すし銀西葛西店 **座敷**
西葛西3-16-5 ·············· 03-5667-7638
すし処　澤寿司　中葛西3-29-1 03-3688-9272
スシロー
北葛西店　北葛西2-11-22 ···· 03-5679-7288
南葛西店　南葛西3-19-9 ···· 03-5667-4863
千石寿司　中葛西1-11-5··········· 03-3688-8288
千寿司
葛西店　中葛西3-19-3 03-5674-0216
西葛西店 **子・シニア** **座敷**
西葛西6-14-1西葛西メトロ ······ 03-3686-3838
大黒鮨 **子・シニア**　西葛西5-6-15 ·· 03-3688-1418
玉寿司 **出前**　北葛西3-6-8 ····· 03-3687-2372
すし銚子丸東葛西店 **子・シニア**
東葛西3-1-21 ·············· 03-5679-7100
司寿司 **座敷**　中葛西3-30-11 ··· 03-3688-2156
誠鮨 **子・シニア** **座敷**
東葛西6-15-2 ·············· 03-3804-2131
鮨ままかり **座敷**
南葛西4-8-7-1F ············· 03-5676-4254
鮨光田 **座敷**　西葛西6-12-10 ·· 03-3877-0878
向寿司 **出前**　南葛西6-16-5 ····· 03-3675-4649
鮨山清 **座敷** **出前**
中葛西5-31-6 ·············· 03-3680-3562

グルメ

133

とんかつ

かつや東京西葛西店
　西葛西6-14-1西葛西メトロ ‥‥‥ **03-3675-3050**
とんかついなば和幸
　アリオ葛西3F ‥‥‥‥‥‥‥‥‥ **03-5675-6833**
とんかつ　新宿さぼてん
　西葛西6-7-2西葛西メトロ ‥‥‥‥ **03-6808-5333**
とんかつ田西葛西店
　西葛西6-17-17 ‥‥‥‥‥‥‥‥‥ **03-5676-1888**
ごはん屋七ふく
　西葛西6-14-2西葛西メトロ ‥‥‥ **03-6808-9877**
とんかつ双葉葛西店 出前
　中葛西6-3-8‥‥‥‥‥‥‥‥‥‥ **03-3877-2916**

うなぎ

鳥長 子・シニア 西葛西7-9-16 ‥‥ **03-3675-0617**
はし本　西葛西8-9-7 ‥‥‥‥‥‥ **03-3687-8869**
うなぎ彦衛門 子・シニア 座敷
　中葛西8-21-19 ‥‥‥‥‥‥‥‥ **03-5696-4516**

てんぷら

天藤 座敷　西葛西6-22-3 ‥‥‥‥ **03-3689-6893**

しゃぶしゃぶ

しゃぶ玄 子・シニア 座敷
　西葛西5-1-3‥‥‥‥‥‥‥‥‥‥ **03-3680-7595**
しゃぶしゃぶ温野菜 HP
　葛西店 子・シニア 座敷
　中葛西3-35-2-1F ‥‥‥‥‥‥‥ **03-5679-7129**
　西葛西店 子・シニア 座敷
　西葛西5-1-1-2F ‥‥‥‥‥‥‥‥ **03-5878-3929**

おでん

やまがみ 子・シニア 座敷
　西葛西6-7-1西葛西メトロ ‥‥‥‥ **03-3804-1880**

お好み焼き・鉄板焼き・もんじゃほか

うまいものや三福西葛西
　西葛西7-20-1 ‥‥‥‥‥‥‥‥‥ **03-5676-3029**
お好み焼き・もんじゃ焼きにし
　南葛西2-9-14 ‥‥‥‥‥‥‥‥‥ **03-3686-4981**
お好み焼・もんじゃ焼バブ
　東葛西6-14-10-1F ‥‥‥‥‥‥‥ **03-5696-4362**
お好み焼もんじゃよしみ
　中葛西3-15-3 ‥‥‥‥‥‥‥‥‥ **03-3687-8922**
開聞　南葛西3-15-20 ‥‥‥‥‥‥ **03-5674-1151**
京都・きん家 HP
　西葛西6-13-14-1F ‥‥‥‥‥‥‥ **03-5667-1953**
たこ焼まるぜん
　イオン葛西店1F ‥‥‥‥‥‥‥‥ **03-3675-6355**
Tetsu坊　中葛西5-41-3 ‥‥‥‥‥ **03-3804-9261**
ポッポ HP　アリオ葛西1F ‥‥‥‥ **03-5675-1011**
ぼてぢゅう食堂　西葛西店 HP
　西葛西6-7-2西葛西メトロ3番街 **03-6808-1163**
　　　　　（P1カラーページもご覧ください）
もんじゃ・お好み焼ぶんぶん
　西葛西5-6-1-4F ‥‥‥‥‥‥‥‥ **03-3878-9839**

グルメ

★ 座敷 マークはお座敷があるお店

★ 出前 マークは出前をしてくれるお店
　出前エリア・料金等、詳細を確認のうえ、注文を

★ 子・シニア マークはベビーカー・車いすOKのお店
　※バリアフリーというわけではありません
　※混雑時やスタッフの都合等により対応できない場合
　　あり

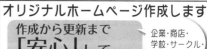

焼肉・ホルモン料理

安楽亭葛西店 子・シニア 座敷
　東葛西6-1-1 ……………… 03-3689-0101
焼肉扇屋　東葛西6-6-18 ……… 03-5679-8339
おもに亭西葛西店 子・シニア 座敷 HP
　西葛西5-8-18 ……………… 03-5667-8229
葛西ホルモン市場 子・シニア
　中葛西3-34-4 ……………… 03-3877-3135
炭火焼肉酒家　牛角 HP
　葛西店 座敷
　中葛西3-36-7-2F ………… 03-5659-6929
　西葛西店 座敷
　西葛西6-16-1-B1 ………… 03-5659-2529
牛繁西葛西店 HP
　西葛西6-8-7 ……………… 03-5659-7573
下町焼肉炎や
　西葛西6-14-1西葛西メトロ … 03-3675-5280
炭火焼肉牛龍 子・シニア 座敷 HP
　中葛西3-35-17-2F ……… 03-3877-7713
焼肉ホルモン牛龍 子・シニア HP
　南葛西4-2-12 …………… 03-3686-4820
錦城苑 座敷
　西葛西6-15-2 …………… 03-3675-2901
炭火焼ホルモン　くうちゃん HP
　中葛西5-33-9 …………… 03-5667-5438
千山苑 子・シニア 座敷
　中葛西3-37-7 …………… 03-3687-8835
大将 子・シニア 座敷
　西葛西3-14-1 …………… 03-3688-8066
ホルモンバー東京葛西店
　中葛西3-33-6-1F ………… 03-5667-2626
焼肉レストランリブランド 子・シニア 座敷
　東葛西6-6-1-1F …………… 03-3675-4829

お酒を飲む

drink

焼鳥

ダイニング串焼UMI
　西葛西5-1-5…………………… 03-3869-4181
源氏　中葛西2-22-9……………… 03-3680-2890
鳥繁西葛西店
　西葛西5-5-16-1F …………… 03-3878-1186
鳥焼あかべえ　西葛西6-12-9… 03-5674-1533
鳥焼なか村　西葛西5-7-11 …… 03-3686-2388
北海道焼鳥　いただきコッコちゃん HP
　西葛西6-7-1西葛西メトロ …… 03-5674-7677
焼鳥なかじま　中葛西5-39-10… 03-3687-3677

小料理

五徳家　東葛西1-45-16 ………… 03-3877-6851
和処　古萩　西葛西5-6-17 …… 03-5676-2580
しゅもん　西葛西5-2-15 ……… 03-5667-0445
鮮魚・地酒の店　魚八
　西葛西6-14-2西葛西メトロ …… 03-5658-6464

居酒屋

いっき　宇喜田町1364-11 ……… 03-5605-1359
築地魚一　西葛西店
　西葛西メトロ内 ……………… 03-6661-4422
江の本　西葛西3-15-13-7F …… 03-3686-5431
寿司居酒屋えびす丸
　中葛西3-35-16-7F……………… 03-6808-6995
居酒屋おはなぼう
　中葛西6-7-15 ………………… 03-3869-5506
炭火焼き鳥　おれんち
　南葛西6-33-12 ……………… 03-5696-6735
KAPPOみず乃
　中葛西5-19-20 ……………… 03-3877-3287
キタノイチバ葛西駅前店
　中葛西3-35-14………………… 03-3869-2088
九州魂西葛西店 HP
　西葛西6-16-1-B1 …………… 03-5667-5811

〈次ページへつづく〉

グルメ

居酒屋〈前頁から〉

気らく茶屋　東葛西6-8-20 ······ 03-5658-4844
くいもの屋　わん葛西店
　東葛西6-2-5-3F ·············· 03-5659-1277
串カツ田中　葛西店
　葛西メトロ内················· 03-3686-1212
こだわりやま葛西駅前店
　中葛西3-35-16-1F・B1 ······ 03-5659-7081
伍之伍之十六夜
　西葛西5-5-16-2F ············ 03-3877-0949
さかなや道場　西葛西北口店
　西葛西3-16-13-2F ··········· 03-5667-1301
さるの蔵　東葛西5-1-15-2F ···· 03-5658-0709
博多もつ鍋　幸せ確定
　西葛西4-3-11-2F ············ 03-3804-3804
信濃路　中葛西4-18-9 ········· 03-3688-5378
忍家葛西駅前店
　東葛西6-2-5-5F ············· 03-3877-9611
島ごはん　東葛西6-18-3-B1 ···· 03-5674-3434
屋台　島ちゃん
　中葛西5-19-4 ··············· 03-6663-8367
笑じろー　西葛西3-22-6小島町2丁目団地内
　················· 03-3804-5882
甚兵衛　東葛西8-15-7 ········· 03-3680-4143
関場屋　中葛西3-1-15········· 03-3675-3551
大衆割烹　大菊
　東葛西6-4-2-1F ············· 03-3686-9688
ダンダダン酒場　西葛西店
　西葛西メトロ内 ············· 03-5679-6305
てんてけてん葛西店
　東葛西6-2-5-2F ············· 03-5667-0351
土間土間西葛西店
　西葛西6-16-1-B1 ············ 03-5659-4088
とり鉄　西葛西店
　西葛西6-16-1-B1 ············ 03-5667-3070
日本橋紅とん　西葛西店
　西葛西6-7-2西葛西メトロ ···· 03-3680-1191
はなの屋　葛西駅前店
　中葛西5-34-11-2F··········· 03-5659-1805
ビストロ　ヴェスタ
　中葛西5-18-12-1F ··········· 03-3804-7009
居酒屋文ちゃん
　東葛西5-13-1-1F ············ 03-3687-1240
瑞穂　中葛西3-15-14 ········· 03-3804-4657
もつ焼きみやちゃん
　西葛西3-14-2 ··············· 03-3689-0021

山芋の多い料理店
　西葛西6-18-3-B1 ··········· 03-6661-4243
上海酒家悠悠　中葛西3-35-18··· 03-3688-5545
悠々亭　中葛西3-25-16 ········ 03-3680-9887
酔いどれ
　葛西メトロ内 ··············· 070-5597-6088
養老乃瀧葛西店
　西葛西6-8-5 ················ 03-5674-8355
酔っ手羽葛西店
　東葛西6-2-8-B1 ············· 03-5658-4108
肴のよろず屋
　西葛西6-7-10西葛西メトロ ···· 03-3869-4477
酔処力　南葛西3-7-20 ········ 03-5674-5547
笑笑　葛西駅前店
　中葛西3-35-14 ·············· 03-3687-6588

ショットバー・ダイニングバー

Bar Absolut（バーアブソリュート）
　中葛西5-41-15-B1 ··········· 03-3877-9157
南国ビストロ　海のYey（ウミノイエ）
　東葛西6-1-13-2F ············ 03-3804-5822
NK diner193
　西葛西1-15-12··············· 03-6663-8455
レストランバー Cal Cal（カルカル）
　西葛西3-15-2 ··············· 03-3877-2953
ゴローズ・キャフェ
　中葛西5-43-1葛西メトロ ········ 03-3686-6666
蕎麦瑠　呑楽人
　中葛西7-17-19-1F ··········· 03-5658-8856
ワイン＆ビア　呑具里
　中葛西5-41-15-2F············ 03-3804-2565
パワーズ・シー
　西葛西6-13-11-4F ··········· 03-3877-9587
B'FLATT　中葛西5-32-2-1F ··· 03-3869-1684
ラル・ジェネ
　中葛西5-40-15-2F ··········· 090-2153-8917
LUMBER HOUSE
　中葛西3-18-22 ·············· 03-5605-0604
BAR ROBROY西葛西
　西葛西6-12-8-1F ············ 03-6808-8565

グルメ

食品を買う
food

和菓子

あづま　東葛西8-13-6 ……… 03-3689-1835
和菓子入船　南葛西5-8-12 … 03-3688-1605
和菓子　山長
　　西葛西5-8-14 ……………… 03-3680-7743

せんべい

銀の杵西葛西店　西葛西6-15-1　03-3675-0020
もち吉西葛西店 HP
　　西葛西4-2-80 ……………… 03-5675-7281

洋菓子・パン

&Hammy（サンドイッチ）
　　中葛西5-40-8-1F ………… 03-6456-0322
アン・フォンド・ソレイユ　西葛西店
　　西葛西6-28-12-1F ………… 03-3804-0765
食パン専門店　一本堂　江戸川葛西店 HP
　　中葛西5-11-12 ……………… 03-6808-8289
加藤仁と阿部守正の店
　　中葛西3-36-8 ……………… 03-3689-1188
カンテボーレ葛西店
　　イオン葛西店1F …………… 03-3686-9471
ゴンノベーカリーマーケット本店
　　西葛西7-29-10-1F ………… 03-6312-4179
ゴンノベーカリー cinq
　　中葛西5-35-8 ……………… 03-6753-4254
サンブーランジュリ葛西店
　　アリオ葛西1F ……………… 03-5675-6730
純生食パン工房　HARE/PAN西葛西店 HP
　　西葛西6-13-14-1F ………… 03-6808-0017
食パン道　西葛西店 HP
　　西葛西3-3-1 ………………… 03-6808-0147
パティスリー　ル・アマレット HP
　　南葛西4-6-8 ………………… 03-3804-4430
シフォンケーキ工房　花笑みしふぉん HP
　　中葛西8-11-7-1F …………… 050-3393-3838
　　　　　（P11カラーページもご覧ください）
パローレ洋菓子店 HP
　　西葛西4-2-31 ……………… 03-3680-0864

Pain de Prove
　　中葛西2-9-4 ………………… 03-3688-2779
Fine Bread
　　本店　東葛西6-7-10 ……… 03-3804-7460
　　葛西駅前店　中葛西3-18-22 … 03-3877-6442
ブーランジェリー　ジョー
　　南葛西2-23-10-1F ………… 03-5667-5490
ブールミッシュ葛西店
　　中葛西5-43葛西メトロ …… 03-3688-9948
不二家西葛西店
　　西葛西6-14西葛西メトロ … 03-3675-2250
プティーリール
　　東葛西7-13-10-1F ………… 03-3686-8399
ポム・ドゥ・テール
　　中葛西4-20-20-1F ………… 03-3877-0531
リヨンセレブ西葛西店
　　西葛西5-8-1F小島町2丁目団地内　03-3687-1622
パティスリー　Le LAPUTA
　　西葛西3-3-1-1F …………… 03-5674-5007
LUCE（ルーチェ） HP
　　西葛西6-8-1 ………………… 03-5659-3588

グルメ

菓子

シャトレーゼ　アリオ葛西1F …… 03-3689-1740
トミーショップ　北葛西5-29-8　03-3687-6010
吉橋商店　東葛西4-58-22 …… 03-3680-3089

乳製品

月島食品工業（マーガリン）
　　東葛西3-17-9 ……………… 03-3689-3111

アイスクリーム

サーティワンアイスクリーム HP
　　アリオ葛西店
　　アリオ葛西1F ……………… 03-3877-8431
　　葛西島忠ホームズ店
　　ホームズ葛西店1F ………… 03-5674-2631
　　西葛西店
　　西葛西6-14西葛西メトロ ……… 03-3675-9898

紅茶

シャンティ紅茶
　　西葛西3-3-15 ……………… 03-3688-6612

お茶・のり

恩田海苔店　東葛西8-5-3 ⋯⋯⋯ **03-3680-2030**
佐久間のり店　中葛西5-12-1 ⋯ **03-3680-3027**
㈱白子 ⓗⓟ　中葛西7-5-9 ⋯⋯⋯ **03-3804-2111**
トップ　中葛西3-24-15 ⋯⋯⋯⋯ **03-3686-5351**
㈲新村海苔店　中葛西3-14-10 **03-3877-5724**
丸亀葛西店
　葛西食品市場西村食品内 ⋯⋯ **090-9203-3342**
吉万海苔店　東葛西2-29-20 ⋯ **03-3689-5293**

海産物

葛西食品市場　臨海町3-3-1 ⋯ **03-3878-2443**

鮮魚

㈲おせきや商店
　東葛西1-26-19 ⋯⋯⋯⋯⋯⋯ **03-3689-2403**
吉田魚店　北葛西1-9-5 ⋯⋯⋯ **03-3680-4698**

輸入食品

カルディコーヒーファーム ⓗⓟ
　アリオ葛西店　アリオ葛西1F **03-5659-1071**
　西葛西店
　西葛西6-17-3-1F ⋯⋯⋯⋯⋯ **03-5696-9146**
TMVS FOODS（インド食材）
　西葛西5-8-5-1F小島町2丁目団地内
　⋯⋯⋯⋯⋯⋯⋯⋯⋯⋯⋯⋯ **03-6808-6011**

健康・自然食品

大高酵素㈱東京支店 ⓗⓟ
　南葛西6-33-10 ⋯⋯⋯⋯⋯⋯ **03-5605-3111**
自然食品の店　サンピュア ⓗⓟ
　西葛西5-6-23 ⋯⋯⋯⋯⋯⋯⋯ **03-3675-5780**
ファーイースト㈱
　中葛西3-15-9-3F ⋯⋯⋯⋯⋯ **03-3686-2605**
YAKUZEN GARDEN（自然の森漢方堂）ⓗⓟ
　中葛西3-16-10 ⋯⋯⋯⋯⋯⋯ **03-5659-7292**

豆腐

本田豆腐店　中葛西5-29-6 ⋯ **03-3680-8927**
丸清食品　中葛西1-17-4 ⋯⋯⋯ **03-3687-2060**

野菜・くだもの

安信屋　中葛西3-1-15-1F ⋯⋯⋯ **03-3878-1645**
サトモ　西葛西5-2-17 ⋯⋯⋯⋯⋯ **03-3680-3915**
㈱下倉　葛西食品市場内 ⋯⋯⋯⋯ **03-3878-2360**
東青卸センター　葛西市場内 ⋯ **03-3878-2377**
パドルテール中葛西店
　中葛西4-20-4-1F ⋯⋯⋯⋯⋯⋯ **03-3689-9570**
八百梅　南葛西7-1-7-1F ⋯⋯⋯⋯ **03-3687-4832**

肉

肉の愛知屋　東葛西5-39-12 ⋯ **03-3689-0649**
出雲屋精肉店　北葛西1-10-7 ⋯ **03-3680-4917**
肉の三角屋　南葛西3-24-6 ⋯⋯ **03-3688-7385**

食料品

あじかん東京営業所
　北葛西2-11-5 ⋯⋯⋯⋯⋯⋯⋯ **03-3804-1090**
石川商店　中葛西3-14-16 ⋯⋯⋯ **03-3688-2769**
まねきや葛西店
　清新町1-3-6パトリア1F ⋯⋯⋯⋯ **03-6808-8470**

水

みずはのめ　江戸川店
　南葛西2-23-10-1F ⋯⋯⋯⋯⋯ **0120-328-155**

米

タナカライスショップ㈲
　東葛西8-6-15 ⋯⋯⋯⋯⋯⋯⋯ **03-3680-5970**
トーベイシテン
　中葛西4-20-1 ⋯⋯⋯⋯⋯⋯⋯ **03-3680-7751**
増田屋米店葛西店
　東葛西5-12-6 ⋯⋯⋯⋯⋯⋯⋯ **03-3687-2079**

酒

河内屋
　葛西店　中葛西5-40-15 ⋯⋯ **03-3680-4321**
　北葛西店　北葛西5-1-5 ⋯⋯⋯ **03-3878-6421**
くろだ酒店　西葛西7-21-10 ⋯⋯ **03-3688-3341**
酒のこばやし　西葛西1-8-10 ⋯ **03-3686-1929**
中里食品　北葛西2-9-19 ⋯⋯⋯ **03-3680-0818**

グルメ

▶ライフラインをしっかり ……………… 140
水道衛生工事、水もれ修理、電気工事、冷暖房・空調工事、燃料・燃焼機器

▶家の中のものを買う ……………… 140
電化製品、カーテン、インテリア、陶器、日用品・生活雑貨、金物、包丁、ホームセンター

▶セキュリティーを万全に ……………… 141
警護・警備サービス

▶家を補修・キレイにする ……………… 141
畳、表具・表装、壁紙・ふすま紙、建具、塗料、塗装、ガラス工事

▶リフォームする ……………… 142
リフォーム・内装工事、防音・音響工事

▶家を建てる ……………… 142
建築事務所・設計、建設・工務店、沈下修正、住宅展示場、ショールーム

▶家を探す・売る ……………… 143
不動産

★本文中赤色になっているのは「葛西カタログ2021-22」協賛店です
★ⒻはFAX番号、Ⓣ&Ⓕは電話番号とFAX番号、ⒽⓅはホームページのあるお店

住まい

ライフラインをしっかり ── lifeline

家の中のものを買う ── daily necessities

水道衛生工事

㈲宇田川吉造設備
東葛西9-5-28 ………………… **03-3689-5657**
加藤開発工業㈱
西葛西7-22-7 ………………… **03-3688-5486**
㈲茂山工務店　西葛西8-3-5 ‥ **03-3688-4156**
㈲仲摩工業所　西葛西2-5-12 ‥ **03-3680-4785**
㈲堀田工業
東葛西6-14-10-2F ……………… **03-3675-1400**

水もれ修理

㈱クラシアン江戸川支社
西葛西3-7-8-1F ………………… **03-5675-2811**

電気工事

イーストエアコン
中葛西3-23-7-1F ……………… **03-6808-0866**
㈲葛西電気　中葛西6-21-7 … **03-3689-3887**
興陽電設㈱　東葛西6-48-12 ‥ **03-3687-1931**
㈱ナルシマ電気
中葛西7-9-26 ………………… **03-3675-5151**
㈱日本電設　宇喜田町1427-4 ‥ **03-3680-9554**
㈲ムサシデンキ
西葛西7-21-9 ………………… **03-3688-5086**
森山電装㈱　東葛西9-19-9 … **03-3687-5033**
㈲米倉電気　東葛西1-45-10 ‥ **03-3680-1640**

冷暖房・空調工事

光進工業㈱
東葛西2-2-4-1F ………………… **03-3680-8459**

燃料・燃焼機器

イソベ石油㈱　南葛西6-33-18 ‥ **03-3689-6427**
㈱サクマ（プロパンガス）
中葛西3-33-14 ………………… **03-6808-5531**
サン・カドヤ　中葛西8-1-27 ‥ **03-3680-7284**

電化製品

でんきのイタガキ
西葛西8-12-1 ………………… **03-3689-2389**
ケーズデンキ西葛西店 HP
西葛西4-2-18 ………………… **03-5679-5181**
須永電気　西葛西7-22-9 ……… **03-3688-2597**
生活彩館かさい電器
中葛西7-11-8 ………………… **03-3675-8768**
電化ショップなかがわ
西葛西1-12-15 ………………… **03-3687-1818**
ノジマ　アリオ葛西2F ……… **03-5667-7301**
広瀬電機　中葛西7-26-10……… **03-3687-1728**
ヤマダ電機テックランドNew葛西店 HP
中葛西4-8-1 …………………… **03-6808-3321**

カーテン

インテリア中島 HP
西葛西5-11-4 ………………… **03-3689-7204**

インテリア

㈲創芸　東葛西6-2-11-5F … **03-3675-2301**

陶器

江戸川陶器製造㈱葛西市場店
臨海町3-4-1 …………………… **03-5658-7011**
器の店サンカクバシ HP
中葛西1-18-3 ………………… **03-3686-9489**

住まい

日用品・生活雑貨

Atelier Lune（ハンドメイド雑貨）
　中葛西3-11-22-1F ‥‥‥‥‥‥　**080-9403-0328**
illusie300　アリオ葛西1F ‥‥‥　**03-3804-2501**
スタジオ　アウローラ（ハンドメイド）
　東葛西6-15-1-1F‥‥‥‥‥‥‥‥　**03-6808-0081**
ハピンズ　アリオ葛西店2F ‥‥‥‥　**03-5676-5350**
フランフラン葛西店
　アリオ葛西1F ‥‥‥‥‥‥‥‥‥　**03-5675-6811**
無印良品　アリオ葛西
　アリオ葛西1F ‥‥‥‥‥‥‥‥‥　**03-5675-6815**
レイメイ（洗剤）
　中葛西3-18-7-1F‥‥‥‥‥‥‥‥　**03-6808-1246**
ロフト　アリオ葛西1F ‥‥‥‥‥‥　**03-5674-6210**

金物

㈱ナカモン　北葛西1-2-25 ‥‥‥　**03-3680-5585**

包丁

庖丁専門店　杉本刃物西葛西店
　西葛西3-4-2‥‥‥‥‥‥‥‥‥‥‥　**03-3869-4687**

ホームセンター

ホームズ葛西店
　東葛西9-3-6‥‥‥‥‥‥‥‥‥‥‥　**03-5659-2191**

セキュリティーを万全に
security

警護・警備サービス

アイアイ総合警備保障㈱
　西葛西7-10-20 ‥‥‥‥‥‥‥‥‥　**03-6661-3282**
㈱光三警備保障
　南葛西2-1-19-4F ‥‥‥‥‥‥‥　**03-5658-1133**

家を補修・キレイにする

repair

畳

㈲大川　中葛西5-17-11 ‥‥‥‥‥　**03-3687-1918**
㈱ナルシマ　東葛西8-5-19 ‥‥‥　**03-3680-4411**

表具・表装

町田光琳洞　東葛西4-12-8 ‥‥‥　**03-3675-0660**

壁紙・ふすま紙

金沢屋　江戸川店
　中葛西8-6-2 ‥‥‥‥‥‥‥‥‥‥　**03-5676-2600**

建具

佐藤建具店　北葛西2-20-15 ‥‥　**03-3680-6515**

塗料

西野塗料店　東葛西5-47-17 ‥‥　**03-3680-6538**

塗装

㈲タップ　中葛西1-35-19 ‥‥‥‥‥　**03-5658-8157**
㈲中野塗装店
　西葛西8-20-17 ‥‥‥‥‥‥‥‥‥　**03-3680-2858**

ガラス工事

登内硝子㈱　東葛西1-34-18 ‥‥　**03-3687-3836**
中里硝子工業㈱
　東葛西6-37-7 ‥‥‥‥‥‥‥‥‥‥　**03-3689-3335**
ノースガラス㈱　中葛西3-2-5 ‥‥　**03-5675-1541**

住まい

リフォームする
renovation

リフォーム・内装工事

アールツーホーム葛西店 🅷🅿
　中葛西3-30-14-1F ……………… **0120-416-022**

㈲伊藤創建社
　東葛西2-34-8 ……………… **03-3687-2511**

㈲今泉室内工事
　西葛西2-9-8 ……………… **03-3680-8423**

㈱インテックス 🅷🅿
　西葛西4-6-21 ……………… **0120-67-0070**

㈲インテリア・カケス
　東葛西5-56-3 ……………… **03-3680-8113**

㈱ウィズ 🅷🅿 　中葛西3-2-5 **03-5605-2521**

㈱エース・プランニング 🅷🅿
　西葛西8-18-16-1F ……………… **0120-88-7283**

㈱大塚建設
　中葛西7-18-1 ……………… **03-3675-5479**

㈱笹本工務店
　中葛西1-23-2 ……………… **03-3680-5206**

シーエス・ホーム 🅷🅿
　中葛西2-21-2 ……………… **03-3675-1329**

㈲新芽 🅷🅿
　西葛西4-2-47-6F ……………… **03-3878-2292**

㈲鈴章インテリア 🅷🅿
　中葛西1-37-13 ……………… **0120-39-1406**

スターツホーム㈱ 🅷🅿
　西葛西6-21-7-5F ……………… **03-3686-1014**

㈲スマイリーホーム
　南葛西2-22-8 ……………… **03-6659-8448**

㈱ゼネック 🅷🅿
　東葛西5-12-1 ……………… **03-3689-6976**

㈱太陽自動機 🅷🅿
　東葛西5-46-3 ……………… **03-5696-5511**
　　　　　　　　　（P1カラーページもご覧ください）

㈲タカ建設
　中葛西2-26-10 ……………… **03-3686-0364**

㈲藤田工務店
　東葛西2-15-19 ……………… **03-3675-2161**

㈲山秋 　南葛西1-4-19 **03-3877-6418**

㈱ワールドスペース
　東葛西5-23-18 ……………… **03-3686-2811**

防音・音響工事

㈱浜田　東葛西7-8-6 ………… **03-3680-7500**

ガーデニング

★園芸・造園はP161へ

家を建てる
build a house

建築事務所・設計

㈲伊能総合計画事務所
　西葛西5-5-15-4F ……………… **03-5605-6931**

㈲エイムデザイン
　北葛西2-14-19 ……………… **03-3680-7760**

加藤建築設計事務所
　西葛西7-24-9 ……………… **03-3688-3862**

㈱ケーアンドテー
　東葛西5-12-14 ……………… **03-3804-0505**

㈱サンテックインターナショナル
　中葛西3-11-20 ……………… **03-3686-6121**

㈱関口雄三建築設計事務所
　中葛西6-7-12 ……………… **03-3688-5941**

建設・工務店

青葉興産㈱
　西葛西7-15-5-3F ……………… **03-3804-2955**

㈱阿部工務店
　中葛西7-10-7 ……………… **03-3680-7757**

宇田川建設㈱　東葛西6-1-6 … **03-3687-7724**

㈱片田工務店　東葛西5-1-6 …… **03-3688-3071**

㈱国工務店 🅷🅿
　北葛西2-24-13 ……………… **03-3688-1876**

㈲小島工務店
　東葛西6-34-12 ……………… **03-3689-2045**

㈲酒井興業　東葛西1-19-3 …… **03-3680-1926**

㈱サンホープス 🅷🅿
　南葛西7-1-7-1F ……………… **03-3675-7767**

高中建設㈱　南葛西4-19-7 …… **03-3878-9711**

寺島組 🅷🅿　南葛西4-12-8 …… **03-3804-6780**

富岡工務店㈱
　西葛西8-18-11 ……………… **03-3687-6561**

住まい

㈲ハウステック
　西葛西3-10-35 ……………… 03-5676-0502
㈱ビーム
　南葛西4-21-21 ……………… 03-3675-0155
㈲ホーム西野工務店
　東葛西1-36-21 ……………… 03-3689-1054
㈱ホーワ
　北葛西2-14-27 ……………… 03-3675-5511
丸泰土木㈱
　北葛西3-5-17 ………………… 03-3689-4111
明城建設㈱
　中葛西7-30-10 ……………… 03-3680-9653
山庄建設㈱ **HP**
　中葛西4-14-5 ………………… 03-3675-4751

沈下修正

メインマーク㈱（傾き修正） **HP**
　西葛西5-2-3-2F ……………… 03-5878-9101

住宅展示場

デザインスタジアム　葛西住宅公園
　北葛西2-11-25………………… 03-3804-4569

ショールーム

TOTO江戸川ショールーム **HP**
　北葛西4-23-10 ……………… 0120-43-1010
LIXIL葛西水まわりショールーム **HP**
　中葛西4-4-1…………………… 0570-783-291

家を探す
売る
find, buy a house

不動産

㈱アーバンホーム **HP**
　東葛西6-15-18…………………… 03-6410-6633
㈱アスカ住宅　西葛西5-2-9…… 03-3689-0771
㈱アプトコーポレーション
　清新町1-3-6パトリア …………… 03-5658-4300
㈱荒嘉 **HP**　東葛西5-2-14……… 03-3869-2103
㈲飯田不動産　東葛西5-3-4-1F 03-3804-1850
㈱宇田川企画
　西葛西6-12-7-1F………………… 03-5658-1901
㈱宇田川商事　中葛西3-37-1 … 03-3680-2111
㈱宇田川物産グループ
　東葛西6-1-6 …………………… 03-3687-7734
㈱内田物産　東葛西5-37-12 … 03-3680-1717
ウツイ商事㈱ **HP**
　中葛西5-42-3 …………………… 03-3687-5511
ウツイハウジング㈲
　西葛西3-4-21 …………………… 03-3687-0757
㈲エイ・ケイ・ホーム
　中葛西2-1-26 …………………… 03-3689-8161
㈱エイブル西葛西店
　西葛西6-10-12-3F ……………… 03-3804-3361
㈱江戸一ハウス　中葛西3-29-10 03-3686-8111
㈱大杉ハウス
　東葛西6-6-3-6F………………… 03-3686-8778
OPEN HOUSE西葛西営業センター **HP**
　西葛西3-22-21 ………………… 0120-505-511
㈲カイム住販　東葛西6-5-5…… 03-5674-1261
葛西産業㈱　西葛西6-8-7-5F … 03-3675-3601
㈱キャピタル
　西葛西3-15-15-5F ……………… 03-5878-3258
共栄商事㈱　西葛西3-15-9-1F… 03-3686-9031
㈱京橋建設不動産 **HP**
　北葛西2-11-32………………… 03-3687-7525
㈲草屋　東葛西6-1-18 ………… 03-3675-0751
ケーエスアーベスト㈱本社
　西葛西3-16-18………………… 03-5674-4751
㈱建陽　西葛西8-8-2 …………… 03-3688-8888
㈱ゴールデンハウジング
　中葛西3-1-13 ………………… 03-5605-5881

〈次ページへつづく〉

住まい

不動産〈前頁から〉

㈲サダ企画　中葛西5-36-12 ··· **03-5696-9891**

佐萬不動産㈱
　中葛西5-32-13 ··················· **03-5658-1301**

㈱三和リアルエステート
　西葛西5-1-5 ···················· **03-3689-0331**

㈱シティタウン
　東葛西2-5-3 ···················· **03-3877-2051**

㈲シノカズ企画
　南葛西4-10-21-1F ·············· **03-3680-8836**

㈱白子不動産
　本社　西葛西6-16-7 ··········· **03-3675-2641**
　葛西営業所　東葛西6-4-3 ··· **03-3687-4033**

㈱新店ホームズ **HP**
　中葛西5-20-13················· **03-3687-2449**

㈲新徳　東葛西6-2-8 ·········· **03-3686-8601**

㈲水府不動産　中葛西5-35-8··· **03-5696-8001**

スターツピタットハウス㈱ **HP**
　葛西店　東葛西6-4-19 ········ **03-3878-4141**
　西葛西店　西葛西6-16-4 ··· **03-3686-1015**

住友不動産販売㈱西葛西営業センター
　西葛西3-16-12················· **03-3680-1115**

㈱西協　東葛西6-6-9 ·········· **03-3878-2222**

㈱相互住宅
　中葛西2-26-12-1F ·············· **03-3675-1401**

創和不動産　西葛西6-18-8 ··· **03-3688-4441**

大京穴吹不動産西葛西店 **HP**
　西葛西3-15-13-4F ·············· **03-6369-8757**

大成商事㈱　中葛西7-27-7 ··· **03-3688-7015**

㈲太政ハウジング
　東葛西8-5-2 ···················· **03-3680-5151**

大成有楽不動産販売㈱西葛西センター
　西葛西5-1-11-2F ··············· **03-3689-4311**

㈱ダイチ・コーポレーション
　東葛西6-6-1-1F ················· **03-5658-3434**

竹仲総業㈲　東葛西5-14-14 ··· **03-3675-0125**

竹乃湯不動産　中葛西5-42-6··· **03-3687-8343**

㈲寺西商事　中葛西5-35-4 ····· **03-3688-0033**

㈱藤栄建設　西葛西5-5-14 ··· **03-5696-2266**

東急リバブル㈱西葛西センター **HP**
　西葛西6-16-4-5F ··············· **03-3675-9021**

㈲中新　東葛西6-14-3 ········· **03-3686-8452**

日経アメニティー・ジャパン㈱ **HP**
　西葛西6-27-6-4F ··············· **03-3878-8612**

野村の仲介PLUS西葛西センター
　西葛西3-15-13-5F ·············· **03-5675-6101**

ハウスドゥ！葛西駅前店　ヒコタ不動産㈱ **HP**
　東葛西5-13-13-1F ··············· **03-5667-2800**

㈱ハウス・ナビ **HP**
　葛西駅前店
　　葛西メトロセンター内 ············· **03-3878-2224**
　西葛西店　西葛西6-22-2-1F··· **03-3686-0123**

はじめ不動産　中葛西3-29-4-2F **03-5667-5253**

東日本住宅㈱西葛西営業所
　西葛西6-8-10 ··················· **03-3878-4111**

㈱藤友不動産販売
　中葛西4-20-13 ··················· **03-5696-3241**

㈱不動産リサーチセンター
　東葛西6-6-9-1F ················· **03-3686-9131**

プランニングアート㈱ **HP**
　中葛西5-33-11 ··················· **03-3675-9811**
　（P6カラー・路線図下もご覧ください）

ベストプレイス葛西ショールーム
　中葛西5-33-4-1F ················ **0120-39-3063**

㈲ベル・アシスト
　西葛西6-5-8-2F ················· **03-6277-3650**

㈲豊国不動産　中葛西1-37-13 **03-3675-8888**

本澤商事　北葛西2-29-7 ········ **03-3680-5181**

㈱マルカ　中葛西3-33-11-7F ··· **03-3687-3380**

㈱丸善コーポレーション
　東葛西5-1-3 ···················· **03-3686-0621**

丸彦㈱　東葛西5-14-8 ········· **03-3680-9549**

三井のリハウス西葛西センター **HP**
　西葛西6-8-10-5F ················ **03-3804-1131**

㈱ミニミニ城東西葛西店 **HP**
　西葛西6-8-11-2F ················ **03-3686-3200**

㈱森商事　東葛西6-4-10 ······· **03-3686-0686**

㈱森田商事 **HP**　東葛西5-1-1-1F **03-3687-4131**

㈲八千代不動産　中葛西6-9-11 **03-3675-1773**

㈲山形屋住宅　東葛西5-11-10-1F **03-3686-6998**

山秀商事㈱ **HP**　西葛西6-13-7 **03-5696-3111**

㈱ユニプランシステム **HP**
　西葛西5-5-18 ··················· **03-3804-0055**

㈲吉野製粉　東葛西2-31-9 ··· **03-3680-2053**

LIXIL不動産ショップ昭産建設㈱ **HP**
　中葛西5-34-7-1F ················ **03-3680-6800**

㈲ワイ・エス住宅　西葛西6-10-14-1F
　················ Ⓕ03-5658-8852**03-5679-6881**

㈱ワコーリビング　南葛西3-24-23 **03-5605-4105**

㈱渡辺ハウジング **HP**
　中葛西3-35-8 ··················· **03-3688-5445**

住まい

▶ **新聞をとる** ········ **146**
新聞専売所・取扱店

▶ **合鍵をつくる** ········ **146**
鍵・合鍵

▶ **金融機関へ行く** ····· **146**
銀行、信用金庫、農業協同組合

▶ **ショッピングする** ···· **147**
ショッピングセンター・商店会、市場、スーパーマーケット、コンビニエンスストア、100円ショップ

▶ **リサイクルする** ····· **149**
リサイクルショップ、ファッションリサイクル、貴金属などの買取、質店

▶ **レンタルする** ········ **149**
そうじ用具のレンタル、トランクルーム

▶ **プロに代行してもらう** ·· **150**
べんりや、ふとん乾燥、清掃・ハウスクリーニング、ビル総合管理、イベント、人材派遣・人材サービス、運送・引っ越し、バイク便

▶ **クリーニング** ········ **151**
クリーニング、コインランドリー

▶ **リラックスする** ······ **151**
銭湯

▶ **専門家に相談する** ··· **152**
法律事務所、司法書士、公認会計士、税理士、行政書士、社会保険労務士、マンション管理士、就労支援、求人情報、パソコン修理・サービス

▶ **ブライダル** ········· **155**
結婚式場

▶ **寺社・教会** ········· **155**
教会

▶ **葬祭** ············ **155**
葬祭業、仏壇・神仏具、石材、霊園・納骨堂

▶ **メッセージする** ······ **156**
携帯電話、印章、印刷、出版社、自費出版・HP制作

▶ **タウンメディア** ······ **156**
新聞社・タウン誌、CATV、FM放送局

★本文中赤色になっているのは「葛西カタログ2021-22」協賛店です
★Ｆ はFAX番号、Ｔ&Ｆ は電話番号とFAX番号、HP はホームページのあるお店
ネット はネットスーパーあり　P147
宅配 は宅配をしてくれるお店　P147
　※宅配エリア・料金等、詳細を確認のうえ、注文を
集配 は集配をしてくれるお店　P151
　※集配エリア・料金等、詳細を確認のうえ、依頼を

くらし

新聞をとる
newspaper

新聞専売所・取扱店

〈朝日新聞〉
ASA葛西（東京新聞・日本経済新聞取扱店）
南葛西2-12-6 Ⓕ03-3680-5155…**0120-748-552**
ASA北葛西（日本経済新聞取扱店）
北葛西4-19-14 Ⓕ03-3878-1798 **03-3688-9853**
ASA西葛西（日本経済新聞取扱店）
西葛西6-29-21
…………………… Ⓕ03-3804-3334…**0120-748-552**
〈毎日新聞〉
葛西販売所 清新町2-9-14
…………………… Ⓕ03-6663-9120…**03-3675-2237**
〈毎日新聞・東京新聞〉
清新町・西葛西販売所 清新町2-9-14
…………………… Ⓕ03-3675-2262…**03-3675-2237**
〈読売新聞〉
読売センター葛西・船堀 北葛西3-1-18
………………… Ⓕ03-3680-6377…**03-3680-6011**
南葛西サービスセンター 南葛西6-15-15
………………… Ⓕ03-5696-3851…**03-3675-1735**

合鍵をつくる
key

鍵・合鍵

アンロック
葛西店 東葛西6-15-1… Ⓣ&Ⓕ**03-3687-2842**
e-工房 東葛西9-3-6-1F ……… **03-3877-0918**
カギの救急車江戸川店 Ⓗ 中葛西8-21-14
……………… Ⓕ03-5679-9949…**0120-09-9948**
葛西キーショップ
中葛西3-30-13 ……… Ⓣ&Ⓕ**03-3878-6947**
キーショップ プロス
西葛西3-10-15 ……………… **03-3687-5519**

金融機関へ行く
bank

銀行

きらぼし銀行葛西支店
中葛西3-37-16 ………………… **03-3675-3211**
（2021年8月まで 船堀1-7-13）
群馬銀行葛西支店
西葛西5-2-3-4F ………………… **03-3686-3033**
千葉銀行葛西支店 中葛西5-34-13 **03-5675-4021**
東和銀行葛西支店 東葛西2-25-16 **03-3680-3311**
みずほ銀行西葛西支店
西葛西5-6-2………………… **03-5696-6001**
三井住友銀行
葛西支店 中葛西5-34-8 … **03-3675-5311**
西葛西支店 西葛西6-13-7 … **03-3675-1611**
三菱UFJ銀行
葛西支店 中葛西5-42-8 … **03-3686-3211**
西葛西支店 西葛西6-15-1 … **03-3680-2101**
ゆうちょ銀行葛西店 中葛西1-3-1 **03-3675-1015**
りそな銀行西葛西支店
西葛西5-5-1………………… **03-3686-7511**

信用金庫

朝日信用金庫
葛西支店 西葛西4-1-10 …… **03-3680-1551**
なぎさ支店 南葛西6-20-4 … **03-5674-7011**
東葛西支店 東葛西6-31-7 … **03-5696-5811**
東栄信用金庫葛西支店
東葛西5-45-3 ………………… **03-3680-3521**
東京東信用金庫
葛西駅前支店 中葛西5-20-16 **03-3689-3531**
葛西駅前支店 中葛西出張所
中葛西8-5-2 ………………… **03-3877-3751**
ハロープラザ西葛西（相談専門・ATM）
西葛西3-22-16 ……………… **03-3689-2541**
東京ベイ信用金庫西葛西支店
西葛西6-10-11 ……………… **03-3675-2211**

農業協同組合

東京スマイル農業協同組合新葛西支店 Ⓗ
北葛西4-25-24 ……………… **03-3804-7071**

くらし

ショッピングする

shopping

ショッピングセンター・商店会

アリオ葛西　東葛西9-3-3 ……… 03-5658-4111
小島町二丁目団地ショッピングセンター **HP**
　西葛西5-8-5-1F ……………… 03-3687-0221
パトリア葛西店
　清新町1-3-6 …………………… 03-3878-1227
江戸川区南葛西商店会
　南葛西5-8-12 ………………… 03-3688-1605

市場

東京都中央卸売市場葛西市場
　臨海町3-4-1 …………………… 03-3878-2000
東京フラワーポート㈱
　臨海町3-4-1 …………………… 03-5674-7100

スーパーマーケット

アコレ西葛西店
　西葛西6-17-1 ………………… 03-3804-2511
イオンリテール㈱イオン葛西店 **ネット** **宅配**
　西葛西3-9-19 ………………… 03-3675-5111
イトーヨーカドー葛西店 **ネット** **宅配**
　東葛西9-3-3 …………………… 03-5675-1011
オーケー葛西店　東葛西9-3-6 … 03-5679-9766
カワシマヤ環七葛西店 **HP**
　南葛西4-6-7 …………………… 03-3878-2424
コープみらい　なぎさ店
　南葛西7-1 ……………………… 03-3675-6461
西友南葛西店 **ネット**
　南葛西5-6-2 …………………… 03-5676-1851
㈱東武ストア南葛西店 **宅配**
　南葛西2-3-9 …………………… 03-5676-2155
フジマート
　葛西店　東葛西5-14-6 …… 0800-888-0055
　西葛西店　西葛西3-22-25… 0800-222-0033
　南葛西店　南葛西5-7-6 …… 0800-111-0099
ベルク江戸川臨海店 **HP** **宅配**
　臨海町2-3-3 …………………… 03-5659-2600
新鮮市場マルエイ西葛西店
　西葛西4-2-28サニーモール1F … 03-5658-8500

マルエツ
　葛西店　東葛西5-2-2 ………… 03-3688-6077
　葛西クリーンタウン店 **ネット** **宅配**
　清新町1-3-6 …………………… 03-3878-1211
ワイズマート
　葛西店　中葛西5-19-19 …… 03-3688-8181
　中葛西店　中葛西4-3-3 …… 03-5676-1031
　西葛西店　西葛西3-16-15…… 03-3686-0111

コンビニエンスストア

セブンイレブン
　江戸川葛西駅西店
　中葛西3-15-16 ……………… 03-5676-0877
　江戸川葛西駅南店
　中葛西5-19-21 ……………… 03-3804-2070
　葛西駅前店　東葛西6-2-1 …… 03-3878-0271
　葛西三角通り店　中葛西1-49-16 03-3869-0709
　北葛西1丁目店　北葛西1-25-13 03-3686-5722
　江戸川北葛西2丁目店
　北葛西2-22-15 ……………… 03-3878-0801
　江戸川北葛西5丁目店
　北葛西5-15-18 ……………… 03-5676-0178
　江戸川中葛西1丁目店
　中葛西1-12-16 ……………… 03-3869-5988
　江戸川中葛西3丁目店
　中葛西3-29-3 ………………… 03-3877-7881
　江戸川中葛西3丁目西店
　中葛西3-32-20 ……………… 03-3877-7611
　中葛西5丁目店　中葛西5-8-15 03-3688-1711
　江戸川中葛西8丁目店
　中葛西8-3-1 …………………… 03-3804-8979
　西葛西3丁目店　西葛西3-15-7 03-5605-9511
　江戸川西葛西4丁目店
　西葛西4-2-14 ………………… 03-3804-1450
　江戸川西葛西6丁目店
　西葛西6-13-1 ………………… 03-3686-6017
　西葛西7丁目店　西葛西7-15-15 03-3804-5058
　江戸川東葛西十丁川店
　東葛西5-9-19 ………………… 03-3804-5710
　江戸川東葛西1丁目店
　東葛西1-2-4 …………………… 03-3688-6002
〈次ページへつづく〉

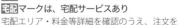
ネットマークはネットスーパーあり
宅配マークは、宅配サービスあり
宅配エリア・料金等詳細を確認のうえ、注文を

くらし

コンビニエンスストア〈前頁から〉

セブンイレブン
江戸川東葛西2丁目店
東葛西2-14-14 ················· 03-3877-7115
江戸川東葛西4丁目店
東葛西4-36-10 ················· 03-3877-7101
江戸川東葛西5丁目店
東葛西5-45-6 ················· 03-5676-4816
東葛西6丁目店　東葛西6-23-1 03-3878-0095
江戸川東葛西7丁目店
東葛西7-16-13 ················· 03-5605-3600
南葛西1丁目店　南葛西1-13-9 03-5605-7711
江戸川南葛西2丁目店
南葛西2-25-12 ················· 03-5696-6474
南葛西4丁目店　南葛西4-11 03-3689-9100
江戸川南葛西6丁目店
南葛西6-20-6 ················· 03-3804-1533
江戸川臨海町2丁目店
臨海町2-2-7 ················· 03-5676-1470

デイリーヤマザキ
江戸川南葛西6丁目店
南葛西6-2-1 ················· 03-3686-4658

ファミリーマート
葛西駅北店　中葛西3-36-9 ··· 03-5679-2488
葛西ターミナル前店
臨海町5-2-2 ················· 03-5667-2077
サクマ葛西駅店　葛西メトロ··· 03-3878-3902
サクマ西葛西店　西葛西6-23-12 03-3877-2661
サクマ西葛西駅店
西葛西6-14 ················· 03-3686-3902
中葛西清砂大橋通り店
中葛西6-3-13 ················· 03-5659-0228
中葛西6丁目店　中葛西6-1-10 03-5679-5843
中葛西8丁目店　中葛西8-13-17 03-5679-5301
西葛西駅前店　西葛西6-15-12 03-3675-3116
西葛西小学校前店
西葛西3-6-11 ················· 03-5679-0802
西葛西メトロ口店　西葛西6-7-1 03-5679-2141
東葛西3丁目店　東葛西3-11-12 03-5679-4080
東葛西7丁目店　東葛西7-9-10 03-5674-0861
南葛西なぎさ店
南葛西6-15-20 ················· 03-5667-6342

ミニストップ
葛西店　東葛西6-14-3 ······· 03-5605-8213
中葛西7丁目店　中葛西7-3-8 03-3804-1537
ヤムチャコンビニ4&5西葛西店
西葛西5-11-12 ················· 03-5674-5606

ローソン
江戸川球場前店
西葛西7-3-5 ················· 03-3869-8131
葛西環七通り店
東葛西7-2-5 ················· 03-5659-6201
葛西さくら公園店
東葛西4-12-19 ················· 03-5605-9048
葛西ターミナル店
臨海町4-2-1 ················· 03-5674-5636
中葛西店　中葛西6-21-10 ··· 03-3687-2156
中葛西1丁目店　中葛西1-1-7 03-6680-9597
中葛西3丁目店　中葛西3-4-16 03-5696-0040
西葛西店　西葛西3-3-3 ········ 03-3877-2500
西葛西駅北口店　西葛西5-1-5 03-5659-6120
西葛西駅南口店
西葛西6-8-11 ················· 03-3877-0705
西葛西2丁目店　西葛西2-21-8 03-5659-2163
西葛西3丁目店
西葛西3-13-12 ················· 03-3877-9694
西葛西5丁目店　西葛西5-7-9 03-3675-6942
東葛西9丁目店　東葛西9-6-8 03-3675-4736
南葛西4丁目店
南葛西4-13-13 ················· 03-5659-5030

ローソンストア100
葛西中央通店
西葛西7-29-14-1F ················ 03-5674-7199
北葛西2丁目店　北葛西2-11-18 03-3680-3015
中葛西店　中葛西2-2-3 ········ 03-5667-0701
東葛西6丁目店　東葛西6-1-5 03-5659-1399

ローソンメトロス
葛西　中葛西5-43-11 ··········· 03-5246-8123
西葛西　西葛西6-14-1 ········· 03-5246-8123
㈲六軒町酒店　北葛西1-3-11 ··· 03-3689-0826

100円ショップ

キャンドゥ
アリオ葛西店　アリオ葛西2F 03-3877-6961
南葛西店
南葛西2-3-9東武ストア南葛西店 03-3804-8251
メトロセンター1番街店
西葛西6-14-2西葛西メトロ ······ 03-3688-4104
メトロセンター3番街店
西葛西6-7-2西葛西メトロ ········ 03-3869-5391
ダイソーサニーモール西葛西店
西葛西4-2-28サニーモール3F ··· 03-5659-2477
meets. 西葛西店
マルエツ葛西クリーンタウン店2F 03-5667-3163

くらし

リサイクルする

recycle

リサイクルショップ

Goody葛西店
中葛西3-15-13 ・・・・・・・・・・・・・・ **03-5605-4608**
ジョリーブ
6丁目店　西葛西6-23-2・・・・・・・・ **03-3687-1870**
総合リサイクルショップ創庫生活館江戸川1号店 🅗🅟
西葛西6-29-18 ・・・・・・・・・・・・・・ **0120-463211**
ドラドラハンサム（家電家具・おかたづけ）
西葛西5-8-4-1F小島町2丁目団地内
・・・・・・・・・・・・・・・・・・・・・・・・・・ **03-3675-4147**
中古家電の専門店　ハッピー西葛西店 🅗🅟
西葛西7-5-3・・・・・・・・・・・・・・・・ **03-3688-1230**

ファッションリサイクル

ファッションリサイクルヴァンベール西葛西店 🅗🅟
西葛西6-15-10-1F ・・・・・・・・・・ **03-3675-3519**
ファッションリサイクル　たんぽぽハウス小島町店
西葛西5-8-2-4-1F小島町2丁目団地内
・・・・・・・・・・・・・・・・・・・・・・・・・・ **03-5605-1599**
トレジャーファクトリースタイル葛西店 🅗🅟
東葛西5-1-5-1F・2F ・・・・・・・・ **03-6895-0022**

貴金属などの買取

買取専門店　ありがたや葛西店 🅗🅟
中葛西3-19-9 ・・・・・・・・・・・・・・ **0800-800-1665**

ブランド・時計・金　高く買います！
金・銀・ダイヤ・プラチナ・切手・時計・ブランド・楽器 etc. OK！
最新価格は　| 葛西　ありがたや |　| 検　索 |

おたからや西葛西店
西葛西6-16-7-8F ・・・・・・・・・ **0800-800-3351**
買取専門店大吉葛西店 🅗🅟
中葛西3-35-5-1F ・・・・・・・・・・ **03-5679-5226**
キングラム西葛西店 🅗🅟
西葛西5-3-6-1F ・・・・・・・・・・・ **0120-546-594**
大黒屋西葛西南口店 🅗🅟
西葛西6-10-14-1F ・・・・・・・・ **03-5679-6880**
チケットフィガロ西葛西 🅗🅟
西葛西5-7-9・・・・・・・・・・・・・・・ **03-6808-3884**

プライスバスターズ西葛西店 🅗🅟
西葛西4-2-28サニーモール西葛西3F
・・・・・・・・・・・・・・・・・・・・・・・・・・ **03-3680-6503**
リサイクルキングアリオ葛西店 🅗🅟
アリオ葛西2F ・・・・・・・・・・・・・・ **03-6661-4995**

質店

㈲質葛西　東葛西5-8-20 ・・・・ **03-3686-7878**
たかみ質店 🅗🅟
西葛西6-8-2・・・・・・・・・・・・・・・ **03-5667-4300**
ツユキ　西葛西5-8-18 ・・・・・・ **03-3877-5387**

レンタルする

rental service

そうじ用具のレンタル

㈱ダスキン葛西支店
中葛西1-14-4 ・・・・・・・・・・・・・・・**03-5658-4100**
ダスキン千代田
北葛西2-5-7・・・・・・・・・・・・・・・・ **03-3689-6916**

トランクルーム

タウンボックス（田中興運㈱）🅗🅟
南葛西1-15-8 ・・・・・・・・・・・・・・ **0120-194126**
トミーBOX（㈱トミザワ）🅗🅟
東葛西6-47-16 ・・・・・・・・・・・・ **0120-868585**
三井物産グローバルロジスティクス
臨海町3-5-1 ・・・・・・・・・・・・・・・ **03-5605-8287**

CDレンタル、貸スタジオはP160へ
レンタカーはP167へ

くらし

電話番号、住所など間違い、および『葛西カタログ』
に対するご意見・ご希望がありましたら、お手数
ですがご一報を！　　　☎047-396-2211

プロに代行してもらう

professional agency

べんりや

白川サービス社
宇喜田町1235 ‥‥‥‥‥‥‥ **03-3687-7891**

ふとん乾燥

清水商会（出張専門）
東葛西1-5-1-2F ‥‥‥‥‥‥ **03-3878-5899**

清掃・ハウスクリーニング

㈱クリーンフィールド **HP**
東葛西2-21-10-1F ‥‥‥‥‥ **03-5696-5873**
㈱サン・アルバ　南葛西7-1-7‥ **03-3877-6070**
㈱ゼネック **HP**
東葛西5-12-1 ‥‥‥‥‥‥‥ **03-3689-6976**
㈱ダイイチクリーン
西葛西6-10-12-7F ‥‥‥‥‥ **03-3877-5108**

ビル総合管理

㈱興和ビルメンテ **HP**
西葛西6-9-12-3F ‥‥‥‥‥ **03-3688-8292**
㈱サンエックス
中葛西3-30-15-1F ‥‥‥‥‥ **03-5605-2230**

イベント

㈲サポートプランニング **HP**
東葛西5-1-15-6F ‥‥‥‥‥ **03-5659-6268**
STAGE神戸 **HP**
西葛西6-15-20-4F ‥‥‥‥‥ **03-6325-2151**
SHIMMER㈱ダイブ・ワン（オリジナルTシャツ作成）
中葛西7-18-6 ‥‥‥‥‥‥‥ **03-3688-6060**

人材派遣・人材サービス

㈱ジャパン・メディカル・ブランチ **HP**
西葛西6-17-5 ‥‥‥‥‥‥‥ **0120-08-5801**
㈲スリーエスマネキン紹介所
西葛西5-1-5-2F ‥‥‥‥‥‥ **03-3878-2931**

運送・引っ越し

赤帽八面運送　宇喜田町1235 ‥ **03-3687-7891**
イヌイの引越葛西営業所 **HP**
臨海町3-5-1 ‥‥‥‥‥‥‥ **0120-81-0222**
王子運送㈱葛西支店
臨海町4-3-1 ㋫03-3878-3809‥ **03-3878-3801**
岡山県貨物運送㈱オカケン引越センター
臨海町4-3-1 ‥‥‥㋫03-3878-3225‥ **0120-616660**
㈱キタザワ引越センター
北葛西2-5-28 ‥‥‥‥‥‥‥ **0120-674466**
近物レックス㈱東京支店　臨海町4-3-1-4
‥‥‥‥㋫03-3878-3300‥ **03-3878-3301**
セイノースーパーエクスプレス㈱東京湾岸引越センター
臨海町4-3-1-11 ㋫03-3680-8132‥ **03-3680-8171**
トールエクスプレスジャパン㈱
臨海町4-3-1-7 ‥‥‥‥‥‥ **03-3878-3341**
トナミ運輸㈱葛西支店 **HP**　臨海町4-3-1
‥‥‥‥㋫03-3877-1073‥ **03-3687-6501**
㈱トミザワ **HP**　東葛西6-47-16
‥‥‥‥㋫03-3680-5645‥ **0120-224119**
土曜引越センター **HP**
南葛西1-15-8 ‥‥‥‥‥‥‥ **0120-193688**
㈱トラストライン　西葛西7-18-2
‥‥‥‥㋫03-3688-4478‥ **03-3687-3761**
㈱辨天おがわ運輸東京主管支店
南葛西3-3-1 ‥ ㋫03-3687-3523‥ **03-3687-3504**
丸栄運送㈲　中葛西1-23-8 ‥‥ **03-3680-8521**

バイク便

バイク便スピーディー **HP**
南葛西7-1-7-1F ‥‥‥‥‥‥ **03-3877-0052**

クリーニング
cleaning

クリーニング

フレッシュクリーニングあらいぐま
中葛西7-11-8 ・・・・・・・・・・・・・・・ **03-3686-9422**

クリーニングショップ友愛堂
中葛西8-21-9 ・・・・・・・・・・・・・・・ **03-3680-0073**

クリーニングステージ21西葛西店
西葛西3-22-6小島町2丁目団地内 **03-5674-0313**

クリーニング中田 集配
西葛西3-5-14 ・・・・・・・・・・・・・・・ **03-3689-3377**

クリーニングポッシュ葛西店
北葛西4-1-3 ・・・・・・・・・・・・・・・ **03-5658-1215**

㈱東京ベイクリーニング
東葛西6-9-10 ・・・・・・・・・・・・・・・ **03-3877-5603**

㈱白光舎 HP
葛西営業所
中葛西3-29-17 ・・・・・・・・・・・ **03-5878-0626**
南葛西営業所 南葛西2-3-9東武ストア南葛西店内
・・・・・・・・・・・・・・・ **03-6661-4820**

白洋舍 アリオ葛西店 HP
アリオ葛西2F ・・・・・・・・・・・ **03-3688-9908**

早徳 西葛西6-24-10 ・・・・・・・・・ **03-3689-2854**

ドライクリーニング ヒコタ
東葛西7-20-30 ・・・・・・・・・・・ **03-3689-0604**

ファッションクリーニングアベ
西葛西5-6-15 ・・・・・・・・・・・ **03-3687-2958**

プリーズクリーニング
宇喜田店 北葛西2-22-18 ・・・・・ **03-3675-9600**
環七葛西店
中葛西8-21-18 ・・・・・・・・・・・ **03-3878-7222**
中葛西店 中葛西4-8-15-1F ・・・ **03-3804-9393**
西葛西3丁目店
西葛西3-10-15-1F ・・・・・・・・・・・ **03-5676-2121**
西葛西6丁目店
西葛西6-3-7-1F ・・・・・・・・・・・ **03-3675-6000**
西葛西イースト店
西葛西6-23-19 ・・・・・・・・・・・ **03-6808-5300**
東葛西店 東葛西7-9-10 ・・・・・ **03-6808-1919**
南葛西店
南葛西6-15-1-1A ・・・・・・・・・・・ **03-3878-7373**

ホームドライ葛西駅前店
東葛西5-1-14 ・・・・・・・・・・・・・・・ **03-6663-8678**

ポニークリーニング
清新町1-3-6パトリア1F ・・・・・・ **03-5696-4943**

ママショップ加納 HP 集配
葛西店 中葛西5-12-12 ・・・・・・ **03-5674-7233**
新葛西駅前店
中葛西3-35-1 ・・・・・・・・・・・・・・・ **03-5605-2455**
なぎさ店 南葛西4-23-14-1F **03-3877-2155**
西葛西店 西葛西6-22-3 ・・・ **03-5676-3092**
東葛西店 東葛西6-15-19 ・・・・ **03-5667-5450**

ヤマダクリーニング HP 集配
中葛西1-33-13 ・・・・・・・・・・・・・・・ **03-3869-6250**

米本クリーニング 集配
北葛西1-13-8 ・・・・・・・・・・・・・・・ **03-3680-6043**

コインランドリー

コインランドリーエムズ葛西店
中葛西5-2-12 ・・・・・・・・・・・・・・・ **03-3877-3660**

フレッシュクリーン
葛西店 中葛西3-27-8-1F ・・・・・ **03-3877-9981**
中葛西店 中葛西8-6-9 ・・・・・ **03-3877-9981**
西葛西店 西葛西6-19-12 ・・・・・ **03-3877-9981**

リラックスする

relax

銭湯

小島湯
西葛西1-7-3 ・・・・・・・・・・・・・・・ **03-3680-0942**

スーパー銭湯 湯処葛西 HP
東葛西9-3-5 ・・・・・・・・・・・・・・・ **03-3687-1126**

集配**マークは、集配サービスあり**
集配エリア・料金等詳細を確認のうえ、依頼を

専門家に相談する

consult an expert

法律事務所

上野いたる法律事務所 ^{HP}
中葛西3-33-11-2F ………………… **03-6808-5541**

葛西臨海ドリーム法律事務所 ^{HP}
西葛西6-13-14-3F ………………… **03-6808-4161**

司法書士

稲山司法書士事務所
中葛西5-20-11 ………………… **03-3688-0558**

リーガスタイル司法書士事務所 ^{HP}
中葛西3-37-3-9F ………………… **03-5676-5617**

公認会計士

棚橋会計事務所
西葛西7-24-3 ………………… **03-3675-4113**

税理士

浅野実税理士事務所
中葛西3-20-21 ………………… **03-3686-3950**

㈱MACOS・芦川会計事務所
西葛西3-15-9-3F ………………… **03-5658-0400**

伊藤裕基税理士事務所
東葛西4-32-1-2F ………………… **03-5674-8125**

伊禮会計事務所　中葛西4-8-6… **03-3878-6991**

北田幹雄税理士事務所
北葛西5-5-13 ………………… **03-3688-0625**

税理士法人木下会計事務所
東葛西6-6-12-2F ………………… **03-3687-1014**

税理士法人　古田土会計 ^{HP}
西葛西5-4-6-3F ………………… **03-3675-4932**

ごんだ税理士事務所 ^{HP}
中葛西5-42-3-3F ………………… **03-6663-9300**

篠原弘会計事務所　東葛西1-5-1-7F **03-3687-3362**

高瀬税理士事務所
中葛西3-27-8-2F ………………… **03-3877-1385**

税理士法人田口パートナーズ会計
中葛西3-37-3-3F ………………… **03-3869-0807**

田中会計事務所
西葛西6-15-20-6F ………………… **03-3877-8073**

徳田税理士事務所
中葛西3-16-6 ………………… **03-3687-5315**

税理士法人Dream24 ^{HP}
西葛西5-6-2-7F ………………… **0120-316-245**
………………… **03-5675-0831**

西村税理士事務所
中葛西3-23-12-1F ………………… **03-3877-4737**

萩原事務所　東葛西4-4-1-9F … **03-3675-2893**

税理士浜田光一事務所
中葛西5-20-2 ………………… **03-3689-8393**

町田和久税理士事務所
西葛西5-11-15-2F ………………… **03-5674-7568**

矢場税務会計事務所
西葛西6-17-5-4F ………………… **03-3675-3123**

横山税理士事務所
東葛西6-1-13-4F ………………… **03-5679-3650**

東京税理士会江戸川南支部
中葛西7-4-9 ………………… **03-5605-9160**

くらし

くらし

行政書士

アイアイ法務事務所
　西葛西7-10-20 ………………… **03-6661-3282**
ハピネス行政書士事務所
　西葛西6-13-12-5F ………… **03-3686-2366**
行政書士ゆき事務所
　中央区日本橋小網町11-5-7F … **03-5695-5444**

社会保険労務士

小林労務管理事務所
　中葛西3-11-2 …………………**03-3688-1181**
レイバーセクション 🅟
　中葛西3-37-3-4F ……………… **03-3869-8459**

マンション管理士

三木勝利マンション管理士事務所
　中葛西4-7-1-11F …………… **03-3680-3900**

就労支援

就労移行支援事業所リボン葛西駅前校
　中葛西3-33-14-3F ………………… **03-5659-0988**
　　　　　　　　　ハローワークはP65へ

求人情報

㈱ワークイースト
　西葛西6-16-7-7F …………… **03-3877-6171**
Qタイミング
　市川市相之川3-2-13 ………… **047-396-2211**

パソコン修理・サービス

㈱パソコンライフ 🅟
　西葛西3-15-8-4F …………… **0120-805-319**

くらし

ブライダル
bridal

結婚式場

ホテルシーサイド江戸川ブライダル（和婚ネット） Ⓗ
臨海町6-2-2 ･･････････････････ **03-6402-3833**
ホテルはP169へ
タワーホール船堀はP188へ

寺社・教会
temple, church

教会

葛西聖書バプテスト教会 Ⓗ
中葛西3-26-1-1F ･･･････････ **03-3675-0054**
カトリック葛西教会 Ⓗ
中葛西1-10-15
･････････････ Ⓕ03-5696-4449･･･**03-3689-0014**
日本基督教団小松川教会 Ⓗ
北葛西4-3-9 ･･････････････････ **03-3869-5261**

★寺社はP58へ

葬祭
undertaker

葬祭業

お葬式のむすびす Ⓗ
西葛西6-12-16 ･････････････ **0120-72-2195**
後藤葬儀三角支店
中葛西1-35-12 ･････････････ **03-3680-5642**
東京葬祭シティホール西葛西 Ⓗ
西葛西3-4-23 ･････････････ **0120-88-6111**
平安祭典葛西会館 Ⓗ
東葛西8-3-12 ･････････････ **03-3804-4741**
東京都瑞江葬儀所（火葬のみ）
春江町3-26-1 ･････････････ **03-3670-0131**

仏壇・神仏具

お仏壇のはせがわ西葛西店 Ⓗ
西葛西1-14-14･･･Ⓕ03-5676-7547･･･**0120-284194**

石材

㈱**石松年** Ⓗ 東葛西2-1-19 ･･･ **0120-148-447**
㈲**田中石材本社** Ⓗ 東葛西2-1-19
･･･････････ Ⓕ03-3675-0344･･･**03-3687-0143**

霊園・納骨堂

行徳聖地公園（クリプタ行徳セントソフィア・博愛の絆） Ⓗ
市川市広尾2-5-1 ･･･････････ **047-702-8600**
（表紙ウラもご覧ください）

くらし

可能なかぎりの調査に基づいて作成しましたが、万一掲載もれや締め切り後の変更などありましたらお知らせください。　　　☎047-396-2211

メッセージ する message

携帯電話

iPhone修理工房葛西店 ㊗
　中葛西3-19-9ありがたや内 … **0800-800-1665**
auショップ
　アリオ葛西
　アリオ葛西2F ……………… **03-5659-0250**
　西葛西　西葛西6-6-1-1F … **03-5675-1580**
ソフトバンク
　アリオ葛西　アリオ葛西2F … **03-5667-5620**
　西葛西　西葛西6-13-7-2F … **03-5658-4251**
てるてるランド西葛西店 ㊗
　西葛西4-2-28-3F ……………… **03-5679-6616**
テルル葛西店
　中葛西3-29-1 ………………… **03-5679-8770**
ドコモショップ西葛西店
　西葛西6-12-6 …………………… **0120-889360**
ワイモバイル
　アリオ葛西2F ………………… **03-6808-9156**

印章

あづま印房　北葛西4-23-13 … **03-3686-3982**
幸信堂　中葛西2-2-1 …………… **03-3686-9222**
さくら平安堂イオン葛西店
　イオン葛西店3F ……………… **03-3680-1185**
名越印房　西葛西6-29-20……… **03-3675-4558**
はんこ屋さん21　西葛西店 ㊗
　西葛西6-28-14 ………………… **03-5878-0277**
はんこ家はん造葛西店
　中葛西3-29-1 ………………… **03-3869-0707**

印刷

㈲アラジン　臨海町3-6-2 ……… **03-6240-5545**
㈱アルファサービス
　西葛西6-22-3-4F ……………… **03-3869-2071**
きりはりくらぶ ㊗
　中葛西7-25-7-2F ……………… **03-3869-4876**
沓沢印刷　中葛西1-43-6 ……… **03-3686-1820**
広明社印刷所　中葛西2-5-6…… **03-3680-0890**
ダイヤ印刷　中葛西7-28-22 … **03-3687-0168**
㈱明光企画 ㊗
　市川市相之川3-2-13 ………… **047-396-2211**

出版社

㈱日経BP読者サービスセンター
　臨海町5-2-2 …………………… **03-5696-1111**

自費出版・HP制作

㈱明光企画 ㊗
　市川市相之川3-2-13 ………… **047-396-2211**

タウン メディア NEWS town media

新聞社・タウン誌

葛西新聞社 ㊗
　市川市相之川3-2-13 ………… **047-396-2211**

CATV

J:COM江戸川 ㊗
　東葛西6-31-7-4F ……………… **0120-999-000**
　（P32カラーページもご覧ください）

FM放送局

エフエム江戸川
　南小岩7-13-8 ………………… **03-5622-7850**

くらし

▶趣味の店へ行く ………… 160
レコード・CD制作、CD・DVD、CD・DVDレンタル、書店、古本、文具、額縁・額装・画材、楽器、貸スタジオ、貸スペース、バラエティ雑貨、包装用品、ガラス工芸、美術館、生花、園芸、造園、スポーツ用品、屋形船・釣舟、釣具

▶ペットを飼う ………… 161
ペットショップ、ペットフード、動物病院、ペットシッター、ペット美容室・ホテル、ペット葬祭

▶写真をとる ………… 165
写真スタジオ、航空写真、カメラ店・DPE

▶車に乗る ………… 166
自動車販売（新・中古車）、中古車専門、自動車修理・整備、自動車板金・塗装、車検、自動車部品・アクセサリー、自動車ガラス、タイヤショップ、レンタカー、ガソリンスタンド、バイク販売・修理・買取、自転車

▶免許をとる ………… 168
自動車教習所

▶娯楽・ゲームを楽しむ ………… 169
カラオケ、ゲームセンター、ボウリング、ビリヤード、バッティングセンター、ダンスホール、マンガ喫茶・インターネットカフェ

▶レジャーにでかける ………… 169
旅行代理店、レジャーランド、多目的ホール、ホテル、映画館

★本文中赤色になっているのは「葛西カタログ2021-22」協賛店です
★ⒻはFAX番号、Ⓣ&Ⓕは電話番号とFAX番号、ⒽⓅはホームページのあるお店

趣味・ペット・車

157

夢の国にはワクワクがいっぱい!!
We Love Tokyo Disney Resort!!

©Disney

東京ディズニーランドに昨年オープンした、
美女と野獣やベイマックスのアトラクションなど「初」がいっぱいの
東京ディズニーリゾートに今年もワクワクドキドキが止まらない!

東京ディズニーランド

ファンタジーランド

名シーンの数々と音楽に感動!
美女と野獣 "魔法のものがたり"

ダンスをするように揺れながら回転するライドに乗って、ルミエールの歌声に合わせて食器が躍る晩餐会や大広間での美しいダンスシーンなど、映画の名シーンが名曲とともに楽しめる。

夜は一転、青く光りミステリアスな雰囲気に…

トゥーンタウン

ミニーマウスに会える!
ミニーのスタイルスタジオ

ファッションデザイナーとして活躍するミニーマウスのスタジオ内を歩いて見ることができ、季節ごとに異なるファッションに身を包んだミニーマウスと記念撮影ができる。

※運営状況は変更になる場合があります。最新の情報はディズニーリゾートオフィシャル・ウェブサイトでご確認ください

世界で初！ベイマックスがテーマ
ベイマックスの
ハッピーライド

トゥモロー ランド

パーク初！ ポップコーン専門店
ビッグポップ

ケアロボットが操縦するライド型アトラクション。アップテンポの音楽の中、予測不能な動きに思わず笑顔が溢れる。

たくさんのポップコーンが作られる様子を大きな窓から眺めることができ、甘い香りに誘われる。パーク初の「クッキークリーム」はここだけ！

BBポップコーン、
レギュラーボックス
500円
クッキークリーム
ストロベリーミルク
キャラメル＆チーズ

東京ディズニーリゾートMAP

① シェラトン・グランデ・トーキョーベイ・ホテル
② ホテルオークラ東京ベイ
③ ヒルトン東京ベイ
④ グランドニッコー東京ベイ 舞浜
⑤ 東京ベイ舞浜ホテル
⑥ 東京ベイ舞浜ホテル ファーストリゾート
⑦ 東京ディズニーランドホテル
⑧ イクスピアリ
⑨ ディズニーアンバサダーホテル
⑩ 東京ディズニーシー・ホテルミラコスタ

©Disney

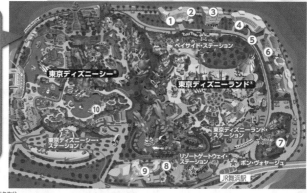

■チケット情報（2021年3月20日より変動価格制）

券種	大人 18歳以上	中人 中学・高校生(12〜17歳)	小人 幼児・小学生(4〜11歳)
1デーパスポート どちらかのパークを開園時間から1日楽しめる	8,200 〜8,700円	6,900 〜7,300円	4,900 〜5,200円
入園時間指定パスポート（午前10時30分〜） どちらかのパークで午前10時30分から楽しめる	7,700 〜8,200円	6,500 〜6,900円	4,600 〜4,900円
入園時間指定パスポート（正午12時〜） どちらかのパークで正午12時から楽しめる	7,300 〜7,700円	6,100 〜6,500円	4,300 〜4,600円

パークチケットは、東京ディズニーリゾート・オンライン予約・購入サイトで販売。当面の間は、オンラインにて日付指定券を購入した方のみ入園が可能。土日・祝日・春休み・ゴールデンウイーク期間などは、1デーパスポート（大人）の価格は8,700円の予定。詳しくは東京ディズニーリゾート・オフィシャルウェブサイトで確認を。

information

東京ディズニーリゾート・インフォメーションセンター
●総合案内／東京ディズニーリゾート各施設に関するさまざまな問い合わせに対応
TEL.0570-00-8632（10:00〜15:00）
※一部のPHS・IP電話・国際電話を利用する場合は
　045-330-5211へ
●音声情報サービス／ TEL.0570-00-3932（24時間）
パークの開園時間、チケットの種類や購入方法などの案内

東京ディズニーリゾート交通情報テレホンサービス
●交通情報／ TEL.0570-00-3388（24時間）
駐車場および車でのアクセス情報

東京ディズニーリゾート・オンライン予約・購入サイト
https://reserve.tokyodisneyresort.jp/
●東京ディズニーリゾート・オンライン予約・購入サポートデスク
予約・購入サイトに関する問い合わせに対応／
TEL.045-330-0101（10:00〜15:00）
●東京ディズニーリゾート・オフィシャルウェブサイト
www.tokyodisneyresort.jp

※掲載内容は2021年2月末現在のものです

趣味の店へ行く

hobby

レコード・CD制作

ランサウンド
西葛西8-2-1-9F ················· 03-3675-0949

CD・DVD

新星堂葛西店　アリオ葛西3F ··· 03-5675-4740

CD・DVDレンタル

ゲオ
葛西店　南葛西1-12-16-2F ··· 03-3877-2208
葛西駅前店
東葛西6-5-3-1F ··············· 03-3877-7810
西葛西店　葛西3-17-6 ····· 03-3686-5111

書店

ヴィレッジヴァンガード・西葛西
西葛西7-3-8-1F ··············· 03-5659-2321
文教堂書店西葛西店
西葛西6-8-10 ················· 03-3689-3621
文悠葛西店
中葛西5-19-17葛西メトロ ········ 03-5696-2465
未来屋書店　イオン葛西店4F··· 03-6663-7371
八重洲ブックセンター
アリオ葛西3F ··············· 03-5675-6880

古本

BOOK OFF葛西駅前店
中葛西5-34-1 ················· 03-5667-8263

文具

文林堂筆荘（書画用品）
西葛西5-8-5-1F小島町2丁目団地内 ···03-3869-3005
㈱ミフジ（文具製造）
中葛西7-10-2 ················· 03-3675-0080
森田文具店　中葛西2-4-51 ····· 03-3689-2229

額縁・額装・画材

㈱オリジン　臨海町3-6-3········ 03-3877-2323
㈱ミューズ　臨海町3-6-1········ 03-3877-0123

楽器

島村楽器イオン葛西店 ⒣⒫
イオン葛西店4F ··············· 03-3675-1151

貸スタジオ

島村楽器イオン葛西店 ⒣⒫
イオン葛西店4F ··············· 03-3675-1151
ハウススタジオホロネット ⒣⒫（パーティー・ブライダル）
東葛西5-29-9 ················· 03-3675-3616

貸スペース

レンタルスペース　エミング ⒣⒫
市川市相之川3-2-13 ··············· 0120-221167

バラエティ雑貨

キューズ葛西店
アリオ葛西3F ················· 03-3688-2230
クリスクロス　西葛西6-18-3-B1
·············· Ⓕ03-5605-6596···0120-659-577
Ke Aloha（ハワイアン雑貨）
中葛西3-2-6-1F ··············· 03-6808-3588
ワールド流通団地管理組合法人
臨海町3-6-1 ················· 03-3877-0007
日用品・生活雑貨はP141へ

包装用品

㈱シモジマグループ　パッケージプラザ葛西店 ⒣⒫
中葛西5-15-9 ················· 03-3878-2460

ガラス工芸

アリバス・ジャパン㈲
東葛西4-28-4 ················· 03-3689-2706

美術館

関口美術館 ⒣⒫　中葛西6-7-12　03-3869-1992

趣味・ペット・車

生花

オランダガーデン東京フラワーマーケット **HP**
　南葛西4-6-4 ························ **03-3687-1187**
グリンピース　中葛西5-29-8 ··· **03-3877-3987**
東京フラワーマーケット西葛西メトロ店 **HP**
　西葛西6-14-2-32西葛西メトロ　**03-3675-4187**
東京フラワーマーケット本社
　中葛西4-1-11 ···················· **03-3689-4187**
花勝生花店　東葛西5-16-1 ···· **03-3680-6360**
花ちえ　東葛西6-38-3 ········· **03-3688-0198**
フラワーショップ花忠
　西葛西5-8-15 ···················· **03-5696-1700**
花の峰玉　西葛西6-6-12 ······ **03-3675-1081**
花大　清新町1-3-6パトリア ··· **03-3878-8710**
花結び
　中葛西5-19-17葛西メトロ ··· **03-3804-5661**
風林花　西葛西5-6-17 ········· **03-3869-8766**
フラワーショップけさらんぱさらん
　東葛西6-10-10-1F ············· **03-3804-8268**

園芸

ワイルドスカイ　西葛西3-7-11　**03-5667-7153**
和光園　南葛西2-14-17 ········· **03-3688-8877**

造園

㈱松樹園　東葛西7-20-23········ **03-3688-2002**

スポーツ用品

カサイスポーツ　西葛西5-9-6··· **03-3675-5161**
ゴルフ5西葛西 **HP**
　西葛西1-12-27 ··················· **03-3877-4364**
ササキスポーツ **HP**　中葛西6-18-4
　············· Ⓕ03-3680-1986··· **03-3675-2233**
ジーパーズ葛西店 **HP**
　南葛西2-2-8 ······················ **03-3878-7967**

スーパースポーツゼビオ葛西店 **HP**
　アリオ葛西2F ···················· **03-5675-6801**
スズキスポーツ
　西葛西6-7-2西葛西メトロ ········ **03-3878-1151**
ユニゴルフイン　中葛西4-1-12　**03-3689-3223**

屋形船・釣舟

あみ武 **HP**　東葛西3-15-8······· **03-3686-4675**
須原屋 **HP**　東葛西4-58-27 ····· **03-3680-3791**
船宿　西野屋 **HP**
　東葛西3-16-2-1F ················ **03-3878-3611**
屋形船　あみ幸 **HP**
　江戸川5-31-6 ···················· **03-3680-5755**
（P10カラーページもご覧ください）

釣具

勝田つり具店　東葛西9-18-3 ··· **03-3680-4684**

ペットを飼う
pet

ペットショップ

ペットの専門店コジマ
　アリオ葛西3F ·················**03-3686-4111**
ワンニャンハウス㈱
　ホームズ葛西店内··················**03-5679-7227**

ペットフード

YAKUZEN GARDEN（自然の森漢方堂）**HP**
　中葛西3-16-10 ·················· **03-5659-7292**

動物病院

アルカディア動物病院
　西葛西6-19-12···················· **03-3680-5133**
診月・火・金・土8:00〜11:30　15:00〜16:30
※水・日・祝は予約のみ受付　　　　　　**休**木
えどがわ犬猫病院 **HP**
　南葛西6-21-2-1F ················ **03-3869-8360**
診月〜日9:00〜13:00　16:00〜19:00

休木午後・日午後
〈次ページへつづく〉

趣味・ペット・車

動物病院〈前頁から〉

かさいみなみ動物病院 🅗🅟
東葛西8-28-10 ・・・・・・・・・・・・・・・ **03-5696-1280**
診月～土9:00～12:00　15:00～18:30
休木午後・日・祝

葛西りんかい動物病院 🅗🅟
中葛西6-2-3 ・・・・・・・・・・・・・・・ **03-6808-6712**
診月～土9:00～12:00　16:00～19:00
水・祝9:00～12:00　　**休**水午後・祝午後・日

苅谷動物病院グループ葛西橋通り病院 🅗🅟
西葛西3-10-16 ・・・・・・・・・・・・・・・ **03-3686-8070**
診9:00～19:00　※予約制

とおやま犬猫病院
中葛西4-14-13 ・・・・・・・・・・・・・・・ **03-3688-3040**
診月～土9:00～12:00　15:30～18:30
日・祝10:00～12:00　15:30～17:00　　**休**木

西葛西ペットクリニック 🅗🅟
北葛西3-1-22 ・・・・・・・・・・・・・・・ **03-3675-1515**
診月～土9:00～12:00　16:00～19:00
日・祝10:00～12:30　14:00～17:00　　無休

バウ動物病院　南葛西2-1-6-1F　**03-3877-2200**
診9:00～12:00　16:00～19:00
祝10:00～13:00　　**休**水・日

フルール動物病院 🅗🅟
東葛西2-12-9 ・・・・・・・・・・・・・・・ **03-6383-3057**
診月～土9:00～11:30　15:00～19:00
日・祝9:00～11:30　15:00～17:00　　**休**火午後・水

安田動物病院 🅗🅟
中葛西2-16-1 ・・・・・・・・・・・・・・・ **03-3687-7778**
診月～金9:00～12:00　14:00～19:00
土・日・祝9:00～12:00　14:00～17:00
※水は予約のみ受付

Syu Syu cat clinic 🅗🅟
西瑞江3-19-10 ・・・・・・・・・・・・・・・ **03-3698-6622**
診9:00～12:00　16:00～19:00　　**休**火・木

今川どうぶつ病院 🅗🅟
浦安市今川1-4-45 ・・・・・・・・・・・・・・・ **047-352-0805**
診9:00～12:00　16:00～19:00　　**休**月・木

行徳どうぶつ病院 🅗🅟
市川市湊新田2-3-6 ・・・・・・・・・・・・・・・ **047-396-0805**
診9:00～12:00　16:00～19:00　　無休

〈P165へつづく〉

趣味・ペット・車

趣味・ペット・車

動物病院〈P162 から〉

新浦安太田動物病院
浦安市海楽1-11-10 ……………… 047-381-8881
診 月・火・木・金・土 7:00～11:45　16:00～21:00
日7:00～11:45　16:00～19:00　水は予約診療

ペットシッター

ケアーワン24（出張サービス）🅗🅟
東葛西6-4-18-3F ……………… 03-4362-5344

ペット美容室・ホテル

GOOD WAN ANNEX南葛西店 🅗🅟
南葛西4-5-4-1F ……………… 03-5579-8555
Dog School Rinmoca 🅗🅟
西葛西2-23-9-2F ……………… 03-6456-0376
犬の美容室ぱぺっと
中葛西1-31-5-1F ……………… 03-3686-3180
ペットの美容室＆ホテル　美秀
西葛西5-11-11-B1 ……………… 03-3680-1317
ペットハウス　WANderful
中葛西5-2-29 ……………… 03-3680-8555
メディカルスキンケアトリミングK-Wan 🅗🅟
行徳　市川市湊新田2-3-6 ・・ 047-395-4935
新浦安　浦安市今川1-4-45 ・・ 047-711-2110

ペット葬祭

ケンユー・ペットセレモニー 🅗🅟
市川市高谷1861-7 ……………… 047-327-2571

写真をとる 📷
photograph

写真スタジオ

スタジオアリス　アリオ葛西店 🅗🅟
アリオ葛西3F ……………… 03-5675-4707
スタジオキャッスル 🅗🅟
中葛西4-12-2 ……………… 03-5878-3966
東和フォトサービス
西葛西3-22-6-1F小島町2丁目団地内 03-3688-0801
写真館スタジオ　ホワイトルーム葛西店 🅗🅟
東葛西6-7-7-2F ……………… 03-5667-6540
マキノ写真スタジオ
駅前店 🅗🅟　東葛西5-1-1-2F… 03-3680-7530
新館　東葛西5-28-11 ……… 03-3680-7530

航空写真

㈲東洋航空写真社 🅗🅟
中葛西5-28-1-2F ……………… 03-3675-0471

カメラ店・DPE

コイデカメラ 🅗🅟
アリオ葛西1F ……………… 03-5675-6887

趣味・ペット・車

165

車に乗る

car

自動車販売（新車・中古車）

アップル江戸川葛西店 🅷🅿
　東葛西6-50-14 ················· **03-3688-2773**

㈱インターネット（外車輸入代行）
　東葛西6-7-8 ················· **050-5848-9435**

㈱エイペクス　南葛西4-10-15　**03-5658-2201**

コバックカーズ江戸川葛西店 🅷🅿
　東葛西6-50-14 ················· **03-3688-2995**

トヨタ東京カローラ㈱U-Car葛西店 🅷🅿
　東葛西2-1-14 ················· **03-5659-6411**

トヨタモビリティ東京㈱葛西店 🅷🅿
　中葛西5-7-13 ················· **03-5658-2981**

日産プリンス東京販売㈱ 🅷🅿
　葛西店　西葛西4-2-43 ········ **03-3686-2301**
　P'Sステージ葛西
　中葛西5-1-1 ················· **03-3686-6311**

東日本三菱自動車販売㈱葛西店 🅷🅿
　東葛西2-14-11 ················· **03-5674-1911**

ホンダカーズ東京
　葛西店　東葛西1-2-3 ······· **03-5667-0523**
　葛西橋通り店　中葛西1-2-1··· **03-3877-3281**

MINI EDOGAWA 🅷🅿
　西葛西2-10-9 ················· **03-5659-3298**

㈱ヤナセ　江戸川支店 🅷🅿
　西葛西4-6-22 ················· **03-5667-6911**

レクサス江戸川 🅷🅿
　北葛西4-25-22 ················· **03-5878-4111**

中古車専門

㈲オートスクエア（外車専）
　東葛西7-4-7 ················· **03-5696-2300**

㈱ジェイ・エー・エー（オークション会場）
　臨海町3-3-3 ················· **03-3878-1190**

ダイハツ東京販売㈱U-CAR葛西
　臨海町2-3-16 ················· **03-5696-2271**

㈱ティーユーシー
　中葛西3-27-20 ················· **03-3687-6363**

㈱トヨタユーゼック 🅷🅿
　臨海町6-3-2 ················· **03-5605-8511**

自動車修理・整備

㈲オートサロンオザワ 🅷🅿
　中葛西4-3-21 ················· **03-3878-1313**

㈲キヨス自動車
　中葛西2-4-39 ················· **03-3680-7491**

栄自動車㈱　西葛西3-1-3 ········ **03-3688-1359**

関口モータース㈲ビーエムエス
　東葛西5-31-13 ················· **03-3680-4515**

東名自動車工業㈱
　東葛西5-48-12 ················· **03-3877-8441**

トヨタモビリティ東京㈱西葛西店 🅷🅿
　西葛西6-12-15 ················· **03-3689-3131**

西久自動車㈱　東葛西8-9-13 ··· **03-3680-4166**

自動車板金・塗装

岡本車輌㈱ 🅷🅿
　南葛西2-2-2 ················· **03-3680-4377**

㈲シミズオート 🅷🅿
　北葛西4-17-16 ················· **03-3869-4424**

須永塗装店　西葛西6-24-18 ··· **03-3680-9468**

車検

高栄自動車工業㈱ 🅷🅿
　東葛西6-47-16 ················· **03-3689-8611**

車検のコバック江戸川本店（鈴木自工㈱）🅷🅿
　東葛西6-50-14 ················· **0120-589-117**

自動車部品・アクセサリー

㈲赤平自動車商会
　東葛西1-8-7 ················· **03-3689-5738**

自動車ガラス

田口自動車ガラス 🅷🅿
　西葛西1-12-4 ················· **03-5605-4443**

趣味・ペット・車

タイヤショップ

㈲タイヤショップ・ウエスト
　南葛西2-24-23 ……………… 03-3680-5505
㈱マコトタイヤ **HP**
　中葛西7-2-4 ………………… 03-3689-1141
矢東タイヤ商事㈱ **HP**
　北葛西4-1-48 ………………… 03-5696-0810
㈱ヨコハマタイヤジャパン葛西営業所
　東葛西6-36-11 ……………… 03-3878-9221

レンタカー

アクティオレンタカー西葛西営業所
　西葛西6-18-8 ………………… 03-5659-1411
オリックスレンタカー葛西店
　中葛西3-28-9 ………………… 03-3675-0543
サガレンタリース㈱ **HP**
　西葛西3-18-14 ……………… 03-3686-6461
DIREX東京 **HP**
　南葛西2-1-25 ………………… 03-6808-5530
ニッポンレンタカー西葛西駅前営業所
　西葛西6-7-1西葛西メトロ ……… 03-3675-4431

ガソリンスタンド

江戸川石油㈱　西葛西4-6-16 … 03-3680-2440
㈱エネオスフロンティア東京Dr.Driveセルフ南葛西店
　南葛西6-14-12 ……………… 03-5605-8512
大高石油販売㈱
　宇喜田町1078 ………………… 03-3688-1167
共栄石油㈱
　宇喜田SS　西葛西4-2-1 ……… 03-3687-6161
　葛西市場SS　臨海町3-4-1 … 03-5667-0441
　葛西インター SS
　南葛西2-4-2 …………………… 03-3686-9191
　葛西中央通りSS
　中葛西6-1-4 …………………… 03-3687-6118
　西葛西SS　西葛西3-7-29 …… 03-3689-2121
㈱東日本宇佐美東京販売支店環七葛西インター
　臨海町4-3-1 ………………… 03-3878-4804

バイク販売・修理・買取

㈱ウィングシャトル
　北葛西4-2-40 ………………… 03-3680-2801
㈲オートショップ早知
　南葛西4-2-2 …………………… 03-3689-4528
㈱AUTO SHOP RISING **HP**
　北葛西4-25-19 ……………… 03-3877-9887
オートプラザペガサス **HP**
　東葛西2-32-8 ………………… 03-3877-4657
KTM TOKYO EAST **HP**
　西葛西7-21-8 ………………… 03-5679-8811
バイクショップHunter **HP**
　東葛西2-26-18 ……………… 03-5696-4888
HONDA DREAM葛西 **HP**
　東葛西1-1-2 …………………… 03-6663-5500
WORLD PASSAGE in NAKAMURA CYCLE **HP**
　東葛西5-37-11 ……………… 03-3688-1166

自転車

サイクルショップウエタケ
　中葛西7-22-2 ………………… 03-3688-0405
サイクルショップ小松崎
　南葛西4-23-18 ……………… 03-3686-4172
サイクルショップたなか
　北葛西3-1-30 ………………… 03-3686-3833
サイクルショップロード
　中葛西3-11-22 ……………… 03-3688-1403
サイクルスポーツせきぐち
　東葛西5-8-22 ………………… 03-3687-5678
サイクルハウスシロコシ
　西葛西6-15-20 ……………… 03-3675-7813
サイクルプラザニシノ **HP**
　中葛西2-5-21 ………………… 03-3689-2501
じてんしゃのイマコシ
　清新町1-3-6パトリア ………… 03-3878-1233
セオサイクル **HP**
　葛西店　中葛西5-18-9-1F …… 03-3680-8541
　西葛西店　北葛西4-13-1 …… 03-5878-0162

趣味・ペット・車

免許をとる — driving school

娯楽・ゲームを楽しむ — karaoke, game

自動車教習所

葛西橋自動車教習所 **HP**
西葛西2-16-11 …………… 03-3680-2341

カラオケ

カラオケルーム歌広場葛西店 **HP**
中葛西3-37-18-5F …………… 03-3689-1137

ビッグエコー葛西店 **HP**
東葛西6-1-6-2F …………… 03-5696-0082

カラオケ&フードポップコーン
東葛西6-2-1-2F …………… 03-3869-8868

ゲームセンター

セガワールド葛西 **HP**
アリオ葛西3F …………… 03-5675-4704

ボウリング

葛西とうきゅうボウル **HP**
アリオ葛西3F …………… 03-5675-6500

ビリヤード

ダーツ&ビリヤードNO.9葛西
東葛西6-6-15-2F …………… 03-3689-8999

バッティングセンター

トミーバッティングドーム **HP**
西葛西3-3-2 …………… 03-3675-5050

趣味・ペット・車

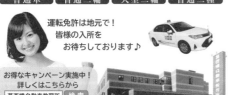

ダンスホール

ステップワン 🆗
　東葛西6-2-7-7F ················· **03-3675-8436**

マンガ喫茶・インターネットカフェ

アプレシオ西葛西店 🆗
　西葛西6-7-1西葛西メトロA棟2F **03-5676-6881**
HOT　He@rt葛西店 🆗
　中葛西3-37-12-2F ··············· **03-6663-3448**

将棋はP176へ

レジャーに
でかける

leisure

旅行代理店

㈱エイチ・アイ・エス西葛西営業所 🆗
　西葛西3-15-15-1F
　·············· Ⓕ03-5676-3280···**03-6663-2031**
㈱近畿日本ツーリスト首都圏 🆗
　西葛西6-8-15　Ⓕ03-3877-3249···**03-3675-4890**
JTB首都圏葛西アリオ店 🆗　アリオ葛西2F
　·············· Ⓕ03-5675-6818···**03-6731-4599**
JTB旅行サロン西葛西 🆗
　西葛西5-7-1 ··· Ⓕ03-5667-0825···**03-5667-0820**
㈱峰観光社 🆗 中葛西5-41-4-1F
　·············· Ⓕ03-3687-5050···**03-3680-3257**

レジャーランド

★詳しい情報はP158〜159へ

東京ディズニーリゾート
　東京ディズニーランド　浦安市舞浜
　東京ディズニーシー　浦安市舞浜
　東京ディズニーリゾート・インフォメーションセンター
　················· (10:00〜15:00)**0570-00-8632**
　··· (一部のPHS・IP電話・国際電話)**045-330-5211**

多目的ホール

江戸川区総合文化センター 🆗
　中央4-14-1 ····················· **03-3652-1111**

ホテル

スマイルホテル東京西葛西 🆗
　西葛西3-15-5 ··················· **03-3877-3810**
東横イン東西線西葛西 🆗
　西葛西5-11-12 ················· **03-5676-1045**
パールホテル葛西 🆗
　東葛西6-1-7 ···················· **03-3804-8080**
ファミリーリゾート・フィフティーズ for 舞浜店 🆗
　南葛西4-1-3 ···················· **03-3688-8808**
ベストウェスタン東京西葛西 🆗
　本館　西葛西6-17-9 ········· **03-3675-8900**
　グランデ　西葛西6-19-18 ····· **03-3687-3900**
変なホテル　東京西葛西 🆗
　西葛西5-4-7 ···················· **050-5576-8385**
ホテルシーサイド江戸川 🆗 臨海町6-2-2
　············· Ⓕ03-3804-1175···**03-3804-1180**
　予約専用 ·····················**0120-921489**
hotel MONday TOKYO NISHIKASAI 🆗
　西葛西6-8-7 ···················· **03-5605-0160**
ホテルルミエール葛西 🆗
　中葛西5-41-20 ················· **03-6663-2711**

映画館

船堀シネパル1・2 🆗
　船堀4-1-1-B1 ·················· **03-5658-3230**
シネマイクスピアリ 🆗
　浦安市舞浜1-4 ················· **047-305-3855**
イオンシネマ市川妙典 🆗
　市川市妙典4-1-1イオン市川妙典店 **047-356-0205**

趣味・ペット・車

可能なかぎりの調査に基づいて作成しましたが、
万一掲載もれや締め切り後の変更などありました
らお知らせください。　☎047-396-2211

"地域デビュー"の第一歩を踏み出そう！

江戸川総合人生大学

私たちと一緒に一歩踏み出してみませんか？

学長 北野大

地域貢献を志す区民を応援するため、学びと実践の場として江戸川区が平成16年10月に開学した大学。地域の課題を発見・認識し、積極的に地域貢献できる人材に成長することを目指す大学だ。

	学科	主要テーマ
地域デザイン学部	江戸川まちづくり学科	暮らしやすいまちづくり
	国際コミュニティ学科	国際交流・共生
人生科学部	子育てささえあい学科	子育て支援・地域教育
	介護・健康学科	地域と高齢社会

多種多様な学びのスタイル

キャンパスは江戸川区全体。講義室での座学はもちろん、江戸川区内のさまざまな現場へ出向いて授業を行う。

講義

篠崎文化プラザで行う講義で基礎知識を高める。

フィールドワーク

研究テーマに沿った現場に出向き、意見交換などを通じ学びを深める。

グループワーク

さまざまな切り口でグループを作って討論。新しいアイデアも生まれる。

発表

学習の成果を発表し、プレゼンテーション力を高める。

授業料	年間3万円	修学期間	2年

入学資格 区内在住、在勤、在学いずれかに該当し、2年間継続して学ぶことができ、その成果を地域貢献活動として実践する意欲のある人。年齢制限なし。日本語の授業に支障なければ外国人も入学可。

入学申し込み 学生募集は毎年7月頃の予定（入学は10月〜）。詳しくは7月頃から区施設（区役所、各事務所、図書館、コミュニティ会館など）で配布される入学案内を参照のこと。

問い合わせ 江戸川区篠崎町7−20−19篠崎文化プラザ内
☎03-3676-9075（江戸川総合人生大学事務局）
🖥https://www.sougou-jinsei-daigaku.net/
※江戸川総合人生大学は、学校教育法で定める正規の大学ではありません。

在校生の声

国際コミュニティ学科
16期・1年
熊木 藤彦さん
（西葛西在住）

リタイア後、「大学」という名前に惹かれたのと、地域に住む外国の方と知り合いになれたらと思い、入学しました。授業では教育や防災など区について学べる機会もあり、改めて自分の暮らす街を知ることができました。年上のモチベーションの高い仲間とつながりができたのもうれしいですね。今、日本語支援とデイジー図書のボランティアをしていますが、卒業後は2つを融合させた活動ができないかと考えています。

介護・健康学科
15期・2年
田所 陽子さん
（宇喜田町在住）

介護関係の仕事をしていたとき現場は大変そうだと感じていましたが、断片的で…。基礎から学べば、理解が深まるのではと思っていました。授業を通して、地域で自分らしく楽しんで生きる大切さを知ることができ、また、「8050問題」も区の課題として捉えられるようになりました。介護って自分に返ってくると思うんです。だから、「してあげる」ではなく、お互いに助け合っていけたらいいですね。

学びを実践

卒業生による地域活動も盛ん！

**NPO法人
江戸川・地域・共生を考える会**

富山型の理念（赤ちゃんからお年寄りまで障がいがあってもなくても一つ屋根の下で過ごす）に基づいたデイサービスの実施や、福祉に関する講演会の開催などの活動をしています。

▶**学ぶ**……………………………… **172**
学習塾、予備校、プログラミング教室、英会話、英語塾、
日本語学校、パソコン教室、幼児教室

▶**習い事をする**…………………… **176**
書道、珠算、絵画、将棋、料理、洋裁・和裁、音楽教室、
ボーカルスクール、音楽個人教授、ダンス、バレエ、
日本舞踊、総合教室

▶**スポーツする**…………………… **177**
ヨガ・ピラティス、空手・格闘技ほか、フィットネスクラブ、
テニス、サッカー・フットサル、ゴルフ、卓球、ダイ
ビングショップ・サーフショップ、ボート免許、ロック
クライミング、公営スポーツ施設

★本文中赤色になっているのは「葛西カタログ2021-22」協賛店です
★Ⓕは FAX 番号、Ⓣ＆Ⓕは電話番号と FAX 番号、ⒽⓅはホームページのあるお店

塾・習い事・スポーツ

学 ぶ

study

学習塾

Axis（個別指導） 🅗🅟
　西葛西校　西葛西3-7-7-1F … **03-5679-2971**
　東葛西校　東葛西6-28-1-1F… **03-5679-6751**
新・個別指導アシスト東葛西校 🅗🅟
　東葛西5-53-8-1F ……………… **080-8428-0353**
　対小4〜中3　受月〜木・土17:00〜22:00
市進学院 🅗🅟
　葛西教室　中葛西8-11-11 …… **03-6860-9901**
　対小5〜高3　受月〜土14:00〜21:00
　西葛西教室　西葛西6-10-12… **03-3675-2500**
　対小1〜高3、高卒　受月〜土14:00〜21:00
ECCの個別指導塾ベストOne西葛西 葛西中央通り校 🅗🅟
　西葛西7-29-16-1F ……………… **03-6808-9960**
　対小1〜高3、浪人　受月〜土14:00〜21:00
　　　　　　　　（P22カラーページもご覧ください）
ITTO個別指導学院 🅗🅟
　西葛西校　西葛西7-23-15-1F **03-5696-3434**
　対小1〜高3　時16:00〜22:00
　南葛西校　南葛西6-13-5-2F… **03-3689-3434**
　対小1〜高3　時16:00〜22:00
栄光ゼミナール西葛西校 🅗🅟
　西葛西6-8-10-4F ……………… **03-3680-7121**
　対小1〜中3　時小学部16:40〜、中学部19:20〜
英語セミナー・個別の西葛西校 🅗🅟
　西葛西6-13-14-2F ……………… **03-3680-3309**
　対中1〜高3　時火〜金17:00〜　土15:00〜
英語セミナー・集団の西葛西校 🅗🅟
　西葛西5-2-10-2F ……………… **03-3878-9981**
　対小3〜中3　時週1回1時間半・2時間10分授業
ena 🅗🅟
　葛西　東葛西6-2-3-4F ………… **03-6663-8451**
　西葛西　西葛西5-11-3-1F …… **03-6663-9711**
　対小3〜中3
　時月〜金16:50〜21:30　土14:50〜21:30
進学教室　エルフィー 🅗🅟
　南葛西校　南葛西6-8-10-2F … **0120-766-375**
　対小1〜中3　時14:00〜22:00
應修会 🅗🅟
　西葛西3-16-12-5F ……………… **03-6808-6740**
　対小2〜6

学研教室　対幼児〜中学生　時14:00〜18:00
　なぎさ教室（海老原）
　南葛西7丁目 ………………… **090-4714-0075**
　西葛西教室（鳴海）
　西葛西7丁目 ………………… **080-6688-4310**
　東葛西教室（安藤）
　東葛西2丁目………………… **03-3686-0268**
河合塾Wings西葛西教室
　西葛西3-16-12-6F…………… **03-5878-3391**
　対小5〜中3
個別指導　京進スクール・ワン 🅗🅟
　中葛西3-36-11-1F …………… **03-5675-7327**
　対小1〜高3
公文式教室　対幼児〜一般
　葛西教室　東葛西7-25-5-1F **090-1794-7655**
　時月・木15:00〜19:00
　北葛西教室　北葛西4-1-1-1F **03-5676-4828**
　時月・木14:30〜20:00　火・金14:30〜19:00
　清新パトリア教室
　清新町1-3-6パトリア2F ……… **03-6808-1233**
　時月・木15:00〜20:00　火・金15:00〜19:00
　第四葛西小東教室
　中葛西8-23-5-3F ………… **070-5593-7290**
　時月・木14:30〜19:30
　中葛西教室　中葛西3-5-5-2F **070-3227-5373**
　時火・金14:30〜20:00
　中葛西1丁目教室
　中葛西1-12-15 ……………… **03-3688-3298**
　時月・金14:30〜20:00　水14:30〜18:30
　中葛西3丁目教室
　中葛西3-33-11-3F ………… **090-2647-7427**
　時火・金15:00〜20:00
　中葛西5丁目教室
　中葛西5-2-12-2F ………… **090-4121-1917**
　時月15:30〜18:00　火・金14:30〜19:30
　中葛西7丁目教室
　中葛西7-4-9-1F ……………… **03-3688-5412**
　時火・金14:00〜20:00
　西葛西駅北教室
　西葛西3-14-20-1F ………… **080-7200-4567**
　時月・木15:00〜18:00　火・金14:30〜20:00
　西葛西駅フローラル教室
　西葛西6-22-2-2F …………… **03-6808-8288**
　時月・木15:00〜20:00　火・土15:00〜20:00
　土10:00〜12:30
　西葛西グリーン教室
　西葛西7-23-10-1F ………… **090-4060-2133**
　時火・金14:30〜19:30　土10:00〜12:00

塾・習い事・スポーツ

西葛西3丁目教室
西葛西3-7-12-2F ……………… **03-3877-1916**
時火・金15:00〜19:30

西葛西4丁目教室
西葛西4-2-63 ……………… **090-9829-2500**
時月・木14:30〜19:30

西葛西7丁目教室
西葛西7-1-15 ……………… **090-1880-3332**
時月・木15:00〜20:00

ぴあ南葛西教室
南葛西6-8-10-3F ……………**03-3201-2432**
時月・火・木・金15:00〜18:30

東葛西教室
東葛西6-17-10-2F …… **080-3172-0127**
時月・木14:30〜19:00　火・金14:30〜20:00

東葛西小前教室
東葛西8-20-16 ……………… **080-8300-1469**
時火・金14:30〜19:30

東葛西2丁目教室
東葛西2-5-14-1F ……………… **090-9309-2845**
時火・金15:00〜19:00

フラワーガーデン教室
南葛西4-11-5-2F ……………… **070-3859-8889**
時14:30〜19:30

堀江教室　南葛西4-1-11-1F … **03-3688-7579**
時月・火・木・金14:00〜20:00

南葛西3丁目教室
南葛西3-8-3-2F ……………… **070-6466-3846**
時月・木14:30〜21:00

クリップアカデミー北葛西校舎 **HP**
北葛西4-5-7-1F ……………… **03-5679-5377**
対小〜高　**時**16:35〜22:00

国大セミナー西葛西 **HP**
西葛西6-25-9 ……………… **03-3804-8944**
時月〜金14:00〜22:30

個太郎塾 **HP**
葛西教室　中葛西3-37-3 …… **03-5659-6662**
対小1〜高卒　**時**1回1コマ80分授業
受月〜土14:00〜21:00

西葛西教室
西葛西6-10-12 ……………… **03-3675-2500**
対小1〜高卒　**受**月〜土13:30〜21:30

ジェック学院 **HP**
南葛西2-1-20 ……………… **03-3869-2232**
対小3〜高3
時月〜金16:00〜22:00　土13:00〜22:00

自立学習RED葛西教室 **HP**
中葛西5-34-7 ……………… **03-3878-0440**
対小・中　**受**14:00〜21:00

進学プラザTOKYO西葛西駅前教室 **HP**
西葛西3-15-16-3F……………… **03-6808-7171**
時14:00〜20:00　　　　　　**休**日・月・祝

スクールIE **HP**
葛西南口校　中葛西8-11-5-2F **03-3686-2581**
対小〜高　**受**月〜土14:00〜21:00
西葛西北校　西葛西3-3-3-2F **03-6808-0205**
対小〜高　**受**月〜土14:00〜20:00
南葛西校　南葛西4-11-5-1F… **03-3675-6209**
対小〜高　**受**月〜土14:00〜22:00

駿台　中学部・高校部西葛西校 **HP**
西葛西6-16-4-8F ……………… **03-6808-3490**
対小3〜高3　**受**13:30〜20:30

葛西の学び舎　斉学舎 **HP**
中葛西5-39-2-3F ……………… **03-6885-5140**
対年中〜高3
時月〜金15:00〜22:30　土11:00〜20:00

東京個別指導学院 **HP**
葛西教室　東葛西6-2-3-5F … **03-6848-9698**
対小学生〜大学受験生　**時**月〜土14:00〜21:30
西葛西教室　西葛西5-2-3-3F **03-3689-3759**
対小学生〜大学受験生　**時**月〜土14:00〜21:30

TOMAS葛西校 **HP**
東葛西6-2-3-2F ……………… **03-5878-3759**
対小〜高

〈次ページへつづく〉

塾・習い事・スポーツ

学習塾〈前頁から〉

成増塾西葛西校 🅟
西葛西3-15-9-8F ┈┈┈┈ **03-3804-4584**
対中1〜高3　**時**月〜土17:00〜21:30

HAPPY-CLASS
清新町1-1-6-8F ┈┈┈┈┈ **03-5696-6799**
対小〜中　**時**月〜金15:30〜21:00

一橋セミナー西葛西校 🅟
西葛西6-8-3 ┈┈┈┈┈┈ **03-3686-6256**
対小3〜高3　**時**月〜土15:00〜22:00

ブレーン西葛西校 🅟
西葛西7-3-3-1F ┈┈┈┈┈ **03-5659-0911**
対小〜高
受月〜金14:00〜22:00　土10:00〜22:00

マップ教育センター 🅟
西葛西5-5-7-3F ┈┈┈┈┈ **03-5676-5584**
対小1〜高3　**時**月〜土13:00〜22:00

明光義塾 🅟
葛西駅前教室
東葛西6-2-9-3F ┈┈┈┈┈ **03-5667-4888**
西葛西教室
西葛西6-10-14-2F ┈┈┈┈ **03-5658-8550**
南葛西教室
南葛西1-13-9-2F ┈┈┈┈ **03-5674-3125**
対小〜高　**時**14:00〜22:00（西葛西教室のみ13:00〜）

明利学舎 🅟　西葛西6-8-16-2F
┈┈┈┈┈ Ⓕ03-5605-3854┈**03-5605-3796**
対年長〜中3
時月〜金15:00〜22:00　土13:00〜21:00

森塾　西葛西校 🅟
西葛西6-8-10-3F ┈┈┈┈ **03-5667-2335**
対小〜高

予備校

武田塾西葛西校 🅟
西葛西6-16-7-5F ┈┈┈┈ **03-6808-9856**
対高校生〜既卒　**時**月〜土13:00〜22:00

プログラミング教室

ヒューマンアカデミー　ロボット教室 🅟
西葛西教室
西葛西5-6-2-6F ┈┈┈┈┈ **03-6808-7188**
対5歳〜中学生

英会話

イーオン西葛西校 🅟
西葛西5-1-11-2F ┈┈┈┈ **03-3680-1810**
対1歳〜一般
時月〜金12:00〜21:00　土10:00〜19:00　**休**日・祝

ECCジュニア西葛西　葛西中央通り教室 🅟
西葛西7-29-16-1F ┈┈┈┈ **03-6808-9960**
対4歳〜

（P22カラーページもご覧ください）

Win Be西葛西北校 🅟
西葛西1-15-1 ┈┈┈┈┈┈ **03-6456-0401**
対幼児〜小学生
時火〜金13:00〜21:00　土10:00〜18:00

K English School
中葛西8-23-5-2F ┈┈┈┈ **03-3869-2969**

ケンブリッジ英会話 🅟
中葛西5-35-6 ┈┈┈┈┈ **080-5171-4113**
時月〜金10:00〜12:00　14:00〜21:00
土10:00〜12:00　13:00〜17:00

シェーン英会話
葛西校　東葛西5-1-2-4F ┈┈ **03-3877-4747**
対2歳〜一般
時月〜金13:00〜21:00　土10:00〜18:00
西葛西校　西葛西3-16-12-3F **03-3689-4143**
対2歳〜一般
時火〜金13:00〜21:00　土・日10:00〜18:00　**休**月

セイハ英語学院葛西イオン教室
イオン葛西店4F ┈┈┈┈┈ **0120-815-718**
対0〜12歳

英会話スクール　プログレス 🅟
東葛西7-2-1-4F ┈┈┈┈┈ **090-7904-7687**
対幼児〜一般　※英検クラス（オンライン形式）あり

Little London English 🅟
西葛西6-27-13-1F ┈┈┈┈ **03-5667-2566**
対幼児〜シニア
時月13:00〜22:00　火〜金11:00〜22:00
土9:00〜17:00　　　　　　　　　　**休**日・祝

塾・習い事・スポーツ

英語塾

アドヴァンス・イングリッシュ **HP**
　南葛西7-1-6-13F ………… **03-3687-5211**
JOY英語教室　南葛西4-18-5 … **03-3686-6421**
　対幼・小～高
東進こども英語塾東葛西教室 **HP**
　東葛西4-54-3 ……………… **03-6240-5748**
　対3～12歳

日本語学校

東方国際学院 **HP**
　東葛西5-15-2 ……………… **03-3878-9630**
　対在日外国人
　時月～金9:00～12:30　13:15～16:45
東洋言語学院 **HP**
　西葛西7-6-3 ………………… **03-5605-6211**
　対外国人　**時**月～金9:10～12:25　13:10～16:25

パソコン教室

パソコン市民IT講座　㈱パソコンライフ **HP**
　西葛西3-15-8-4F ………… **03-5658-8034**
　対一般　**時**火10:00～18:00　木10:00～19:10
　金10:00～16:50　第1・3・4・5土10:00～18:00
　　　　　　　　　　　　休第2土・月・水・日・祝

★パソコン市民IT講座・パソコン教室★
初心者からの教室!　☎0120-805-319
http://www.pclife.co.jp/school　パソコンライフ

パソコン市民講座　イトーヨーカドー葛西教室 **HP**
　アリオ葛西店3F ……………… **03-5659-7212**
　対小～一般
　時月10:10～20:00　水・土・日10:10～18:00
　金10:10～16:00　　　　　　**休**火・木・祝
わかるとできる　イオン葛西校 **HP**
　イオン葛西店4F ……………… **03-5679-5192**
　受月～金10:00～20:40
　（土・日・祝は17:30まで）

幼児教室

イーグルインターナショナルスクール **HP**
　東葛西6-2-9-5F ……………… **03-3686-8681**
　対1歳半～6歳（学童保育あり）
　時月～金9:00～18:00　**内**早期幼児英語、英会話
講談社こども教室 **HP**
　イオン葛西店2F ……………… **0120-327-341**
　対0歳～（知育）、小学生（国語・算数）、0～12歳（英
　語・英会話）　**受**月～土10:00～17:00
コペル葛西駅前教室 **HP**
　中葛西5-42-3-5F …………… **03-5659-3810**
　対0歳～小学生　**時**10:00～18:00　　　**休**月・火
サイエンス倶楽部西葛西教室 **HP**
　西葛西3-15-9-5F …………… **03-6808-1186**
　対年中～中学生
七田式幼児小学生教室葛西教室 **HP**
　中葛西3-37-3-5F …………… **03-5674-1749**
　対胎教、0～6歳、小学生　**内**右脳開発レッスン（胎教、
　幼児、小学生、障がい児、英語）
スマイルインターナショナルスクール **HP**
　西葛西5-8-16 ………………… **03-6821-1171**
チャイルド・アイズ **HP**
　葛西南口校
　中葛西8-11-5-2F …………… **03-3686-2582**
　対1歳半～小学生
　時火～金10:30～18:00　土10:00～18:00　**休**月・日
　西葛西行船公園校
　西葛西1-13-1-2F …………… **03-6808-4103**
　対1歳半～小学生　**時**10:00～18:00
めばえ葛西教室 **HP**
　アリオ葛西2F ………………… **0120-557-115**
　対1～7歳

塾・習い事・スポーツ

175

習い事をする

lesson

書道

茜書道教室　中葛西2-7-12 ····· **03-3689-7458**
　対幼児～一般　**時**応相談

葛西学院（水声会）
　東葛西6-31-7-4F ················· **03-3680-6361**
　時火・木15:30～19:00　土15:00～18:30

恵乃（めぐみの）書塾　中葛西第一教室 HP
　中葛西8 ······························· **090-6524-5131**
　対幼児～一般
　時月・火・木16:00～20:00
　金10:00～12:00　16:00～18:00　土10:00～14:00

日本書道　和の輪クラブ
　清新町1-4-7-5F ··················· **03-5878-9533**
　対幼児～一般　**時**月・土16:00～18:00

珠算

石戸珠算学園　葛西教室
　東葛西5-2-11-B1 ··············· **050-3188-9275**
　対幼児～　**時**火・水・木・金15:20～19:30
　土10:00～16:00　　　　　　　　　　　**休**月・日

葛西学院　東葛西6-31-7-4F　**03-3680-6361**
　時月・水・金15:40～19:30

三田そろばん　西葛西5-9-3　**03-3688-2218**

絵画

アトリエ　スロウパレード
　西葛西7-23-15-1F·············· **03-6808-9776**

将棋

土岐田将棋道場
　東葛西6-44-10 ··············· **03-5674-2107**

料理

ホームメイドクッキング西葛西教室 HP
　西葛西6-8-5-3F ················· **03-5696-6445**
　対一般　**内**パン、天然酵母パン、ケーキ、クッキング、
　和菓子、パスタ

洋裁・和裁

ニットソーイングクラブ西葛西店 HP
　西葛西6-15-12-2F ············· **03-5605-0992**
　対一般女性　**受**10:00～12:00　13:00～16:00
　　　　　　　　　　　　　　　　　　休日・祝

音楽教室

石川雅子ミュージックアカデミー HP
　西葛西3-22-6-1F小島町2丁目団地内
　····································· **03-3878-8371**
　····································· **090-5432-1093**
　対幼児～一般　**時**月～日10:00～（応相談）
　内ピアノ、ヴァイオリン、ヴィオラ、チェロ、フルー
　ト、リコーダー、声楽、ソルフェージュ、ボーカルト
　レーニング

島村楽器 HP
　イオン葛西店　イオン葛西店4F　**03-3675-1151**
　ミュージックサロン葛西
　中葛西5-19-20 ················· **03-3686-7474**
　対0歳～
　時10:00～21:00（日・祝のみ10:00～17:30）
　ミュージックサロン西葛西
　西葛西3-22-21-6F ············· **03-3675-9977**
　対0歳～
　時11:00～21:00（日・祝のみ10:00～18:00）
　ミュージックサロンパトリア西葛西
　清新町1-3-6パトリア2F ············ **03-3869-8899**
　対0歳～
　時月～土10:00～21:00　日・祝10:00～18:00

ピアマーレ　ミュージック HP
　南葛西6-13-12-3F ············· **050-3592-6303**
　対幼児～　**内**ピアノ、フルート

ブリランテ音楽院 HP
　南葛西4-21-18 ················· **03-6663-9621**
　対4歳～一般　**内**ピアノ

みよしピアノ教室
　北葛西1-4-22 ················· **080-1075-5045**

宮川明フラメンコギター教室
　東葛西2-2-11-2F ············· **090-8491-6364**

ボーカルスクール

モア東京ボーカル教室葛西駅校 HP
　中葛西3-37-3-8F ·············· **03-5878-0164**
　時11:00～21:00　　　　　　　　　**休**不定休

音楽個人教授

岡本音楽教室　清新町1-1 ……… **03-3687-1715**
　対幼児〜一般（初心者のみ）　**内**ピアノ

ダンス

M&Sカンパニー西葛西スタジオ
　西葛西3-2-15-1F ………………… **03-6808-5037**
　対幼児〜一般
　内バレエ、ジャズダンス、タップほか
田中忠ダンススポーツクラブ
　中葛西3-33-11-5F ……………… **03-3675-6688**
　対小学生（中学年）〜一般　**時**13:00〜22:00
　クラス／月・水・金19:00〜20:00、個人／予約制
　内社交ダンス
スタジオDDF
　西葛西5-5-15-1F ……………… **03-6808-0052**
　対4歳〜一般

バレエ

榛名バレエスタジオ
　南葛西3-12-23 …………… **03-3680-6007**
　対3歳〜一般

日本舞踊

正派若柳流柳扇会舞踊教室
　西葛西2-2-7 ………………… **03-3680-0211**
　対幼児〜一般　**時**予約制

総合教室

イオンカルチャークラブ葛西店
　イオン葛西店4F ……………… **03-5679-6091**
東京カルチャーセンター
　東葛西5-1-3-4F ……… **03-3686-0634**
　対幼児〜一般　**受**月〜金9:30〜20:00　土9:30〜17:00
　　　　　　　　　　　　　　　　　休日・祝

スポーツする　sports

ヨガ・ピラティス

Hot&Shapeカルド西葛西
　西葛西6-17-1-2F ……………… **03-6808-7192**
　時月〜金10:00〜23:00　土・日・祝10:00〜20:00
パラダイスヨガ（ハーディマン智子）
　東葛西6-28-5-1F ……………… **090-8559-5150**
　時月・水・金・土・日　午前中
ホットヨガスタジオBODY UP西葛西
　西葛西6-15-24 ……………… **03-6456-0646**
ヨーガすみれ（石川雅子）
　西葛西5-5-15-1F ………… **090-5432-1093**
　対一般　**時**月10:00〜11:30
zen placeピラティス・ヨガ西葛西スタジオ
　西葛西6-17-6-2F ……………… **03-6808-6451**
　時月〜金7:00〜20:00　土・日・祝7:00〜16:00

空手・格闘技ほか

国際空手道連盟　極真会館東京城東葛西支部　葛西道場
　東葛西5-1-14-2F ……………… **03-6456-0178**
　対幼児・小学生・学生・一般・女子・壮年・シニア
掌道会 　東葛西5-20-6-2F … **03-5654-6080**
　対3歳〜　**内**空手
NPO法人　全世界空手道連盟　新極真会　葛西道場
　西葛西6-6-12-2F
　………………… Ⓕ047-354-2926…**03-6689-1120**
　対幼児〜壮年
日本空手道玄和会 ……… **03-3656-6273**（近藤）
　対小学生〜、一般　**内**空手
　場スポーツセンター　**時**土18:00〜21:00
日本健康武道協会　健進会
　………………………………**03-5676-2587**（入川）
　内空手をベースに総合武道　護身術（家族一緒に参加
　可能）
　場スポーツセンター　**時**日（月2回）14:00〜17:00
　　　　　　　　　　　　　　　〈次ページへつづく〉

塾・習い事・スポーツ

空手・格闘技ほか〈前頁から〉

SQUARE-UP KICK BOXING道場
南葛西3-24-24 ……………… **03-5676-4323**
時月・火・木・金14:00～23:00
土14:00～20:00　日10:00～16:00

パラエストラ葛西 ⑭
西葛西2-23-7-1F ……………… **03-3688-3108**

フィットネスクラブ

エニタイムフィットネス西葛西店 ⑭
西葛西6-8-1-2F ……………… **03-5878-1651**

カーブス ⑭
葛西駅前
中葛西3-33-11-4F………… **03-6808-8603**
北葛西　北葛西5-12-18-1F … **03-6276-1033**
西葛西
清新町1-3-6パトリア2F ……… **03-3687-1222**
南葛西　南葛西1-14-13-3F … **03-5679-5105**
時月～金10:00～13:00　15:00～19:00
土10:00～13:00　　　　　　休日・祝

コナミスポーツクラブ　西葛西 ⑭
西葛西6-9-4 ……………… **03-3686-8833**
対16歳～　内マシンジム、プール（25m×6コース）、
2面スタジオ、風呂、気泡プール、ゴルフ、エステ、
シニア向け運動スクールほか　　　　休火

コナミスポーツジュニアスクール　西葛西 ⑭
西葛西6-13-7-5F ……………… **03-3686-8301**
内スイミング、体育、空手、ダンシングスターズ
対子どもほか
受月～水・金・土10:00～19:00　日9:15～17:00
休木

ゴールドジム西葛西東京 ⑭
西葛西6-16-1-3～7F ………… **03-5679-7474**
時24時間　　　　　　　　休第3月曜

スポーツクラブNAS西葛西
西葛西6-15-24 ……………… **03-6456-0645**
時月～水・金10:00～23:00　土10:00～21:00
日・祝10:00～20:00
内ジム・スタジオ・ゴルフ・エステ・サウナ・風呂・
クライミングほか　　　　　　休木

セントラルウェルネスクラブ葛西店 ⑭
中葛西3-33-12 ……………… **03-5667-1070**
時火～金9:30～23:00　土10:00～21:00
日・祝10:00～20:00　　　　　休月

FASTGYM24葛西店 ⑭
東葛西6-2-7-5F ……………… **03-5679-5360**
受月・火・木12:30～15:00　16:00～20:00
日・祝10:00～15:00　16:00～18:00

ヘルスコンサルティング㈱ ⑭
中葛西2-17-8 ……………… **03-3877-7708**
受10:00～18:00

Body Base ⑭
中葛西5-42-3-4F ……………… **03-5878-1247**
内パーソナルトレーニングスタジオ
時月～金10:00～22:00　土9:00～21:00
日・祝9:00～20:00

テニス

コナミスポーツ　テニススクール　西葛西 ⑭
西葛西6-13-3 ……………… **03-3680-4161**
受月・水～日・祝（時間は問い合わせを）　休火

フェリエインドアテニスクラブ ⑭
中葛西5-21-7 ……………… **03-3877-7877**
受9:00～24:00

サッカー・フットサル

宇喜田サッカークラブ ⑭
西葛西4-6-5 ……………… **03-3689-5428**
時火・金／小1～3　月・水／小4～6

塾・習い事・スポーツ

ゴルフ

葛西駅前ゴルフスクール HP
東葛西6-1-6 ···················· **03-6808-7000**
時月〜金10:00〜22:00　土・日・祝9:00〜21:00

GOLFING BASE TOKYO
西葛西3-22-10 ·················· **03-5659-0818**
時月〜金9:45〜22:40　土・日・祝8:40〜20:30

ステップゴルフプラス西葛西店 HP
西葛西6-16-1-2F ················ **03-3680-5333**

ZEN GOLF RANGE葛西店 HP
南葛西1-14-13-1F ·············· **050-5357-3129**

ロッテ葛西ゴルフ HP
臨海町2-4-2 ····················· **03-5658-5600**
時24時間営業

ワイズワンゴルフスクエア西葛西店（スクール） HP
西葛西6-18-10-2F ·············· **03-5878-1022**
時月〜金10:00〜21:50　土9:00〜20:50
日8:00〜20:50

卓球

T.T Labo　葛西 HP
中葛西5-19-30-2F ·············· **03-6795-9762**
時9:00〜21:30　※予約制　　　　**休**不定休

礼武卓球道場 HP
中葛西2-24-12-3F ·············· **03-3804-0402**
対4歳〜一般
時月17:00〜18:00　火〜金9:30〜20:00
土・日9:30〜18:00

ダイビングショップ・サーフショップ

スクランブルサーフショップ HP
東葛西1-20-19 ··················· **03-3688-7254**
受月〜土15:00〜21:00　日・祝12:00〜18:00

㈲東京ダイビングセンター HP
西葛西6-25-9-1F ··············· **03-3686-6617**

ブルー＆スノーダイビング葛西店 HP
東葛西6-16-1-1F ··············· **03-6808-1322**

ボート免許

ニューポートマリンクラブ HP
東葛西3-17-16 ··················· **03-3675-4702**
内ボート免許スクール　※予約制
受8:00〜17:00　　　　　　　　　　**休**火

ロッククライミング

ロックランズ HP
東葛西5-27-16 ·················· **03-5659-0808**
時月〜金12:00〜23:00　土8:00〜22:00
日・祝8:00〜21:00　　　　　　　　年中無休

公営スポーツ施設

★詳しい情報はP180へ

スポーツセンター
西葛西4-2-20 ··················· **03-3675-3811**
陸上競技場　清新町2-1-1 ···· **03-3878-3388**
江戸川区球場　西葛西7-2-1····· **03-3878-3741**
臨海球技場　臨海町1-1-2 ···· **03-3680-9251**
西葛西テニスコート
西葛西8-17-1 ··················· **03-6808-4158**
新左近川親水公園カヌー場
臨海町2丁目先 ··················· **03-5605-1137**
総合体育館　松本1-35-1 ······· **03-3653-7441**
スポーツランド（テニス・フットサル〈通年〉・
アイススケート〈10月〜5月〉・プール〈7月〜8月〉）
東篠崎1-8-1 ····················· **03-3677-1711**
水辺のスポーツガーデン
東篠崎2-3先 ···················· **03-5636-6550**
小岩テニスコート
北小岩6-43-1 ··················· **03-3673-0202**
谷河内テニスコート
谷河内2-9-19 ··················· **03-3677-9569**
松江テニスコート　松江5-5-1 **03-3656-7702**
江戸川グラウンド
江戸川河川敷 ···················· **03-5662-1636**
小松川グラウンド
荒川河川敷 ······················ **03-5662-1636**
小松川さくらホール（卓球・バドミントン・温水プール）
小松川3-6-3 ···················· **03-3683-7761**
小岩アーバンプラザ（スカイプール）
北小岩1-17-1 ··················· **03-5694-8151**
都立篠崎公園（テニス・野球場）
上篠崎1-25-1 ··················· **03-3670-4080**

可能なかぎりの調査に基づいて作成しましたが、万
一掲載もれや締め切り後の変更などありましたらお
知らせください。　　　　　　☎047-396-2211

いろいろな施設がそろっている
スポーツセンター

西葛西 4-2-20　☎ 03-3675-3811

第22回リズム運動大会

ここがポイント　プールや体育館のほか、柔道場・剣道場やトレーニングマシンなどさまざまな設備を備えた屋内運動場。区の公共施設なので利用料も安い。地域のスポーツ教室や同好会なども多種多様で老若男女問わず誰でも気軽に利用できる。自分に合ったメニューを探していい汗流そう!

 利用しています　毎週ヨガ教室へ通っています。子どもを連れて行っても、館内にいろいろあるので飽きずに遊べて安心。子どもは温水プールも利用しています。(北葛西 40 代女性)

■**交通**　東西線西葛西駅より徒歩7分
■**駐車場**　83台(有料)
最初の1時間200円、以後1時間毎100円
※毎週土曜、第3駐車場は障害者専用
■**オープン**　1981年11月
■**年間利用者**　92万7176人(2019年度)
■**利用時間**　AM9〜PM11(日・祝PM10まで)
　　※開館時間は8:45〜
■**休館日**　6月1日・2日/11月9日/12月29日〜12月31日/3月15日(2021〜2022年予定)
■**利用料金(2021年4月1日現在)**
　一般公開/高校生相当以上210円、小・中学生50円　※お得な回数券1050円(210円券6枚綴り)、500円(50円券12枚綴り)もあり

■**施設**
○1階…温水プール(大・小)
　　　　柔道場・剣道場、卓球室
　　　　みんなのスポーツルーム
　　　　トレーニング室
○2階…会議室(第1・2)、和室、中央更衣室、事務室、レストラン、医務室
○3階…大体育室、小体育室
○4階…観覧席(大体育室用)

■**一般公開(個人利用)**
　一般公開日であれば、誰でも自由に利用できる。※温水プール・スポーツルームの利用時間は1回2時間を目安に利用可
◆**利用区分(大体育室・小体育室・卓球室)**
　午前(AM9〜PM1)
　午後(PM1〜6)
　夜間(PM6〜10:30、
　　　　日・祝日はPM9:30まで)
※卓球・バドミントンの利用は初回1時間利用。その後30分ずつ延長が可能

■**貸切(団体利用)**
　大体育室、小体育室、卓球室、柔道場、剣道場、会議室、和室を施設利用区分で定めた日に限り貸切利用できる(利用区分についてはスポーツセンターに問い合わせを)。
〈貸切利用受付〉
○利用日の3カ月前から、直接来館か電話で。
○大体育室の半面利用と体育目的外の場合のみ利用日の2カ月前から。
○貸切利用料金は次頁を参照。

スポーツ教室もあるよ!
日ごろの健康づくりと技術の向上をお手伝い
エアロビクス・ヨーガ・親子体操・小学生体操・バレエ・ピラティスやフラダンスほか、多数。詳しくは問い合わせを。

■体育棟団体貸切使用料（月〜土曜日）

区分／施設名	午前 9:00〜12:00	午後 13:00〜17:00	夜間（1） 18:00〜20:30	夜間（2） 21:00〜22:30	全日 9:00〜22:30
大 体 育 室	12,570 円	16,550 円	17,500 円	10,500 円	57,120 円
小 体 育 室	4,720 円	7,120 円	7,400 円	4,500 円	23,740 円
卓 球 室	3,980 円	5,550 円	5,800 円	3,500 円	18,830 円
柔 道 場	2,200 円	3,040 円	3,200 円	1,900 円	10,340 円
剣 道 場	2,200 円	3,040 円	3,200 円	1,900 円	10,340 円
会 議 室	1,250 円	1,780 円	1,800 円	1,100 円	5,930 円
和 室	520 円	840 円	900 円	500 円	2,760 円

■体育棟団体貸切使用料（日曜日・祝日）

区分／施設名	午前 9:00〜12:00	午後 13:00〜17:00	夜間 18:00〜21:30	全日 9:00〜21:30
大 体 育 室	12,570 円	16,550 円	24,410 円	53,530 円
小 体 育 室	4,720 円	7,120 円	10,270 円	22,110 円
卓 球 室	3,980 円	5,550 円	8,070 円	17,600 円
柔 道 場	2,200 円	3,040 円	4,400 円	9,640 円
剣 道 場	2,200 円	3,040 円	4,400 円	9,640 円
会 議 室	1,250 円	1,780 円	2,410 円	5,440 円
和 室	520 円	840 円	1,150 円	2,510 円

※区外団体の場合、使用料は異なる

プール

■プール（個人利用）

　ウォーキングコースも用意してあるので、初めての人も、泳ぎたい、練習したいという人にもおすすめの室内温水プール。乳幼児から成人まで幅広い年齢層に合わせた水泳教室や、海の日からの夏休み期間中の午前7時〜8時45分に開放される「早朝プール」もあるので気軽に参加してみよう。出勤前にひと泳ぎというのもいいかも。

　団体利用のないときはいつでも利用OKだけど、夏休み期間中とそれ以外は利用スケジュールが変わるので、詳しいことはスポーツセンターへ問い合わせを。

◆25m×15m（公認−7コース）・水深1.2〜1.5mの大プール、15m×8m・水深0.8〜0.9mの小プールの2つ

◆入場時間は1回につき2時間を目安に利用可

◆利用の際は水泳帽を必ず着用

◆幼児（2歳6カ月以上かつおむつがとれている）の利用は、保護者1名につき幼児2名まで

スポーツセンターまつりに行ってみよう

　例年11月3日（文化の日）はスポーツセンターで「まつり」が開かれる。

　大体育室では、一般参加の運動会が繰り広げられる。当日申し込みをした人たちやスポーツセンターのサークルに参加している人たちが、4チームに分かれての玉入れゲームなどを思いっきり楽しんでいる。老若男女を問わず、小さな子どもたちにも大人気。当日参加者、約1万2000人！（2019年度）とまさにスポーツの秋を満喫できる一大イベントなのだ。ゲームだけでなく、豪華景品が当たるクイズもあり、サークルが模擬店を出店したりと一日中楽しめる。

　一日に約1万人もの人が訪れる人気の秘密は、低料金でマメに開催しているいろいろな教室や、施設の充実ぶり。スタッフの対応のよさも目をひく。ということは、その日だけでなく、継続的に利用しているファンが多いということなのでは？　体を動かしたくなったら、スポーツセンターをのぞいてみてはいかが？「まつり」がいいきっかけになるかも。

●問い合わせ　スポーツセンター　☎03-3675-3811

葛西ガイド

一般公開もあり
江戸川区陸上競技場

清新町 2-1-1 ☎ 03-3878-3388

■交通　東西線西葛西駅より徒歩15分
　都営バス（4番のりば臨海町2丁目団地前行
　き)清新ふたば小学校前下車
■駐車場　95台
■オープン　1984年
■年間利用者　約26万人（2019年度）
■利用時間　AM9～PM9
■休場日　12月28日～1月4日

■施設
○日本陸上競技連盟第三種公認施設
○トラック（1周400m8コース）
　3000m障害走路設置
○フィールド（跳躍、投てき、サッカー、ラ
　グビーなど）
○夜間照明設備あり
○観客施設6784人収容
　（メインスタンド2034人、うち車イス席10
　人、バックスタンド2750人、芝生席2000人）
○その他　会議室、売店、男・女更衣シャワー
　室、ロッカー208人分

ここが ポイント　国際大会などの大きな大会が行われるりっぱな競技場。大きな大会だけではなく、小中学校の大会なども開催される。個人利用も可能で、中高生から一般の人、実業団選手まで幅広く利用されている。全国レベルのトップアスリートに会えるかも！　陸上競技のほか、フィールドではサッカーもOK！

〈利用受付〉
◆貸切利用（団体利用）
○貸切利用aは利用月の3カ月前から受付。貸
　切利用bは利用月の2カ月前から受付。3カ月
　前の1日に公開抽選。
○受付は陸上競技場で

◆一般公開（個人利用）
○毎週火・木・土曜日の夜間および利用日の一
　週間前までに貸切利用の申し込みがない昼
　間に限り開放。
○受付は陸上競技場で（利用日に直接競技場へ）
○利用を制限する種目もあり

葛西ガイド

■個人使用料(一般公開使用料)　※回数券あり　　2021年4月1日現在

単位時間 利用者の区分	午前 9:00～13:00	午後 13:00～17:00	夜間 17:00～21:00
一般（高校生以上）	210円	210円	320円
小・中学生	50円	50円	70円

貸切利用 (a)			9:00~13:00	13:00~17:00	17:00~21:00	9:00~21:00
施設全体	一般	平　日		33,000 円		99,000 円
		土・日・祝		39,600 円		118,800 円
	中学生以下	平　日		16,500 円		49,500 円
		土・日・祝		19,800 円		59,400 円
グラウンドおよびメインスタンド	一般	平　日		28,390 円		85,170 円
		土・日・祝		34,050 円		102,150 円
	中学生以下	平　日		14,200 円		42,600 円
		土・日・祝		17,020 円		51,060 円
グラウンドのみ	一般	平　日		25,670 円		77,010 円
		土・日・祝		30,800 円		92,400 円
	中学生以下	平　日		12,830 円		38,490 円
		土・日・祝		15,400 円		46,200 円

貸切利用 (b)		9:00~11:00　11:00~13:00　13:00~15:00　15:00~17:00　17:00~19:00　19:00~21:00の単位時間ごとの使用料		
		施設全体	グラウンドおよびメインスタンド	グラウンド
一般	平　日	16,550 円	14,250 円	12,880 円
	土・日・祝	19,900 円	17,080円	15,400円
中学生以下	平　日	8,280 円	7,120 円	6,450 円
	土・日・祝	9,950 円	8,540円	7,700円

誰でもカヌーに親しめる場に

江戸川区新左近川親水公園カヌー場

臨海町二丁目地先　☎ 03-5605-1137

■交通　東西線「西葛西駅」南口徒歩20分
都バス(西葛27臨海町二丁目団地行き)「紅葉
川高校」下車徒歩3分
■駐車場　215台(新左近川親水公園の有料駐
車場)
■利用時間　4~8月 AM9~PM6、9月・3月 A
M9~PM5、10~2月 AM9~PM4
■休場日　12月28日~1月4日
■施設
○カヌースラローム場、カヌースプリント場、カヌー
ポロ場、多目的カヌー場
・管理棟　事務室・多目的トイレ・男女および障
害者用更衣室・シャワー室
・艇庫　60艇収容可能

■利用料金(1時間単位)
一般(高校生以上)100円、小中学生は50円。
貸切の場合は420円。用具もレンタル(別途一
般100円、小中学生50円)
〈利用受付〉
◆貸切利用
利用希望日の3カ月前の1日から施設窓口で
先着順受け付け。当日使用料を支払う。
◆個人利用
1週間前までに貸切利用の申し込みがない時間
帯に1時間単位で利用できる。施設窓口で当日
先着順受け付けして使用料を支払う。小学生
以下の利用は保護者または指導者の付き添い
が必要。

葛西ガイド

広場もあるよ！

江戸川区臨海球技場

臨海町 1-1-2 ☎ 03-3680-9251

■交通
　JR京葉線葛西臨海公園駅下車徒歩15分
　都営バス（東西線西葛西駅から臨海町2丁目
　団地前行き）臨海町1丁目下車徒歩5分
■駐車場　47台（うち身障者専用1台）
■オープン　1989年
■年間利用者　24万6442人（2019年度）
■利用時間　AM8～PM9
■休場日　12月28日～1月4日、
　　　　　　冬季グラウンド補修期間

■施設
○南面　少年野球場4面
　（一般利用のときは2面）
○北面　多目的グラウンド2面
　（ラグビー・ラクロス・アメフトのときは1面）
○フットサルコート　2面
○夜間照明、エスカレーター、更衣室、シャワー
　室（男子7ブース、女子3ブース）、ロッカー
　（男子128、女子24）

■利用料金（2021年4月1日現在）
○グラウンド使用料（フットサルコートも含む）
　一般（高校生以上）1面1570円（1時間）
　中学生以下無料
　※入場料を徴収する場合は、上記使用料の5
　割増し・夜間照明設備使用料
　野球場2620円（南面、1面・1時間）
　サッカー1575円（北面、1面・1時間）
　サッカー以外ラグビー・ラクロスなど
　3150円（2面・1時間）　フットサルコート
　520円（1面・1時間）

〈利用受付〉
○臨海球技場で受付
○中学生以下は利用月の3カ月前から受付
　※3カ月前の10日に公開抽選
○一般は利用月の2カ月前から受付
　※2カ月前の10日に公開抽選
○詳細は臨海球技場へ問い合わせを
　※フットサルコートはインターネット予約のみ

葛西ガイド

ここが
ポイント　葛西水再生センターの
上にある球技場。自由に
遊べる広場も併設されて
いるので、気軽に足を延ばしてみては。

江戸川区球場

スタンドのある区の野球場はここだけ

西葛西 7-2-1 ☎ 03-3878-3741

■交通　東西線西葛西駅より徒歩3分
■駐車場　40台　■オープン　1984年
■年間利用者　10万8870人（2019年度）
■利用時間　AM8～PM9
■休場日　12月28日～1月4日、冬季グラウンド補修期間およびグラウンド整備日

■施設
○グラウンド　（両翼90m、中央118m、内野・混合土、外野・芝）・夜間照明、スコアボード（電光表示）
○観客施設4014人収容　（内野席2284人、外野席1700人、多目的観覧エリア10人、車イス席20人）
〈利用受付〉
○毎月2日に利用月3カ月前からの分を公開抽選（少年は利用日の2週間前から受付）
○詳細については問い合わせを

■利用料金(2021年4月1日現在)
○グラウンド使用料　一般　1時間　6300円
　※入場料を徴収する場合は、上記使用料の5割増し
○夜間照明設備使用料　1時間　4190円

ここが ポイント　4000人が観覧できるスタンドを備え、高校野球地区予選など大規模な大会も行われる。夜間や休日利用は混み合うので平日利用がおすすめ。

西葛西テニスコート

多目的に利用できるテニスコート

西葛西 8-17-1 ☎ 03-6808-4158

■交通　東西線西葛西駅より徒歩15分、都営バス（西葛20甲なぎさニュータウン行き、西葛20乙葛西臨海公園駅行き）中葛西7丁目下車
■駐車場　有料16台　身体障害者用2台
■休場日　12月30日16:00～1月3日

■施設
○ハードコート・フットサル・バスケット兼用2面、人工芝コート6面
○夜間照明、更衣室、シャワー
〈利用受付〉
施設予約システム「えどねっと」から予約（事前登録が必要）

■利用料金(1時間1面)(2021年4月1日現在)
テニス420円　フットサル630円
バスケットボール840円
夜間照明料320円

■利用時間

利用月	平日・土曜	日曜・祝日	夜間照明時間
4～9月	8:00～22:00	6:00～22:00	18:00以降
10月		6:00～21:00	17:00以降
11月		7:00～21:00	16:00以降
12～1月	8:00～21:00	8:00～21:00	
2月			17:00以降
3月		7:00～21:00	

葛西ガイド

ルール・マナーを守って自転車に乗ろう
駐輪場＆レンタサイクル

江戸川区では、駅周辺の放置自転車を解消するため、自転車駐車場（40カ所）を設け、西葛西駅をはじめ11駅に「有料の駐輪場」を設置。駅周辺は自転車放置禁止区域のため、放置自転車の撤去を行っている。

■駐輪場
○利用料金
　＜自転車＞当日利用100円
　　定期　1カ月　1880円（学生1050円）
　　　　　3カ月　5130円（学生2830円）
　＜原付バイク＞当日利用210円
　　定期　1カ月　3770円（学生3150円）
　　　　　3カ月　10270円（学生8380円）
　＜自動二輪＞当日利用のみ320円
○利用時間　4:30 ～ 25:00
○問い合わせ・利用申し込みは各駐輪場へ
　西葛西駅北口　☎03-3877-9051
　葛西駅東口　☎03-3804-2038
　葛西臨海公園駅東　☎03-5675-1810

葛西駅の地下駐輪場

■駐輪場＜西葛西駅・葛西駅・葛西臨海公園駅＞

	当日利用			定期利用		
	自転車	原付(50cc未満)	自動二輪	自転車	原付(50cc未満)	自動二輪
西葛西駅 北口・南口	○	—	—	○	—	—
西葛西駅 東	—	—	—	○	○	—
西葛西駅 東2号	○	○	○	—	—	—
西葛西駅 西	○	○	○	○	○	—
葛西駅 西口・東口	○	—	—	○	○	—
葛西駅 東2号	○	○	○	○	○	—
臨海公園駅 東・西	○	○	—	○	—	—

✳ 葛西駅地下の最新駐輪場

2008年4月に葛西駅地下に完成した駐輪場には、9400台もの自転車が止められる。そのうち6480台が全自動の機械式駐輪場に収容できる（定期専用）。

——— 利用方法 ———

地下1階にある入出庫ブースの扉前にあるレールに自転車を立てる。施錠もスタンドも必要なし。あとは、ブース左横に設置されたボタンを押せば、自動的に扉が開き自転車が吸い込まれる。扉が閉じると地下約15メートルもの筒型の収納庫へと移動。所要時間は数秒だ。自転車を引き取るときは、入出庫ブース横の機械に、登録時に配布されるカードを通すだけ。20秒ほどで自転車が出てくる。

西葛西駅周辺

葛西駅周辺

葛西臨海公園駅周辺

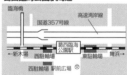

✳レンタサイクルを利用しよう!✳

江戸川区では、eサイクル（レンタサイクル）を推進している。通勤通学に便利な定期利用と、仕事やレジャーに最適な当日利用がある。当日利用は貸し出しをした駅のほか、実施駐輪場どこでも返却可能。便利な電動アシスト自転車もあるので、生活スタイルに合わせて活用しよう。

＜時間＞4:30～25:00
　　　　（小岩駅・平井駅は25:30まで）
＜利用料金＞
■普通自転車　当日利用：210円
定期利用：1カ月　2100円、3カ月　6280円

■電動アシスト自転車　当日利用：340円
定期利用：1カ月　4380円、3カ月　13140円
※当日利用は、京成江戸川駅をのぞく区内11駅で利用可
※定期利用は、登録した駐輪場でのみ貸し出し返却可
【申し込み】　本人を確認できる証明書
※申し込みの際、連絡のとれる電話番号が必要

■問い合わせ・申し込み
QRコード®から駐輪場へ➡

葛西ガイド

186

▶**公共団体**……………………………… **197**
東京商工会議所、（公社）東京青年会議所、ライオンズ
クラブ、生活協同組合、社会福祉協議会、医師会、歯科
医師会

▶**社会活動をする・ボランティアをする**… **198**
社会活動団体、ボランティア団体

▶**サークルに入る**…………………………… **200**
文化サークル、スポーツサークル

★Ⓕは FAX 番号、Ⓣ&Ⓕは電話番号と FAX 番号、ⒽⓅはホームページあり

コミュニティー

タワーホール船堀

（江戸川区総合区民ホール）船堀 4-1-1

管理事務所	☎ 03-5676-2211
予約受付	☎ 03-5676-2111
ブライダル関連	☎ 03-5676-5511

　1999 年 3 月オープン、駅の目の前という絶好の立地条件を持つ公共施設。大小のホールをはじめ、映画館、結婚式場、会議室などのレンタルスペース、展望塔など、さまざまな施設が集まっている。

■交通　都営新宿線船堀駅からすぐ
※船堀駅前に、目の不自由な人のために、ホールまでの音声誘導装置が設置されている。

■駐車場　161台　※料金 1時間まで200円、以降1時間ごとに100円加算

■利用時間　AM9～ PM9:30

■休館日　12月28日～1月4日、
　2月・9月（点検等のため数日休館日あり）

■年間利用者　161万4963人（2019年度）

■施設
○地下2階…駐車場
○地下1階…映画館、楽器店、ATM、駐車場
○1階…総合案内、展示ホール1・2
　和食・ビアレストラン、喫茶店、書店、花屋、旅行代理店、アンテナショップ
○2階…イベントホール、バンケットルーム、式場1（神殿）、控室、ブライダルサロン
○3階…女性センター、会議室301～307、応接会議室など
○4階…大ホール（舞台）、楽屋1～5、リハーサル室、特別会議室、研修室、和室1～2、会議室401～407
○5階…大ホール（客席）、小ホール、小ホール楽屋1～4、総合受付、管理事務所
○6階…医療検査センター
○7階…式場2（チャペル）、展望レストラン
○展望塔…展望室

■利用受付
★大ホール・小ホール・展示ホール…利用月の12カ月前の月の1日から。
★イベントホール・バンケットルーム・式場他…ブライダルの場合は利用月12カ月前の月の1日から。それ以外での利用の場合は利用月の5カ月前の月の1日から。
★リハーサル室・会議室・研修室・和室…利用月の5カ月前の月の1日から。

😀 **オススメ**
Voice ★展望塔すご～い！車がミニカーみたい！電車の模型が動いているみたい！家もおもちゃみたい！
（6歳と2歳の兄弟）

区民利用料金（円／税込）　※2021年4月1日現在

室名		利用区分	午前 9:00～12:00	午後 13:00～16:30	夜間 17:30～21:30	全日 9:00～21:30
5F	大ホール	平　日	18,850	37,720	47,150	103,720
		土・日・祝	23,050	46,100	56,570	125,720
4F	大ホール	第1楽屋(和)(シャワー付)	730	730	730	2,190
		第2楽屋(洋)(シャワー付)	730	730	730	2,190
		第3楽屋(和)	1,470	1,470	1,470	4,410
		第4楽屋(洋)	1,360	1,360	1,360	4,080
		第5楽屋(洋)	2,100	2,100	2,100	6,300
5F	小ホール	平　日	7,330	13,620	17,810	38,760
		土・日・祝	8,380	16,760	20,950	46,090
		楽屋(和)	1,150	1,150	1,150	3,450
		楽屋(洋)	950～1,570	950～1,570	950～1,570	2,850～4,710

室名		利用区分	午前 9:00～12:00	午後 13:00～16:30	夜間 17:30～21:30	全日 9:00～21:30
1F		展示ホール1	5,240	6,280	7,330	18,850
		展示ホール2	5,240	6,280	7,330	18,850
3F		会議室	520～1,570	730～2,100	840～2,410	2,090～6,080
		応接会議室	1,360	1,780	1,990	5,130
4F		会議室	520～1,880	730～2,520	840～2,830	2,090～7,230
		特別会議室	2,520	3,350	3,770	9,640
		研修室	2,100	2,830	3,250	8,180
		リハーサル室	3,250	3,250	3,250	9,750
	和室	1	1,360	1,880	2,100	5,340
		2(炉・水屋付)	1,360	1,880	2,100	5,340

※区民以外の人の利用料金は5割増しになります

江戸川区葛西区民館

中葛西 3-10-1 ☎ 03-3688-0435

■交通
　東西線葛西駅から徒歩5分
　都営バス（船堀駅→なぎさニュータウン行き）
　葛西区民館前下車
■駐車場　61台
■オープン　1974年8月
■年間利用者　32万7828人（2019年度）
■施設
○1階…葛西事務所
○2階…集会室第1、くつろぎの間
○3階…集会室第2～3、和室、講座講習室、
　　　レクリエーションホール、管理事務室（施設
　　　予約システム「えどねっと」申し込み窓口）
○4階…ホール
新館（葛西健康サポートセンター）
○2階…健康スタジオ、子育てひろば
○3階…集会室第4～6、マイナンバーカード
　　　専用窓口
■開館時間　AM9～PM9:30
■休館日　年末年始

【くつろぎの間】
　江戸川区在住の60歳以上が対象。大広間、
テレビ、カラオケ、囲碁・将棋の部屋がある。
　利用時間／AM9～PM4:30
　利用料金／無料
　　　　（利用証が必要。申し込みは3階の
　　　　管理事務室へ）

1階は区役所の業務の一部を取り扱う葛西事務所（下記参照）。2階から4階と隣の葛西健康サポートセンターの一部が、集会室や健康スタジオ、和室などの貸室に。4階のホールは劇場型となっている。

使用料（円／税込）　　　　　※2021年4月1日現在

室名	利用区分	午前 9:00～ 12:00	午後 13:00～ 16:30	夜間 17:30～ 21:30	全日 9:00～ 21:30	定員
ホール	平日	4,400	8,280	11,210	23,890	501名
ホール	土・日・祝	5,240	9,950	13,410	28,600	501名
集会室第1		630（1時間単位）				60名
集会室第2		210（1時間単位）				30名
集会室第3		210（1時間単位）				30名
集会室第4		420（1時間単位）				50名
集会室第5		210（1時間単位）				30名
集会室第6		420（1時間単位）				36名
和室		320（1時間単位）				30名
講座講習室		630（1時間単位）				70名
健康スタジオ		1,050（1時間単位）				30名
レクリエーションホール		貸切　630（1時間単位） 一般開放（卓球）　一般（高校生以上）100 　　　　　　　　　　　小・中学生　無料 曜日・時間は問い合わせを				

一般開放のみ2時間単位。それ以外は1時間単位。
※使用料の減免があります。

葛西事務所

電話／03-3688-0431
受付時間／AM8:30 ～ PM5
閉庁日／土・日・祝、年末年始
【取り扱う事務】
■戸籍・住民基本台帳
○戸籍届（出生・死亡・婚姻など）の受理
○住民異動届（転入・転出・転居など）の受理
○戸籍謄本・抄本、住民票の写しなどの交付
○印鑑登録および印鑑登録証明書の交付
○通知カードの再交付、個人番号カード交付など

■医療
○乳幼児・子ども医療証の発行、後期高齢者医療
　制度の届出など
■その他
○国民健康保険や国民年金への加入、脱退、変更
　などの届出
○住民税の払い込み、納課税証明書の発行など
○軽自動車税の申告、払い込みなど
○生活一時資金の貸付
○乳児養育手当の申し込み
○犬の登録など

葛西ガイド

コミュニティ会館

コミュニティ会館（7館）共通項目

- ■開館時間　AM9～PM9:30
- ■休館日　12/28～1/4
- ■利用申込　直接来館するか、施設予約システム「えどねっと」への登録が必要。詳細は各会館に問い合わせを。

新型コロナウイルスの状況により、使用条件を制限して開館の場合あり。
詳しくは区の公式HPを参照か、コミュニティ会館へ問い合わせを。

臨海町コミュニティ会館
臨海町2-2-9　☎03-3869-2221

　土・日・祝日には卓球、バドミントンの開放あり（用具の貸し出しもしている）。「りんかいフェスタ」は、ステージ発表や作品展示、模擬店などを盛り込んだ楽しいイベント。

- ■交通　都営バス（西葛西駅→臨海2丁目団地行き）紅葉川高校下車
- ■駐車場　10台　■オープン　1989年4月
- ■年間利用者　7万2682人（2019年度）
- ■施設
- ○1階…スポーツルーム、音楽室（ピアノ）、集会室第6
- ○2階…集会室第1～5、和室

使用料／時間(円／税込)　※2021年4月1日現在

スポーツ ルーム	貸切	730
	一般開放	一般(高校生以上)100／小・中学生無料
集会室第1		630
集会室第2・第3・第5		各210
集会室第4・第6		各420
和室		420
音楽室		320

スポーツルーム一般開放のみ2時間単位。
※使用料の減免があります。

清新町コミュニティ会館
清新町1-2-2　☎03-3878-1981

- ■交通　東西線西葛西駅から徒歩12分
- ■駐車場　専用なし　■オープン　1983年4月
- ■年間利用者　14万1841人（2019年度）
- ■施設
- ○1階…ホール（客席数160、ステージあり、ピアノ）、レクリエーションホール第1（卓球台4、更衣室）、レクリエーションホール第2（ダンスバー、更衣室）、音楽室第1・2（ピアノ）、集会室第1・2、多目的ルーム（PM5:30～9:30／カラオケ、ピアノ）
- 【くつろぎの間】　60歳以上専用。日本間、舞台、洋間、カラオケがある。利用時間／AM9～PM4:30
- ○2階…集会室第3～5、料理講習室、和室、コミュニティ図書館

　地元団体による定期的なコンサートや発表会が行われている。

使用料／時間(円／税込)　※2021年4月1日現在

ホール ホール料	平日	1,250
	土・日・祝日	1,470
	スポーツルーム利用	630
レクリエーション ホール第1	貸切	630
	一般開放	一般(高校生以上)100／小・中学生無料
レクリエーションホール第2		630
多目的ルーム		210
集会室第1～第5		各210
和室		320
料理講習室		420
音楽室第1・第2		各210

レクリエーションホール第1一般開放のみ2時間単位。
※使用料の減免があります。

葛西ガイド

北葛西コミュニティ会館

北葛西 2-11-39 ☎ 03-5658-7311

行船公園より徒歩１分のところに位置するスポーツルームにはステージもあり、ホールとしての利用も可能。11月には「サークル発表会」が開催される。

■交通　東西線西葛西駅から徒歩15分、都営バス（西葛西駅→新小岩行き）北葛西二丁目下車徒歩5分
■駐車場　7台（身障者用1台含む）
■オープン　1996年4月
■年間利用者　8万5152人（2019年度）
■施設
○1階…ホール（パイプ椅子230、ステージあり、軽スポーツの使用可）、集会室第1・2
○2階…集会室第3、音楽室、和室

使用料／時間（円／税込）　※2021年4月1日現在

ホール	平　　日	1,250
	土・日・祝日	1,470
	スポーツルーム利用　貸　切	730
	一般開放 一般（高校生以上）100／小・中学生無料	
集会室第1～第3		各420
和　　　　室		420
音　楽　室		320

ホール（スポーツルーム）一般開放のみ2時間単位。
※使用料の減免があります。

長島桑川コミュニティ会館

東葛西 5-31-18 ☎ 03-5679-6022

2011年4月10日、長島・桑川地区にオープンした。スポーツルームや集会室、音楽室などがあるので、サークル活動や文化活動、屋内スポーツなどさまざまな集まりに利用できる。南向きのエントランスの壁面は総ガラス張り、日差しがいっぱいだ。

■交通　東西線葛西駅から徒歩15分、都営バス・京成バス長島町交差点下車徒歩10分
■駐車場　11台（身障者用1台含む）
■駐輪場　62台
■オープン　2011年4月
■年間利用者　9万1296人（2019年度）
■施設
○1階…スポーツルーム、レクリエーションホール、事務室
○2階…音楽室、健康スタジオ、集会室第1
○3階…集会室第2～4（第2・3は接続使用可）、和室

使用料／時間（円／税込）　※2021年4月1日現在

スポーツルーム	貸　切	730
	一般開放 一般（高校生以上）100／小・中学生無料	
レクリエーションホール	貸　切	630
	一般開放 一般（高校生以上）100／小・中学生無料	
健康スタジオ		1,050
和　　　　室		420
集会室第1～第3		各420
集 会 室 第 4		210
音　楽　室		420

スポーツルーム・レクリエーションホール一般開放のみ2時間単位。
※使用料の減免があります。

葛西ガイド

新田コミュニティ会館

中葛西 7-17-1　☎ 03-5658-7211

　左近川べりに建つ水辺の会館。館内からの見晴らしが良く、親水公園の季節ごとの風景が楽しめる。毎年12月上旬には、同館で活動するサークルが日頃の成果を披露する「サークル発表会」が開催される。

■交通　東西線葛西駅下車徒歩15分、都営バス（西葛西駅→なぎさニュータウン行き）新田下車徒歩3分

■駐車場　5台
■オープン　1996年4月
■年間利用者　6万2624人（2019年度）
■施設
○1階…健康スタジオ（客席数150）、集会室第1
○2階…集会室第2・3（接続使用可）、和室

使用料／時間（円／税込）　※2021年4月1日現在

健康スタジオ	貸切	1,050
	一般開放	一般（高校生以上）100／小・中学生無料
集会室第1～第3		各210
和室		320

健康スタジオ一般開放のみ2時間単位。
※使用料の減免があります。

東葛西コミュニティ会館

東葛西 8-22-1　☎ 03-5658-4073

　アリオ葛西の向かい側に位置し、コミュニティ会館と区立図書館が併設。公園も隣接し地域住民の憩いの場となっている。
　9月中旬には敬老行事として「笑顔いっぱい長寿の集い」が開催される。
　毎週土・日（AM9～PM5）にはバドミントンの一般開放がある。

■交通　都営バス（葛西駅→葛西21系統葛西臨海公園駅前行きまたはコーシャハイム南葛西行き）東葛西8丁目下車徒歩4分
■駐車場　12台
■駐輪場　150台（東側・北側）
■オープン　2005年7月
■年間利用者　9万7287人（2019年度）
■施設
○1階…区立図書館（2階まで）
○2階…集会室第1・2（接続使用可）、和室
○3階…集会室第3～6（第3・4、第5・6は接続使用可）、音楽室（電子ピアノ、ギターアンプ）、スポーツルーム

使用料／時間（円／税込）　※2021年4月1日現在

スポーツルーム	貸切	730
	一般開放	一般（高校生以上）100／小・中学生無料
集会室第1～第6		各420
和室		420
音楽室		320

スポーツルーム一般開放のみ2時間単位。
※使用料の減免があります。

葛西ガイド

南葛西会館

南葛西 6-8-9 ☎ 03-3686-9411

毎年5月にフラワーガーデンで開催される「南江戸川ふるさとまつり」は、ここを拠点に行われる。また、11月にはサークルフェアを開催。

オススメ Voice ★民謡舞踊の練習をするため月2回利用しています。　（70代・女性）

■**交通**　都営バス（葛西駅または西葛西駅→なぎさニュータウン行き）南葛西小学校下車
■**駐車場**　6台（身障者用1台含む）
■**オープン**　1982年2月
■**年間利用者**　6万6768人（2019年度）
■**施設**
○1階…ロビー、学習室
○2階…集会室第1〜3（第2、3は接続使用可）、和室
○3階…大広間第1〜2（接続使用可、平日の月・水・金AM9〜PM4：30は60歳以上専用の「くつろぎの間」となり一般利用不可）
○4階…レクリエーションホール第1（卓球台）
○5階…レクリエーションホール第2、更衣室

使用料／時間（円／税込）　※2021年4月1日現在

集会室第1〜第3		各210
和　　　　室		210
大広間第1・第2		各420
レクリエーションホール第1	貸　切	630
	一般開放	一般（高校生以上）2時間100 小・中学生30分無料
レクリエーションホール第2		630

一般開放のみ2時間単位。
※使用料の減免があります。

新川千本桜の拠点
新川さくら館

江戸川区の新名所「新川千本桜」。『新川さくら館』はその拠点となるもので、イベントや会合を行うことのできる多目的ホールや集会室のほか、伝統工芸品や飲み物を販売している「お休み処」、広場などもあり、地域の人はもちろん、新川散策に訪れた人も気軽に立ち寄れる施設だ。年間を通してさまざまなイベントを計画、館の前の船着場から続く広場橋「桜橋」も各種イベントやお祭り会場として利用されている。春にはお花見散策の休憩所としてぜひ利用したい。

【施設使用料】　　　　　（2021年1月現在）

多目的ホール		630円／1時間	ダンス・卓球など軽運動、講演会、舞台、演芸
集会室	1（定員12名）	210円／1時間	各種会議、教室開催など （一体利用も可）
	2（定員24名）	210円／1時間	
広場	写真撮影	1657円／1時間	
	ロケーション	14625円／1時間	※利用申し込みはさくら館へ
	競技会、集会	39円／1日1㎡につき	
	上記以外	39円／1日1㎡につき	

※**利用方法**（広場以外）「江戸川区施設予約システム利用案内」で登録後、「えどねっと」で予約を。

●**アクセス**　都営バス葛西駅より錦糸町駅行き、船堀駅より葛西駅行き約5分「三角」または「船堀七丁目」下車徒歩3分
●**AM9:00〜PM9:30**（入館は30分前まで）年末年始（12/28〜1/4）休館 ※臨時休館あり
●**お休み処** AM9:30〜PM5:30（夏季6/1〜9/30はPM6:00まで）
●**入館無料** ※有料イベントは主催者の定めた入場料あり
●**駐車場** 5台 小型・普通車／初めの1時間200円、以後1時間ごとに100円
●**船堀7-15-12**
　☎03-3804-0314

▲お休み処

図書館へ行こう

区立図書館は貸出券があれば、どこで借りてもどこで返してもOK。たまにはお散歩ついでに、いつもと違う図書館に行ってみると、新しい発見や出会いがあるかも！
また、各図書館で開催されている『映画会』『朗読会』『おはなし会』などのイベントにも注目してみよう！

区立中央図書館

中央 3-1-3 ☎ 03-3656-6211

区内で最も規模の大きい中央図書館では、利用した人に来てよかったと思ってもらえる図書館、行けば何か新しい発見がある図書館を目指して、豊富な資料と各種サービスを提供している。児童書や洋書も豊富に所蔵しており、レファレンスサービスなども充実している。各種講座・講演・企画展のほかにもCD・DVDなどの視聴覚資料やインターネット閲覧端末の利用など活字資料以外の情報が多いのも魅力。ぜひ一度、足を運んでみては（詳細は問い合わせを）。

■交通
都営バス（葛西駅または西葛西駅→新小岩駅行き）江戸川区役所前下車徒歩5分
■蔵書数
一般書約40万冊、児童書約8万2000冊、雑誌374種、CD約1万5000枚、DVD約4000巻（2020年4月1日現在）
■年間貸出点数
約78万点（2019年4月〜2020年3月）
■施設
○1階…一般図書（現代小説・エッセイ・旅行ガイド・文庫・新書・手芸・料理・大活字本・洋書など）、ティーンズコーナー、こども図書室
○2階…一般図書、視聴覚資料（CD、DVD）、一般閲覧席、新聞・雑誌コーナー、休憩室
○3階…参考図書室（年鑑・白書・辞典など）、地域・行政資料、一般閲覧席、社会人閲覧席（持込パソコン使用可）、インターネット閲覧端末、録音室（2室、防音設備設置）、対面朗読室（3室）、点字・録音資料作業室
○4階…講習室（3室）、研修室（2室）、視聴覚ホール

 オススメ Voice ★置いてある本の数が非常に多いのが魅力的です。　（60代・女性）

区立西葛西図書館

西葛西 5-10-47 ☎ 03-5658-0751

　バリアフリーに配慮した利便性のよい図書館。3階のギャラリー（会議室)は一般に貸し出している。

■交通　東西線西葛西駅より徒歩5分
■オープン　1993年5月
■蔵書数　一般書9万4097冊、児童書3万7474冊、雑誌178種、CD6034枚、DVD1541巻（2020年4月1日現在）
■年間貸出点数
　75万6020点（2019年4月～2020年3月）
■定期的なイベント
　・おはなし会、人形劇など
　・大人向講座、講演会、朗読会ほか

 オススメ Voice
★探していた本以外でも、ふと目にとまって興味がわいた本を借りています。　　　　（30代・女性）
★夜遅くまで開いているので助かります。新刊がよく入っています。

区立葛西図書館

江戸川 6-24-1 ☎ 03-3687-6811

■交通　都営バス（葛西駅→錦糸町駅行きまたは平井駅行き）三角下車
■オープン　1974年6月
■蔵書数　一般書6万4332冊、児童書3万3481冊、雑誌196種、CD6068枚（2020年4月1日現在）
■年間貸出点数
　45万1812点（2019年4月～2020年3月）
■定期的なイベント
　・おはなし会、工作会、人形劇など

　周囲に緑の木々が多く、静かなたたずまいの図書館。昼間は幼児連れの親子の姿が目立つ。1階には、紙芝居コーナーがある。

 オススメ Voice
★健康について調べたいときに利用しています。コピーや本の検索もスタッフさんが優しくお手伝いしてくださいます。　　（60代・女性）

区立清新町コミュニティ図書館

清新町 1-2-2 清新町コミュニティ会館 2F
☎ 03-3878-1926

■交通　東西線西葛西駅から徒歩12分
■オープン　1983年4月
■蔵書数　一般書3万2008冊、児童書1万8522冊、雑誌47種（2020年4月1日現在）
■年間貸出点数
　23万8480点（2019年4月～2020年3月）
■定期的なイベント　・おはなし会（第4土曜）

　緑豊かで、環境の良い清新町コミュニティ会館の2階にある。エントランスの四季折々の展示にも注目を。

 オススメ Voice
★スタッフが気軽に声をかけてくれたり、本探しを手伝ってくれたりして利用しやすいです。

葛西ガイド

区立東葛西図書館

東葛西 8-22-1 ☎ 03-5658-4008

2005年9月、アリオ葛西の向かい側にオープン。東葛西コミュニティ会館との併設で、公園も隣接している。区内でも子どもの多い地区とあって、児童書も約4万4000冊と充実している。

■交通　都営バス（葛西駅→葛西21系統葛西臨海公園駅行きまたはコーシャハイム南葛西行き）東葛西8丁目下車徒歩4分、（葛西駅→葛西22系統一之江駅行き）仲町東組下車徒歩4分
■蔵書数　一般書9万2286冊、児童書4万3842冊、雑誌206種、CD7429枚、DVD2076巻（2020年4月1日現在）
■年間貸出点数
　55万5216点（2019年4月〜2020年3月）
■施設
○ 1階…新聞・雑誌・CD・DVDコーナー、児童図書、おはなしの部屋
○ 2階…一般図書、参考資料、閲覧スペース

★スタッフの声★
おはなし会、映画会などの行事や、特集・展示に力を入れています。毎日来ても、なにか発見がある。そんな図書館を目指しています！

区立図書館共通利用方法

◆開館時間　AM9〜 PM9:30（小学生以下PM5まで、保護者同伴の場合は閉館まで利用可）。篠崎子ども図書館・鹿骨コミュニティ図書館はPM5まで。
◆休館日　第4月曜日（ただし祝日・振替休日の場合は翌平日）、特別図書整理期間、年末年始（12/31〜1/2）、篠崎子ども図書館（12/29〜1/3）・鹿骨コミュニティ図書館（12/29〜1/3）
◆初めて借りるときは　カウンターで利用者登録をして貸出券をつくる。区内および隣接自治体（葛飾区・江東区・墨田区・足立区・市川市・浦安市）在住者は、住所・氏名・生年月日が確認できるもの（運転免許証・健康保険証など）、在勤・在学者はあわせて在勤（在学）証明書の提示が必要。
◆借りられる資料と貸出限度数
○図書・雑誌・紙芝居／10冊まで 2週間
○CD ／3点まで 2週間
○DVD ／2点まで 2週間
◆ 返却は　ブックポストは24時間受付。CD、DVDなどは壊れやすいので必ずカウンターへ返却を。

◆資料の予約　区立図書館で所蔵している資料は、予約をして希望する図書館に取り寄せて受け取ることができる。予約限度数は貸出限度数と同じ。カウンターのほかにOPACやホームページからも予約できる。

こんなに便利！

●OPAC（利用者端末）　館内にあるOPACで所蔵資料の検索や予約、借りている資料の貸出期間延長などができる。
●図書館ホームページ　パスワードを登録すると、予約や貸出期間延長などのサービスが利用できる。メールアドレスを登録すると、予約取置連絡がメールで受け取れる。江戸川区立図書館デジタルアーカイブ・公式Twitterの閲覧が可能。
https://www.library.city.edogawa.tokyo.jp/
●リクエストサービス　区内に所蔵のない図書については、他区などとの相互貸借制度を利用して提供できる場合がある（視聴覚資料や漫画等を除く）。

公共団体

public organization

東京商工会議所江戸川支部

事務局　船堀4-1-1 タワーホール船堀3F
　　　　　　　　　　　　　　　　 03-5674-2911
会　長　　森本勝也
副会長　　横山　巌　高橋俊三　近藤昭義
　　　　　白山良一　高橋桂治　西野輝彦
　　　　　髙橋映治　前田吉彦　吉田　誠
　　　　　斉藤　実

(公社)東京青年会議所江戸川区委員会

任期満了日　2021年12月31日
事務局　千代田区平河町2-14-3日本青年会議所会館2F
　　　　　　　　　　　　　　　　 03-5276-6161
委員長　　　眞坂勇輝
副委員長　　神尾昭央
副委員長　　影山光弘
総括幹事　　岩楯佳司
書記幹事　　森田悟志
会計幹事　　内海真樹
広報幹事　　倉田　徹

東京江戸川ライオンズクラブ

任期2021年6月
事務局
　墨田区本所1-10-5-3F　……… 090-3428-6619
会　長　　長島常和 …………… 03-3655-3030
幹　事　　田中壽一 …………… 03-3679-8021
会　計　　奈良橋健造 ………… 03-3691-7319

東京江戸川東ライオンズクラブ

事務局　船堀7-17-18 …………… 03-5678-0330
会　長　　桐井義則
幹　事　　御厨正敬
会　計　　鈴木　孝

東京江戸川中央ライオンズクラブ

任期2021年6月
事務局　墨田区本所1-10-5-3F
　　　　 Ⓕ03-3633-8898…090-3428-6619
会　長　　遠藤真太郎 ………… 03-3650-7621
幹　事　　野口悦信 …………… 03-3651-6555
会　計　　佐藤　守 …………… 03-3670-4451

生活協同組合

生活協同組合コープみらい　ミニコープなぎさ店
　南葛西7-1 ………………………… 03-3675-6461
こくみん共済COOP（全労済）
　西葛西6-8-10-7F ……………… 03-3878-3076

江戸川区社会福祉協議会

　松島1-38-1グリーンパレス内 …… 03-5662-5557

江戸川区医師会 Ⓗ

事務局　中央4-24-14 …………… 03-3652-3166

(公社)東京都　江戸川区歯科医師会 Ⓗ

事務局　東小岩4-8-6 …………… 03-3672-1456
葛西会　………………………… 03-5674-7648
　会長　　末吉正幸

NPO法人江戸川区視覚障害者福祉協会

理事長　松本俊吾

船堀4-1-1タワーホール船堀3F障害者協議室内
················· **03-3877-0089**

ガイドヘルパー派遣事業および視覚障害者の社会的自立と福祉の向上、会員相互の融和と親睦を図っている。

東京進行性筋萎縮症協会

代表　三木　隆　平井5-19-10　**03-3612-2646**

医療と福祉の向上などを情報交換し、懇談やレクリエーション活動を通じて会員の豊かな人間性を養い、会員相互の親睦を深めることを目的としている。

特定非営利活動法人　青洞の家

代表　高橋豊子　南小岩3-11-3　**03-3659-7007**

ヒジキの袋詰め作業を行ってきて40数年。障害者総合支援法の施行により、障害者福祉が根本から変化していくなか「青洞の家」も、喫茶室をおこしたり、リサイクル活動の一環としてミニフリーマーケットを開いたりと、デイサービス的な新しい活動に取り組んでいる。今後もさまざまな面で社会貢献を目指している。

社会福祉法人江戸川菜の花の会　菜の花作業所

中葛西2-8-2 ························· **03-3680-4735**

2017年に30周年を迎えた知的障害者授産施設「菜の花作業所」で、30人がバスタオルやマットのクリーニングの仕事を通して生きがいを見つけている。見学随時OK。新しい仲間募集中。

🆖 http://www.edogawa-nanohana.or.jp/jigyousho/view/7
✉ nanohanasagyousyo@edogawa-nanohana.or.jp

NPO法人　発達わんぱく会　こころとことばの教室　こっこ葛西校

中葛西4-9-18-3F

新規問い合わせ ·················· **070-3353-5088**

1歳半から小学校入学前までの発達障害もしくはその疑いのある子どもを対象に、発達段階に合わせて個別療育や集団療育を行っている。無料相談実施中。

🆖 http://www.wanpaku.org

知的障害者(児)の将来を実現する会

代表　村松明代

清新町2-8-4-522 ················· **03-3878-6849**

区内の障害児(者)の現状、将来などを話し合い、父母、教職員、ボランティアと交流を行っている。行政に対しても要望や問題点の改善などについて働きかけ、親睦を深めながら子どもたちとともに活動している。

特定非営利活動法人　江戸川・地域・共生を考える会

代表　高村ヒデ

················· **03-3675-9670**

「赤ちゃんからお年寄りまで、障がいがあってもなくてもいろんな人たちが、ひとつ屋根の下で楽しく過ごす」という富山型の理念に基づいてデイサービス(一緒がいいねひなたぼっこ)などを実施。

活動場所　江戸川区あったかハウス(南葛西1-1-1)など
日時　第3日曜AM10～PM2
　　　　水曜・金曜AM10～PM2

特定非営利活動法人　和船の会

代表　古川長司

················· Ⓕ03-3680-7288···**090-2320-1149**

広く一般区民を対象にした和船乗船体験、和船文化や操船技術の伝承を通じて川辺に親しんでもらうことで、水辺のまちづくりが進展し、地域が活性化することを目指して活動している。

活動場所　新川さくら館前
日時　毎週金曜AM10～PM3、
　　　　第1・第3日曜AM10～PM1、新川イベント時

有償ボランティア

特定非営利活動法人 江戸川在宅支援グループ

理事長 大越利依子

江戸川3-17 ……………………… **03-5243-5577**

東京都介護保険指定団体、有償サービス団体。ケアプランの作成から援助活動までNPO法人として福祉の現場での活動団体。協力者・賛助会員募集中。

入会金 1000円 **年会費** 3000円 ※応相談

利用料金 1時間1200円〜

報酬 1000円〜、地域密着型介護保険・有償サービス対応

NPO法人ココCOLORねっと江戸川

西葛西5-6-11-2F

…………… Ⓕ03-6456-0652… **03-6456-0653**

介護保険では対応できない高齢者への生活支援サービスを有償のボランティアで行っている（会員制）。

入会金 1000円 **利用料金** 1時間1200円〜

利用会員／お手伝い準備 2000円

お手伝い会員／研修他 2000円

🅗🅟 http://kokonet-edogawa.org/

NPO法人 ACT江戸川たすけあいワーカーズもも

代表 仁ノ平洋子

船堀6-11-25-1F ………………… **03-3686-6730**

赤ちゃんからお年寄りまで、病気や出産などで援助を必要とする人を訪問し、家事援助、介助・介護、子育て支援等を行う。平日AM9〜PM5。時間外は応相談。

・利用する方

NPO法人ACT年会費 3000円

利用料金 2420円／時間（税込）

・支援等活動する方

（入会時）NPO法人ACT年会費 3000円

もも入会費 5000円 **年会費** 6000円

時給 1016円 ※移動手当等別途あり

NPO法人 ハンディキャブ江戸川区民の会

代表 芦口清記

船堀4-1-1タワーホール船堀3F … **03-5667-3321**

リフト付き自動車（ハンディキャブ）で、障害者や高齢者などの移送サービスを行う。事務所はAM9〜PM4、土日祝休み。

年会費 3600円

利用料 （片道）迎車550円＋基本110円＋176円／㎞

（公財）えどがわボランティアセンター

区民が共に支え合う地域社会づくりを進めるため、ボランティア活動を推進・支援している。ボランティア情報の提供、相談・紹介、きっかけづくりの講座・講習、ボランティアフェスティバルの開催、活動中の事故やけがに備えたボランティア保険の手続きなどを行っている。

■月曜〜金曜 AM 9〜PM 5
　（土曜は月2回・日・祝、年末年始は休み）
■場所　グリーンパレス1階（松島1-38-1）
■問い合わせ
　☎ 03-5662-7671
　http://edogawa-vc.jp/

相談例
・ボランティア活動に関心がある
・ボランティアをしてみたい
・ボランティアの力を借りたい

コミュニティ

サークルに入る

circle activities

★このサークルの連絡先データは2020年12月現在のものです。本誌発行後、変更することもありますので、ご了承ください。変更になっている場合は、各会館等にお問い合わせください。また、カタログ編集部までご連絡いただければ幸いです。

連…連絡先　場…活動場所　時…活動日時
対…対象年齢　内…活動内容

文 化 サ ー ク ル

民謡

民ようサークルつづみ会
連古山秋生………………………… 03-3687-2435
場葛西区民館か北葛西コミュニティ会館
時金9:30〜12:30

詩吟・大正琴・和太鼓

清新愛吟会　連木村初子………… 03-3686-6723
場清新町コミュニティ会館　時水14:00〜16:00
大正琴華の会　連金子良子 …… 03-3687-3714
場葛西区民館　時水13:00〜16:00
大正琴ひまわり会
連芳賀蔦枝 ………………………… 03-3680-9492
場葛西区民館　時第1・3水10:00〜12:00
新田太鼓　連片桐賢志 ………… 080-5479-0596
場新田小　時日15:00〜18:00
なぎさ太鼓　連蒲原一夫 ……… 03-3675-6955
場なぎさニュータウン管理棟ホールほか
時土か日の午後　対小学生〜一般

華道

草月流ふじの会　連山本佳代子　03-3878-4674
場清新町コミュニティ会館
時第1・2・4火9:30〜11:30

茶道

茶道千草会（裏千家）
連兵藤明子 ………………………… 03-3878-0659
場清新町コミュニティ会館
時第1・2・3水9:30〜13:00
茶の湯さざなみ会（表千家）
連藤田礼子 ………………………… 03-3878-4193
場清新町コミュニティ会館
時第1・2・4木13:00〜17:00

着付

着付教室なでしこ　連石塚美代子　03-3675-2786
場南葛西会館　時第1・3火10:00〜12:00

音楽

ウクレレサークル　ココラバ
連大西 ……………………………… 03-3686-8684
場清新町コミュニティ会館
時水（月2回）11:00〜14:00
※時間の変更あり

声楽・合唱・カラオケ

臨海混声合唱団　連柳原利昭 … 047-336-2667
場南葛西図書館か臨海町コミュニティ会館
時日18:30〜20:45
葛西おんちコーラス
連山田幸枝………………………… 03-3680-0293
場南葛西図書館　時第3水10:00〜12:00
ひばりカラオケサークル
連保戸田マツノ…………………… 03-3689-0664
場南葛西会館　時第1・2・3火14:00〜16:00
清新町サークル爽やか歌謡倶楽部
連萱森 ……………………………… 090-7016-9536
場清新町コミュニティ会館　時土17:30〜20:30
カラオケあさり会
連加藤佐智子 ……………………… 03-3878-7255
場北葛西コミュニティ会館
時日（月3回）13:00〜17:00
場長島桑川コミュニティ会館
時第1・3水13:00〜17:00（女性に限る）

川柳・作文

川柳葛西教室 連井上健史 ‥‥ **03-5696-5677**
　場葛西区民館　時第2日13:00〜16:00
作文サークル　つれづれ草
　連浅井久美子 ‥‥‥‥‥‥‥‥ **090-9247-5025**
　場清新町コミュニティ会館　時土9:30〜12:00

書道・ペン習字

満潮書道会 連井上 **03-5696-5677**
　場葛西区民館　時第1・3金9:00〜11:00
北葛西書道会 連大野洋子 ‥ **03-3675-3034**
　場北葛西コミュニティ会館
　時第2・3・4水16:10〜19:30　対子ども〜一般
書道サークル　ネコのしっぽ
　連宇田川洋子‥‥‥‥‥‥‥‥ **03-3680-3451**
　場新田コミュニティ会館　時木14:30〜18:00
すずりっこ (書道)
　連渡守武 (ともたけ)恵子 ‥‥‥ **03-3688-3574**
　場清新町コミュニティ会館　時木15:00〜19:00
筆麦 (書道) 連大木田安子 ‥ **080-1221-1872**
　場清新町コミュニティ会館　時土9:30〜12:00
大貫水声かな書道講座
　連大貫水声 ‥‥‥‥‥ Ⓣ&Ⓕ**03-3680-6361**
　場タワーホール船堀　時第2・4月13:00〜14:30
ペン字・書道　葛の会
　連山邊一枝 ‥‥‥‥‥‥‥‥ **03-3675-4314**
　場新田コミュニティ会館
　時第1・2・4土9:30〜11:30

絵画

清新絵画クラブ 連阪本公一 ‥ **03-3878-0149**
　場清新町コミュニティ会館　時火9:30〜12:00
ひまわりサークル (水彩)
　連宮本峯子‥‥‥‥‥‥‥‥‥ **03-3686-1908**
　場葛西くすのきカルチャーセンター
　時水 (月3回)9:30〜11:30
大人の絵画教室 連中村宏子 ‥ **03-3688-5455**
　場スポーツセンター会議室
　時金 (月3回)13:00〜15:00

俳画

楽描きの会 連本田和郷‥‥‥ **080-5485-5608**
　場なぎさニュータウン2号棟1F集会所
　時第3水13:00〜15:00

写真

写真サークル　彩想
　連小宮山エミ子 ‥‥‥‥‥‥‥ **03-5674-5772**
　場清新町コミュニティ会館
　時第2水19:00〜21:00

演劇

劇団フーダニット 連松坂‥‥‥ **080-5528-3610**
　場清新町コミュニティ会館　時日14:00〜18:00

手工芸 (ちぎり絵・きり絵ほか)

和紙ちぎり絵虹の会
　連山田恵子‥‥‥‥‥‥‥‥‥ **03-3878-4816**
　場葛西区民館　時第1・3金13:00〜15:00
しゅんこうちぎり絵　つくし会
　連山本紀久恵‥‥‥‥‥‥‥‥ **03-3675-9173**
　場南葛西会館　時第1・3土13:00〜16:00
コスモスきり絵サークル
　連田倉洋子‥‥‥‥‥‥‥‥‥ **03-3680-3075**
　場臨海町コミュニティ会館
　時第1・3木10:00〜13:00
トールペイントデイジー
　連田口恵里‥‥‥‥‥‥‥‥‥ **047-355-7610**
　場臨海町コミュニティ会館
　時月・木 (各々月2回)9:45〜12:45

親子サークル

子ども文化NPO江戸川子ども劇場
　連染谷愛美 ‥‥‥‥‥‥‥‥‥ **03-5662-0917**
　内プロの劇団の作品鑑賞や豊かな遊び体験

〈次ページへつづく〉

可能なかぎりの調査に基づいて作成しましたが、
万一掲載もれや締め切り後の変更などありました
らお知らせください。　　　　☎**047-396-2211**

親子サークル〈前頁から〉

幼児英語サークル Tae's English Cubby
連島 たえ‥‥‥‥‥‥‥‥ **090-1490-2518**
場スポーツセンター
時（月3回） 45分（幼稚園児・小2） 50分（小4〜）
　火／14:30〜（幼稚園児） 16:10〜（小4）
　　17:00〜（小6）
　水／15:20〜、16:10〜（小5） 17:00〜（小6）
　木／15:20〜（小1） 16:10〜（小2） 17:00〜（小4）

親子サークル ラメール
連細川 弓子‥‥‥‥‥‥‥ **090-1027-6822**
〈ファーストサイン〉
場葛西区民館 時火10:30〜11:30
オンライン（ZOOM） 時水10:30〜11:30
〈ファーストトーク〉
場長島桑川コミュニティ会館 時月10:30〜11:30

そのほかのサークル

かっさい大学 連鹿野治‥‥‥‥ **03-3675-3616**
場長島桑川コミュニティ会館ほか
時土15:00〜（不定期）／定例会
内WEBCM、自主映画、音楽ほか

江戸川健康マージャン
連山口直春‥‥‥‥‥‥‥‥ **090-2667-6460**
場東葛西コミュニティ会館、長島桑川コミュニティ会館
時木9:00〜16:00

遊印・彩玉アートの会（消しゴム印・てん刻・ボード彫刻）
連本田和郷 ‥‥‥‥‥‥‥ **080-5485-5608**
場なぎさニュータウン2号棟1F集会所
時第4木13:00〜16:30

朗読 紙ふうせんの会
連塩野 ‥‥‥‥‥‥‥‥‥ **03-3675-6956**
場なぎさニュータウン管理棟小ホール
時第1・3金14:00〜16:00

清新町高齢社会を考える会
連岡本小百合‥‥‥‥‥‥‥ **03-3675-5620**
場すまいる亭シニアサロン／北ハイツ集会所
時木12:00〜15:00 ※年1回クリスマス会

ラブリーの会（犬のしつけ・老人ホームの訪問）
連金田京子 ‥‥‥‥‥‥‥ **03-3675-9669**
場暖心苑 時第1月14:30〜15:30

異文化交流江戸川ホームステイクラブ（国際交流）
連池尻厚子 ‥‥‥‥‥‥‥ **03-3804-3062**
場江戸川区全域 時不定期

スポーツサークル

剣道

なぎさ剣友会 連知識修三‥‥‥‥ **03-3675-9528**
場南葛西小
時金18:30〜20:00（子ども） 20:00〜21:00（一般）
　日14:30〜16:30（子ども） 16:30〜18:30（一般）

空手

サンデー空手サークル
連竹川明子‥‥‥‥‥‥‥‥ **03-3878-8318**
場南葛西会館 時日13:00〜16:30

行徳空手道教室
連西ヶ谷光彦‥‥‥‥‥‥‥ **090-7831-3542**
場東葛西コミュニティ会館 時土18:00〜21:00

太極拳

江戸川太極拳クラブ 百合・桔梗の会
連高野 遼 ‥‥‥‥‥‥‥ **03-3687-7357**
場東葛西コミュニティ会館
時第1・2・3木9:50〜11:20

バレーボール

四葛西クラブ 連笛木久仁子‥ **090-7805-3917**
場第四葛西小 時火・金19:30〜21:30 ※子連れ可

バスケットボール

STEAL 連菅沼元彦 ‥‥‥‥ **090-2646-1034**
場清新第二中 時日19:00〜21:30

バドミントン

サウス 連吉田法夫 ‥‥‥‥ **090-9957-8475**
場南葛西第三小 時火19:30〜21:30
場第四葛西小か西葛西小 ※事前に確認を
時土10:00〜13:00

西葛西バドミントンクラブ
連松田修一 ‥‥‥‥‥‥‥ **03-3686-8748**
場西葛西中 時日19:00〜21:00

コミュニティ

卓球

レモンクラブ　連吉田真紀子……　**03-3878-0972**
　場新田コミュニティ会館　時火13:30〜16:30

バウンドテニス

葛西バウンドテニスクラブ
　連石澤　……………………　**090-4076-8520**
　場臨海町コミュニティ会館　時月19:30〜21:30

サッカー

FC左近　連富岡正晴　…………　**03-3687-2919**
　場新田小　時土9:00〜16:00
南葛西キッカーズ
　連横田晋章　………………　**090-3472-9772**
　場第四葛西小・南葛西小・臨海球技場
　時土・日・祝（月1回休み）9:00〜12:00
臨海小学校サッカークラブ
　連前田耕資　………………　**090-5191-9044**
　場臨海小　時日9:00〜13:30
葛西フットボールクラブ
　連笹原　伸…………………　**090-2455-8396**
　場富士公園グラウンド、東葛西小　時土午後
　場南葛西第二小
　時日9:00〜12:00（キッズ〜小3）、
　12:00〜15:00（小4〜6）　※11月〜2月の南葛西
　第二小の活動は冬タイム（1時間遅くした時間)あり

ソフトボール

新田フェニックス　連小林勝三…　**03-3688-2042**
　場新田小校庭　時日13:00〜16:00
エムケーブレッツ　連松本宣彦…　**03-3689-9147**
　場南葛西小　時第2・4日9：00〜11:00

ヨガ

結の会　連斉藤実佐子　…………　**03-5658-4569**
　場新田コミュニティ会館　時木10:05〜11:40
B・Cフィット　連北原美香　……　**090-1792-6901**
　場東葛西コミュニティ会館
　時金10:10〜11:25（ヨガ）
スローフローヨガ　連森林……　**090-1730-3065**
　場東葛西コミュニティ会館　時水10:15〜11:30

新体操

舞kids　R.P.G
　連奥平寿子　………………　**090-4843-8782**
　場スポーツセンター
　時月16:00〜17:00（年中〜）
　場第6葛西小学校
　時月18:00〜19:30（小学生〜）
　場東葛西コミュニティ会館
　時金15:10〜16:10（幼児）
　16:20〜17:20（小学生〜）
新体操クラブ　She's　R・G
　連七五三直美………………　**090-3222-9295**
　場臨海町コミュニティ会館　時水15:00〜16:30
　※月・木・金・土も活動あり

トランポリン

ポピンズ　連石村史子　…………　**03-3877-5989**
　場スポーツセンター小体育室　時火14:00〜15:30
西葛西トランポリンジュニアサークル
　連石村史子　………………　**03-3877-5989**
　場スポーツセンター小体育室　時火15:30〜17:30

コミュニティ

ダンス

ストリートダンスHARAPPA（SDH）
連田中恵美・・・・・・・・・・・・・・・・・ **090-1886-6303**
対3歳～一般
場葛西区民館
時水17:00～、18:05～、19:10～、20:20～
場北葛西コミュニティ会館　時木16:00～（未就学児）、
18:00～（Jazzクラス）、19:00～（Girls）
場長島桑川コミュニティ会館
時土14:30～（Jazzクラス）
場新川さくら館
時火17:50～、20:20～（HIPHOPクラス）
※月によっては場所変更あり。要問い合わせを

I.D.dance（ファミリーサークル） 🅗🅟
連田中恵美・・・・・・・・・・・・・・・・・ **090-1886-6303**
M&mダンスクラス（託児付き）／
場東葛西コミュニティ会館　時金10:30～
親子ダンスクラス／時不定期

体操・健康体操

ハッピーヘルス　連加藤友江・・・・・・ **03-5605-4102**
場清新町コミュニティ会館　時金9：30～11:00

フラダンス・フラメンコ

レインボーフラクラブ
連平澤富士子・・・・・・・・・・・・・・・・・・ **03-3686-1657**
場清新町コミュニティ会館ほか　時火13:00～14:30

グルーポ・デ・アバニコ（フラメンコ）
連土合幸江 ・・・・・・・・・・・・・・・・・ **090-5548-2466**
場新田コミュニティ会館　時月19:30～20:30

エル・パリージョ（フラメンコ）
連土合幸江 ・・・・・・・・・・・・・・・・・ **090-5548-2466**
場新田コミュニティ会館　時水10:00～11:00

カヴェリナ 🅗🅟
連ドイ・・・・・・・・・・・・・・・・・・・・・・ **090-8947-3774**
場長島桑川コミュニティ会館　時水16:30～18:00

バレエ

バレエサークルたんぽぽ
連高橋悦子 ・・・・・・・・・・・・・・・ **03-3654-1835**
場長島桑川コミュニティ会館
時木15:30～16:30（3歳～）
16:30～17:45（小1～）

社交ダンス

新田ダンスサークル
連佐久間茂・・・・・・・・・・・・・・・・・ **090-2639-0601**
場新田コミュニティ会館　時土19:30～21:30

ダンスサークル　エスカルゴ
連安西和夫・・・・・・・・・・・・・・・・・ **03-3675-9589**
場東葛西コミュニティ会館
時水13:15～15:20　対1年以上の経験者

チェリー　連みつやま ・・・・・・・・ **090-7710-0841**
場スポーツセンター　時水13:30～15:30

そのほかのサークル

ユニサイクルなぎさ（一輪車）
連和泉田祥一 ・・・・・・・・・・・・・・・ **03-3675-6771**
場南葛西第二小
時火・金19:00～21:30　第2・4日13:00～18:00
場東葛西コミュニティ会館（土のみ不定期）
時17:30～21:30

アメリカンフットボール　アイオライツ
連逆井 ・・・・・・・・・・・・・・・・・・・ **090-3060-7183**
場江戸川河川敷グラウンド　時日9:00～12:00

江戸川フラッグフットボールクラブ
連逆井 ・・・・・・・・・・・・・・・・・・・ **090-3060-7183**
場水辺のスポーツガーデン
時日9:00～12:00　対小学生

電話番号、住所など間違い、および『葛西カタログ』に対するご意見・ご希望がありましたら、お手数ですがご一報を！　☎047-396-2211

葛西の歴史

年	月	事項
1596年 (慶長1)		宇田川喜兵衛により宇喜新田（宇喜田）が開かれる
1613年 (慶長18)		徳川家康が葛西で放鷹する ※この頃の「葛西」とは、現在の葛飾区・江戸川区・江東区を含む広い地域のこと
1617年 (元和3)	8月	長島村を検地
1629年 (寛永6)		新川が開かれ、これまでの旧水路は古川と呼ばれるようになった
1709年 (宝永6)		澪の移動により葛西浦と佃島の間で漁場争いが起こる ※澪とは潮の流れのことで、昔は洪水や高潮等で地形が変化すると潮の流れも変わっていた
1730年 (享保15)		この頃より葛西海苔が地元に起こる
1782年 (天明2)		東宇喜田村・長島村・猫実村と船橋村の間に漁場争いの大紛争が起こる
1829年 (文政12)		文政10年の葛西浦での試しヒビ粗朶の成績が良かったので、正式な許可願いが出される
1855年 (安政2)		江戸大地震で各地の被害甚大
1869年 (明治2)		小菅県が設置され、その管轄下に所属する
1882年 (明治15)	7月	長島村130番地に修巳小学校が開校（15日）
1883年 (明治16)	7月	西宇喜田村1228番地に宇喜田小学校が開校（13日）
1884年 (明治17)	7月	東宇喜田村に海静小学校が開校（21日）
1895年 (明治28)		妙見島など千葉県の一部が区域（瑞穂村ほか）に編入
1896年 (明治29)		江戸川・荒川等が氾濫し、墨東地区が大洪水に見舞われる
1902年 (明治35)	6月	修巳・宇喜田・海静小学校の3校が合併し、葛西尋常高等小学校（現葛西小学校）
1903年 (明治36)	11月	葛西浦漁業組合結成 宇喜田稲荷神社に乾海苔創業記念碑がたつ
1907年 (明治40)		真蔵院（現葛西4丁目）の境内に乾海苔創業記念碑がたつ
1911年 (大正元)		香取神社（現長島1丁目）の境内に乾海苔創業記念碑がたつ
1915年 (大正4)		区内初の銀行「椎橋銀行」が西小松川で開業
1917年 (大正6)	10月	大津波により葛西をはじめ区内に大被害
1919年 (大正8)		江戸川放水路完成
1920年 (大正9)		第1回国勢調査が実施された（人口3万9386人）
1925年 (大正14)		長島町に葛西市場ができる
1927年 (昭和2)	5月	葛西郵便局（現中葛西1郵便局）開局
1928年 (昭和3)	11月	葛西橋が架橋される
1930年 (昭和4)	10月	国勢調査実施（人口9万6971人）
1931年 (昭和6)		荒川放水路完成
1932年 (昭和7)	9月	第二葛西尋常小学校（現第二葛西小学校）と第三葛西尋常小学校（現第三葛西小学校）開校
	10月	葛西村を含む3町4村によって江戸川区が誕生 葛西（現在の葛西図書館の場所）に派出所設置
	11月	初めての区会議員選挙実施
1935年 (昭和10)		浦安橋が架橋される
1944年 (昭和19)		葛西派出所を出張所と改称
1947年 (昭和22)	3月	葛西出張所を支所と改称 国民学校を小学校と改称
	4月	葛西中学校開校
1949年 (昭和24)	3月	葛西支所新庁舎落成
1950年 (昭和25)	10月	行船公園開園
1955年 (昭和30)	3月	葛西公会堂（現在の葛西健康サポートセンターの場所）開設
	4月	葛西第二中学校開校
1956年 (昭和31)		人口1万9382人、3944世帯
	1月	区政のお知らせ（現「広報えどがわ」）創刊
1957年 (昭和32)	4月	葛西海岸の堤防完成
	8月	葛西臨海寮（臨海学校の宿舎）（現なぎさ和楽苑の場所）設置
1960年 (昭和35)		人口2万1174人、4416世帯
	4月	京葉国道（現京葉道路）開通
1962年 (昭和37)	12月	漁業補償協定書に調印したことで、葛西浦での漁業が終わりを迎えた
1963年 (昭和38)		新中川放水路完成
	10月	新葛西橋開通
1965年 (昭和40)	2月	葛西電話局が開局
	8月	葛西支所廃止
1967年 (昭和42)	5月	いこいの家開設
	6月	区議会に葛西沖埋立促進特別委員会を設置
	12月	小島・宇喜田・長島・新田区画整理組合設立が許可される

1969年 (昭和44)	3月	江戸川区防潮堤完成
		地下鉄東西線開通、葛西駅開業
	4月	乳児養育手当・保育ママ制度スタート
	5月	葛西海岸公害対策協議会開催
	12月	葛西土地区画整理組合が認可される
1970年 (昭和45)		人口3万9973人、1万3003世帯
	4月	第四葛西小学校開校
		葛西事務所業務開始
	5月	第一回清掃デー実施
	8月	葛西地区ゴミ公害追放総決起大会が開かれる
	10月	葛西臨海寮を廃止
1971年 (昭和46)	2月	環境パトロールカー「みどり号」「あおぞら号」スタート
	5月	葛西保健相談所開設
1972年 (昭和47)		葛西沖土地区画整理事業決定
1973年 (昭和48)	4月	葛西第三中学校開校
		下水道事業受託開始（普及率7%）
		熟年者専用バス「しあわせ号」スタート

1974年 (昭和49)	2月	長野県穂高町と友好都市協定を締結
	6月	葛西図書館開館
	7月	葛西事務所が移転して開所
	8月	葛西区民館開館
	9月	行船公園にホタルの小川完成
		第六葛西小学校開校
1975年 (昭和50)	2月	全国初の高齢者事業団（現シルバー人材センター）設立
	4月	保健所が区に移管
1976年 (昭和51)	4月	第七葛西小学校開校
	6月	「穂高荘」オープン
	8月	第1回区民納涼花火大会開催
1978年 (昭和53)	9月	区民投票で区の木「クスノキ」、区の花「ツツジ」（サツキ）に決定
		第1回「江戸川区民まつり」開催、20万人が参加
		高速湾岸線開通
	12月	＊月刊ばすけっと創刊

環七で遊んだ子どもたち

▲昭和50年ころの葛西。写真上方を流れるのは荒川。右下から左奥方向に走るのが環状七号線。途中で途切れている　　　　　　（写真／関口隆雄さんより）

「環七を通すときに、だいぶ反対が出たんだよね。それで長いこと環七の真上に家が2軒あったの。2階建てのうちが2軒ね、反対してたんでしょうね。だから環七もここまでしか最初開通してなかったの」この写真は昭和50年ごろの葛西全体を撮影した航空写真。完成を目前にした環状七号線が、途中でぷっつり途切れているのがわかる。

「うちの娘が生まれたころ、環七はできてたけど通してなかったんですよ。娘を連れて環七をよく散歩したもんよ」と静昭さんの妻・洋子さんも当時を振り返る。「環七が一番いい遊び場だったの。両側1車線だけ車通れるようにしてさ、真ん中がみんな芝生でグリーンベルトになってたの。なかなか開通しないから、芝生植えたんだろうね」環七着工の昭和2年から区内全線開通の59年まで、この間に育った葛西の子どもたちには、環七の真ん中で遊んだ記憶が鮮明にあるようだ。

現在の西葛西6・7丁目と清新町の境にある堤防跡。あれより西南はかつて海だった場所。「嵐の時には、波が見えるわけ、今の清新町のとこ。波がすごくて、しぶきがワーッとあがってるのが、葛西駅前から見えてたんだから」現在の東葛西5丁目、葛西駅前にあった山西牧場から清新町のあたりがすいーっと見渡せていたなんて、信じられない人も多いことだろう。葛西がまだ牧歌的なのどかな町だった、つい30年ほど前の話だ。しかし様変わりしすぎたこの町にとっては、今や想像することさえ難しい昔々の話になってしまった。

（語り手・山西静昭さん）

〈2003-2004頃取材〉

葛西ガイド

1979年(昭和54)	4月	南葛西小学校、南葛西中学校開校
	7月	区と区内210軒の日本そば店が全国で初めて災害時の炊き出し協定を調印、41万食を確保
	10月	地下鉄東西線西葛西駅開業
		葛西生きがいセンター（現くすのきカルチャーセンター）落成
1980年(昭和55)		**人口8万3000人、2万7977世帯**
		江戸川文化財保護条例施行
	4月	西葛西小学校、西葛西中学校開校
		財団法人「江戸川区環境促進事業団」発足
	8月	「なぎさ和楽苑」オープン
1981年(昭和56)	4月	新田小学校開校
	5月	山形県鶴岡市と友好盟約を結ぶ
	11月	江戸川区スポーツセンター落成
1982年(昭和57)	2月	南葛西会館オープン
	4月	南葛西第二小学校、東葛西中学校開校
	5月	葛西警察署発足
1983年(昭和58)	3月	清新町の入居が始まる
	4月	清新第一小学校、清新第二小学校、清新第一中学校開校
		清新町コミュニティ会館オープン
		東京ディズニーランドオープン
	5月	行船公園に自然動物園オープン
	7月	清新町保健相談所オープン
1984年(昭和59)	3月	環状七号線が区内全線で開通
	4月	清新第三小学校開校
	5月	葛西市場移転、青果部オープン
	6月	陸上競技場オープン
	7月	プールガーデンオープン
	9月	江戸川区球場落成
	11月	スポーツの森（区球場、少年野球広場、虹の広場）が完成
1985年(昭和60)		「江戸川区熟年人材センター」の愛称が決まる
1986年(昭和61)	4月	南葛西第二中学校開校
	7月	地下鉄博物館落成
1987年(昭和62)	4月	清新第二中学校開校
	8月	東葛西土地区画整理組合設立を認可
1988年(昭和63)	3月	「暖心苑」オープン
	4月	オーストラリア・ゴスフォード市と姉妹都市調印
	12月	JR京葉線「葛西臨海公園駅」開業
1989年(平成元)	3月	行船公園に平成庭園開園
	4月	南葛西第三小学校開校
		臨海球技場オープン
		江戸川平成庭園・源心庵落成
		臨海町コミュニティ会館オープン
	6月	葛西臨海公園と海浜公園の一部がオープン
		水上バス（日の出桟橋～臨海公園）就航

	7月	葛西親水四季の道完成
	10月	葛西臨海水族館オープン
		水上バス（スポーツランド～臨海公園）就航
		2階建てバス運行開始
	12月	ホテル「シーサイド江戸川」オープン
1990年(平成2)		**人口15万175人、5万8130世帯**
	1月	「家賃等助成制度」スタート
	3月	JR京葉線全線開通（10日）
	4月	「江戸川CATV」開局
		鶴岡市東京事務所を葛西に開設
	7月	葛西親水四季の道と太陽エネルギー灯が建設省の「手作り郷土賞」を受賞
1991年(平成3)	5月	新長島川親水公園完成
	11月	＊第14回全国タウン誌会議「浦安・行徳大会」（月刊ぱすけっと主催）開催（17～19日）
	12月	江戸川ケーブルテレビ株式会社が放送開始
1992年(平成4)	4月	臨海小学校開校
	11月	＊月刊ぱすけっと、NTTタウン誌大賞受賞
1993年(平成5)	4月	なぎさ公園オープン
	5月	西葛西図書館オープン
		新左近川マリーナ完成
	7月	新左近川親水公園ボート場・駐車場オープン
	8月	葛西駅東口改札口完成
1994年(平成6)	1月	乳児医療費助成制度スタート
		新左近川親水公園全面オープン（1日）
	4月	葛西臨海公園鳥類園オープン（21日）
	12月	江東区との架け橋となる「ふれあい橋」が架橋される
1995年(平成7)		**人口16万6530人、6万9597世帯**
	3月	非常用持ち出し袋を各戸配布
	9月	乳幼児医療費の助成対象年齢を就学前の6歳までに引き上げ
		＊コミュニティペーパー〈葛西新聞〉創刊（22日）
	11月	MXテレビ開局（1日）
	12月	江戸川区平和都市宣言
1996年(平成8)	2月	下水道普及率100%達成
	3月	葛西臨海公園において「桜ふれあいフェスティバル～荒川・ポトマック川姉妹河川提携記念植樹祭～」開催（28日）
	7月	国道357号線・荒川河口橋が開通（4日）
	8月	一人暮らしの熟年者などへの配食サービス開始（19日）

葛西ガイド

1997年 (平成9)	3月	総合レクリエーション公園内を走る SL 型の新パノラマシャトル「元気くん」が運行開始（1日）
	7月	左近川親水緑道が「手づくり郷土賞」を受賞（15日）
	9月	廃棄自動車のエアコンからフロンガスの回収を開始（1日）
	10月	第17回緑の都市賞「内閣総理大臣賞」を受賞（30日）
	11月	新中川健康の道完成記念ウォーキング大会開催（2日） FM えどがわ開局（30日）
1998年 (平成10)		人口17万3298人、7万4507世帯
	8月	江戸川区と区内郵便局、災害時における相互協力に関する協定を結ぶ（19日）
	11月	なぎさ保健相談所オープン（2日）
1999年 (平成11)		人口17万6489人、7万6649世帯
	2月	江戸川区地域振興券交付（26日から）
	3月	＊葛西カタログ創刊（10日）
	4月	江戸川区長選挙で多田正見区長誕生（25日）
	5月	補助289号線の道路開通（26日）
	6月	新川に全国初、川の下の地下駐車場オープン（1日）
	10月	江戸川区で資源ゴミの回収始まる（4日）
2000年 (平成12)		人口17万9153人、7万8675世帯
	2月	新川にかかる「三角橋」開通（11日）
	4月	西葛西地下駐輪場オープン、東西線西葛西駅駅舎改修工事竣工
	7月	「えがおの家」オープン（4日） 中央図書館オープン（9日）
	8月	葛西消防署完成、事務開始
	9月	清新第二小学校内に「清新ふれあいセンター」オープン
2001年 (平成13)		人口18万1332人、8万501世帯
	3月	葛西臨海公園内に「ダイヤと花の大観覧車」がオープン（17日）
	4月	ファミリーサポート事業開始　北葛西保育園開園（1日）
	6月	東西線葛西駅駅舎改修工事終了（エレベーター、エスカレーターを設置）
	9月	東京ディズニーシー、東京ディズニーシー・ホテルミラコスタオープン（4日）
2002年 (平成14)		人口18万3831人、8万2505世帯
	1月	葛西臨海水族園、入園者3000万人突破（14日）
	3月	首都高速清新町ランプ開通（29日） 特別養護老人ホーム「みどりの郷福楽園」オープン（30日）
	4月	東京臨海病院開院、東葛西小学校開校、東葛西8丁目学童クラブ新設、安心生活応援ネットワークスタート、障害者就労援助センター開設
	5月	葛西地区自治会連合会「警察部会」設立
	10月	全国川サミット in 江戸川開催（11〜13日）
2003年 (平成15)		人口18万7592人、8万4600世帯
	4月	区立中学校選択制導入 第二葛西小学校に知的障害学級、清新第三小学校に情緒障害学級を設置 中葛西に心身障害者複合施設「区立障害者支援ハウス」開所（1日） 東葛西に「けやき公園」オープン
	6月	地下鉄博物館リニューアルオープン（1日）
	7月	葛西下水処理場用地内（臨海町）に臨海球技場第二オープン
	11月	江戸川区球場前歩道橋完成（1日） 国道357号の環七立体「海側」開通（11日）

葛西ガイド

▲新川モニュメント除幕式（1997.6月）

▲葛西臨海公園駅北側の様子（1998.4月）

▲左近川親水緑道
仲割川遊歩道と交わるところに理容院があった（2001年）

2004年 (平成16)		人口18万6915人、8万5382世帯
	3月	放射16号線荒川横断橋梁「清砂(きよすな)大橋」開通（28日）
	4月	「えどがわエコセンター」開設
	10月	区が「グリーンバンク制度」スタート（4日）
	11月	葛西臨海公園15周年にともない記念フェスティバル（2・3日）
2005年 (平成17)		人口18万8502人、8万6237世帯
	4月	区内の小学校全校で「すくすくスクール」実施
	7月	「東葛西区民施設」のうちコミュニティ施設部分、使用開始
	9月	「東葛西区民施設」のうち図書館部分、使用開始
2006年 (平成18)		人口18万8849人、8万7064世帯
	2月	区内14施設で指定管理者制度スタート
	4月	葛西健康サポートセンター建て替え・移転オープン
	6月	葛西駅⇔東京臨海病院直通バス開通
	7月	地下鉄博物館20周年
	10月	旧葛西健康サポートセンター跡(中葛西2丁目)に、『地域活動・相談支援センターかさい』が誕生
2007年 (平成19)		人口18万9945人、8万8357世帯
	3月	中川防災船着場を葛西橋上流と船堀橋下流に整備
	4月	南葛西5・6丁目（補助289号線）にゲート式駐車場（110台）整備 「新川千本桜計画」スタート 環七シャトルバス試験運行開始
	12月	＊月刊ばすけっと12月号で休刊
2008年 (平成20)		人口19万0710人、8万9346世帯
	4月	葛西駅地下駐輪場（東西合わせて9400台）オープン
	6月	葛西臨海水族園の入園者4000万人突破 共育プラザ葛西で「子育てサポートひろば事業」スタート
	7月	「篠崎文化プラザ」オープン

	8月	NPO法人「ふるさと東京を考える実行委員会」が『東京湾海水浴場復活プロジェクト』を始動
	9月	葛西駅前広場完成
	12月	海抜ゼロメートルサミット開催
2009年 (平成21)		人口19万1213人、9万0080世帯
	4月	東篠崎に「水辺のスポーツガーデン」オープン
	9月	西葛西駅、葛西駅、葛西臨海公園駅（区内5駅）でレンタサイクル実証実験スタート
	10月	葛西臨海水族園開園20周年
2010年 (平成22)		人口19万1636人、9万0561世帯
	1月	新川西水門広場に火の見櫓が完成
	4月	篠崎に「子ども未来館」がオープン（29日）
	5月	高齢運転者等専用駐車区間制度スタート（葛西区民館前に1台分）
	12月	区内の企業・お店満載の「えどがわ産業ナビ(事業所データベース)」開設
		なぎさ和楽苑東葛西地域包括支援センターオープン（20日）
2011年 (平成23)		人口19万2326人、9万1046世帯
	3月	東日本大震災発生（11日午後2時46分ごろ）
	4月	古着・古布リサイクル移動回収開始 東葛西5に「長島桑川コミュニティ会館」オープン（10日） 東葛西に「たんぽぽ保育園」開園
	10月	中葛西4に「みんなの遊々保育園」開園
	11月	「みんなの遊々保育園」に病児・病後児保育室開設
2012年 (平成24)		人口19万2227人、9万1158世帯
	2月	「自転車ナビマーク」登場（6日）
	4月	公立の小・中学校で「読書科」スタート

清砂大橋開通式（2004.3月）

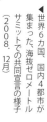

世界6カ国、国内4都市が集まった、海抜ゼロメートルサミットでの共同宣言の様子（2008.12月）

葛西ガイド

2013年 (平成25)		人口19万9681人、9万5235世帯
	4月	障害者施設「希望の家」の新館開設 レンタサイクル区内全域（11駅）に（1日）
	7月	新川さくら館開館（1日）
	9～10月	東京国体開催（9月28日～10月8日）。葛西地区では陸上競技場、臨海球技場第一で少年男子ラグビー競技
2014年 (平成26)		人口19万9922人、9万6247世帯
	5月	江戸川区医師会「夜間・休日急病診療所」が西瑞江5『地域医療支援センター』内に移転（1日）
	12月	共栄橋交番リニューアル（5日）
2015年 (平成27)		人口20万1943人、9万7832世帯
	3月	葛西防災公園オープン、テニスコートリニューアルオープン（15日） 「新川千本桜」事業完成（平成26年度）
	4月	第1回新川千本桜まつり（5日） 葛西臨海水族園、移動水族館開始
2016年 (平成28)		人口20万4358人、10万23世帯
	4月	清新第二・第三小学校が閉校になり、新しく「清新ふたば小学校」が誕生（1日）
	5月	「なごみの家 長島桑川」オープン（7日）
	6月	新川千本桜沿川地区が平成28年度都市景観大賞「都市空間部門」の大賞受賞（7日）

2017年 (平成29)		人口20万6581人、10万1707世帯
	4月	レンタサイクルに電動アシスト付き自転車導入（葛西・西葛西・葛西臨海公園の3駅） 食品ロスをなくそう「江戸川区版30・10運動」開始
	5月	区と警察署、薬剤師会が「テロ等の防止に関する協定」締結（26日） 江戸川区スポーツチャレンジデー2017に32万4112人が参加（31日）
	6月	「地域の力で安全・安心まちづくり大会」開催（15日） 「えどがわメールニュース」で認知症行方不明者情報の配信開始（19日）
	7月	「ひらい圓蔵亭」開館（15日） オランダのホストタウンに登録
	8・9月	「地下鉄博物館」の「日本初の地下鉄車両1001号車」国の重要文化財に指定（9月）および機械遺産に認定（8月）
	9月	船堀コミュニティ会館オープン（2日）
	10月	「東京2020オリンピック1000日カウントダウン記念in江戸川区」開催（28日）
	11月	「アリオ葛西」オープン（17日）

新川千本桜事業 （2015年3月完成）

工事中の新川

▲新川工事中。新川大橋より。
（2011.2.13）

▲東葛西1丁目付近はこれから工事。川は堤防で見えない
（2011.3.3）

▼新川橋から新川大橋を見る
（2013.1.31）

▲新川さくら館開館記念イベント
（2013.7.1）

◀火の見櫓 お披露目の式典にはたくさんの人が（2010.1.31）

▲江戸川南ライオンズクラブが寄贈した、和の雰囲気が漂う「新川櫓時計」。『第3回新川千本桜まつり』の記念式典で除幕式が行われた（2017.4.2）

葛西ガイド

2018年 (平成30)		人口20万8051人、10万3266世帯
	2月	「アリオ葛西」フードコートオープン（23日）
		「えどがわっ子食堂ネットワーク」発足
	4月	江戸川区、空き家耐震化と老朽木造住宅除却費用助成開始
		「なごみの家葛西南部」が清新町にオープン
	8月	介護保険の自己負担が1～3割に
		「アンテナショップ　エドマチ」タワーホール船堀にオープン（21日）
		「江東5区大規模水害広域避難計画」と「江東5区大規模水害ハザードマップ」発表（22日）
	10月	「葛西海浜公園」がラムサール条約湿地に、都内で初めて登録（18日）
2019年 (平成31)		人口20万9362人、10万4501世帯
	1月	江戸川区新庁舎建設基本構想・基本計画策定委員会委員を募集（～2/7）。（船堀4の都有地への建設を検討）
		葛西区民館に自動証明写真機設置 角野栄子さんに創設初の「江戸川区区民栄誉賞」（23日）
		葛西エリア中心に順次「えどがわ百景」を街区表示板に導入
	2月	江戸川区公式インスタグラム開始。江戸川区の「場所・モノ・コト」などの魅力を発信
	4月	江戸川区立葛西小と葛西中が「併設型小中学校」に
		新左近川親水公園カヌー場お披露目式（6日）。6月より本格オープン 多田正見区長退職（26日）（5期20年間在職）
(令和元)	5月	新区長斉藤猛氏初登庁（7日）
		「江東5区大規模水害ハザードマップ」に基づき作成した「2019改訂版江戸川区水害ハザードマップ」全戸配布（20日～）
	7月	カヌー・スラロームセンター完成（6日）
	9月	江戸川区と浦安市が災害時に相互支援をする協定締結（12日）

2020年 (令和2)		人口21万1178人、10万5970世帯
	1月	「緑化運動」開始から50周年。さらに関心を高めようと「緑化運動PRマスコットキャラクター」募集（14日～2月20日）
		「（仮称）江戸川区角野栄子児童文学館」設計パートナーに隈研吾さん（15日）
	2月	区内町工場の手で「純国産アーチェリー」復活
	3月	新型コロナウイルス感染拡大防止に向け区立小中学校休校、区施設の一部休館（2日）
	4月	新庁舎建設基本構想（素案）を公表（1日）
		東京都・千葉県・神奈川県・埼玉県・大阪府・兵庫県・福岡県の7都府県に新型コロナウイルス感染拡大防止に向けた緊急事態宣言（7日）。こののち全国に拡大された
		ドライブスルー方式の江戸川PCR検査センター開設（22日）
		江戸川区に児童相談所「はあとポート」開設
	6月	区独自の「長期育休支援制度」第1号の認定証授与（19日）
	7月	葛西事務所で住民票の写しなどの諸手数料収納で電子マネー決済導入（1日）
		オリンピック聖火リレーが区内を走る（2021年に延期）
	8月	「ありがとう！江戸川区医療従事者応援事業」で区民から約2200万円もの寄付
2021年 (令和3)		人口21万251人、10万6267世帯
	1月	1都3県に2回目の緊急事態宣言（7日～2月7日）
	2月	10都府県に対し3月7日まで緊急事態宣言延長
		区職員が「デリバリー＆テイクアウト」で飲食店を応援
2023年 (令和5)	7月	「（仮称）江戸川区角野栄子児童文学館」オープン予定
2028年 (令和10年)		新庁舎共用開始予定

▲多田区長退庁の日。多田区長は見送りの地域住民から花束を受け取りあいさつ。その後歓声の中、車に乗り込み本庁舎を後にした（2019.4.26）

▶隈研吾さん、角野栄子さん、斉藤区長が江戸川区役所で初顔合わせ（2020年1月15日）

葛西ガイド

211

葛西駅発

〈上り〉中野・三鷹方面

平日(月～金)	時	土・休日
14 28[三] 38 50 59	5	14 26 39 51
07 11[三] 18 22 25 29[三] 32 35 38 40 43 46 48 51 53 56 58	6	01 10 17 26 36 43 48 55
00 03 06 09 11 13 16 19 22[三] 25 27 30 32 35[三] 37 40 42 45 47 49 52 54 56 59	7	00 07 12[三] 18 23 29 32 36[三] 42 47[三] 51 55 59
01 03 06 08 10 13 15 17[三] 20 22 24 27 29 31 34 36 38 41 43 45 48 52 55 58	8	08 12[三] 16 20 27[三] 30 35 39 46 52[三] 57
01 04 07 11 13[三] 16 19 22 28 32 35 41[三] 44 52 55	9	04 08 12 20 26 34 41 48 49 56
04 11[三] 19 26[三] 34 41[三] 49 56	10	05 11[三] 19 26[三] 34 41[三] 49 56
04 11[三] 19 26[三] 34 40[三] 49 55	11	04 11[三] 19 25[三] 34 41[三] 49 56
04 11[三] 19 26[三] 34 41[三] 49 56	12	04 11[三] 19 26[三] 34 41[三] 49 56
04 11[三] 19 26[三] 34 41[三] 49 56	13	04 11[三] 19 26[三] 34 41[三] 49 56
04 11[三] 19 26[三] 34 40[三] 49 56	14	04 11[三] 19 26[三] 34 41[三] 49 56
04 11[三] 19 26[三] 34 42[三] 49 56	15	04 11[三] 19 26[三] 34 41[三] 49 56
05[三] 09 19[三] 20 25 34[三] 40 47 54 58	16	04 11[三] 19 26[三] 34 41[三] 49 56
06 11 19[三] 22 29 33 41[三] 43 49 56	17	04 11[三] 19 26[三] 34 41[三] 49 56
02 09 12[三] 16 23 26 31 39 43[三] 47 54 57	18	04 11[三] 19 26[三] 34 41[三] 49 57
05[三] 08 16 20 28 32 40 44 46 55 59	19	07 15 24 31 37 46 53 59
07[三] 10 14 20 23 26 32 36 45 50[三] 57	20	09 16 22 29 39 46 53 59
01[三] 05 13 16 22[三] 27 31 34 42 47 52	21	09 18 25 33 40 48 55
01 06 12 21 26 31 39 42 48 51[東]	22	04 11 19 27 34 42 49 59
04 10 14[東] 20 32 42 56[終]	23	09 20 31 42 56[終]
08[東] 24[東終]	0	05[東] 16[東] 24[東終]

無印…中野行　三…三鷹行　東…東陽町行　九…九段下行　終…終電

〈下り〉西船橋・東葉勝田台方面

平日(月～金)	時	土・休日
05[カ] 19[カ] 37[カ] 44 50[カ] 57	5	05[カ] 19[カ] 37[カ] 50
00 05[カ] 11 15[カ] 20 25 29[カ] 36 43 48 51 54 58[カ]	6	01 10 21[カ] 30 37 43[カ] 50 59[カ]
04 07[カ] 10 16[カ] 22[ツ] 25[カ] 29 35[ツ] 39 42 47[妙] 50[ツ] 53[カ] 59	7	06 15 20 25 32 38[カ] 45 52 55 58
03 08[カ] 11 17[カ] 21 26[ツ] 29 32[カ] 37 40[八] 43 48 51 54 59	8	04 10 16 23 28[カ] 34 40 46 53[カ] 58
02 08 10[カ] 17 20[八] 25 28 35 40 44[カ] 53	9	03 09 17 22[カ] 25 34 38 43 51 57
01[カ] 04 11[カ] 16 22 26[カ] 33 36[妙] 44 53	10	05 12 20 27 35 42 50 57
00 08[カ] 12 21 26 35 42 50 57	11	05 12 20 27 35 42 50 57
05 12 20 27 35 42 50 57	12	05 12 20 27 35 42 50 57
05 12 20 27 35 42 50 57	13	05 12 20 27 35 42 50 57
05 12 20 27 35 42 50 57	14	05 12 20 27 35 41 50 57
05 12 20 26 27 36[カ] 42 51[カ] 57	15	05 12 20 27 35 42 50 57
06[カ] 10 21[カ] 27 36 41 50 55[カ]	16	05 12 20 27 35 42 50 57
02 11 16 19[ツ] 25 30 34 40 44[カ] 50 54[カ]	17	06 13 21 27 36 42 52 57
00[カ] 04 10[カ] 14 16[カ] 22[ツ] 25 31[カ] 35 41 45 50[カ] 55[カ]	18	06 12 21 28 37 43 52 57
00 04[カ] 10 14[カ] 19 25 29 33 38 43 48 52[カ] 55[カ]	19	05 11 21 27 34[カ] 41 48 57
01[カ] 04 10[カ] 16 19 25 30 37 41 45 51 55[カ]	20	02 09 18[カ] 24 31 40 46[カ] 52 58
01 07 13[カ] 19 27 31 39 45 51 55	21	08 15 21 26[カ] 38 44 50 58
01 06[カ] 12 19 25 30 37 43 50[カ] 54	22	07 13[カ] 19 26[カ] 33 40 48 55
00 06[カ] 11 17 25 30 35 40 45 50 55 59	23	03 11 19[カ] 26 34 42 49 56
03 08 12 18[カ終] 22[終] 31[妙終]	0	05[カ] 11 18[カ終] 31[終]

無印…西船橋行　カ…東葉勝田台行　八…八千代緑が丘行　ツ…津田沼行　妙…妙典行　終…終電

時刻表

●葛西駅　中葛西 5-43-11……☎ 03-3688-0866

 SUBWAY

西葛西駅発

〈上り〉中野・三鷹方面

平日（月～金）	時	土・休日
16 30 40 52	5	16 28 41 53
01 09 13 20 24 27 31 34 37 40 42 45 48 51 53 56 58	6	03 12 19 28 38 45 50 57
00 03 05 08 10 13 15 18 21 24 27 29 32 35 37 40 42 45 47 49 52 54 56 59	7	02 09 14 20 25 31 34 38 44 49 53 57
01 03 06 08 10 13 15 17 20 22 24 27 29 31 34 36 38 41 43 46 48 50 55 57	8	01 10 14 18 22 29 32 37 41 48 54 59
00 03 07 09 13 15 18 21 24 31 34 37 43 46 54 57	9	06 10 14 22 28 36 43 51 58
06 12 21 28 36 43 51 58	10	07 13 21 28 36 43 51 58
06 13 21 28 36 42 51 57	11	06 13 21 27 36 43 51 58
06 13 21 28 36 42 51 58	12	06 13 21 28 36 43 51 58
06 13 21 28 36 42 51 58	13	06 13 21 28 36 43 51 58
06 13 21 28 36 42 51 58	14	06 13 21 28 36 43 51 58
06 13 21 28 36 43 51 59	15	06 13 21 28 36 43 51 58
07 11 14 22 27 36 42 49 56	16	06 13 21 28 36 43 51 58
00 08 13 19 24 31 35 43 47 51 58	17	06 13 21 28 36 43 51 58
04 11 14 18 25 28 33 41 45 49 56	18	06 13 21 28 36 43 51 59
07 10 18 22 30 34 42 46 48 57	19	09 17 26 33 39 48 55
01 09 12 16 22 25 28 34 38 47 52 59	20	01 11 18 24 31 41 48 55
03 07 15 18 23 29 33 36 44 49 54	21	01 11 20 27 35 42 50 57
03 08 14 23 28 33 41 44 50 53 57東	22	06 13 21 29 36 44 51
06 12 16東 22 34 44 58終	23	01 11 22 33 44 58終
10東 26終	0	07東 18 26終

無印…中野行　三…三鷹行　東…東陽町行　九…九段下行　終…終電

〈下り〉西船橋・東葉勝田台方面

平日（月～金）	時	土・休日
03力 16力 35力 42 48 54力 58	5	03力 16力 35力 48 59
03 08 13 18 22 27力 34 37力 46 50 52 56力 58	6	08 19 28 35 41力 48 57
05 08 13 17力 24 27 30力 37 40 43 48力 51 54ツ	7	04力 13 18 23 30 36 43 49 53力 56
00妙 03力 09ツ 12 19 21力 27 30 33 38力 40 43 49 51 54	8	02力 08 14 20 26力 32 38 44 51力 56
00 03 08力 15 18八 20 26 31 37 42力 51 56妙	9	01力 07 12 19 23 29 36 41 46 55
02力 05 14 17 23妙 28 34 38 47 58	10	00 09 15 24 30 39 45 54
02力 10 16 24 30 39 45 54	11	00 09 15 24 30 39 45 54
00 09 15 24 30 39 45 54	12	00 09 15 24 30 39 45 54
00 09 15 24 30 39 45 54	13	00 09 15 24 30 39 45 54
00 09 15 24 30 39 45 54	14	00 09 15 24 30 39 45 54
00 09 15 24 30 39 45 54	15	00 09 15 24 30 39 45 54
00 08 15 24 30 44 55 59	16	00 09 15 24 30 39 45 54
05 14 17ツ 21 28 32 36力 42 45 52力 55力	17	01 10 16 25 31 39 46 54
02 06 11 17力 22 27 32 36 42 46力 51 55	18	00 09 15 25 32 40 46 54
01 05 11力 15 21 27 30 34 40 44 50 56	19	00 09 15 25 31 39 45 51
02 06 13力 18 20 27 32 38 43 46 53力 56	20	00力 05 12 21 27 33 43 49 55
04 08 16 20 29 34 42 46 53 56	21	02 12 18 24力 31 42 48 55
04 08 16 21 32 40 45力 52 56	22	01 11 17力 24 31 38 46 53
01 09 14 20 28 33 39 48力 52 57	23	01 09 17力 24 32 40 47 54
01 06 09 15力 20 28妙	0	02 09 15力 28妙

無印…西船橋行　力…東葉勝田台行　八…八千代緑が丘行　ツ…津田沼行　妙…妙典行　終…終電

●西葛西駅　西葛西6-14-1……☎03-3688-5834

 時刻表

JR京葉線時刻表　2021.3.13 現在

葛西臨海公園駅発

〈上り〉　京葉線・武蔵野線　東京方面

平日(月～金)	時	土・休日
16 25 43	5	16 25 43
00 03 14 25 32 41 50 52	6	00 03 16 21 25 30 34 42 54 59
00 09 19 29 31 37 40 43 49 51 54 56 59	7	06 17 21 30 36 45 57
01 04 07 09 14 17 19 22 27 29 39 42 44 50 54 57	8	04 08 20 24 32 41 49 52
04 08 12 16 18 27 34 43 48 58	9	00 04 13 25 28 40 45 54 59
03 15 21 31 38 43 55	10	03 15 19 28 37 44 55 58
00 13 16 28 36 43 59	11	12 15 28 34 44 59
02 13 16 28 36 43 55	12	02 12 17 28 34 44 55 58
00 13 16 31 36 43 55	13	12 15 30 34 44 55 59
00 13 16 28 36 43 55	14	13 17 28 34 44 55 58
00 13 16 28 36 43 59	15	12 15 28 34 44 58
03 10 15 25 33 36 44 54 58	16	01 13 25 28 42 46
02 11 17 26 30 34 41 50 55	17	02 06 10 27 30 39 50 56
02 05 11 20 25 33 41 44 57	18	13 15 24 33 38 42 52
02 07 12 15 24 33 36 47 51 55 58	19	02 10 18 22 33 38 45 53 58
07 15 26 31 34 44 49 56	20	01 04 14 18 29 39 42 52 56
04 11 20 33 35 39 49 56	21	04 08 23 33 38 45 52 59
03 06 10 19 26 34 41 48 57	22	06 10 14 20 27 35 41 50 58
06 12 29 40 45	23	06 14 29 40 45
00 25	0	00 25

無印＝東京

〈下り〉　京葉線・武蔵野線　舞浜・新浦安・府中本町方面

平日(月～金)	時	土・休日
09 25 48	5	09 25 48
04 16[府] 23 35 39[府] 55	6	02 21 29[府] 39 48 53
02[府] 12 19 22[府] 30 36 42[府] 46 51 54 58[所]	7	02 09 15[府] 30 33 41 54[府] 58
02[府] 05 08 13 16[府] 18 21[海] 23 26 29[府] 31 34 36[海] 39 41 44 47 52 55 57	8	09[府] 14 17[習] 28 39 44 54
00[習] 02 12 17 19 29 32 35[府] 40 51 56 59	9	02[府] 10 19 25 38 41 52
04[習] 19 22 36 39[府] 53 59	10	01[習] 09[府] 19 26 38 41 51[海] 55
04[海] 19 22 36 39[府] 53 59	11	10 19[府] 26 38[海] 41 54
07[海] 19 22 36 39[府] 53 59	12	02[府] 11 20 26[海] 38 41 54[海]
04[海] 19 22 36 39[府] 53 59	13	02 11 19[府] 26 38 41 54
07[海] 19 22 36 39[府] 53 59	14	02 11 19[府] 26 38 41 53
04[海] 19 22 36 39[府] 53 59	15	02 10 19[府] 26 38 41 54
07[海] 19 22 32 39[府] 50 55	16	02[府] 11 21[海] 25 38 41 54
06 13 18 23 33[府] 41 45[府] 54	17	03 12[府] 20 33 38 43 54
01[府] 10 19 23 36 41 46[府] 55 59[所]	18	00 12[府] 22 26 40 46 54
12 16 24 34 40 46 56[府]	19	02 11[府] 15 29 34[府] 46 54
12 17[府] 26 34 38 43 54 57	20	00[府] 08 16 23 36 41 48 56
11 17 26 38 43[府] 58	21	12 17 28 32 37 42[府] 57
03 12 20 26 37[府] 43 50 55	22	02 17 21[府] 37 41 45[習] 50 55
06 10 18 30 43 47[府]	23	06 11[府] 18 30 43 47[所]
00 20 38[府]	0	00 20 38

無印＝蘇我　習＝新習志野　海＝海浜幕張　府＝府中本町
所＝東所沢　西＝西船橋

時刻表

葛西駅前発

（葛西21）葛西臨海公園駅前行・コーシャハイム南葛西行

時	〈平日〉	〈土〉	〈休日〉
6	30 39 46 53	30 45	30 51
7	00 06 12 18 24 30 36 42 48 54	00 15 28 41 52	09 26 41 56
8	00 06 12 18 24 30 36 42 48 54	02 12 22 31 39 47 56	11 26 41 56
9	00 07 14 20 26 32 38 45 52	04 12 20 28 36 44 52	10 22 32 42 52
10	00 09 18 27 37 48	00 09 19 29 39 49	02 13 24 35 46 57
11	02 15 30 45	01 13 25 38 51	08 19 30 41 53
12	00 15 30 45	06 21 35 49	05 16 26 36 46 56
13	00 15 30 45	03 17 29 41 53	06 16 26 36 46 56
14	00 15 30 45	05 17 29 41 53	06 16 26 36 46 56
15	00 15 29 43 57	05 17 29 41 53	06 16 26 36 46 56
16	09 21 32 43 53	05 17 29 40 50 59	06 16 26 36 46 56
17	01 09 17 25 33 41 49 59	12 19 28 36 45 54	06 16 26 36 46 56
18	05 12 19 26 33 40 47 54	09 19 28 36 45 55	06 16 26 36 50
19	01 08 15 22 29 36 43 51 59	05 15 25 35 45 55	02 15 30 45
20	07 15 23 31 40 49	05 15 25 35 47	01 17 34 53
21	01 14 29 45	03 19 36 55	15 36 58
22	01 17 33 49	15 36 58	20
23	04 20	20	

○ = 葛西臨海公園駅前行　無印 = コーシャハイム南葛西行

（葛西22）一之江駅前行

時	〈平日〉	〈土〉	〈休日〉
6	30 48	30	30 55
7	06 26 46	00 30	21 47
8	06 28 57	00 25 46	14 40
9	27 56	05 27 54	07 35
10	26 55	24 51	03 31 59
11	23 51	20 48	27 55
12	20 48	18 47	23 51
13	17 45	16 45	21 48
14	10 37	13 42	15 44
15	07 36	10 39	12 41
16	04 33	06 36	09 38
17	00 30 58	06 36	08 35
18	26 55	06 36	03 30 57
19	22 48	06 36	24 51
20	17 42	06 36	18 45
21	08 35		13
22	03 25 48	02 26 48	

（新小22）新小岩駅前行

時	〈平日〉	〈土〉	〈休日〉
6	30 38 46 53	30 45 58	30 50
7	00 07 13 19 25 31 36 42 48 55	00 13 25 40 55	10 30 50
8	02 11 20 29 38 47 56	02 12 22 32 43 54	10 29 48
9	05 16 28 40 53	05 18 31 44 57	08 28 48
10	05 17 30 42 55	10 23 36 49	08 26 44
11	08 21 34 47 59	02 15 28 41 54	02 19 35 51
12	12 25 38 52	07 20 33 46	06 21 36 57
13	06 19 32 45	12 25 38 51	06 22 39 57
14	00 13 27 41 55	01 17 30 43 56	15 33 51
15	09 22 35 48	08 20 33 46 58	10 26 42 58
16	02 16 30 44 58	09 23 37 51	10 26 42 58
17	02 11 20 29 38 47 56	11 25 39 53	14 30 47
18	08 20 34 46 58	08 24 40 56	04 21 38 55
19	10 22 38 55	12 28 46	12 30 48
20	13 31 50	05 24 43	11 36
21	02	03 20 46	03 30 55
22		02	

○ = 船堀駅前行　△ = 一之江駅前行

（葛西24）なぎさニュータウン行

時	〈平日〉	〈土〉	〈休日〉
6	48	46	46
7	05 21 27 39 44 57	05 21 39 57	07 29 52
8	01 14 19 32 42 47	16 33 51	15 38
9	03 19 33 48	10 29 47	01 26 49
10	03 18 33 48	05 20 39 58	13 37
11	09 27 47	17 36 55	03 27 48
12	11 36	12 27 42 57	09 28 45
13	02 27 52	12 27 42 57	04 23 41 59
14	11 29 48	12 27 42 57	17 37 55
15	07 27 46	12 27 42 57	10 28 47
16	05 23 39 55	12 27 42 57	01 19 38 57
17	15 25 41 57	12 27 42 57	10 35 58
18	13 43 58	12 27 42 57	13 33 50
19	13 43 58	12 26 41 56	06 30 50
20	14 32 54	11 27 50	15 35 57
21	17 41	14 38	19 42
22	03 25 48	02 26 48	04 26 48

（葛西24）船堀駅前行

時	〈平日〉	〈土〉	〈休日〉
6	26 40 57	29 40 59	29 49
7	12 30 47	19 38 54	15 38
8	03 20 37 49	12 30 50	01 24 47
9	03 18 35 54	08 25 40 58	10 34
10	11 29 47	17 36 55	00 24 48
11	07 31 56	14 31 47	09 30 48
12	22 47	02 17 32 47	06 25 44
13	11 30 48	02 17 32 47	02 20 39 58
14	05 24 46	02 17 32 47	16 31 49
15	01 17 40 48	02 17 32 47	08 26 45
16	03 19 35 53	02 17 32 47	03 22 40 59
17	17 40	02 17 32 48	16 35 55
18	04 26 46	16 31 50	12 28 49
19	12	13 37	13 38 58
20		13 37	19 42
21		01 25 48	05 27 49
22		12	12

※ 2021年4月から、☆印の時刻表は変更になる予定です

時刻表

BUS バス時刻表

葛西駅前発

〔錦25〕錦糸町駅前行

時	〈平日〉	〈土〉	〈休日〉
6	30 37 43 48 53 58	30 46 55	30 45 59
7	03 08 13 18 23 28 33 38 43 48 53 59	04 13 22 30 38 46 53	12 24 36 48
8	05 11 17 23 29 35 41 48 55	00 07 14 21 28 35 42 49 56	00 11 21 31 40 49 57
9	03 11 19 27 35 43 48 51 59	03 06 10 17 24 31 38 45 52 55 59	04 10 16 22 28 34 40 46 52 58
10	02 07 15 23 29 31 39 47 55	06 13 20 26 31 37 44 49 52 59	04 10 17 24 31 38 45 52 59
11	03 11 19 22 27 35 43 46 51	01 07 13 19 25 31 45 52 59	03 10 17 24 31 38 45 52 59
12	00 08 16 22 25 34 37 43 52	06 13 20 27 34 41 48 51 55	06 13 20 27 34 42 49 56
13	01 10 13 19 22 28 36 39 44 52	02 09 16 23 30 38 46 54	03 10 17 23 30 37 44 51 54 59
14	00 08 16 24 32 40 48 56	03 07 11 19 27 35 38 43 50 57	06 13 20 27 34 40 43 46 52 58
15	04 12 20 28 36 44 52 59	04 11 18 25 32 46 53 59	04 10 16 22 28 34 40 46 52 59
16	07 13 19 25 31 37 43 47 54	01 08 15 22 30 37 44 51 58	07 15 23 32 41 49 57
17	01 07 13 19 25 33 40 47 54	01 08 15 22 30 37 44 51 58	05 13 22 32 41 50
18	02 10 18 26 35 43 51	03 06 15 24 29 38 43 53	05 13 22 32 41 50
19	00 09 18 26 37 47 57	03 13 23 33 44 55	00 10 13 20 31 42 54
20	07 18 29 39 49 59	07 19 34 49	06 21 35 40 50
21	09 19 29 40 51	04 19 34 50	05 20 35 50
22	05 20 35	05 20 35	05 20 35

○ = 東小松川車庫前行　△ = 京葉交差点行

〔秋26〕秋葉原駅前行

時	〈平日〉	〈土〉	〈休日〉
6	12 23 33 42 50 57	13 35 54	23 50
7	04 10 16 22 29 36 43 51	10 26 41 57	15 40
8	01 13 25 40 57	13 29 46	05 26 47
9	16 35 57	04 23 42	07 27 47
10	23 50	03 24 46	07 27 47
11	17 45	09 32 55	07 27 47
12	12 39	18 41	07 27 47
13	06 31 53	04 27 51	07 27 47
14	12 31 51	14 37	07 27 47
15	13 34 55	00 25 51	07 27 47
16	14 32 48	17 43	07 27 47
17	03 19 36 54	09 35	07 27 49
18	15 35	00 26 54	11 34 57
19	02 35	26	21 46
20	10 45	01 45	13 45

※秋葉原駅周辺の経路は平日・土・休日は異なる

〔臨海28ー1〕葛西臨海公園駅前行

時	〈平日〉	〈土〉	〈休日〉
6	28 40 50 57	28	
7	06 13 20 27 33 40 46 53 59	03 23 37 53	04 22 40 58
8	06 11 15 21 28 34 39 45 52 59	10 28 43 57	16 34 52
9	05 10 15 20 24 29 30 35 41 47 54	10 28 50	10 18 32 47
10	04 17 29 39 49	05 22 36 53	02 18 33 49
11	00 11 23 36 49	10 27 44	04 11 20 36 51
12	02 16 30 43 56	01 18 34 51	06 22 38 53
13	11 29 46	08 25 42 59	09 25 41 49 57
14	10 30 49	07 33 58	12 28 44
15	06 23 40 56	15 31 47	00 32 48
16	05 23 41 59	03 10 19 35 51	04 14 20 27 35 50
17	12 25 40 54	07 23 53	01 13 26 39 52
18	03 21 39 51	08 23 58	05 17 29 41 56
19	04 30 59	10 37 58	11 26 41 56
20	42	20 42	13 32 51
21	13	13	10 35

○ = 臨海車庫前行

★〔臨海28ー2〕臨海車庫行

時	〈平日〉	〈土〉	〈休日〉
6	30 43	30	30
7	05 19 43	03 19 43	08 40
8	06 29 45 54 56	00 18 40 49 58	13 20 25 52 58
9	03 14 26 31 45 56	07 15 33 40 48 50 53	00 31 42
10	00 07 13 20 22 23 35 43 48 50 52	09 10 19 22 25 33 37 47 59	05 20 22 48 57
11	05 13 21 27 37 43 54	06 11 12 17 36 49 55	01 08 38 46 51
12	02 17 41 42	06 14 24 35 38 57	09 15 17 29 43 55
13	16 17 53	02 20 41 44	07 10 28 31 38 52 58
14	08 30 31 33	05 30 50 54 55	17 19 32 57
15	09 12 22 39 55	11 17 30 36 41 57	17 19 32 57
16	11 20 32 33 52 55	05 07 10 25 27 48 53	29 30 33 37
17	12 14 39 48 50 55 56	02 15 27 42 49 58	11 13 28 33 45 51 52 54
18	19 20 38 39 49	05 23 35 52 59	27 31 32 50 51
19	03 08 20 29 31 34 37 41 43 47 51 53 56	07 08 09 21 27 28 41 51 57 59	11 15 20 25 37 41 54 59
20	05 06 22 23 25 30 42 45 46	06 19 26 27 28 31 51 57	11 26 33 41 54 59
21	07 26 35 42 51 53 59	25 27 51 52 57	18 27 38 43 54 56
22	03 08 26 29 33 34 42	02 09 25 30 33 34 42	13 26 27 42
23	08		

時刻表

（臨海28−1）★（臨海28−2）一之江橋西詰行

（平日）	（土）	時	（休日）
13 15 16 21 34 44 46 58	11 12 16 30 44 58	6	12　29　47
04 09 15 21 22 29 36 42 48 55	05 13 14 30 48	7	01　20　38　56
01　14　27　40　52	03 17 34 52	8	14　32　50
01　09　20　33　50	09 24 32 39 56	9	08 22 36 50 53
00 09 18 34 44 55	13　44	10	09 24 25 39 55
08　21　34　48	00 17 34 51	11	10 26 30 41 57
02　15　28　43	08 25 42 48 59	12	13　28　44
00　17　34　51	16　33　44　50	13	00 16 32 48
08　25　42　54	07 24 41 55 58	14	00　20　36　52
00　13　18　34　49	14 31 40 47	15	08 24 39 54
01　21　39　52	20 37 53 54	16	01　26　44
04 08 18 23 31 44 55	10 24 37 54	17	00 14 27 39 51
04 13 22 31 40 49	12　28　44	18	04　17　32　47
00　12　24　44	00　16　32　50	19	02　16　31　48
06　23　40　56	09　32　54	20	07　26　46
11　28　45	16　43	21	11　41
01	01	22	

○ = 一之江駅前行

りんかいシャトル
「東京臨海病院～葛西駅～瑞江駅」運行中！

	葛西駅発			東京臨海病院発	
時	平日	第2・4土	時	平日	第2・4土
7	22	22	7	47	47
8	56	56	8		
9			9	20	20
10			10		
11	50	50	11		
12			12	15	15
13	26	26	13	50	50
14			14		
15			15		
16			16		
17	17		17	40	
18			18		

△ = 瑞江駅行
○ = 江戸川
　　スポーツ
　　ランド行

■運賃　大人 220円（葛西駅まで210円）
※京成バス一日乗車券・シルバーパス、東京都内フリー定期券、東京都内金額式IC定期券が利用可
■問い合わせ　京成バス江戸川営業所☎03-3677-5461

（新小29）東京臨海病院前行

〈平日〉	〈土〉	時	〈休日〉
		6	
		7	
58	48	8	
26　57	25	9	33
25	06　51	10	20
00	46	11	32
13　42		12	30
49	20　58	13	23
42		14	
	31	15	11　51
	26	16	32
00	39	17	
		18	
		19	
		20	
		21	
		22	

西葛西駅前発

（西葛20乙）葛西臨海公園駅前行

（平日）	（土）	時	（休日）
20　43	20　42	5	
08　33　50	11　35　51	6	11　40
05 18 28 38 49 58	04　18　31　43　56	7	00　22　40
09　19　30　41　53	07　22　35　52	8	00　23　41
10　25　40　58	02　20　41	9	06　23　41
22　45	04　23　40	10	10　36　53
10　35　56	07　24　46	11	17　41
24　46	08　28　46	12	06　31　55
14　34	08　29　52	13	20　43
00　20　44	11　35　56	14	06　43
05　27　45	16　42	15	15　35
08　31　49	10　28　53	16	01　24　46
13　36　54	14　38　57	17	00　32　57
15　32	21　40	18	15　37　57
00　18　39	05　25　40	19	23　54
01　24　41	03　23　46	20	32
04　21　50	07　31　55	21	10　48
05　30	17	22	30

○ = 臨海車庫前行

（西葛20甲）なぎさニュータウン行

〈平日〉	〈土〉	時	〈休日〉
30　49	30　47	6	47
00 10 19 27 35 43 51 59	07　24　38　48　58	7	07　27　48
07 15 22 29 36 43 50 57	08 18 28 38 48 58	8	08　28　48
05　13　21　29　37　45　54	08 17 28 38 48 58	9	08　28　48
04　15　26　38　50	09　20　32　46	10	03　16　30　42　54
03　17　31　47	01　17　33　49	11	08　21　33　45　57
03　19　36　52	04　19　34　49	12	09　21　33　45　58
09　24　40　55	02　17　33　49	13	10　22　33　51
10　25　40　55	05　20　36　49	14	09　28　46
10　25　36　49	07　19　34　50	15	07　33　51
01 09 17 25 33 41 49 57	04　16　27　38　49　53	16	04　16　24　37　49　53
05　13　21　29　37　47　56	00　14　28　43　58	17	07　22　37　52
05　14　24　33　44　55	13　27　44	18	07　22　37　52
09　20　32　46　58	06　27　50	19	07　42
12　26　40　55	10　33　52	20	00　19　38　56
10　25　40　55	15	21	15　35　52
		22	15

深夜バス

2021年1月20日現在

深夜03	西葛西駅前➡コーシャハイム南葛西
23	15　36　57
24	18　41

バスのりば／西葛西駅 1番のりば

深夜10	西葛西駅前➡臨海町二丁目団地前（循環）
23	11　31　51
24	11　41

バスのりば／西葛西駅 4番のりば

■運賃　大人 420円
　　　　子ども 210円
　　　　※平日深夜のみ運行
■問い合わせ ☎03-3687-9071／
東京都交通局江戸川自動車営業所

時刻表

西葛西駅前発

★（新小21）新小岩駅前行

平日	時	〈土〉	時	〈休日〉
30 44 51 57		30 40 50 59	6	30 45
03 09 14 19 24 29 34 40 46 52 58		08 17 26 35 44 53	7	00 15 29 44 58
05 12 19 26 34 42 51 55		02 12 22 24 32 43 53 56	8	11 24 37 49
00 05 09 19 29 39 49 58		03 14 25 36 47 59	9	00 11 22 33 44 55
02 07 16 19 25 34 44 53		10 21 32 43 54	10	05 16 26 37 47 57
02 11 20 26 29 38 47 56		05 17 28 40 51	11	07 16 25 33 41 49 53 57
03 05 14 23 32 41 50 59		03 14 26 37 49	12	06 15 24 33 42 51
08 17 26 35 44 54		00 12 23 35 46 57	13	00 09 18 27 36 45 54
03 09 12 18 21 30 39 48 57		08 09 18 28 37 46 55	14	03 12 21 30 39 43 48 57
06 15 24 33 42 51 59		04 13 22 34 49 58	15	01 06 15 24 33 42 51
07 14 21 28 35 43 46 56		07 16 25 34 45 56	16	07 16 28 38 48 57
04 07 12 20 23 29 38 41 47 56		01 10 19 28 37 46 56	17	07 17 27 37 47 57
02 05 14 24 33 42 51		07 19 31 39 43 55 57	18	09 21 34 46 59
00 09 18 27 36 41 45 49 54		07 09 19 32 35 44 47 56	19	12 19 25 38 53 56
03 06 13 23 33 43 53		09 22 35 49	20	05 08 23 38 54
03 13 24 35 46 56		03 18 33 41 48	21	13 32 50
08 10 20 33		08 33	22	08 33

○ = 船堀駅前行

（臨海22）船堀駅前行

平日	土	時	休日
08 20 28 38 56	08 13 37	6	08 13 48
13	06	7	55
	49 52	8	44 54
	35	9	
36	36	10	14 15
		11	
	48	12	29
	14 41	13	06 21 58
20 31	36 41	14	39
39	33	15	20
06 29 31	38	16	47
		17	39
15	15	18	
		19	
		20	
		21	

（西葛26）船堀駅前行

平日	土	時	休日
		5	
		6	
13 34 55		7	
20		8	
08 56	54	9	54
49	49	10	49
49	49	11	49
54	54	12	54
59	59	13	59
		14	
06	06	15	06
09	09	16	09
09 40	09	17	09
14 24	14	18	14
12		19	
		20	
		21	

（西葛27）臨海町二丁目団地前行

平日	土	時	休日
45 54	45 56	6	45 59
02 10 18 23 28 33 38 43 49 54■ 59	07 18 29 40 51■ 59	7	14 29 45
04 09 14 19 24 29 35 41 46 52 58	08 17 25 34 43 52	8	00 13 25 36 47 58
04■ 10 16 22 28 35■ 43 51	01 10 19 28 37 46 55■	9	09 20 31 42 54
00■ 09 20 31 42 53	04 13 22 32 43 54	10	05 15 25 35 45 55
04■ 15 27 39 51	05 16 27 38 49	11	05 15 24 33 42 51
03 14 26 38 50	00 11 22 33 44 55	12	00 09 18 27 36 45 54
01 12 23 34 45 56■	06 17 28 39 50	13	03 12 21 30 39 48■ 57
07 18 29 40 51	01 12 23 34 45 56	14	06 15 24 34 44 54
02 12 22 32 42 51	07 18 29 39 49 59	15	04 14 24 34 44 54
02 12 22 32 41 50 59	09 19 29 38 47 57■	16	04 14 24 31 41 51
07 15 23 31 39 47■ 55	06 15 23 30 38 47 55	17	01 11 22 32 43 55
03 11 20 29 38 47 56	05 13 22 31 40 50	18	07 19 31 43 55
05 14 23 32 42■ 52	00 10 20 30 41 52	19	07 18 30 42 58
04 16 27 38 50	03 15 32 50	20	16 33 49
02 14 26 38 51■	07 25 42	21	06 22 42■
04 18 33 43 55	00	22	00 25 55

○ = 葛西水再生センター経由　◎ = 西葛西駅前（新田住宅循環）行　△ = 葛西市場経由せず　■ = 中左近橋行

※ 2021年4月から、☆印の時刻表は変更になる予定です

時刻表

(亀29)亀戸駅前行

時	〈平日〉	〈土〉	〈休日〉
6	11 25 36 47 58	11 31 44 57	34 57
7	11 21 29 37 45 53	09 21 33 45 57	17 36 55
8	01 09 18 27 36 46 56	09 20 31 41 52	10 22 34 46 58
9	00 12 25 38 51	03 14 25 36 47 58	11 21 33 45 58
10	05 19 33 47	09 20 31 42 52	11 24 37 49
11	02 17 32 47	01 11 21 31 41 51	01 13 25 37 49
12	02 17 32 46 59	01 11 22 33 44 55	01 13 25 36 48
13	12 26 39 52	06 17 28 39 50	00 12 24 36 49
14	05 18 31 44 57	01 12 24 35 47 59	02 15 24 41 54
15	10 23 35 48	11 23 35 47 59	07 20 32 45 57
16	06 16 26 36 47 58	11 23 36 49	01 24 39 53
17	09 20 31 42 54	02 15 29 44 59	08 23 38 53
18	10 26 43	15 31 48	09 25 41 56
19	03 22 41	06 24 46	11 26 41
20	01 19 37	08 36	00 20 42
21			05 35
22			

(亀29)なぎさニュータウン行

時	〈平日〉	〈土〉	〈休日〉
6			
7	16 50	15 42	29
8	28 52	21 46	31
9	16 43	16	32
10	33	17 40	
11	43	47	26
12	52	17 47	29
13	07	50	41
14	04 57	45	54
15	50	18	33 59
16	28	06 30	25 38
17	02 32	19 43	30 59
18	03 25	21 47	28
19	11 43	25	27
20	58	18	12 57
21		05 44	38
22			

葛西臨海公園駅前発

(西葛20乙)西葛西駅前行

時	〈平日〉	〈土〉	〈休日〉
6	32	13 48	
7	00 20 30 39 50	01 14 26 38 49	04 22 42
8	00 11 22 35 52	04 17 34 44	05 23 48
9	07○ 22○ 22 32 40 58	02 23 46	06 32 52
10	04 27 52	05 25 49	18 35 59
11	17 38	06 28 50	23 47
12	06 28 56	06 28 50	12 36
13	16 42	11 34 53	01 24 47
14	02 26 47	15 38 58	01 33 56
15	09 27 50	08 24 50	15 41
16	12 30 35 46 54	09 34 55	04 26 46
17	12 17 35 56	19 20 42	12 37 55
18	13 41 59	22○	12 39
19	20 43	01 20 45	05 42
20	06 23 47	06 29 45	05 42
21	03 33 48	08 33 51	
22	13	13	

○ = 臨海車庫前行

(葛西21)葛西駅前行

時	〈平日〉	〈土〉	〈休日〉
6			
7	09 21 33 45 57	02 26 36 55	00 30 45
8	09 21 33 47 59	12 29 45	00 15 30 44 56
9	11 18 33 42 51	01 17 25 47	06 16 26 36 47 57
10	00 10 21 31	11 24 39 59	08 19 30 41 59
11	04 18 33 48	00 22 36 49	03 14 26 38 49 59
12	03 18 33 48	02 14 26 36 50	01 19 29 39 49 59
13	03 17 31 43 55	02 14 26 38 50	09 19 29 39 49 59
14	03 17 31 45 59	02 16 28 38 50	09 19 28 38 48 58
15	06 27 35 43 51 59	02 14 26 38 50	08 18 28 38 48 58
16	15 23 31 39 46 53	02 13 32 41 50	08 18 28 38 48 58
17	00 07 21 35 49	08 28 48	08 19 29 39 49 59
18	03 10 17 33 49	08 28 48	11 23 35 48
19	05 14 23 35 48	08 37 53	03 18 34 51
20	03 19 35 51	10 29 49	08 27 49
21	07 23 38 54	10 32 54	00 15 30 48
22			

(臨海28-1)一之江橋西詰行

時	〈平日〉	〈土〉	〈休日〉
6	45 51 56	45	50
7	02 09○ 16 23○ 29 35 42○ 48 54	00 17 35 50	09 27 45
8	01 07 14 20○ 27 33 39 43 48 52○ 56	04 21 39 56	03 21 39 57
9	01 07 12 20 28○ 37 47○ 56	11 26 43	11 25 35 41 57
10	05 12 21 31 42 49○ 55	15 31 47	02 23 43 58
11	08 14 21△ 38 49	04 21 38 55	14 29 48
12	02 15 30 47	12 29 46	01 16 31 47
13	04○ 12 21 38 55	03 20 37 54	03 11 19 35 51 59
14	12 29 47	11 28 45	07 23 39 55
15	05 21 36 48 59	01 18 34 50	11 26 41 57
16	11 17△ 23 37 51	07 24 32 41 57	12 23 35 47 54
17	04○ 12 34 42 51○	13 29 45	01 14 26 34 43 51 57
18	00 09 18 27 36 41△ 47 54△ 59	08 15 31 47 58	01 19 34 43 49
19	11○ 17 31 35 43 53	03 19 37 47 58	04 19 36 45 53
20	10 27 43 58	03 19 41	14 35
21	15 32 48	03 20 37 54	00 15 30 48
22	02	02	

○ = 一之江駅前行　△ = 葛西駅前行

時刻表

なぎさニュータウン発

（西葛20甲）西葛西駅前行

〈平日〉	〈土〉	時	〈休日〉
30 51	30 50	6	30 50
00 08 16 24 32 40 48 56	06 20 30 40 50	7	10 30 50
03 10 17 24 31 38 46 54	00 10 20 30 40 50 59	8	10 30 50
02 10 18 26 35 45 56	09 19 29 39 50	9	10 28 44 57
07 19 31 44 58	01 13 27 42 58	10	11 23 36 50
12 28 44	14 30 45	11	03 15 27 39 51
00 17 33 50	00 15 29 43 58	12	03 15 27 40 52
05 21 36 51	14 30 46	13	04 17 33 51
06 22 37 52	01 17 30 46	14	10 28 49
05 18 31 43 55	00 15 31 46	15	05 20 33 46 58
07 17 26 35 43 51 59	01 16 31 46	16	08 19 32 46 59
07 15 23 31 39 47 55	00 14 28 42 56	17	11 23 36 50
03 11 20 29 38 47 56	10 25 40 55	18	05 20 35 50
06 15 26 39 52	10 29 49	19	08 25 43
03 15 29 42 56	10 33 53	20	03 22 40 59
10 24 40 55	16 35	21	19 36
10 24 39	00	22	00
00		23	

（葛西21）葛西駅前行

〈平日〉	〈土〉	時	〈休日〉
36 43 50 56	36 58	6	36 54
02 08 14 20 26 32 38 44 50 56	13 26 37 47 56	7	11 26 41 56
02 08 14 20 26 32 38 44 51 58	06 15 23 31 40 48 56	8	11 26 41 55
04 10 16 22 29 36 44 53	04 12 20 28 36 44 53	9	07 17 27 37 47 58
02 11 21 32 46 59	03 13 23 33 45 57	10	08 19 30 41 52
15 29 44 59	09 22 35 50	11	03 14 25 37 49
14 29 44 59	05 19 33 47	12	00 10 19 30 40 50
14 30 45	01 13 25 37 50	13	00 10 20 30 40 50
00 14 28 42 54	01 13 25 37 49	14	00 10 20 29 39 49 59
06 17 28 38 46 54	01 13 25 37 49	15	09 19 29 39 49 59
02 10 18 26 34 42 50 57	01 13 24 34 43 52	16	09 19 29 39 49 59
04 11 18 25 32 39 46 53	01 10 19 29 39 49 59	17	09 19 30 40 50
00 07 14 21 28 36 44 52	09 19 29 39 48 59	18	00 10 22 34 46 59
00 08 16 25 34 46 59	09 19 32 48	19	14 29 45
14 30 46	04 22 40	20	02 19 38
02 18 34 49	00 21 43	21	00 21 43
05 21 41	05 41	22	05 41

（葛西24）船堀駅前行

〈平日〉	〈土〉	時	〈休日〉
15 29 45	30 49	6	40
00 09 18 26 35 44 51	08 27 43	7	05 28 50
00 08 18 25 37 51	01 19 38 56	8	13 36 59
06 23 42 59	13 28 46	9	23 48
17 35 55	12 36 57	10	12 36
19 44	02 19 35 50	11	18 36 54
10 35 59	05 20 35 50	12	13 32 50
18 36 55	05 20 35 50	13	08 27 46
14 34 53	05 20 35 50	14	04 19 37 56
12 30 45	05 20 35 50	15	14 33 51
00 15 30 46	05 20 35 50	16	16
02 18 34 49	05 20 35 50	17	05 24 42
05 20 36 51	05 20 35 50	18	01 17 38
07 23 42	05 20 40	19	03 28 48
06 29 54	03 27 51	20	10 33 56
16 39	15 39	21	18 40
03	03	22	03

（西葛26）船堀駅前行

〈平日〉	〈土〉	時	〈休日〉
		7	
		8	
33	31	9	31
26	26	10	26
26	26	11	26
31	31	12	31
36	36	13	36
43	43	14	43
46	46	15	46
46	46	16	46
51	51	17	51
		18	
		19	
		20	
		21	
		22	
		23	

○ = 葛西駅前行

東京臨海病院前発

（亀29）亀戸駅前行

時	〈平日〉	〈土〉	〈休日〉
6	39 52	39	39
7	10 26 50	15 39 51	18
8	27	23 56	04
9	31	18 40	03
10	32	43	19 43
11		13	19
12	29	48	30
13	28	43	18 44
14		06	23
15	39	17 53	27
16	38	29	06 35
17	51	18	
18	13 36	26	23
19	08	30	
20	04 43	06 50	02
21			
22			

（西葛27）西葛西駅前行

時	〈平日〉	〈土〉	〈休日〉
6	33 41 49 57	33 45 56	47
7	05 10 15 20 25 30 35 40 45 50 55	07 18 29 39 47 56	03 18 34 49
8	00 05 10 15 21 27 33 39 45 51 57	05 13 22 31 40 49 58	02 14 25 36 47 58
9	03 09 15 22 30 38 47 56	07 16 25 34 43 52	09 20 31 42 53
10	07 18 29 40 51	01 10 20 31 42 53	03 13 23 33 43 53
11	02 14 26 38 50	04 15 26 37 48 59	03 12 21 30 39 48 57
12	01 13 25 37 48 59	10 21 32 43 54	06 15 24 33 42 51
13	10 21 32 43 54	05 16 27 38 49	00 09 18 27 36 45 54
14	06 17 28 39 50	00 11 22 33 44 55	03 12 22 32 42 52
15	00 10 20 30 40 50	06 17 27 38 47 57	02 12 22 32 42 51
16	00 10 20 30 40 50	03 11 19 27 36 45 54	09 19 29 39 49 59
17	03 11 19 27 35 43 51 59	03 11 19 27 36 45 54	10 20 31 43 55
18	08 17 26 35 44 53	02 11 20 29 39 49 59	07 19 31 43 55
19	02 11 20 30 41 53	09 19 30 41 52	07 19 31 47
20	05 16 27 39 51	04 21 39 56	05 22 38 55
21	03 15 27 40 53	14 31 49	11 30 50
22	07 25	20	20

（西葛26）葛西臨海公園駅前行

時	〈平日〉	〈土〉	〈休日〉
7	51	48	48
8	36	35	35
9	50	41	41
10	35	36	36
11	40	43	43
12	45	45	46
13	50	51	51
14	58	56	56
15			
16	01	01	01
17	02	01	01
18			
19			
20			
21			

（西葛26）船堀駅前行

時	〈平日〉	〈土〉	〈休日〉
7			
8			
9	45	43	43
10	38	38	38
11	38	38	38
12	43	43	43
13	48	48	48
14	55	55	55
15	58	58	58
16	58	58	58
17			
18	03	03	03
19			
20			
21			

（新小29）東新小岩四丁目行

時	〈平日〉	〈土〉	〈休日〉
8			
9			
10	03	32	23
11	12	10 47	00 52
12	11		28
13	08	16 52	24
14	03 43	27	25
15	27	22	05
16	12 57	18 55	25
17	12	34	44
18			
19			
20			
21			

時刻表

BUS バス時刻表

船堀駅前発

★（新小21）西葛西駅前行

時	平日	土	休日
6	09 23 33 41 51 54	10 22 32 39 52	13 28 36 51
7	01 11 15 19 28 34 40 46 52 58	05 07 17 30 34 40 43 50 59	05 19 34 50
8	04 10 16 22 27 32 37 42 48 53 59	08 17 26 36 45 54	05 20 36 43 51
9	11 24 38 46 54	03 13 23 33 44 51 54	05 18 31 37 43 47 56
10	03 12 14 22 32 33 43 53 59	04 15 24 26 35 38 49	07 18 27 32 43 54
11	01 08 10 19 28 35 37 47 56	02 13 24 35 46 57	04 15 26 36 46 56
12	05 14 23 32 41 50 59	08 20 31 44 53 55	05 14 23 31 39 47 55
13	08 18 26 35 44 53	07 18 30 41 52	00 04 13 22 32 41 50 59
14	02 11 20 30 39 48 58	03 15 26 38 49	03 08 17 26 35 39 44 53
15	07 16 25 29 34 43 52	00 11 21 31 40 49 59	02 15 29 38 47 57
16	01 10 14 19 28 37 46 55 59	02 17 26 30 39 49 59	06 15 24 43 49 57
17	03 11 18 25 32 40 47 56	02 12 21 30 39 48 57	01 11 20 29 38 48 57
18	00 09 17 25 33 42 46 50 56 59	06 15 23 32 41 50 59	02 13 24 35 45 57
19	05 08 17 25 26 33 34 41 50 58	08 20 28 40 51	02 14 26 38 50
20	06 15 22 31 39 48 57	01 13 25 37 49	03 16 28 43 58
21	06 16 26 36 46 55	02 15 27 40 54	13 28 44
22	05 16 27	11 27	05 25

（錦25）葛西駅前行

時	平日	土	休日
6	11 30 56	11 30 41 52	11 35 50
7	08 21 30 41 49 56	03 14 25 36 46 54	08 29 45
8	03 08 15 20 26 31 37 42 47 52 57	03 13 22 31 39 47 56	00 14 26 39 57
9	02 07 12 17 23 28 34 40 45 51 56	03 11 19 27 35 43 50 58	05 18 29 41 51
10	02 08 15 23 31 39 47 55	05 13 20 28 31 36 43 50 57	01 10 17 23 29 35 41 47 53 59
11	03 11 19 27 35 39 43 51 58	05 12 19 26 33 40 47 54	05 11 17 23 30 36 43 49 56
12	06 14 22 30 38 46 54	01 08 15 21 27 33 36 39 45 51 57	02 09 16 23 30 37 44 51 58
13	02 10 19 27 35 41 44 53	04 11 18 19 25 32 39 46 53 59	05 12 19 21 26 33 37 40 47 55 59
14	02 11 20 29 39 48 56	00 07 14 21 28 39 43	02 09 16 23 30 36 43 50 57
15	04 12 15 20 28 36 43 53 59	01 05 19 21 28 37 43 53	04 11 16 22 28 35 41 47 53 59
16	01 09 14 17 25 30 33 41 49 57	02 09 16 23 30 38 45 52 59	04 10 16 22 28 35 41 47 53 59
17	00 05 13 20 27 33 39 45 51 57	06 14 20 26 30 38 44 50 56	05 11 17 24 31 37 42 50 58
18	02 08 14 20 26 32 38 44 51 57	02 08 16 23 30 36 42 49 56	04 11 17 24 31 37 42 50
19	04 10 18 25 33 40 48 55	03 10 17 24 31 39 44 47 54	05 13 21 28 37 42 50
20	02 10 18 25 33 43 53	02 11 20 30 40 51	05 15 26 34 44 47 58
21	03 13 24 35 45 54	02 13 25 40 55	10 25 39 54
22	04 14 24 34	10 25	09 23

（葛西24）なぎさニュータウン行

時	平日	土	休日
6	30 47	30 49	30 51
7	02 19 37 54	04 22 40 59	13 36 59
8	12 28 45	16 34 53	22 45
9	01 15 30 45	12 30 48	09 32 56
10	00 17 34 52	03 22 41	22 46
11	10 30 54	10 38 55	10 31 52
12	19 45	10 25 40 55	11 28 47
13	10 34 53	10 25 40 55	06 24 42
14	11 30 49	10 25 40 55	01 20 38 53
15	09 28 47	10 25 40 55	11 30 48
16	05 21 37 52	10 25 40 55	07 25 44
17	07 23 39 55	10 25 40 55	02 21 38 57
18	10 25 40 55	10 25 40 55	16 34 50
19	11 26 41 57	10 25 40 55	10 34 59
20	15 38	11 34 58	19 41
21	01 25 47	22 46	03 26 48
22	09 32	10 32	10 32

深夜急行バス （2021年2月末現在運休中）

東京駅 → 葛西駅・一之江駅行

東京駅	0:45 発
葛西臨海公園駅	1:05 発
葛西駅	1:10 着（降車のみ）
一之江駅	1:16 着（降車のみ）

※月曜深夜〜金曜深夜運行（土日祝および8月13〜15日・12月30日〜1月3日深夜運休）
■運賃　東京駅から950円　葛西臨海公園駅から420円
　※乗車時に現金・ICカード（Suica、PASMO等）で支払う
■座席予約　不要
　※満席時は乗車できない　※先着順の定員制
■のりば　東京駅八重洲口3番のりば
　葛西臨海公園駅南口0番のりば
■問い合わせ　京成バス奥戸営業所　☎03-3691-0935

※ 2021年4月から、☆印の時刻表は変更になる予定です

〔FL01〕葛西駅前⇄錦糸町駅前

葛西駅前発

時	土曜	休日
9	49	
10	17 45	00 25 53
11	16 48	22 49
12	16 46	17 46
13	20 59	28
14	31	03 43
15	01 29	13 37
16	01 31	07 31
17		

錦糸町駅前発

時	土曜	休日
9		
10	29 57	36
11	25 54	01 31 59
12	28 56	27 55
13	25 59	24
14	31	06 41
15	09 39	21 51
16	07 38	15 45
17	08	09

※ FL01系統（土・日曜、祝日のみ運行）⇒葛西駅前～船堀駅前～錦糸町駅前（葛西駅～船堀駅は錦25系統の各停留所に停車）

■その他発

★（錦22）臨海車庫前発　錦糸町駅前行

〈平日〉	〈土〉	時	〈休日〉
		5	
15 41 54	15 25 41	6	
15 35 49	10 49	7	18 58
	03 34	8	19 35 52
22	19 34	9	07 12 35
		10	22
51	25	11	03 14 40 53
	15 45	12	53 59
10 39 57	27 35	13	41
14	20 41	14	31 41
	37 54	15	41
10 39 57		16	37
		17	58
22 28	55	18	55

高速バス　葛西駅からスカイツリーへ

■標準運行時刻（平日・土休日同じ、遅延する場合あり）

▽東京メトロ葛西駅→東京スカイツリータウン着

発	着※	発	着※	発	着※
★07:14	07:44	11:44	12:14	18:24	18:54
★08:04	08:34	★12:44	13:14	19:24	19:54
★09:04	09:34	★13:54	14:24	19:54	20:24
★09:44	10:14	★14:44	15:14	★20:49	21:29
★10:09	10:39	★15:44	16:14	★21:49	22:19
10:39	11:09	17:34	18:04	★22:24	22:54
★11:09	11:39			★22:54	23:14 ●

※東京スカイツリータウン到着時刻。JR錦糸町駅着は10分前（降車のみ）　●JR錦糸町駅止まり　★3月3日現在運休中

▽東京スカイツリータウン→東京メトロ葛西駅着

発※	着	発※	着	発※	着
★06:50	07:20	11:30	12:00	17:20	17:50
★07:20	07:50	★12:30	13:00	★18:20	18:50
08:00	08:40	★13:40	14:10	★19:10	19:40
08:40	09:10	★14:40	15:10	★19:50	20:20
09:00	09:40	★16:10	16:40	★20:50	21:20
10:30	11:00	★16:40	17:10	★21:50	22:20

※東京スカイツリータウン出発時刻。JR錦糸町駅出発は10分後。東京メトロ葛西駅は降車のみ

■運賃　東京メトロ葛西駅⇔JR錦糸町駅⇔東京スカイツリータウン（片道・税込）大人600円、子ども300円　※乗車時に現金・ICカード（Suica、PASMO等）で支払う
■のりば　東京メトロ葛西駅北側14番のりば、東京スカイツリータウン3番のりば

■経路　東京ディズニーリゾート®⇔東京メトロ葛西駅⇔JR錦糸町駅⇔東京スカイツリータウン
■座席予約　不要　※先着順の定員制
■問い合わせ　京成バス奥戸営業所 ☎03-3691-0935　東武バスセントラル足立営業事務所 ☎03-3899-0801

環七シャトル（シャトル☆セブン）

■運賃（例）
〈葛西臨海公園駅⇔亀有駅・小岩駅、葛西臨海公園駅⇔東京ディズニーシー®〉大人210円　子ども110円
〈葛西駅⇔東京ディズニーシー®〉大人320円　子ども160円
〈小岩駅⇔東京ディズニーシー®〉大人420円　子ども210円
※京成バス一日乗車券・シルバーパスは都内区間で利用可
■のりば
葛西駅/1番のりば（小岩方面）、10番のりば（TDR方面）、葛西臨海公園駅/0番のりば（上り・下り）
■問い合わせ
京成バス江戸川営業所 ☎03-3677-5461

時	葛西駅発 葛西臨海公園駅・TDR行（下）	葛西臨海公園駅発 TDR行（下）	葛西駅発 亀有駅・小岩駅行（上）	葛西臨海公園駅発 亀有駅・小岩駅行（上）
6	14 34 54	44	49 53	38 42
7	09 14 24 29 44 54	09 24 39 54	13 24 42 49	02 13 31 38 49
8	11 24 29 44 56	04 21 34 39 54	00 14 36 49	03 25 38 52 59
9	04 16 37 56	06 14 26 47	03 10 27 44	16 33 53
10	05 29 46	06 15 39 56	04 17 37	06 26 50
11	04 19 41 56	14 29 51	13 30 55	12 19 44
12	14 31 49	09 24 41 59	01 32 54	00 21 43 57
13	09 29 44	09 24 54	04 23 44 48	07 23 53
14	10 29 44	09 39 54	04 23 46	07 23 48
15	04 16 34 46	13 26 44 56	07 23 53	03 23 43
16	07 19 44	17 29 54	05 23 53	03 23 43
17	04 16 39 57	14 26 49	05 23 53	03 23 43
18	07 19 39 52	17 29 52	07 23 38 53	03 24 54
19	07 29 52	17 39 47	08 20 43 53	03 22 42 57
20	07 32 52	17 42	13 23 53	09 32 42
21		03 17 33 52	13	12 27 42 57
22		02		13
23				02

黒字＝東京ディズニーランド®・東京ディズニーシー®行　赤字＝亀有駅行　太字＝一之江駅行
赤字＝葛西臨海公園駅行　※平日・土休日同じ　黒細字＝小岩駅行　※平日・土休日同じ

時刻表

BUS バス時刻表

高速バス　葛西駅から羽田へ一直線
■標準運行時刻（平日・土休日同じ、遅延する場合あり）

▽東京メトロ葛西駅→羽田空港第2ターミナル→第1ターミナル→第3ターミナル

葛西駅発	〈第1〉着※	発	着※	発	着
05:09	05:35	08:19	09:00	15:24	15:55
05:14	05:40	08:34	09:15	15:54	16:25
05:24	05:50	★08:49	09:30	★16:24	16:55
★05:29	06:00	09:09	09:45	16:49	17:25
05:39	06:10	09:29	10:05	★17:24	18:00
05:49	06:20	★09:49	10:25	17:49	18:25
06:09	06:40	10:24	10:50	18:24	19:00
06:19	06:55	★10:39	11:15	18:49	19:25
06:29	07:05	11:14	11:50	19:24	19:55
06:39	07:15	11:54	12:25	19:44	20:15
★06:49	07:25	12:24	12:55	★20:14	20:45
06:59	07:35	12:54	13:25	20:39	21:10
★07:04	07:45	13:24	13:55	★21:39	22:10
07:19	08:00	13:54	14:25	★22:04	22:35
07:34	08:15	★14:24	14:55		
07:49	08:30	14:54	15:25		
08:04	08:45				

※第2ターミナル到着は5分前、第3ターミナル到着は10分後

▽羽田空港第3ターミナル→第2ターミナル→第1ターミナル→東京メトロ葛西駅

〈第2〉発※	葛西駅着	発	着	発※	着
★06:25	06:50	16:05	16:35	20:50	21:15
07:40	08:15	16:35	17:05	★21:05	21:30
★08:10	08:45	17:05	17:40	21:20	21:45
09:05	09:35	17:35	18:10	21:35	22:00
09:35	10:05	18:05	18:40	★21:40○	22:00
★10:35	11:05	★18:10○	18:40	21:50	22:15
11:05	11:35	18:35	19:10	★21:55○	22:15
11:35	12:05	★18:40○	19:10	★22:05	22:30
★12:05	12:35	18:50	19:35	22:20	22:55
★12:35	13:05	19:05	19:35	22:35	23:00
13:05	13:35	★19:20	19:50	★22:40○	23:00
13:35	14:05	19:35	20:05	22:50	23:15
★14:05	14:35	19:50	20:20	★23:20	23:45
14:35	15:05	★20:05	20:35	★24:20▲	24:45
15:05	15:35	20:20	20:50		
15:35	16:05	20:35	21:00		

※第1ターミナル出発は5分後、第3ターミナル出発は10分前
○第1ターミナル始発時刻　▲第1ターミナル通過
★3月3日現在運休中

■運賃　葛西駅⇔羽田空港（片道・税込）大人1050円、子ども530円　※羽田空港行きは乗車時に現金・ICカードまたは回数券・乗車券で、羽田空港発は到着ロビー内リムジンバスチケットカウンターまたは自動券売機で事前に乗車券を買い求めて乗車。
■経路　JR亀有駅⇔JR小岩駅⇔都営線一之江駅⇔東京メトロ葛西駅⇔羽田空港

■のりば　葛西駅東側13番のりば、羽田空港〈第1〉〈第2〉とも到着ロビー1階6番のりば、国際線ターミナル発は5番のりば
■座席予約　不要　※先着順の定員制
■問い合わせ
京成バス奥戸営業所 …………………… ☎03-3691-0935
リムジンバス案内センター …………… ☎03-3665-7220

高速バス　葛西駅から成田へ一直線
■標準運行時刻（平日・土休日同じ、遅延する場合あり）

▽東京メトロ葛西駅→成田空港第3ターミナル→第2ターミナル→第1ターミナル

葛西駅発	〈第1〉着※1
★04:30	05:29▲
★05:19	06:18
06:04	07:03
★06:24	07:28
★06:44	07:55
★07:29	08:40
★07:59	09:10
★08:29	09:40
09:59	11:10
★10:59	12:10
★12:44	13:55
★13:59	15:10
15:09	16:13
★16:29	17:28
★17:34	18:33

▽成田空港第3ターミナル→第2ターミナル→第1ターミナル→東京メトロ葛西駅

〈第2〉発※2	葛西駅着
★08:10	09:20
★09:40	10:50
★10:40	11:50
12:50	13:55
★13:40	14:45
★14:40	15:50
★15:20	16:30
★16:10	17:25
★17:10	18:20
★17:50	19:10
★18:30	19:40
★19:30	20:35
★20:20	21:25
★21:00	22:05
★21:40	22:45
★22:40	23:45

■運賃　葛西駅⇔成田空港（片道・税込）大人1600円、子ども800円　成田空港行きのみ予約制。成田空港発は乗車当日にロビー内のバスチケットカウンターで乗車券を買い求めて乗車を。座席先着順の定員制

■予約（成田空港行きのみ）下記の方法で
乗車日の1カ月前9:00から前日17:00まで
・インターネット「京成BUSチケ」「発車オーライネット」「JTB」「バスぷらざ」で検索。予約後コンビニエンスストアや販売窓口で受け取り
・コンビニエンスストア（ファミリーマート、ローソン、ミニストップ、セブンイレブンの店頭端末　※新規予約受付は前日16:20まで）
・旅行代理店（近畿日本ツーリスト・日本旅行・JTBの各支店）
・京成高速バス予約センター☎047-432-1891（予約後受け取りはコンビニエンスストアや、販売窓口で）
詳しくは各問い合わせ先へ

■のりば　葛西駅東側13番のりば、成田空港〈第1〉到着階5番のりば、〈第2〉到着階12番のりば、〈第3〉6番のりば

■経路　JR小岩駅⇔都営線一之江駅⇔東京メトロ葛西駅⇔成田空港

■問い合わせ　京成バス奥戸営業所…………………… ☎03-3691-0935
千葉営業所…………………… ☎043-433-3800

※1　第2ターミナル到着は5分前、第3ターミナル到着は8分前
※2　第1ターミナル出発は5分後、第3ターミナル出発は5分前
▲　第2ターミナル止まり
★　3月3日現在運休中

時刻表

あなたのひと手間でごみも資源に
ごみの出し方

基本ルール
① 決められた曜日の朝8時までにきちんと分けて出す
② 引越し、植木の刈り込みなどで、臨時・大量に出るごみは有料
③ 有害性・危険性があるもの、悪臭を発するものは収集できない
④ 事業系のごみ・資源はすべて有料　※ごみを出す容器の容量、袋の容量に応じた有料ごみシールを貼付すること

品　目	出し方・注意点
燃やすごみ 週2回収集	生ごみ、貝殻、卵の殻、食用油、紙くず、木の枝・草花、紙おむつ・生理用品、衣類、たばこ、保冷剤、ゴム製品、皮革製品、プラマークのないプラスチック製品、汚れの残っている容器包装プラスチックなど ※古着・古布リサイクル回収に出すこともできる。詳細は区役所環境部清掃課まで（☎03-5662-1689）	■ふた付きの容器または透明・半透明の袋（中身の見える袋）に入れる ■生ごみは水切りをする ■竹串などの鋭利なものは紙などに包む ■食用油は紙や布にしみこませるか固める ■木の枝などは30cm程度の長さに切って束ねる ■紙おむつは汚物を取り除く
燃やさないごみ 月2回収集	金属製品、乾電池、スプレー缶・カセットボンベ・ライター、30cm未満の小型家電、ガラス、割れたびん、油のびん、陶磁器・刃物類、電球・蛍光灯、水銀体温計、電気コードなど ※水銀体温計は区役所清掃課・清掃事務所へ持ち込みも可	■ふた付きの容器または透明・半透明の袋に入れる ■スプレー缶、ライターなどは最後まで中身を使い切ってから、中身の見える別袋に分ける ■ガラス、刃物などの鋭利なものは、新聞紙などに包んで「危険」と表示する ■電球・蛍光灯は紙のケースに入れる ■水銀体温計は、中身の見える別袋に「水銀体温計」と表示する
資　源 町会などの集団回収やスーパーマーケットなどの店頭回収、新聞販売店回収や他の回収に出せない場合にご利用を 週1回回収	**＜資源となる容器包装プラスチック＞** マークがあり、汚れや銀色部分のない容器包装プラスチック （例）食品などのトレイ、洗剤などのボトル容器、プラスチック製のキャップ類、発泡スチロールなどの保護材、プリンなどのカップ容器、卵・イチゴなどのパック容器、レジ袋・菓子などの外袋、ペットボトルのラベルなど	■ふた付きの容器または透明・半透明の袋に入れる ■内容物が付着している場合は、軽く洗って汚れを取り除く ■商標ラベルや値札シールはついたままでも構わない ■ペットボトル、びん、缶と一緒に混ぜて出さない ■汚れの取れないもの、アルミなど銀色の部分のあるものは燃やすごみへ
	＜ペットボトル＞ マークのついている飲料・しょう油などのペットボトル	■キャップ、ラベルをはずし、中を洗って、つぶしてから集積所の緑色の回収ネットに入れる ■キャップ、ラベルは容器包装プラスチックへ
	＜びん＞ ジュース・ワインなどの飲料用のびん、ジャム・調味料などの食料用のびん	■中身を空にし、洗って、黄色のコンテナへ袋から出して入れる ■油・化粧品・くすりのびんは燃やさないごみへ ■割れたびん、電球、板ガラスは燃やさないごみへ ■一部店舗では、ビールびん、一升びんなど繰り返し使うびん（リターナブルびん）を引き取っている。※詳細は購入店舗に確認を
	＜缶＞ ビール・ジュース・お茶・クッキーなどの飲料用または食料用のスチール缶やアルミ缶	■中身を空にし、洗って、青色のコンテナへ袋から出して入れる ■スプレー式の缶、油缶、ペンキ缶などは中身を空にし、燃やさないごみへ
	＜古紙＞（折り込みちらし含む）、雑誌・雑がみ、段ボール、紙パック	■種類別にひもでしばる ■雑がみは雑誌と一緒に束ねるか、または雑がみだけを束ねて出す ■紙パックは内側が白色のもので、洗って、プラスチック製の口は切り取り開いて、乾かす ■酒のパックなど内側が銀色のものは燃やすごみへ
粗大ごみ 有料・申込制	家具、電気製品・寝具、自転車、ストーブなどおおむね一辺が30cm以上のもの **＜粗大ごみで収集できないもの＞** ■家電リサイクル法対象物 エアコン、テレビ（ブラウン管・液晶・プラズマ）、洗濯機、衣類乾燥機、冷蔵庫・冷凍庫 ■パソコンリサイクル法対象物 パソコン、ディスプレイ、ノートパソコン ※家電リサイクル、パソコンリサイクルについては次ページ参照 ■自動車、オートバイ、タイヤ、消火器、金庫、バッテリーなど回収困難物は専門業者へ	■**事前の申し込みが必要（直接持ち込む場合も必要）** ● インターネット・電話で「粗大ごみ受付センター」へ申し込む 粗大ごみ受付センターホームページ http://sodai.tokyokankyo.or.jp/ インターネット受付：24時間（年末年始を除く） 粗大ごみ受付センター　☎03-5296-7000 電話受付：月曜～土曜　8:00～19:00 （年末年始を除く） ※インターネットでは待ち時間もなく24時間受付ができる ● コンビニなどで粗大ごみ処理券を購入する ■収集を希望する場合 収集指定日の朝8時までに玄関または指定の場所に粗大ごみ処理券を貼って出す（年末年始を除く） ■区指定の場所に直接持ち込む場合（収集する場合より割安になる） 指定日の9時～15時30分の間に下記施設に持ち込む （年末年始を除く） ※北部粗大ごみ持込施設／江戸川区篠崎町2-62-17 ※南部粗大ごみ持込施設／江戸川区西葛西1-10-16

 30cm以上

葛西ガイド

■資源回収・ごみ収集

地域別曜日表

		資源 週1回	燃やすごみ 週2回	燃やさないごみ 月2回
宇喜田町	全 域	土	月・木	第2・4金
北葛西	1・2丁目	金	月・木	第1・3土
	3〜5丁目	土	月・木	第2・4金
清新町 1丁目	清新中央ハイツ・清新南ハイツ	火	水・土	第2・4金
	コーシャハイム清新	火	水・土	第1・3金
	清新プラザ、シティコープ清新・清新北ハイツ	月	水・土	第2・4木
	都営清新町1丁目アパート・清新住宅	金	月・木	第1・3土
清新町 2丁目	(1〜10) 都営清新町2丁目アパート含む	土	月・木	第1・3金
	都営清新町2丁目第ニアパート	月	水・土	第1・3金
中葛西	1・2丁目	火	水・土	第2・4月
	3〜5丁目、8丁目	水	火・金	第2・4木
	6・7丁目	水	火・金	第1・3木
西葛西	1・2丁目	金	月・木	第1・3土
	3〜6丁目	金	月・木	第2・4土
	7・8丁目	水	火・金	第1・3木
東葛西	1〜4丁目	月	水・土	第1・3火
	5丁目 (1〜52) (53〜56の補助 289号線西側)、9丁目 (4〜23)	月	水・土	第2・4火
	5丁目 (53〜56の補助289号線東側) (57)	月	水・土	第1・3火
	6丁目	月	水・土	第2・4火
	7・8丁目	木	火・金	第2・4水
	9丁目 (1〜3)	木	火・金	第1・3水
南葛西	1丁目	水	火・金	第1・3木
	2・3丁目	木	火・金	第2・4木
	4〜7丁目	木	火・金	第1・3水
臨海町	1丁目	月	水・土	第2・4木
	2丁目	水	火・金	第1・3土
	3丁目	―	―	―
	4・5丁目	木	火・金	第2・4水
	6丁目	木	火・金	第1・3水

[問い合わせ] 葛西清掃事務所 ☎03-3687-3896

■区では収集できないもの

★有害性のあるもの、危険性のあるもの、著し
く悪臭を発するもの
ガスボンベ、石油類、廃油、火薬、バッテリー、
塗料など

★処分場の管理または処分作業に支障をきたす
おそれのあるもの
消火器、金庫、薬品類など

★その他
自動車、オートバイ、タイヤ、ピアノ、土、
石、砂、ブロックなど

※上記のものは、販売店などに引き取ってもら
うか、専門業者に処理を依頼する

■古着・古布をリサイクルしよう

回収品目
●回収できるもの
◇古着 (スーツや着物など身につける衣類全般)
◇古布 (カーテン・タオル・毛布など)
※古着・古布はきれいなもの
※ファスナー、ボタンは付けたままで出す
●回収できないもの
◇汚れているもの・布団・座布団・枕・カーペ
ット・マットレス・じゅうたん・雨ガッパ・
ぬいぐるみ・毛糸玉・靴・ぬれているものなど

出し方
◇透明または半透明の袋に入れ、しばって出す
◇専用の移動回収車が待機している時間中に直接
持っていく
◇車では持ち込まない(葛西清掃事務所除く)
◇家庭から出る古着・古布、区民からの排出に限る

■家電リサイクル

■自宅まで収集を依頼する場合
①購入した店、買い替えをする店に連絡する。
②購入した店が遠い、わからない、または収集を希望する場合
● **家電リサイクル受付センター** ☎03-5296-7200
（月曜〜土曜8:00〜17:00）
https://kaden23rc.tokyokankyo.or.jp

■自分で持ち込む場合
①中間集積所に直接持ち込む場合
※別途収集運搬金が必要（下記場所まで電話で申し込みが必要）
● **三東運輸㈱** 篠崎町2-62-17 ☎03-3679-2323
● **㈱イゾイ** 東葛西1-17-15 ☎03-3687-6047
②指定引取場所に持ち込む場合 ※収集運搬料金不要
（郵便局で家電リサイクル料金を振込みのうえ、指定引取場所に持ち込む）
● **岡山県貨物運送㈱江戸川事業所**
臨海町4-3-1 葛西トラックターミナル2号棟
☎03-5667-7060

■リサイクル料金（2019年10月1日からの税込額）
※大手メーカーの一例
● エアコン　990円　● テレビ　2970円
● 洗濯機　2530円　● 冷蔵庫　4730円
※別途収集運搬料金や家屋からの引出し料金がかかるため、申込時に確認のこと（例）2000〜3500円

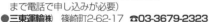

■パソコン

は、平成15年（2003年）10月以降に販売された家庭向けパソコンに貼付されている。このマークの付いたパソコンは、パソコンメーカーが無償で回収しリサイクルする。
PCリサイクルマークのついていないパソコン（平成15年9月までに購入された製品）は、捨てる人が回収再資源化料金を負担する必要がある。

■不要になった家庭用パソコンは、パソコンメーカーに連絡してリサイクルする

■メーカーが不明なものや自作パソコンなどの場合は、（一社）パソコン3R推進協会へ引き取りを依頼する
（一社）パソコン3R推進協会
☎03-5282-7685
（平日9:00〜12：00、13：00〜17:00）
http://www.pc3r.jp/

■小型家電リサイクル法認定事業者のリネットジャパンサイクル㈱に宅配便での回収を依頼する
https://www.renet.jp/

2011年4月から行われている「古着・古布リサイクル回収」。回収された古着・古布は中古衣料やウエス（工業用雑巾）、軍手などに加工され、リサイクルされる。

■ 回収日時と場所（葛西事務所管内）

回収曜日	待機時間	施設名	車両待機場所
第1火曜	AM 9:00〜10:00	南葛西会館	駐車場
第1火曜	AM10:00〜11:00	船堀中公園	公園内
第2火曜	AM 9:00〜10:00	清新町コミュニティ会館	駐車場（さざなみ公園隣）
第2火曜	AM11:00〜12:00	二之江コミュニティ会館	会館前
第3火曜	PM 0:45〜 1:45	葛西くすのきカルチャーセンター	正面入口前駐車場
第4火曜	AM 9:00〜10:00	長島桑川コミュニティ会館	駐車場
第4土曜	PM 1:00〜 2:00	葛西区民館	正面入口前

※月1回、専用の移動回収車で回収　※回収車の待機時間は60分
※各施設での保管、受け取りはできない　※雨天、祝日も回収
※第5火曜日の回収はなし
※「資源・ごみ集積所」からの古着・古布の回収はしていない
※毎月の回収のほかに臨時回収も。詳細は広報えどがわやHPなどで確認を

通常回収に出せない人は常設回収の利用を！
● **常設回収場所**
小松川清掃分室（平井1-8-8）
葛西清掃事務所（臨海町4-1-2）
※葛西清掃事務所に限り、車での持ち込み可
● **回収日時**
月曜〜土曜（祝日含む）
AM9:00 〜PM3:00の間に
直接持っていく
※年末年始（12/24〜1/10）は回収なし
● **注意事項**
・持ち込んだ際は、必ず清掃事務所へ声掛けを
・回収できるもの以外は持ち帰りを

<問い合わせ>環境部清掃課ごみ減量係　☎03-5662-1689

かさい コインパーキング LIST

お出かけ前に チェック!

路上駐車は交通渋滞を招くだけでなく、事故の要因にもなり得る。車で出かけるときは、コインパーキングをチェックして安全運転を心がけよう!

江戸川区なぎさ南駐車場

- ■住　所　南葛西6-3
- ■収容数　第一67台、第二40台　　■利用時間　24時間
- ■料　金　8:00〜24:00　最初の1時間200円(以降は30分毎100円)
  24:00〜 8:00　最初の1時間100円(以降は60分毎100円)
  ※ただし、30分以内の出庫であれば無料
- 打ち切り料金…6時間毎/最大500円

【西葛西駅周辺】

※料金・時間等のデータは2021年1月現在のものです。発行後、変更になっている場合もあります。

①	タイムズデニーズ西葛西店	24h	16台	8〜22時は30分220円、22〜8時は60分110円
②	タイムズ西葛西6丁目	24h	8台	8〜20時は20分220円、20〜8時は60分110円。昼間最大1540円、夜間最大440円
③	富士パーク西葛西6丁目	24h	5台	8〜20時は20分200円、20〜8時は60分100円。夜間最大500円
④	ラッキーパーキング西葛西第2	24h	12台	8〜23時は30分200円、23〜8時は60分100円。7〜19時最大1600円、19〜7時最大1300円
⑤	リピートパーク西葛西第1	24h	4台	8〜22時は30分200円、22〜8時は60分100円。入庫後4時間最大1000円、夜間最大400円
⑥	ナビタワー西葛西第2	24h	45台	7〜23時は30分100円、23〜7時は1泊500円。昼間最大1400円、20〜10時の宿泊パック1000円*タワーパーキング　高さ制限2.1m
⑦	プリマパーク時間貸駐車場	24h	7台	9〜21時は30分100円、21〜9時は60分100円。入庫後最初の60分100円
⑧	タイムズ西葛西第6	24h	6台	オールタイム30分330円。入庫後24時間最大1980円、20〜8時最大440円
⑨	ユアーズパーキング西葛西第1	24h	4台	8〜20時は30分200円、20〜8時は60分100円。昼間最大1800円、夜間最大400円
⑩	コインパーキング西葛西6丁目	24h	3台	オールタイム30分200円。8〜20時最大1400円、20〜8時最大400円
⑪	ファインパーキング西葛西第1	24h	3台	8〜22時は20分200円、22〜8時は60分100円。昼間最大1400円、夜間最大400円
⑫	ナビパーク西葛西第6	24h	11台	8〜24時は20分200円、24〜8時は60分100円。入庫後24時間最大2100円、夜間最大400円
⑬	GSパーク	24h	4台	オールタイム20分200円
⑭	パークステーション西葛西	24h	11台	8〜24時は20分300円、24〜8時は60分100円
⑮	e-PARKタワー西葛西第1	8:30〜18	10台	60分100円。昼間最大500円。高さ制限1.62m
⑯	タイムズメッセ西葛西ビル	24h	200台	オールタイム30分300円。月〜金の8〜21時最大1760円、全日21〜8時最大500円
⑰	DパーキングスポーツクラブNAS西葛西	24h	10台	オールタイム12分200円。8〜22時最大1600円、22〜8時最大500円
⑱	ピコパーキング西葛西6丁目	24h	16台	8〜24時は25分200円、24〜8時は60分100円。6〜11番のみ入庫後24時間最大1700円、夜間最大500円
⑲	ナビパーク西葛西第20	24h	12台	8〜22時は40分200円、22〜8時は60分100円。入庫後24時間最大1900円
⑳	スペースナビ西葛西第6	24h	37台	8〜22時は30分200円、22〜8時は60分100円。夜間最大500円
㉑	コナミスポーツ西葛西駐車場	24h	15台	8〜24時は20分100円、24〜8時は60分100円。夜間最大500円
㉒	リパーク西葛西	24h	69台	8〜24時は40分200円、24〜8時は60分100円。入庫後24時間最大1400円
㉓	パークレポ西葛西第2	24h	9台	8〜24時は25分100円、24〜8時は60分100円
㉔	行船Gパーク	24h	5台	8〜22時は30分100円、22〜8時は60分100円
㉕	ナビパーク西葛西第5	24h	9台	8〜20時は15分200円、20〜8時は60分100円。夜間最大300円
㉖	タイムズ西葛西第15	24h	6台	8〜22時は30分220円、22〜8時は60分110円。入庫後24時間最大1540円
㉗	リビングパーク西葛西第1	24h	37台	入庫後12時間1000円、24時間1500円。料金前払い制
㉘	タイムズ西葛西第3	24h	3台	8〜24時は60分440円、24〜8時は60分110円。夜間最大660円
㉙	メトロパーク西葛西5丁目	24h	13台	8〜22時は20分100円、22〜8時は60分100円
㉚	ナビパーク西葛西第27	24h	4台	8〜22時は20分300円、22〜8時は60分100円。夜間最大400円
㉛	リパーク西葛西駅前第4	24h	3台	8〜24時は15分200円、24〜8時は60分100円
㉜	パラカ西葛西第1	24h	8台	オールタイム15分300円。24〜8時最大400円
㉝	クイックパーク西葛西	24h	20台	8〜深夜1時は15分100円、深夜1〜8時は60分100円
㉞	メトロパーク西葛西3丁目	24h	13台	8〜24時は40分300円、24〜8時は60分100円。入庫後12時間最大2000円、夜間最大400円

葛西ガイド

No.	名称	時間	台数	料金
㉟	ナビパーク西葛西第2	24h	15台	8～20時は30分200円、20～8時は60分100円。当日最大1800円、夜間最大300円
㊱	パラカ西葛西第4	24h	3台	オールタイム40分200円。入庫後24時間最大1600円、19～9時最大500円
㊲	ナビパーク西葛西第29	24h	2台	8～20時は40分200円、20～8時は60分100円。入庫後24時間最大1700円、夜間最大300円
㊳	NTTル・パルク西葛西第1	24h	7台	8～20時は30分200円、20～8時は60分100円。入庫後24時間最大1400円、夜間最大600円
㊴	リパーク西葛西3丁目第2	24h	2台	8～20時は25分200円、20～8時は60分100円。入庫後24時間最大1400円、夜間最大500円
㊵	タイムズ西葛西3丁目	24h	7台	8～20時は30分220円、20～8時は60分110円。夜間最大440円
㊶	D-Parking西葛西3丁目第1	24h	10台	オールタイム30分200円。8～18時最大1200円、18～8時最大500円
㊷	キプト西葛西	24h	5台	8～19時は30分100円、19～8時は60分100円。昼間最大800円、夜間最大300円
㊸	ナビパーク西葛西第12	24h	9台	8～20時は30分200円、20～8時は60分100円。入庫後24時間最大1600円、夜間最大500円
㊹	タイムズ西葛西井上眼科前	24h	8台	8～20時は30分220円、20～8時は60分110円。昼間最大1100円、夜間最大440円
㊺	タイムズ井上眼科	24h	10台	オールタイム60分550円
㊻	タイムズ西葛西第16	24h	3台	オールタイム40分220円。8～19時最大1760円、19～8時最大440円
㊼	タイムズ西葛西3丁目第2	24h	3台	オールタイム40分200円。入庫後24時間最大1760円、20～8時最大440円
㊽	パラカ西葛西第3	24h	4台	オールタイム30分200円。入庫後24時間最大1500円、20～8時は最大600円
㊾	ナビパーク西葛西第23	24h	3台	8～24時は20分200円、24～8時は60分100円。入庫後12時間最大1700円、夜間最大400円
㊿	ピコパーキング西葛西3丁目	24h	4台	8～20時は30分200円、20～8時は120分100円。入庫後24時間最大1300円、夜間最大400円
51	タイムズ西葛西第2	24h	9台	8～20時は30分220円、20～8時は120分220円。昼間最大1540円、夜間最大440円
52	ナビパーク西葛西第30	24h	2台	8～22時は15分100円、22～8時は60分100円。夜間最大500円
53	タイムズ小島町2丁目第2	24h	10台	8～24時は30分220円、24～8時は60分110円。入庫後24時間最大1760円
54	タイムズ小島町2丁目第1	24h	5台	8～24時は30分220円、24～8時は60分110円。入庫後24時間最大1760円
55	ナビパーク西葛西第10	24h	5台	月～金8～15時は15分200円、15～24時は40分200円、24～8時は60分100円。土日祝8～24時は40分200円、24～8時は60分100円。土日祝の当日最大1300円*朝日信金利用者割引あり
56	NTTル・パルク西葛西第1	24h	17台	8～22時は30分200円、22～8時は60分100円。入庫後24時間最大1400円、夜間最大500円
57	スポーツセンター駐車場	24h	83台	最初の60分まで200円、以降60分100円

【葛西駅周辺】

※料金・時間等のデータは2021年1月現在のものです。
発行後、変更になっている場合もあります。

No.	名称	時間	台数	料金
❶	パラカ東葛西第1	24h	8台	オールタイム60分300円。入庫後12時間最大900円、20～8時は最大500円
❷	ラッキーパーキング東葛西第2	24h	30台	8～24時は40分200円、24～8時は60分100円。入庫後12時間最大1000円
❸	東葛西6丁目駐車場	24h	9台	8～24時は30分200円、24～8時は60分100円。入庫後24時間最大2000円
❹	ダイレクトパーク東葛西6丁目第2	24h	13台	8～22時は15分100円、22～8時は60分100円。入庫後8時間最大600円
❺	タイムズ東葛西第3	24h	17台	8～20時は20分110円、20～8時は60分110円。入庫後24時間最大990円
❻	ナビパーク東葛西第19	24h	14台	8～22時は20分200円、22～8時は60分100円。入庫後24時間最大1100円
❼	ナビパーク東葛西第1	24h	20台	8～24時は30分200円、24～8時は60分100円。入庫後24時間最大2100円、夜間最大500円
❽	リパーク東葛西6丁目	24h	3台	8～22時は25分200円、22～8時は60分100円。入庫後24時間最大1000円、夜間最大600円
❾	タイムズ東葛西第11	24h	10台	オールタイム60分330円。入庫後24時間最大990円
❿	タイムズ中葛西第2	24h	17台	月～金9～15時は30分440円、15～9時は30分220円。土日祝30分220円、9～15時最大770円。15～9時は全日最大1100円
⓫	パラッツォ駐車場	24h	280台	10～23時は30分200円、23～10時は30分300円。*タワーパーキング高さ制限2.1m、23～10時は出庫不可
⓬	PENライフアンドケアパーキング	24h	9台	8～22時は20分200円、22～8時は60分100円。入庫後12時間最大平日1700円、土日祝900円、夜間最大500円
⓭	リパーク葛西駅前	24h	13台	8～24時は20分200円、24～8時は30分100円。昼間最大1000円、夜間最大600円
⓮	リパーク中葛西5丁目第3	24h	18台	8～22時は20分200円、22～8時は60分100円。夜間最大500円
⓯	河内屋駐車場	24h	17台	8～22時は30分400円、22～8時は60分100円。夜間最大700円。河内屋利用者割引あり
⓰	エスパーキング葛西	24h	4台	7～19時は20分200円、19～7時は60分100円。夜間最大500円
⓱	タイムズ中葛西第3	24h	13台	月～金9～15時は30分440円、15～22時は15分110円、22～9時は60分110円。土日祝9～22時は15分110円、22～9時は60分110円
⓲	アパマンショップパーキング	24h	13台	8～22時は30分200円、22～8時は60分100円。昼間最大平日1000円、土日祝900円、夜間最大500円
⓳	ナビパーク中葛西第14	24h	16台	8～22時は20分200円、22～8時は60分100円。入庫後12時間最大2100円、夜間最大400円
⓴	JSパーキング中葛西	24h	6台	8～22時は30分200円、22～8時は60分100円。入庫後12時間最大2000円
㉑	ナビパーク中葛西第42	24h	10台	8～20時は30分200円、20～8時は60分100円。入庫後24時間最大1200円、夜間最大400円
㉒	ユニデンパーキング葛西駅前	24h	5台	月～金8～15時は30分300円、15～24時は30分200円、24～8時は60分100円。土日祝8～24時は30分200円、24～8時は60分100円。月～金の15～24時の昼間最大1000円。土日祝の昼間最大1500円、夜間は全日最大300円。*東京東信金利用者割引あり
㉓	JPM中葛西パーキング	24h	37台	8～22時は30分200円、22～8時は60分100円。入庫後24時間最大1200円

葛西ガイド

―― パーキングメーター
9〜19時 60分以内　日・祝のぞく

コイン
パーキング
MAP

西
葛
西
駅
周
辺

葛
西
駅
周
辺

葛西ガイド

No.	名称	営業	台数	料金
㉔	ナビパーク中葛西第30	24h	7台	8〜20時は30分200円、20〜8時は60分100円。入庫後24時間最大1200円、夜間最大500円
㉕	タイムズ中葛西第14	24h	7台	8〜22時は40分220円、22〜8時は60分110円。入庫後24時間最大1100円
㉖	パークプラザ東葛西5丁目パーキング	24h	4台	8〜深夜2時は30分200円、深夜2〜8時は60分100円
㉗	エースパーク東葛西第2	24h	5台	8〜22時は20分100円、22〜8時は60分100円。入庫後24時間最大1500円
㉘	ナビパーク東葛西第7	24h	8台	8〜20時は30分200円、20〜8時は60分100円。入庫後24時間最大1400円、夜間最大400円
㉙	ブリーズパーク東葛西	24h	7台	オールタイム40分100円。19〜8時最大400円
㉚	エコロパーク東葛西第4	24h	3台	8〜20時は25分200円、20〜8時は60分100円。入庫後24時間最大800円、夜間最大300円。高さ制限2.2m
㉛	リパーク東葛西5丁目第2	24h	7台	8〜21時は15分100円、21〜8時は60分100円。入庫後24時間最大900円、夜間最大600円
㉜	ナビパーク東葛西第10	24h	12台	8〜20時は40分200円、20〜8時は60分100円。入庫後24時間最大1100円、夜間最大400円
㉝	リパーク東葛西5丁目第4	24h	6台	10〜20時は30分400円、20〜10時は60分100円
㉞	ナビパーク東葛西第2	24h	9台	8〜20時は30分200円、20〜8時は60分100円。入庫後24時間最大1100円、夜間最大300円
㉟	エイブル中葛西3丁目	24h	4台	8〜20時は40分200円、20〜8時は60分100円。入庫後24時間最大1000円、夜間最大300円
㊱	タイムズ中葛西第10	24h	13台	8〜24時は20分220円、24〜8時は60分220円。入庫後24時間最大2200円
㊲	タイムズ中葛西第11	24h	17台	オールタイム30分220円。入庫後24時間最大1650円
㊳	ナビパーク中葛西第41	24h	4台	8〜24時は30分200円、24〜8時は60分100円。入庫後24時間最大1600円、夜間最大500円
㊴	セントラルウェルネスクラブ葛西	24h	21台	オールタイム30分200円。月のみ入庫後12時間最大1400円
㊵	ラッキーパーキング中葛西第2	24h	3台	8〜24時は20分100円、24〜8時は70分100円。23〜9時最大500円
㊶	ナビパーク中葛西第37	24h	5台	8〜22時は30分200円、22〜8時は60分100円。入庫後24時間最大1600円、夜間最大500円
㊷	リパーク中葛西3丁目第4	24h	5台	オールタイム25分200円。入庫後24時間最大1300円
㊸	タイムズ中葛西第6	24h	7台	オールタイム60分440円。8〜19時最大1320円、19〜8時最大440円
㊹	ナビパーク中葛西第44	24h	6台	8〜20時は30分200円、20〜8時は60分100円。入庫後24時間最大1300円、夜間最大400円
㊺	ナビパーク中葛西第32	24h	13台	8〜20時は30分200円、20〜8時は60分100円。入庫後24時間最大1300円、夜間最大400円
㊻	ナビパーク中葛西第40	24h	14台	8〜20時は60分400円、20〜8時は60分100円。入庫後24時間最大1100円、夜間最大300円
㊼	ナビパーク中葛西第43	24h	15台	8〜22時は20分100円、22〜8時は60分100円。入庫後24時間最大800円、夜間最大300円
㊽	にこにこパーキング中葛西第2	24h	8台	8〜22時は20分100円、22〜8時は60分100円。入庫後24時間最大900円
㊾	タイムズ中葛西第21	24h	2台	8〜20時は60分220円、20〜8時は60分110円
㊿	リパーク中葛西3丁目第2	24h	3台	オールタイム40分200円。18〜8時最大400円、入庫後24時間最大700円
51	タイムズアオキ葛西店	24h	14台	8〜22時は60分110円、22〜8時は60分110円。入庫後24時間最大990円
52	ナビパーク中葛西第28	24h	4台	8〜20時は30分200円、20〜8時は60分100円。入庫後24時間最大1100円、夜間最大300円
53	タイムズ中葛西第22	24h	3台	オールタイム30分220円。9〜18時最大1000円、18〜9時最大440円
54	ナビパーク中葛西第35	24h	7台	8〜20時は30分200円、20〜8時は60分100円。入庫後24時間最大1300円、夜間最大400円
55	ラッキーパーキング中葛西第1	24h	17台	8〜24時は30分200円、24〜8時は60分100円。入庫後10時間最大1000円
56	リパーク中葛西3丁目第3	24h	11台	オールタイム25分200円。入庫後24時間最大1400円、夜間最大500円
57	ザ・パーク中葛西3丁目第5	24h	3台	8〜20時は20分200円、20〜8時は60分100円。昼間最大1100円、夜間最大400円
58	ナビパーク中葛西第10	24h	6台	8〜20時は30分200円、20〜8時は60分100円。入庫後24時間最大1200円、夜間最大400円
59	ナビパーク中葛西第8	24h	3台	8〜20時は30分200円、20〜8時は60分100円。入庫後24時間最大1200円、夜間最大400円
60	ナビパーク中葛西第22	24h	9台	8〜20時は30分200円、20〜8時は60分100円。入庫後24時間最大1200円、夜間最大300円
61	リパーク中葛西5丁目	24h	5台	8〜22時は40分200円、22〜8時は60分100円。月〜土昼間最大1300円、日祝昼間最大800円。夜間最大500円
62	リパーク中葛西4丁目第2	24h	7台	8〜22時は40分200円、22〜8時は60分100円。入庫後24時間最大1200円

協賛店INDEX

あ
あい歯科クリニック　91
屋形船あみ幸　10
ありがたや葛西店　149

い
ECC ジュニア西葛西　22
ECC の個別指導塾
　　ベスト One 西葛西　22
医聖よろずクリニック　85
今川どうぶつ病院　163

う
うちだ歯科・小児歯科医院
　　裏表紙

え
江戸川区歯科医師会葛西会
　　92・93

お
オーラルケア浦safe歯科
小児歯科・矯正歯科
　　裏表紙
おかはら胃腸クリニック
　　35・81
オランダガーデン東京
フラワーマーケット　161

か
葛西小児科　81
葛西橋自動車教習所　168

き
行政書士ゆき事務所　154
行徳どうぶつ病院　163
行徳フラワー通りクリニック　86

く
クリプタ行徳セントソフィア
　　表紙ウラ
クレア歯科医院　36・94

け
K-Wan　163
ケンユーペットセレモニー　165

こ
小池寿司食堂葛西市場　11
児玉歯科医院　95
小林歯科　95

さ
さくら皮フ科スキンケア
クリニック　88

し
J：COM江戸川　32
柴山泌尿器科・内科
クリニック　35・87
CP 明光　48・121
Syu Syu cat clinic　162
新浦安太田動物病院　164
石松年　155

せ
太陽自動機　1
タナカ整骨院　36
たろう歯科医院　96

た
税理士法人 Dream24　153

と
な
なかにし小児科クリニック
　　83

は
パソコンライフ　175
シフォンケーキ工房
花笑みしふぉん　11

ひ
薬局ビーエヌファーマシー
　　103
ひかりクリニック　83
弘邦医院　83

ふ
プランニングアート　6

へ
ベストウエスタン東京西葛西
パームツリー　11
ベリークリニック　34

ほ
星田小児クリニック　84
細谷皮膚科クリニック　36
ぼてぢゅう食堂　1

ま
まいもん　10

み
みのり保育園　24
宮澤クリニック　84
みやのこどもクリニック　84
ミルキー薬局　103

め
美容室メイク・ユー　119

よ
吉利医院　85

わ
わかば歯科医院　97
わたなべ糖内科クリニック
　　86

緊急連絡電話メモ

警　察　署　**110番**
　葛西警察署　03-3687-0110

消　防　署　**119番**
　葛西消防署　03-3689-0119
　葛西消防署南葛西出張所　03-3680-0119

江戸川区役所　03-3652-1151
　葛西事務所(葛西区民館内)　03-3688-0431

江戸川保健所　03-5661-1122
　葛西健康サポートセンター　03-3688-0154
　なぎさ健康サポートセンター　03-5675-2515
　清新町健康サポートセンター　03-3878-1221

FMえどがわ　**84.3MHz**

東京電力パワーグリッド㈱
<停電・電柱・電線など設備に関すること> **0120-995-007**
　(上記番号を利用できない場合) **03-6375-9803**(有料)
水道局　江戸川営業所　**03-5661-5085**
東京ガス㈱　お客さまセンター
　　　　　　　　03-6838-9020

NTT
　電話の新設・移転・各種相談など　**116**
　電　報　**115**(有料)
　番号案内　**104**(有料)
　電話の故障　**113**
　　　　　　　※携帯から **0120-444-113**
　お話し中調べ　**114**
　災害用伝言ダイヤル　**171**

非常持ち出し品チェック表

各家庭で、災害時に3日間程度自足してしのぐための備えをしておこう。置き場を決め半年に一度は点検を!

〔持ち出し品〕
0次(携帯)いつも使うバッグに
1次(非常持ち出し)家庭や職場に
2次は[備蓄]

		0次	1次	2次
基本用品	① 非常持ち出し袋		○	
	② 飲料水(1人0次0.5ℓ、1次1.5ℓ目安)	○	○	○
	③ 携帯食 (チョコ、キャンディーなど)	○	○	
	④ 非常食 (乾パン、水や調理のいらないものなど)		○	○
	⑤ 防災ずきん・帽子・運動靴		○	
	⑥ ホイッスル	○		
	⑦ 軍手・革手袋		○	
	⑧ 懐中電灯 (予備電池も)	○	○	
	⑨ 万能ハサミ・ナイフ		○	
	⑩ ロープ 10m		○	
	⑪ 携帯ラジオ (予備電池も)	○	○	
	⑫ 携帯電話 (充電器・バッテリーも)	○		
	⑬ 筆記用具・メモ	○	○	
	⑭ 身分証明書のコピー(保険証・免許証・パスポート)	○	○	
	⑮ 油性マジック (太)	○		
	⑯ 現 金 (10円玉含む)	○	○	○
	⑰ 救急用品 [毛抜き(とげ抜き・ピンセットとして使える)、消毒薬、脱脂綿、ガーゼ、ばんそうこう、包帯、三角巾]	○	○	
	⑱ 常備薬・持病薬 (処方箋コピー)など	○	○	
	⑲ 簡易トイレ	○	○	
	⑳ ティッシュペーパー・トイレットペーパー	○	○	
	㉑ ウエットティッシュ	○	○	
	㉒ 使い捨てカイロ	○	○	
	㉓ サバイバルブランケット		○	
	㉔ タオル		○	
	㉕ ポリ袋 (大小合わせ10枚程)	○	○	
	㉖ レジャーシート・ブルーシート		○	
	㉗ ライター・マッチ		○	
	㉘ ガムテープ (布製・カラーがよい)		○	
	㉙ 雨具 (ポンチョ・かっぱ)	○	○	
	㉚ マスク	○	○	

◇以下は個々人や家庭の事情によって検討

事情に応じて	必需品・貴重品	現金、予備鍵、預金通帳のコピー、印鑑、予備メガネ・コンタクトなど	□
	女性用品	生理用品 (ガーゼの代用にも)、化粧品、防犯ブザー、ブラシ、鏡 など	□
	高齢者用品	介護手帳、紙おむつ、介護用品、入れ歯、補聴器など	□
	赤ちゃん用品	粉ミルク、哺乳瓶、離乳食、紙おむつ、だっこ紐、母子健康手帳など	□

※通帳や免許証、各種証書などはコピーがあると便利
※水・食品や電池は、日常使いながら補充していくと期限切れの心配がない

〔2次備蓄生活用品〕 キッチンや押し入れに

避難した後で少し余裕が出てからの避難生活で必要なもの。3日間くらいしのぐため

①飲 料	(飲料水、非常用給水袋・タンクなど)	□
②食 糧	アルファ化米、乾パン、缶詰、インスタント食品、塩・調味料など	□
③衣 類・毛 布		□
④生活用品	卓上コンロ、ガスボンベ、固形燃料、鍋、ラップ、アルミホイル、皿・コップ (紙やステンレスなど)、わりばし、スプーン、缶切りなど	□

葛西カタログ 2021-2022 〈vol.23〉

令和3年3月25日発行　定価　880円 (税込)

発行所　株式会社 明光企画

〒 272-0143　市川市相之川 3-2-13
TEL.047-396-2211(代)
FAX.047-397-0325
http://www.meiko-kikaku.co.jp

●発 行 人　高橋　亙
●編 集 人　中村成子
●営業マネージャー　入井優樹
●スタッフ　小川知可子/大竹由紀/外﨑文/市川恵美子
●編 集　岸田通代/佐藤いずみ/浅野真紀
●制 作　原 南帆/柴田俊之/太田順子
●表紙デザイン　武井美幸
●印 刷 所　シナノ印刷株式会社

※乱丁・落丁本がございましたらお取り替えいたします。　※本誌に掲載している内容は 2021 年 1 月現在のものです。変更となる場合もありますのでご了承ください。　※掲載もれや、締め切り後の変更等がありましたらお知らせください。また、ご希望により掲載をしていないお店もあります。　※本誌の記事・地図・写真などの無断転載を禁じます。

※新型コロナウイルスの感染状況などにより、記事や広告の掲載内容が変更になる場合があります。